本书出版获得教育部人文社会科学研究一般项目
"以'质量发展'范式创新推动高等教育内涵式发展"（14YJA880056）资助

彭江 著

高等教育质量发展研究

A Research on the Quality Development
of Higher Education

社会科学文献出版社
SOCIAL SCIENCES ACADEMIC PRESS (CHINA)

摘　要

质量进步是当今世界高等教育发展的主题。我国高等教育正在经历由大到强、由外延式发展向内涵式发展的历史性转变，质量问题取代数量问题成为高等教育的首要问题，高质量发展成为新时代高等教育改革创新的主题，提高质量成为新时代高等教育发展的核心任务，质量发展成为建设高等教育强国的关键。

我国高等教育在由大到强的发展中面临的挑战越来越多，质量问题变得越来越复杂。本书基于中外文献，以比较研究法为主，辅以专家访谈、政策文本分析、案例分析等研究方法，明确提出我国高等教育发展范式应转型为与新时代高等教育内外部需求和环境相契合的"质量发展"范式，并对其内涵、历史依据、价值取向、标准、责任划分、基本内容、方法、制度、国际经验等进行较为系统的研究。

本书认为，高等教育质量发展就是以高等教育质量的持续提升为核心的质量事实、价值与过程系统，是对质量评估范式和质量管理范式的继承和发展；应坚持学生、学习、学习成果的"三中心"和全面发展、持续发展、协调发展、开放发展、多元发展、自主发展等价值取向。本书构建了由元标准、本体标准和品质标准构成的 MSC 三棱锥形高等教育质量标准体系框架，分析了政府、市场、高校和高等教育行业等主体基于权利和责任合理划分的主体协作网络，探析了全面质量管理、全面质量学习、质量改进团队、动态系统等质量发展方法论及其工具，梳理了法律法规、政府政策、高校制度构成的正式质量制度以及质量隐喻、质量意识形态、质量情感与道德和质量文化等非正式质量制度的发展，并以质量认证为例介绍了发达国家高等教育质量发展的做法和经验。

本书力图展示高等教育质量发展范式创新的基本路径，从我国建设高等教育强国的战略高度提出政策建议，同时以服务高校教育教学改革为宗旨提出实践建议，为提升我国高等教育整体质量水平、推动高校教育教学高质量发展做出贡献。

目 录
Contents

第一章　质量发展的内涵 / 1
　　一　高等教育质量发展新范式 / 1
　　二　高等教育质量发展的内涵 / 10

第二章　质量发展范式的演进 / 15
　　一　高等教育质量范式具有历史阶段性 / 15
　　二　质量评估范式 / 18
　　三　质量管理范式 / 28
　　四　质量发展范式的历史继承性 / 37

第三章　质量发展的价值取向 / 38
　　一　质量的全面发展 / 38
　　二　质量的持续发展 / 39
　　三　以学生学习为中心的质量发展 / 42
　　四　质量的协调发展 / 45
　　五　质量的开放发展 / 47
　　六　质量的多元发展 / 49
　　七　质量的自主发展 / 50
　　八　成果导向的质量发展 / 54

第四章　质量发展的标准 / 56
　　一　教育标准与高等教育质量发展 / 56
　　二　高等教育质量发展标准体系建设 / 59

第五章　质量发展的责任 / 82
　　一　政府的质量责任 / 82
　　二　市场的质量责任 / 88
　　三　高校和高等教育行业的质量责任 / 99

第六章　学习成果质量发展 / 112
　　一　学习成果的价值 / 112
　　二　学习成果的表征 / 117
　　三　学习成果评估 / 120
　　四　利用学习成果推动教育教学改革 / 129

第七章　工作质量发展 / 142
　　一　教学质量发展 / 142
　　二　研究质量发展 / 155
　　三　社会服务质量发展 / 193
　　四　国际交流合作质量发展 / 211

第八章　质量发展的方法 / 227
　　一　全面质量学习方法 / 227
　　二　质量改进团队法 / 237
　　三　动态系统方法 / 243

第九章　质量发展的制度 / 259
　　一　质量发展制度的内涵 / 259
　　二　正式制度 / 262
　　三　非正式制度 / 283

第十章　质量发展的国际经验
　　　　——以质量认证为例 / 299
　　一　法国高等教育认证制度 / 299
　　二　荷兰高等教育认证制度 / 303
　　三　日本高等教育认证制度 / 310
　　四　英国高等教育认证制度 / 317

参考文献 / 327

第一章 质量发展的内涵

高等教育质量发展是新时代适应高等教育内外部新需求、新条件的新质量范式,具有以质量持续性提升为核心的较为丰富的内涵,是推动高等教育内涵式发展的有力思想和行动框架体系。

一 高等教育质量发展新范式

(一) 21 世纪是质量世纪

著名学者弗雷热尔指出:"80 年代的主题是效率,90 年代的主题是质量。"① 美国质量管理专家朱兰博士曾预言:"如果 20 世纪以生产率的世纪载入史册,那么 21 世纪将是质量的世纪。"② 著名质量管理大师克劳士比认为"质量是免费的","质量不仅是免费的,而且它还是一棵货真价实的摇钱树"。③ 全面质量管理理论的创立者费根鲍姆认为:"质量在全球经济中处于领导地位。"④《世界高等教育大会宣言》明确指出:"21 世纪将是更加注重质量的世纪,由数量向质量的转移,标志着一个时代的结束和另一个时代的开始。重视质量是一个时代的命题。谁轻视质量将为此付出沉重的代价。"⑤

质量具有综合性,是资源、技术、劳动、服务、管理等各个生产要素的综合集成,是各种行为及过程的终端成果,同时又是法治环境、文化教

---

① 何继红:《创新是企业的生命》,《中国电力企业管理》2001 年第 6 期,第 59 页。
② 蒲伦昌:《朱兰: 21 世纪是质量世纪》,《中国质量》1996 年第 7 期,第 39 页。
③ 菲利浦·克劳士比:《质量免费: 确定质量的艺术》,杨钢、林海译,中国人民大学出版社,2006,第 2 页。
④ 杜艳红:《质量管理回顾与思考》,《中国标准导报》2004 年第 2 期,第 20 页。
⑤ 刘献君:《高等教育质量: 本科教学评估的落脚点——对我国本科教学评估的几点思考》,《高等教育研究》2006 年第 9 期,第 16 页。

育、诚信建设等方面的综合反映。质量具有根本性,质量决定着竞争力、效益、教育保障、民生公益。质量具有战略性、基础性、支撑性的作用。追求质量永无止境,必须牢牢把握质量这一永恒的主题。① 随着经济全球化和社会信息化的迅猛发展,质量成为组织、行业、国家竞争的焦点,成为全球经济发展战略的核心问题,质量水平、质量能力成为一个国家参与全球竞争、全球治理、全球事务的地位与影响力的重要评价标准,质量发展的战略和具体制度安排成为一个国家发展体制和发展制度体系的重要组成部分,对一个国家的发展影响深远。

  对中国来说,质量越来越成为经济社会发展的一个战略问题。改革开放以来,党和国家越来越重视质量发展。邓小平同志在改革开放初期就提出了"质量第一是个重大政策"的论断,从1978年开始,国家每年9月开展全国"质量月"活动。1996年,国务院发布《质量振兴纲要(1996—2010年)》。在1998年的十五届三中全会上,江泽民同志说,我们的经济增长要实实在在没有什么水分的增长,是在提高质量和效益上的增长。② 在1999年召开的全国质量工作会议上,时任国务院总理朱镕基对质量工作作出重要批示:当前,我们面临经济调整的关键时期,质量工作正是主攻方向,没有质量就没有效益。在2007年的全国质量工作会议上时任国务院总理温家宝强调,要坚持质量第一方针,全面提升我国产品质量水平。③ 2012年,国务院印发《质量发展纲要(2011—2020年)》,这是第二部从国家战略层面颁布实施的质量中长期发展规划。党的十八大提出"把推动发展的立足点转到提高质量和效益上来"④,十八届五中全会提出"以提高发展质量和效益为中心",2017年中央经济工作会议提出"以提高质量和核心竞争力为中心",并要求"树立质量第一的强烈意识"。2017年,中共中央和国务院

---

① 王岐山:《贯彻落实质量发展纲要 加快建设质量强国》,http://cpc.people.com.cn/n/2012/0926/c64094-19110003.html,最后访问日期:2018年10月12日。
② 江泽民:《在中国共产党第十五次全国代表大会上的报告》,http://news.ifeng.com/mainland/special/zhonggong18da/content-4/detail_2012_11/04/18821363_0.shtml,最后访问日期:2017年6月10日。
③ 国务院办公厅:《全国质量工作会议在北京召开 温家宝出席并讲话》,http://www.gov.cn/ldhd/2007-07/27/content_699142.htm,最后访问日期:2017年6月10日。
④ 胡锦涛:《坚定不移沿着中国特色社会主义道路前进 为全面建成小康社会而奋斗——在中国共产党第十八次全国代表大会上的报告》,http://news.china.com.cn/politics/2012-11/20/content_27165856.htm,最后访问日期:2018年10月25日。

印发了《关于开展质量提升行动的指导意见》①，从"就质量抓质量"到"抓质量谋效益"，是质量发展理念的重大变革。2017年10月，党的十九大报告中16处提到质量，明确提出坚持质量第一、效益优先，推动经济发展质量变革。

质量成为新常态下我国经济社会发展的新动力。② 当前，围绕质量变革，中国正在开展一场从理念、目标、制度到具体领域工作细节的全方位变革。推动高质量发展，是当前和今后一个时期确定发展思路、制定发展政策、实施宏观调控的根本要求。质量是我国经济社会发展的关键问题，是解决我国一系列重大问题的重要抓手和突破口，质量工作已成为经济社会发展的中心任务，在国家发展大局中的地位和作用越来越重要。

（二）质量发展是建设高等教育强国的关键

百年大计，教育为本。党的十九大报告指出："建设教育强国是中华民族伟大复兴的基础工程，必须把教育事业放在优先位置，加快教育现代化，办好人民满意的教育。"③ 教育现代化是社会主义现代化建设的重要组成部分，是实现中华民族伟大复兴的基石。在社会主义现代化建设中，教育现代化具有基础性、先导性、全局性的作用。我国要全面建成小康社会，实现中华民族伟大复兴的中国梦，亟须提升宏观质量和社会质量。根据林卡和高红的研究，社会质量指标体系包括社会经济安全指标、社会凝聚指标、社会包容指标和社会赋权指标，其中教育保障和教育质量是社会经济安全质量的二级指标之一，教育作为服务领域的组成部分是社会包容指标的组成部分。④ 教育质量作为宏观质量和社会质量的要素之一，对我国建设社会主义现代化强国发挥着支撑和引领的作用。教育要为实现中华民族伟大复兴的中国梦奠定坚实基础、履行满足人民美好生活需要、促进人全面发展的重大使命，就需要提高质量，实现内涵式发展。

---

① 《关于开展质量提升行动的指导意见》，http://www.gov.cn/zhengce/2017-09/12/content_5224580.htm，最后访问日期：2017年6月10日。
② 程虹、李艳红：《质量："新常态"下的新动力》，《宏观质量研究》2015年第1期。
③ 《习近平在中国共产党第十九次全国代表大会上的报告》，http://www.gov.cn/zhuanti/2017-10/27/content_5234876.htm，最后访问日期：2019年6月23日。
④ 林卡、高红：《以民生为导向的社会政策和社会质量理论》，郑造桓主编《社会质量与社会发展》，浙江大学出版社，2010，第59—75页。

高等教育系统是教育体系的顶层部分。全面建设社会主义现代化强国，包括建设人才强国、文化强国、科技强国等众多要求。建设人才强国、文化强国、科技强国的基础是建设教育强国尤其是高等教育强国。国家对于高素质人才的需求、对先进科技的需求，归根结底离不开对高质量高等教育的需求，这种需求在今天比以往任何时候都更加迫切。

工业革命以来，高等教育面临的经济全球化、社会信息化、文化多样化等挑战越来越大。西方国家在20世纪80年代就进行了一场以提高高等教育质量为核心的教育改革。21世纪以来，在我国高等教育发展规划中，质量逐渐获得了"高等教育生命线"的地位，质量、效率、公平相统一的内涵式发展成为我国高等教育在新的历史阶段的发展方向和价值追求。

教育部发布的《2018年全国教育事业发展统计公报》显示，截至2018年，全国各类高等教育在学总规模达到3833万人，高等教育毛入学率达到48.1%。[①] 表明我国高等教育发展已经进入大众化的末期[②]，数量问题基本解决，质量问题已取代数量问题成为高等教育的首要问题。在这种背景下，高等教育必须把提高质量、推动质量振兴放在首要位置，坚持"质量第一"，转变观念，转变发展方式，改变发展重心，进行科学的顶层设计，推进高等教育以提高质量为核心，向高等教育强国迈进。

质量发展是建设高等教育强国的关键。在高等教育的发展进程中，人们逐渐认识到质量对于高等教育生存和发展的重要作用。改革开放以来，尤其是进入高等教育大众化阶段后，中国高等教育质量意识逐渐萌芽并渐渐清晰，到目前形成了相对完整的高等教育质量意识形态。进入21世纪以来，提高质量已经成为我国高等教育发展的基本方向，这是我国高等教育发展到大众化阶段末期的必然结果。质量是兴教之道，是强教之策。质量发展是高等教育进步的标志。必须把提高质量放到高等教育事业发展、建设高等教育强国和人力资源强国、推动科教兴国、人才强国、创新驱动战略实施、建成"质量强国"的高度来抓紧抓实。我国要建成高等教育强国，就需要不断深化教育教学改革，坚持内涵式发展，办更好的教育，办学生、家长和社会满意的教育，办"中国特色、世界水平"的教育，归根结底，

---

① 教育部：《2018年全国教育事业发展统计公报》，http://www.moe.gov.cn/jyb_sjzl/sjzl_fz-tjgb/201907/t20190724_392041.html，最后访问日期：2019年8月20日。

② 根据马丁·特洛的高等教育发展阶段论，高等教育毛入学率超过50%即进入普及化阶段。

就需要紧紧围绕提高质量这个核心任务，以供给侧结构性改革推动高等教育发展质量变革、效率变革、动力变革，不断激发内在活力。

（三）促进高等教育质量发展是大势所趋

总览世界高等教育20世纪以来的质量路径，可以发现两个显著的趋势。一是各国以质量发展应对质量问题。

重视发展质量，应先强调质量发展。发展中的问题，只能依靠新的发展来解决。高等教育外延式发展产生的问题很多，核心问题是质量不佳，要解决这些问题，必须依靠新的发展，这里的新的发展只能是内涵式发展，是以提高质量为核心的发展，是以质量发展为根本取向的发展。

纵观各国高等教育的发展历程，基本可以看到这样一种典型的发展轨迹：高校扩招—教育资源不足—教育质量滑坡—政府和社会各界关注—高教管理体制改革—政府职能转变—扩大高校自主权或加强问责—建立高等教育质量保障体系（保证和提高教育质量的一揽子软硬件建设）。[①] 20世纪末，教育质量的危机曾普遍存在于世界各国，引发了人们的种种担忧。面对发展中的质量问题，世界各国普遍以质量发展加以应对。美国于20世纪70年代末和80年代初开展了基于"增值"质量观的高校质量评估运动。美国南部院校协会要求该地区的每所高校都要制订"质量提升计划"用于促进学生学习。20世纪80和90年代成为欧洲高等教育的"质量时代"，高等教育评估得到了前所未有的大发展。[②] 20世纪80年代开始，美国、英国、澳大利亚、荷兰等发达国家的一些高校尝试引进全面质量管理（TQM）方法，以保持和提升教育质量。据美国教育理事会的调查，1993年美国有70%的高校采用了TQM，同时，英国有26所大学采用了TQM和ISO9000系列质量标准。始于1999年的欧洲博洛尼亚进程（Bologna Process）被各个国家称为"质量改革"，其质量制度改革趋势是以质量保障为中心向质量提升过渡，质量提升成为大学和大学成员（学生、学术和管理人员）的首要的

---

① 方鸿琴：《我国高校质量保障体系一般模式建构与质量审计》，中国社会科学出版社，2013，第8页。
② 张彦通：《欧洲地区高等教育质量保障体系研究》，北京航空航天大学出版社，2007。

责任。① 20世纪80年代以来，提高教育质量，增强国际竞争力，已被列为与招生、经费并列的世界高等教育改革的三大中心议题。1998年在巴黎召开的首届世界高等教育会议明确强调要提高教育质量。

二是各国以质量发展追求教育卓越。

世界高等教育发展的一个重要趋势是从数量增长转向价值增长，发展从注重速度和数量为主，转变为注重质量和效益。世界贸易组织（WTO）将教育归为服务业。服务业分为生产性服务业和生活性服务业。教育既属于生产性服务业，也属于生活性服务业。"教育"是广义的，等同于"教育方案、产品及服务"，包括课程、研究、合作性的项目和方案、补充的教育服务等。高等教育质量问题涉及每一校每一生，关系千家万户。"高等教育要不断满足社会和个人的需求，高等教育自身的发展也在很大程度上依赖于数量的扩张，但在数量扩张之后，就需要有一个调适和整顿的阶段，用于提高高等教育的质量。"②

21世纪以来，世界普遍进入以提高质量为中心的时代，发达国家和地区纷纷制定以质量为核心的教育发展战略和规划，高等教育质量提升运动在世界范围内广泛兴起。英国设立了新的国家组织——教学质量学会，以促进教学水平的提高。澳大利亚联邦政府和州政府一致同意建立独立的高等教育质量与标准署（TEQSA），对院校进行质量认证。德国2006年启动了"卓越计划"，推动高校增强竞争力，实现卓越发展。日本2001年提出了"21世纪的卓越中心计划"。韩国1999年、2006年先后启动了两期"21世纪智慧韩国工程"。法国启动了提高大学自主权的改革计划。欧洲大学协会（EUA）在2010年正式启动了"欧洲高等学校质量文化调查"项目。这些国家和地区的教育改革计划的重要目标就是追求教育质量的卓越。

对中国来说，顺应世界高等教育发展趋势，走高等教育质量发展之路是明智之举，是必然之举。当前，我国经济社会发展已进入高质量发展阶段。从目前到21世纪中叶，中国高等教育发展的战略重点也将放在提高质量和高质量发展上。我国高等教育将很快迈入普及化阶段，高等教育发展的主题将从"增量"向"增值"转移。我国高等教育的数量需求仍在小幅

---

① Irakli G, "From Quality Assurance to Quality Enhancement in the European Higher Education Area," *European Journal of Education*, 2008（4），p. 443.

② 马健生等：《高等教育质量保证体系的国际比较研究》，北京师范大学出版社，2014，第2页。

增长中，高等教育需要一定的增量，没有一定的增量，发展的问题就难以解决，价值增长也就无从谈起。但是单纯的数量型增长，不仅导致价值流失，而且增长也不可持续。质量是学校生存和发展的"生命线"。"双一流"建设的推进、国家创新驱动战略的实施、质量强国的建设，都需要我国高等教育不断提高质量。我国高等教育创造卓越之路就是质量发展之路。

（四）质量发展是新的高等教育质量范式

高等教育质量范式是将"高等教育质量"作为一个跨众多学科的综合性领域（类学科）来看，就是从事高等教育质量研究与实践的群体所共同遵从的世界观和行为方式，它是高等教育质量的价值诉求、理论基础和实践原则。[1] 高等教育质量范式从发展历史看，先后出现了质量控制范式、质量评估范式、质量管理范式和质量保障范式。[2]

高等教育"质量发展"概念来自经济社会管理领域的"质量发展"概念。2012 年，国务院印发《质量发展纲要（2011—2020 年）》，并于当年开始印发贯彻纲要的年度行动计划。在高等教育领域，"质量发展"是事实、价值、过程的统一，以及价值的判断、发现、创造、增值的统一，已经成为一种质量范式，是对"质量控制"、"质量评估"与"质量管理"或"质量保障"等质量范式的丰富与发展，包含了这些质量范式的合理要素，但比这些范式更丰富、深入、广泛、系统。改革开放以来的质量控制、评估和管理范式更多地与高等教育精英式发展、大众化初级阶段的发展和"由小到大""由慢到快"的外延式发展相适应。质量的"管理""保障""评价""监控"等都是手段，"发展"才是目的。手段为目的服务，质量发展重在质量的改进与提升。"质量管理"就是"管理""质量"，等于"存在的质量"加上"管理方法"。[3] 王建华认为，"高等教育质量管理"就是对"高等教育质量"进行"管理"，质量是评价高等教育水平高低的尺度，管理是维持和改进高等教育质量的方法。[4] "发展"既是方法、手段，也是

---

[1] Doherty G D, "Quality, Standards, the Consumer Paradigm and Developments in Higher Education," *Quality Assurance in Education*, 1997 (4), pp. 239-248.

[2] Srikanthan G, Dalrymple J F, "A Conceptual Overview of a Holistic Model for Quality in Higher Education", *International Journal of Educational Management*, 2007 (3), pp. 173-193.

[3] 古畑友三：《五项主义：质量管理实践》，陆从容译，上海人民出版社，1999 年。

[4] 王建华：《高等教育质量管理：文化的视角》，《教育研究》2010 年第 2 期。

目的。

高等教育质量发展范式与传统质量范式相比，具有以下显著特征。

（1）质量发展的全价值化。即质量发展的本质是价值判断＋价值保值＋价值发现＋价值创造＋价值增值，以价值创造和价值增值为主，质量评估和质量管理以价值判断和价值保值为主。

（2）质量发展的常规化。质量发展是高等教育的一种日常生活方式，不求一时功成，但求久久为功。

（3）质量发展的系统化。不再将高校的活动分为管理活动和其他非管理活动，所有的高等教育职能都具有质量发展功能。质量管理重在管输入、管过程、管结果等环节，质量发展重在管因素、管系统。

（4）以人为本的质量文化。坚持为教育消费者的思想，既要让外部的政府、社会、家长满意，也要让内部的教师、管理者、辅助人员满意。内部满意是外部满意的基础。

（5）更加强调质量的生成性。质量控制、评估、管理和保障中的质量主要是"预成性"质量[①]，即质量是预先确定的，而质量发展中的质量是不断生成发展的。在评价上，质量评价重视总结性评价，质量发展更重视形成性评价。

（6）强调反馈的全程性。质量评估模式是事后检查，出了质量问题再采取措施纠正。质量管理以"把关"为主。质量发展则强调事前预防、过程控制和事后检查相结合，尤其是高等教育的"产品"——学生具有"长期可使用性"和"不可销毁"的特点，出现问题纠错的资源消耗较大，时间较长，效果较差，成本高，因此必须要注意防患于未然。

（7）全过程的质量发展。高等教育输入的是新生，教学、科研、社会服务即"生产"或"加工"，输出的是毕业生和社会服务。学生通过教育过程实现价值转换并增值，从一个只掌握基础知识的高中生变成掌握高深知识、具有创新能力的高素质人才。高校的质量发展始于识别内外部教育消费者的需求，终于满足教育消费者的需求。

（8）全员的质量发展。质量是高校各方面、各部门、各环节工作质量的综合反映。高校办学的任何一个环节、任何一个人的工作质量都会不同

---

① 郭芯汝：《从预成到生成：高等教育管理范式的嬗变》，《现代企业教育》2014年第10期。

程度地直接或间接影响办学质量。要让所有教职员工都有对提升工作质量的热情，还要有全面的工作能力。为了激发全员参与的积极性，应对教职员工进行质量意识、质量技能、职业道德、以教育消费者为中心的意识和敬业精神的教育，还要通过制度化的方式激发他们的积极性和责任感。

（9）全组织的质量发展。高校是一个整体系统，各层级、各部门相互作用相互联系。高校领导要有全局眼光，从系统的角度进行思考。从纵向的组织管理角度看，质量目标的实现有赖于学校的上层、中层和基层管理人员以及一线人员的通力协作。从学校职能间的横向配合来看，要保证和提高质量必须使学校教育输入、过程、输出的所有活动环节以及教学、科研、服务等所有功能构成一个有效的整体。

（10）多方法的质量发展。影响教育质量的因素有物质的、人的、技术的、管理的、学校内部的和学校外部的众多因素，非常复杂。高校要灵活地应用科学的、社会的、人文的、统计的和非统计的、定性的和定量的等现代管理方法，把这些因素有机地整合起来，以保证和提升教育质量。

（11）质量的持续提升。高等教育的外部需求在不断改变，要求越来越高，此外，高等教育竞争越来越激烈，高校处于一种逆水行舟、不进则退的局面，要求高校必须不断提升教育质量，持续改进总体绩效。持续改进即为增强满足要求的能力而进行的持续、循环的活动。制定改进目标、寻求改进机会、实施改进、评估改进效果是一个持续的过程，强调学习和适应不断变化。戴明有一句关于质量的名言："质量无须惊人之举。"[①] 意思是质量是通过任何可能的、细小的改进来达到的，而不是用"惊人之举"追求一步到位的高质量。

（12）范式提供核心的规则与标准。范式包含模式，模式是范式的具体化和模型化。较之于模式，范式的意义不仅在于建立规则，更重要的意义在于用理论指导实践。近年来，我国高等教育的基本实践、事实和理论发生了质的变化，质量范式从强调控制、评估、管理、保障迈向发展是高等教育内涵式发展的必然要求。目前的高等教育质量挑战越来越多，质量问题变得异常复杂，需要范式这种更加综合、系统的理论架构加以研究。"质

---

① 饭塚悦功：《过程改善——新质量时代的质量保证》，刘冰、梁红霞译，《中国质量》2007年第9期。

量发展"范式作为对"质量控制""质量评估""质量管理""质量保障"等原有质量范式的发展与创新，能对以提高质量为核心推动高等教育内涵式发展的时代性主题提供具有规范性和创新性的理论分析框架，对相关实践提供具有指导性和启发性的工具模型。高等教育内涵式发展面临种种障碍，不触及深层次矛盾就难见成效。深层次矛盾之一是传统的高等教育质量范式已不适应高等教育内涵式发展的需要，亟须向质量发展范式转型。

二 高等教育质量发展的内涵

（一）质量发展

"质量发展"（quality development）这一概念既出现在日常用语中，也出现在学术研究中，在国家政策文件中也时有出现，其含义相差很大。有的把"质量"作为前缀，"质量发展"相当于"有质量的发展""质量型发展"，以区别于"数量发展""数量型发展""速度型发展"；有的把"质量"视为中心词，"质量发展"相当于"质量的发展"，如"教育质量发展"就属于这一用法。

在企业管理和经济领域中，"质量发展就是通过规划、引导、激励等措施，促进企业夯实质量基础，完善质量保证体系，加强质量管理，推动我国质量总体水平的不断提高"。①"产品质量发展是一个国家或地区摆脱产品质量落后状况，通过提高产品质量水平以更好地满足质量需求、提高质量效能的过程。"②该定义有三个方面的含义：第一，技术层面的质量水平的提高，是质量发展的物质基础；第二，产品质量结构不断改进和优化，即一个国家或地区的工业、服务业等领域的产品质量能协同改进和优化；第三，质量发展的目标是更好地满足质量需求和提高质量效能，包括保障产品质量安全、保护消费者的质量权益、维护市场质量秩序、稳固市场质量信心、促进发展方式转变、增强市场竞争力等。质量发展包含了质量的客观属性和主观属性两个层面的内容，也就是说，质量发展既要从技术性能层面提高产品本身的客观质量，又要充分满足消费者主观方面对质量的需

---

① 王泽洪、黄国庆、周德文：《宏观质量管理概论》，中国质检出版社，2013，第39页。
② 李志德：《市场机制与产品质量发展：理论与实证研究》，暨南大学出版社，2015，第18页。

求。质量的客观属性与主观属性是辩证统一的，在买方市场条件下，质量的主观属性在产品质量发展中的重要性越来越突出。

质量发展是基于质量安全的一种质量收益，质量收益是指一个产品或服务给人们带来好处的程度。质量收益与质量伤害相对，质量伤害是指由于质量问题给人们带来的侵害和损失的程度。质量安全是质量不对人造成伤害的底线，质量发展是指产品或服务不断满足消费者需要程度上的提升；质量安全考察质量状态是否达到了社会所能容忍的底线，质量发展考察的是质量状态是否在不断进步和提升。质量在达到安全底线的基础上，需要通过不断地创新以及市场的充分竞争，来推进质量水平的不断提高。①

刘劲飞从哲学层面提出，质量发展是指质量的提高和改进，包括质量内涵和外延的不断扩充，即质量客体不断地扩展和精细化，质量主体认识不断上升和深化。质量发展是一个循环往复的过程，伴随着循环往复，质量水平不断得到提升。质量发展的本质是一组固有特性的不断扩大和增加，以及与之相匹配的需求的提高。质量发展是无限的，绝对的，不断前进，没有终点。②

在政策文本中，《质量发展纲要（2011—2020年）》首次从国家政策层面使用"质量发展"这一概念，并从发展的基础与环境、发展目标、发展主体、发展机制等角度对"质量发展"进行了系统的论述，其本意即"质量事业的可持续发展和质量提升促进经济社会事业的发展"，主要包含三层含义：一是质量水平的不断提升，包括产品质量、工程质量、服务质量以及对环境质量的潜在影响；二是质量要素的不断优化，包括质量政策措施、质量人才素质、质量工作体制、质量管理创新、质量技术基础、质量发展环境等；三是质量效能的不断增强。一方面，质量推动社会发展的效能，主要是保障质量安全、保护消费者权益、维护市场秩序、不断改善民生、促进社会和谐稳定；另一方面，质量促进经济发展的效能，主要是调整优化产业结构、促进发展方式转变、增强市场竞争力、满足多层次需求、促进外贸、节约能源、保护环境。③

---

① 程虹等：《宏观质量统计与分析》，北京大学出版社，2011，第64页。
② 刘劲飞：《质量发展的哲学思考》，《金融经济》2006年第1期。
③ 中华人民共和国国务院：《质量发展纲要（2011—2020年）》，中国质检出版社，2012，第58—59页。

(二) 高等教育质量发展

高等教育质量是一个发展性的概念，随着高等教育的发展，高等教育质量也在不断地变化和发展。① 德国学者 Ehlers 明确提出了高等教育"质量发展"的概念，认为这是"新一代模式"，"质量发展在本质上要求基于多元价值、基本能力和新的专业精神发展组织文化"。他认为，"与质量控制、保障或管理相比，质量发展中，发展多于保证，变革多于控制，创新多于服从"。② 在质量发展中，质量的含义不是预先规定的，而是经过利益相关者参与和协商出现的。

在国外，更多的研究虽未直接提出"质量发展"概念，但集中分析了质量提升或改进，如约克（Yorke）认为，"高等教育质量是提升而来的，不是靠评估和管理获得的"③；哈维（Harvey）认为，质量不是"免费"的，单独的质量控制不能提升质量④；陶山迪（Taousanidis）和安东尼亚达（Antoniadou）认为，管理主义倾向阻碍了质量提升⑤；霍纳尔普尔（Honarpour）等也认为，全面质量管理、外部质量监控等传统质量保障模式并不利于质量改进⑥；休斯顿（Houston）提出，高等教育质量应当从以问责和控制为中心转向以改进为中心⑦；菲利帕克（Filippakou）等也指出，目前的趋势是从质量保障向质量提升模式转型⑧；罗夫（Roffe）⑨、斯里坎珊

---

① 洪艺敏：《构建"以学生为中心"的本科教学质量标准》，《中国大学教学》2017年第10期。
② Ehlers U D, "Web 2.0 - E-learning 2.0 - Quality 2.0? Quality for New Learning Cultures," *Quality Assurance in Education*, 2009 (3), p. 296.
③ Yorke M Y, "Shouldn's Quality be Enhanced, Rather than Assessed," *Tertiary Education & Management*, 1996 (1), pp. 86 - 94.
④ Harvey L, "Quality Is Not Free! Quality Monitoring Alone Will Not Improve Quality," *Tertiary Education & Management*, 1997 (2), pp. 133 - 143.
⑤ Taousanidis N I, Antoniadou M A, "Quality Assurance: Enhancing or Threatening Higher Education," *Industry & Higher Education*, 2010 (2), pp. 87 - 93.
⑥ Honarpour A, Jusoh A, Md Nor K, "Knowledge Management, Total Quality Management and Innovation: A New Look," *Journal of Technology Management & Innovation*, 2012 (3), pp. 22 - 31.
⑦ Houston D, "Rethinking Quality and Improvement in Higher Education", *Quality Assurance in Education*, 2008 (1), pp. 61 - 79.
⑧ Filippakou O, Tapper T, "Quality Assurance and Quality Enhancement in Higher Education: Contested Territories?" *Higher Education Quarterly*, 2010 (1 - 2), pp. 84 - 100.
⑨ Roffe, Michael I, "Conceptual Problems of Continuous Quality Improvement and Innovation in Higher Education," *Quality Assurance in Education*, 1998 (2), pp. 74 - 82.

(Srikanthan)和达尔林普尔(Dalrymple)[1]等学者对高等教育质量的持续改进进行了研究。

在国内,类似于"质量发展"的观点包括"发展性质量"[2]"发展的质量观"[3]"合发展性质量观"[4]"质量针对性"[5]"发展就是有质量"[6]等。

本书认为,高等教育质量发展就是以高等教育质量的持续提升为核心的质量事实、质量价值与质量过程系统。高等教育质量发展把学生的发展作为中心目标,提升学生的潜能,追求以学生为中心的教育进步。

"质量发展"被引入高等教育中,体现了对高等教育质量认识的升华,是高等教育质量范式的发展。高等教育质量发展定位于高等教育的系统质量的动态提升,既包括教育创新、资源配置、师资素质等硬质量的提升,又包括教育环境、文化氛围、思想觉悟、道德水平、诚信等软质量的提升。

高等教育质量发展属于高等教育发展理论之一。高等教育发展理论主要研究高等教育发展与国家、社会发展的关系,以及在这一关系框架下的高等教育自身发展问题,应从关注高等教育发展的工具理性转向对高等教育发展的价值理性的追寻。[7] 高等教育质量发展回归价值理性追求,对高等教育价值发现、判断、维持、创造、增值等进行分析。

高等教育质量发展是对"质量振兴"的承接和深化。我国高等教育质量水平相对落后,与国外先进水平有较大差距,高等教育的发展属于追赶型,改革开放以来,国家发布了《深化教育体制改革的决定》《高等教育振兴行动计划》等文件,实施了"985"工程、"211"工程、教学"质量工程"等重大举措。经过几十年的发展,我国高等教育质量建设已经积累了一定的基础,质量整体水平逐步提高。当前,人民对高等教育的需求呈现多层次和多样化的趋势。面对新形势,"质量发展"概念正当其时。以质量

---

[1] Srikanthan G, Dalrymple J, "A Synthesis of a Quality Management Model for Education in Universities," *International Journal of Educational Management*, 2004(4), pp. 266–279.
[2] 马万民:《高等教育服务质量管理的理论与应用研究》,博士学位论文,南京理工大学,2004。
[3] 张应强:《高等教育质量观与高等教育大众化进程》,《江苏高教》2001年第5期。
[4] 胡弼成:《高等教育质量观的演进》,《教育研究》2006年第11期。
[5] 房剑森:《高等教育发展论》,广西师范大学出版社,2001。
[6] 杨德广:《论科学的教育发展观、定位观和质量观》,《教育发展研究》2007年第2期。
[7] 卢晓中:《高等教育走向"社会中心"与人才培养模式变革》,《教育发展研究》2011年第19期。

发展理念引领高等教育不断提高质量水平，优化质量要素，增强质量效能，促进高等教育事业的可持续发展，推动高等教育强国建设。

高等教育质量发展具有战略性。高等教育质量发展的状况关系人民群众切身利益，关系国家综合实力。从国际上看，高等教育的竞争归根结底是质量的竞争，质量发展是我国高等教育兴旺强盛的重要促进力量。

高等教育质量发展具有适应性。适应性是高等教育质量发展的本质属性，高等教育质量要在社会检验中体现出来，高等教育质量要适应本国的国情，不存在普遍适用的国际标准。国际高等教育的质量范式已经进入新的阶段，强调质量的可持续发展、多元发展、系统发展、品牌发展、国际化发展等。在国内，我国经济社会发展进入新常态，高等教育大众化基本进入末期，一些地区已进入普及化阶段，人民群众出现对公平而有质量的高等教育的迫切需求。因此，质量发展是我国高等教育从外延式发展向内涵式发展转型的迫切需要。

高等教育质量发展具有阶段性特征。质量发展伴随经济、科技、社会、文化进步，呈现阶段性特征。高等教育的精英化、大众化、普及化发展的各个阶段，质量水平提升都有不同的要求。随着高等教育信息技术的发展，民办高等教育、网络教育、远程教育、高等职业教育、国际合作高等教育等的新发展带来了新的质量发展内涵，高等教育的质量水平表现出明显的阶段性特征，必然伴随科技、经济、文化发展水平提高而产生新的质量需求。

第二章 质量发展范式的演进

高等教育质量理念和范式的发展具有历史阶段性。高等教育质量发展范式源自质量评估和质量管理范式,是对这两个范式的建设性改造和创新性发展。

一 高等教育质量范式具有历史阶段性

现代高等教育大致经历了精英化阶段—大众化初期(小部分精英教育+大部分大众化教育)阶段—大众化中后期(小部分精英教育+大部分大众化教育+小部分普及教育)阶段—普及阶段等发展阶段。在传统的精英高等教育中,质量是内含的,是不容讨论的,天生有保障的;而在大众化高等教育中,质量变成了一个明显的挑战和需要花费巨大精力去实现的目标。[①] 每个阶段都有占主导地位的质量范式与之对应(见表2-1)。

表2-1 高等教育发展阶段与质量范式

高等教育发展阶段	精英	大众化初期	大众化中后期	普及
发展导向	学术	资源	资源+能力	能力
质量范式	专家自控	质量评价	质量管理	质量发展

资料来源:根据相关资料整理。

大众化阶段分为三个亚阶段。一是大众化初期,以资源投入、数量扩张、基本条件保障为主要特征。二是大众化中后期,规模基本稳定,表现出结构调整、效益提升、绩效和部分卓越等特征,同时有大众高等教育和精英高等教育存在,"高等教育内涵式发展"就是在这种背景下提出来的。

[①] Quintanilla M A, "The Quality Challenge for Universities: A View from Spain," *Tertiary Education and Management*, 1999 (4), pp. 329–346.

中期同时强调教育的公平和多样化。三是大众化后期向普及化过渡的阶段。科学发展、内涵式发展是大众化中后期和普及阶段的主题，核心是质量提升，而质量提升的终极目的就是高等教育卓越和公平。

从发达国家高等教育发展的经历来看，高等教育大众化的初期往往重视规模发展、数量扩张、追求发展速度，以外延式发展为主。随着高等教育大众化程度的提高，到大众化中后期，越来越重视质量提升。

我国高等教育改革分为三个阶段：第一阶段，以体制改革和结构调整为主，主要是贯彻1985年中共中央《关于教育体制改革的决定》；第二阶段，是高等教育大发展（即规模扩大）时期；第三阶段，就是以提高质量为中心的发展阶段。第三阶段我们需要增强质量意识，高度重视教学工作和学风，要多样化，要坚定不移地建设世界一流大学。[1]

在大众化初期，高校不惜一切追求规模发展，甚至以牺牲质量和办学特色为代价，这种片面追求规模效应做法的弊端在今天已经日益显现，成为建设高等教育强国的绊脚石。必须从"规模冲动"中走出来，更加关注高等教育质量。[2]

我国建设高等教育强国的关键是提升教育质量。有学者分析了我国建设高等教育强国的三个战略阶段中质量提升的主导任务：第一阶段（2011—2020年）是稳步提高期，其中全面提高高等教育质量是核心工作；第二阶段（2021—2030年）是快速提高期，使我国高等教育质量与水平得到大幅度提升，评价高等教育质量与水平的基本指标达到或接近高等教育强国的标准，在重要指标方面缩小与世界高等教育强国的差距；第三阶段（2031—2040年）是巩固提高期，这一时期我国高等教育发展的战略重点是发挥高水平大学在全国高等教育发展中的领军作用，统筹兼顾不同类型、不同层次、不同地区高等院校的发展。[3]

党的十九大报告提出了我国社会主要矛盾已经转化为人民日益增长的美好生活需要和不平衡不充分的发展之间的矛盾的科学判断，中国高等教

---

[1] 周远清：《高等教育要尽快进入以提高质量为中心的新的发展阶段》，《中国大学教学》2005年第7期。

[2] 朱艳：《高等教育强国视域下高等教育结构优化研究》，"质量提升与建设高等教育强国"2011年高等教育国际论坛，重庆，2011，第146—149页。

[3] 张安富：《高教强国视阈下我国高等教育质量与水平前瞻》，《清华大学教育研究》2011年第1期。

育面临的主要矛盾,也相应地转变为人民日益增长的对公平优质高等教育的需求与其发展不均衡不充分之间的矛盾。适应时代发展的中国特色社会主义高等教育事业,迎来了从高等教育大国向建设高等教育强国迈进的历史机遇。当前,中国在校大学生规模位居世界第一,各类高校数量位居世界第二。同时,人民对公平而高质量的高等教育的需求也日益增长。解决好高等教育发展不均衡不充分的问题,最大限度地满足人民对高等教育方面的需求,提升人民获得感、幸福感,不断促进人的全面发展和社会的全面进步,就要实现高等教育内涵式发展,加快推进"双一流"建设,全面提升高等教育质量。我国高等教育将很快进入普及化阶段,基本解决了"有学上"的问题,"上好学"的需求日渐凸显。作为一个系统概念,高等教育质量的内涵和外延也在不断地发展和变化,① 要建立与普及化阶段的高等教育发展相适应的质量观,全面提高教育教学质量。②

  在经济转型升级和创新驱动发展的背景下,创新创业已经成为时代的主题和国家的战略决策。大学生是"大众创业、万众创新"的主力军,高校创新创业教育的水平和成效,不仅关乎高等教育的发展和人才培养质量的提高,更关乎国家战略目标的实现。③ 2010 年,教育部专门出台《关于大力推进高等学校创新创业教育和大学生自主创业工作的意见》。2015 年以来,国务院连发《关于发展众创空间推进大众创新创业的指导意见》《关于进一步做好新形势下就业创业工作的意见》《关于深化高等学校创新创业教育改革的实施意见》《关于大力推进大众创业万众创新若干政策措施的意见》《关于支持农民工等人员返乡创业的意见》系列文件,引导、支持全社会创新创业工作。"高校创新创业教育就不是简单的大学生创业实体的数量判断,当然也不是创业项目成功与否的质量评判,而应该是大学生接受创新创业教育所获得的以创新能力为核心的综合素质提升和职业精神培育的高等教育人才质量判断。"④ 要通过创新创业教育更好地推进高等教育改革

---

① 李元元:《新时代中国高等教育发展的新判断新特征新使命》,《中国教育报》2017 年 11 月 2 日,第 6 版。
② 何晋秋:《论高等教育发展的新阶段》,《清华大学教育研究》2017 年第 4 期。
③ 丁俊苗:《以创新创业教育引领高等教育改革与发展——创新创业教育的三个阶段与高校新的历史使命》,《创新与创业教育》2016 年第 7 期。
④ 李家华、卢旭东:《把创新创业教育融入高校人才培养体系》,《中国高等教育》2010 年第 12 期。

发展，提高教育教学质量，也需要有适宜的教育质量范式来提供帮助和支持。

总之，在新的时代，新的阶段，新的要求，新的机遇挑战面前，高等教育发展需要有更合适的质量范式提供支撑和引领，本书认为，这个范式就是质量发展范式。高等教育质量发展范式是对质量评估范式、质量管理范式的继承和发展。

二 质量评估范式

（一）质量评估的历史发展

科学史学家玛丽·波维（Mary Poovey）在《现代事实的历史》[①]中说，科学事实现代概念的一个重要来源是在16世纪末的英格兰发明的复式记账。科学事实是可测量、可重复、可见、量化的、可靠的事实。会计是现代科学的证据概念的一个来源，科学主义成为现代教育审计概念的基础。评估是教育审计的一种形式，审计的核心概念包括计算、测量、估量等。

西方教育评估的发展，最早可追溯到20世纪初，历经了测验、描述、判断、建构四个时期。自20世纪五六十年代以来，世界高等教育的发展经历了由精英高等教育向大众高等教育的转换。随着高等教育的发展从精英化阶段进入大众化阶段，高等教育的质量问题，以及如何保障高等教育质量逐渐成为世界各国高等教育发展面临的重要课题。20世纪后半期在西方世界两个最明显的政策举措是提高高等教育入学率和推进对于质量的公共问责。在这种背景下，西方高等教育评估制度在实践中得到不断完善与发展，逐渐形成各具特色的高等教育评估模式。埃尔卡瓦（El-Khawas）的调查发现，1988—1995年，美国开展质量评估活动的高校比例从55%增加到94%。[②]在美国，1990年有2/3的州制定政策要求高校评估其学生学习。其他国家如英国、新西兰、荷兰、西班牙等也实施了政府性的质量评估活动。

[①] 转引自 Lee SS, "Counting and Recounting: Assessment and the Quest for Accountability," http://www.changemag.org/Archives/Back% 20Issues/January-February% 202007/full-counting-recounting.html, accessed in April 8, 2018.

[②] El-Khawas E, "Campus Trends 1995: New Directions for Academic Programs," *Higher Education Panel Report*, Number 85, American Council on Education, Washington, D. C., 1995, p. 85.

1991年，欧洲评估委员会推出"欧洲高等教育质量评估试点计划"，以提高评估意识，丰富评估程序，共享评估经验，构建评估的欧洲维度。1994年11月到1995年6月，试点计划共有17个国家的46所大学参与，聚焦于工程和通信以及艺术设计两个学科领域的教和学的评估。

美国20世纪产生了教育评估运动。评估运动可以追溯到泰勒的科学管理理论，评估运动是标准化运动的一次生动展示，科学管理运动与效能运动在20世纪初一起出现。20世纪前十年，商业领域的模式、语言和意识形态开始渗透到中小学教育。当时，不少教育者认为学校应当像工厂那样有效地运转。教育领域的效能运动，有一批很有影响的支持者，如巴格利（Bagley）在1907年编写出版了教科书《课堂管理》，认为教师、教育管理者和教育领域的专业人员可以更好地将科学管理的原则应用到教学场所。这本教科书之后，富兰克林·博比特（Bobbit）在1918年编写了《课程论》。博比特是课程理论的鼻祖，他利用自己在商业和经济领域的影响，提出学校与公司一样，应当是有效能的，要消除浪费，以结果为核心，课程必须对培养学生成为合格的工人有帮助。博比特与科学管理之父泰勒（Taylor）都认为有效的成果依赖于组织上层的精确的、从上至下的对任务实施的教导，教师应当认可外部的行政人员和教育学家作为知识效率的专家，课程是社会规范的工具。在效能运动中，教师被看成被动的容器，而不是一个教育过程的主角。到20世纪80年代，评估运动发展为学习结果评估（Learning Outcomes Assessment，LOA）运动。

质量评估最重要的影响是对学习以及与学习有关的问题的关注。[①] 从20世纪80年代开始，LOA将关注点从商业界转向了高等教育领域。当时，在公司培训中出现了能力运动，影响了作为评估机构的认证机构对学生学习成果的检测。随着20世纪末新自由主义的出现，一些私人智库和非政府机构开始集中关注和提倡LOA。如美国校董与校友委员会（ACTA）和美国经济发展委员会（CED）在向联邦教育部提交的《大学认证能否兑现承诺》报告中提出，高等教育与商业一样，教师和学生应该像工人和产品一样接受评估，泰勒的思想应该被遵循，认证机构应当将认证的重点从输入和过

---

① Brennan J, Shah T, "Quality Assessment and Institutional Change: Experiences from 14 Countries," *Higher Education*, 2000 (3), pp. 331–349.

程转向结果。此外，一些新自由主义的概念也影响到 LOA，如"教育消费者""目标市场""企业管理视角""竞争力""价值""效率""生产率""管理负担""利益相关者需求""投资""企业家精神""价值增值教育"等。高等教育机构和过程变得像生产产品的工厂。

我国的高等教育质量评估开始于 20 世纪 80 年代初。1986 年原国家教育委员会发布了《普通高等学校设置暂行条例》，标志着中国高等教育认可制度的建立。这个条例在管理人员、教师、校园条件、图书资料、办学经费等方面规定了高校的设置标准，并规定了审批验收的程序。这种评估制度源于办学许可制度。1990 年原国家教育委员会发布的《普通高等学校教育评估暂行规定》首次规定对普通高校进行质量评估，对评估性质、目的、任务、指导思想、基本形式等做了明确规定，这是中国第一部关于高等教育质量评估的法规。1991 年原国家教育委员会颁布了《教育督导暂行规定》。1998 年颁布的《高等教育法》第 44 条规定"高校的办学水平、教育质量，接受教育行政部门的监督和由其组织的评估"，标志着中国高等教育评估走向法治化。2003 年，教育部在《2003—2007 年教育振兴行动计划》中明确提出实行五年一轮的普通高校教学工作水平评估制度。除了对高校实施综合评估，我国政府还开展了"全国普通高校研究生院评估""增列博士、硕士学位授权点评估""一级学科选优评估""博士、硕士授权点基本条件合格评估""全国优秀博士学位论文评选"等各种专项评估活动。

质量评估是质量检验、质量控制的基础。早期的质量管理着重于对最后阶段的产品质量进行检查，称为"质量检验"，其主要特点是以事后检验为主。质量检验是对产品的一种或多种特性进行测量、检查、试验、监视、验证、确认、审核、评审、计量等，并将这些特性与规定的要求进行比较，以确定其符合性的活动。质量检验具有鉴别、保证、报告职能。随着质量内涵从"符合性""适用性"到"顾客及相关方满意"的发展，传统的质量检验体制必须与顾客、合作伙伴、相关方评价体制相结合。

质量检验的一种特殊形式是质量监督。质量监督即为了确保满足规定的要求，对产品、服务、过程或体系的状况进行连续的监视和验证，并对记录进行分析。质量监督的实施者是顾客或以顾客的名义进行监督的主体，质量监督的方式和手段包括监视、验证以及相关联的设施、活动和由制度、法规等形成的机制。由于消费者相比于生产者和销售者处于信息不对称中的劣势一方,因此,质量监督作为"确保满足规定要求"的手段对生产者和销售者的制衡作用非常重要。质量监督的主要形式是政府质量监督,政府质量监督包括法治监督、技术监督、质量风险管理、实施质量认证、宏观质量统计分析、质量诚信体系建设等。

质量认证即第三方依据程序对产品、过程或服务符合规定的要求给予书面保证。认证与认可均属于合格评定的范畴。认可是指由权威机构对有能力执行特定任务的机构或个人给予正式承认的程序,认可的对象是实施认证、检验和检查的机构或人员。认证机构为所有具备能力的第三方机构,大多数国家认证机构之间往往存在竞争关系;认可机构为权威机构或授权机构,一般为政府机构或政府指定的机构,认可机构具有唯一性,认可机构中一般没有竞争机制。如美国高等教育有八大地区性高等教育认证机构,属于第三方机构,对这些机构的认可机构为联邦教育部和教育部授权的美国高等教育认证委员会(CHEA)。

质量控制即组织确立系统过程的质量目标、监测系统质量过程状况以及纠正质量过程偏离质量目标的质量管理活动。质量控制有目标控制与过程控制、反馈控制与前馈控制、全面控制与重点控制、内部控制与外部控制等类型。

质量评估的一个功能是对组织的权力和利益进行调整。质量评估本质上是对评估者和被评者之间的权力和利益关系进行调整的活动,其中,评估标准是调整权力和利益关系的核心,评估标准能组成一张无形的权力利益网,[①] 因此,质量评估往往充满纷争。质量评估往往对组织内部的权力平衡产生重要影响,还可以产生"生产者"和"消费者"的相对权力。质量评估的另外一个功能是为组织或组织成员提供合法性来源,合法性问题是组织和质量管理机构的最大挑战之一。通过评估活动及其结论,组织和评估机构可以获得合法性依据。这也是质量评估产生的一个重要的需求来源,另一个需求来源是消费者对质量信息的需求。质量评估也是质量决策的基础,通过质量评估收集决策信息,为决策提供事实依据。质量评估会对决策过程产生影响。

---

① Bode R K, Wright B D, *Rasch Measurement in Higher Education*, Springer, 1999.

（二）质量评估范式存在的问题

在高等教育大众化初期逐渐发展起来的质量评估范式具有其历史合理性，但不可避免地也带来了一系列问题或矛盾，其中主要有评估腐化风险、量化评估的意义缺陷、同质化问题、问责与改进的矛盾、目标评估模式的弊端等。

1. 评估腐化风险

评估背后的权力和利益越大，这种评估就越有可能成为一种高风险评估，就越有可能诱发高风险腐化。[①] 人们为了自身的权力和利益最大化，有可能破坏规则，甚至产生违法行为，这就是高风险腐化。对于教育而言，当赌注很大时，教师和学生甚至整个学校和地区会被引诱去作弊。进而，评估所附带的高风险会倾向于扭曲它所支持的评估过程。在教育中，评估设计者知道评估关系重大，为了降低自己的风险，他们就会倾向于使用那些确定的或者是少有争议的题目，当评估工具中有这样的项目或部分出现时，它们获得了信度和客观性，但牺牲了效度和精确度。高风险评估的特征是风险越高，人们就越有可能为评估而评估，从根本上背离评估的初衷。在教育上，评估风险越大，学校就越有可能为考试而办学，教师就越有可能为考试而教，学生就越有可能为考试而学。

2. 量化评估的意义缺陷

评估重在数量统计和分析，往往缺乏对数量的解释和定性的评价，后者即叙事。二者应互补，才能对教育质量有相对完整的描述。正如美国学者舒尔曼（Shulman）所言：计算（Counting）和对计算的叙事（Recounting）要同时存在。没有故事的计算是没有意义的，反过来，没有计算的故事是可疑的。[②] 数据与质量判断之间的相关程度可能会存在问题。一些目标会被高度强调，另一些不会受到重视，这会导致结论的出入。如有学者批评，英国政府曾将学生在高校之间或专业之间的转换、间歇性学习、不同

---

① Koch M J, Deluca C, "Rethinking Validation in Complex High-stakes Assessment Contexts," *Assessment in Education: Principles, Policy & Practice*, 2012 (1), pp. 99 – 116.

② Lee S S, "Counting and Recounting: Assessment and the Quest for Accountability," http://www.changemag.org/Archives/Back% 20Issues/January-February% 202007/full-counting-recounting.html, accessed in April 8, 2018.

的学习模式之间的转换看作学业失败的例子,但这种转换从学生个体的层次看可能反倒是学业成功的例子;政府对高校的高选择性持否定态度,而用人单位经常对那些较少选择性的高校表达不满。同时,质量指标背后的假设是值得怀疑的。如许多指标更关注学术研究,较少关注教学。科研项目数、教师获得博士学位的比例、成果的数量等充斥于评价指标体系,成果数量这样的指标可以被当作衡量教育质量的标准是很值得怀疑的。主张科研的量化评估的支持者的一个观点是认为科研可以促进教学,但有学者指出:"很难找到有力的证据证明教学和科研之间有充分的互补关系,相反,很多人反对教学和科研是紧密相关的这种说法。"[1]

3. 同质化问题

在质量评估的早期阶段,政府往往用某些统一的标准对高校进行评估,而对适用于不同机构的不同标准、高等教育系统的层次和活动的范围等根本性问题未很好顾及。[2] 而这与高等教育中越来越强烈的对多样化、灵活响应、一定程度的组织积极性和自主权是相悖的。高等教育多样性受到质量评估统一性的威胁,有统一标准的质量评估驱使众多机构对问题和环境做出类似的反应,高校之间变得越来越类似。由于政府会倾向于用统一的评估标准对高校进行评估,高校为了获得好的评估结果,获得更多的政府资源,会更加趋向于政府评估标准,这会影响高等教育机构的多元化,导致克拉克(Clark)和其他学者所指的"机构同质化"(institutional homogenization)问题,[3] 导致教育机构跟从全国性的而不是地区性的发展模式。

4. 问责与改进的矛盾

评估的两个目的是改进和问责。这两个目的很容易出现矛盾。在20世纪80年代中期,美国评估运动开始阶段高校和政府的主导观念是评估应当服务于问责目的,重点推行教育测量。美国高等教育学会(AAHE)分别在

---

[1] Williams G, Balckstone T, *Response to Adversity Higher Educaion in a Harsh Climate*, New Jersey: Humanities Press, 1983, p.84.

[2] Moodie G C, "The Debates about Higher Education Quality in Britain and the USA," *Studies in Higher Education*, 1988 (1), p.10.

[3] Clark K, "Higher Education Cannot Escape History," *Teachers College Record*, 1990 (70), p.248.

1985年、1987年和1988年召开了三次评估大会，讨论州政府发布的评估政策。《国家处在危机中》《大学课程的整体性与学习参与》等报告的发布加重了人们对质量的焦虑，公众对高等教育质量越来越不满。在这种背景下，越来越多的州政府发布了评估的指令，到1990年共有40个州发布开展教育测量的指令，但测量经常是消极的。测量者大部分来自学校外部，与专业或学校没有个人利害关系的外部测量者被认为会保持客观。在短期的现场走访中，外部测量者希望查明学校的优缺点，写出报告，提出建议，除此之外，他们没有对学校或专业的持续改进的责任。学校为了获得好的评估结论，会想尽办法表现得更好，问题被尽量隐藏。因此，学者们批评道：测量只是一个插曲。走访结束后，外部测量者的建议容易被遗忘，一切又恢复到原样，因为没有人真正"拥有"这些建议、有责任推动这些建议的实施。[①] 即使到今天，外部性尤其是政府性质量评估往往过度重视问责目的，不能很好地兼顾质量改进目的。

5. 目标评估模式的弊端

质量评估往往施行目标模式，亦即泰勒模式，以目标作为评价过程的核心和关键，通过对教育行为的考察来找出实际活动与教育目标的偏离，从而通过信息反馈，促进教育活动能够尽可能地逼近教育目标。这种模式背后的指导观念是符合性质量观，用预期目的、预定标准来衡量质量。目标评估模式一般包括四个步骤：设定目标、提出问题；收集证据；解释证据；使用结果。[②] 这种模式可能存在的问题包括以下几点。

(1) 导致教育的肤浅化。在泰勒评价思想的指导下，评估对象被根据特定的目标和目的来进行细分。为了使目标便于操作，目标必须要用可测量的结果来衡量，这会导致教育的肤浅化，"唯论文、唯帽子、唯职称、唯学历、唯奖项"突出。量化数据的提交很少会考虑它们的作用、可信度和可用度。为了可操作，学生评估中低级认知技能更容易被评估，高级认知技能评估的可操作性较弱，不容易标准化，因此往往在评估中被边缘化。例如批判性思维这样的高级认知技能是社会建构的，高度依赖于特定的社

[①] Ewell P T, "Perpetual Movement: Assessment After Twenty Years," Paper Presented at AAHE Assessment Conference, Boston, 2002.

[②] Barbara D W, "Moreart than Science: The Postsecondary Assessment Movement Today," http://www.apsanet.org/media/ Word Files/ More Art Than Science, Doc., accessed in July 10, 2016.

会、历史和文化背景,很难进行标准化评估。很多标准化考试声称测试批判性思维,效果是值得怀疑的。当很大的利害关系被附加到简单的只重视表面思维的考试的结果上时,教师必然关注这些低层次的、容易达到目的但无价值的可以提高分数的技能,而自由教育在经典意义上的最重要的目标在结构不良的问题面前被忽略了。①

(2) 导致教育的细碎化、扭曲化。教育目标往往被细化为特定的、具体的、可操作的、可量化的知识和技能。教育的完整性可能被肢解,学生的发展变得细碎化。教师不会为了学生的发展和学生的理解而教。

(3) 导致教育的功利化。教育必须有标准的、规范的测试来具体衡量目标和目的的实现程度,教师的薪酬、升迁、续签合同等与各种标准化测试的结果相关。这样,教师就会被迫为了考试而教,为评估而研究,从而导致教育的功利化。

(4) 导致"易测性偏差"。由于对总结性评价的强调,质量评估目标模式倾向于突出那些有现成的、明确的衡量标准的目标,可以测量的目标将会比不易测量的目标占有更大的比重。这种测量会扭曲其他层次的目标,并"导致对易于测量物品的重复生产而忽视那些不易测量的物品的生产"。②美国著名高等教育专家博耶(Boyer)担心这会导致大家去评估那些最为紧要的项目之外的其他事情。他说:"评估标准集中在那些易于计量的方面,但是评估活动并没能解释高校真正做了什么。"事实上,教学活动很少会有可以测量的结果。③

(5) 导致整个高等教育的"麦当劳化"。有学者认为,高等教育评估潜藏着一个很大的风险:将大学转变为公司化的培训中心。但这里的"顾客"不是学生,而是雇用者。教师的目标是以最低的成本和最高效的方式,将由一系列的量化知识、能力和技能定义的标准化的"产品"交给雇用者。评估运动与民主、进步、自由没有什么关系,它甚至没有真正实现向雇用者提供更好"产品"的目的,它不把学习当成是有趣的、愉快的或令人兴

---

① Phillips S E, "Legal Implications of High-Stakes Assessment: What States Should Know," Office of Educational Research and Improvement (ED), Washington, D. C., 1993, p. 152.
② Etzioni A, *Modern Organizations*, Engelwood Cliffs, 1964, p. 9.
③ Boyer E L, " American Higher Education: The Tide and the Undertow," *International Journal of Institutional Management in Higher Education*, 1987 (1), p. 11.

奋的。①

（三）质量评估范式的发展

质量评估范式在特定的阶段有其合理性。随着高等教育的发展，高等教育质量评估的理念、模式、方法等不断改进，以适应形势的发展。

评估理念的发展。人们认识到，评估具有改进功能，需要重视评估对教育教学质量改进、提升的作用。关于评估的概念更加成熟，将评估与学生学习更紧密联系起来，形成了评估的重点是促进学生学习并由此促进专业和整个学校的共识。② 在理论界，出现了各种新的评估理论，如古巴（Guba）和林肯（Lincoln）提出了"第四代评估"理论③；卡钦斯（Cousins）和厄尔（Earl）提出了参与式评估理论④；费特曼（Fetterman）和王德尔斯曼（Wandersman）提出了赋权评估理论⑤；浩斯（House）和霍弗（Howe）提出了"审议式民主"（Deliberative Democratic）评估理论⑥；伦德（Lund）等人提出了"效用中心"（Utilization-Focused）评估理论⑦；帕森（Pawson）和蒂利（Tilley）提出了"现实性评估"（Realistic Evaluation）理论⑧；等等。这些新理念的出现，为质量发展范式的出现奠定了基础。

协调问责目的和改进目的。高校更多地将评估看作收集和使用信息用于内部的改进，而不是用作外部的证据。评估本身不是目的，评估作为质量改进的手段和方法的价值受到重视。人们认识到，"评估的最大希望在于服务教学，在于为学生和教师如何最好地提升学习质量和教学质量的判断

---

① "Assessment Movement: One of the Great Dangers for True Education." http://p2pfoundation.net/Assessment_Movement, accessed in May 4, 2007.
② Barbara D Wright, "More Art than Science: The Postsecondary Assessment Movement Today," http://www.apsanet.org/media/Word Files/MoreArtThanScience.doc, accessed August 18, 2018.
③ 埃贡·G. 古贝、伊冯娜·S. 林肯：《第四代评估》，秦霖译，中国人民大学出版社，2008。
④ Cousins J B, Earl L M, "The Case for Participatory Evaluation," *Educational Evaluation & Policy Analysis*, 1992 (4), pp. 397 – 418.
⑤ Fetterman D, Wandersman A, "Empowerment Evaluation Yesterday, Today and Tomorrow," *American Journal of Evaluation*, 2007 (2), pp. 179 – 198.
⑥ House E R, Howe K R, "Deliberative democratic evaluation," *New Directions for Evaluation*, 2000 (85), pp. 3 – 12.
⑦ Lund V, Olafsen J A, Patton M Q, (eds.), "Utilization-Focused Evaluation: The New Century Text," *International Handbook of Educational Evaluation*, 1997.
⑧ Pawson R, Tilley N, "Realistic Evaluation," *British Journal of Sociology*, 1997 (2).

提供依据"。① 评估的问责和改进目的并不矛盾,在满足问责要求的同时应当将改进作为关注的重点。因此,评估中人们开始关注收集现有的数据,还关注从数据中产生出新的信息,并利用它分析原因,解决问题,帮助改进,由此使评估的环路更完整。正如有学者所说,"一个走完整个评估环路的学校会有一个生动的故事可讲,这个故事是关于问责的,也是关于进步和改进的,这个故事很自然地是改进努力的副产品"。②

评估模式的发展。在评估模式上开始兼顾评估的基本过程因素和背景因素,注重评估的改进功能。高等教育质量评估范式的初期,多采用 IP 模式,即强调测量输入(Input)和过程(Process)。后来在输入评估、过程评估的基础上加上了成果(Product)评估,发展到 IPP 模式。再后来,又注意到了背景(Context)对评估的影响,发展为较全面的 CIPP 模式:背景评估形成计划决策,输入评估为学校决策服务,过程评估指导实施决策,成果评估为提供反馈信息,为再循环服务,整个 CIPP 循环把背景、输入、过程和结果综合加以评判,突出了评估的改进功能。

评估方法的改进和多样化发展。一些基本的评估方法和工具自身得到了改进,同时注意根据需要综合采用认证、专业评估、排名、学术审计、问责评估、比较性评估、绩效评估、学生评教等多种评估方法。开始意识到信息不可能都量化,或者用于学校之间的比较,定性的、描述性的信息在某些情况下对学校的发展更有价值,寻求对问题的理解和改进,尊重学校之间的差异,真正发挥信息和数据的评估价值。正如爱因斯坦所言:不是每件事情都能被看作数据,也不是每件事件的数据都能被计算。问责可以服务于改进,而不是削弱改进。前期在问责目的主导下的评估概念严重依赖于量化的数据,采用量化模式。有学者提出评估应当采用质化模式,将数据的测量包含在内,同时使用证明、记录、活动证据等质性的材料,依靠评估者的判断来获取意义。③

---

① Lee S Shulman,"Counting and Recounting:Assessment and the Quest for Accountability," http://www.changemag.org/Archives/Back%20Issues/January-February%202007/full-counting-recounting.html,accessed in April 4,2009.
② Ewell P T,"Perpetual Movement:Assessment after Twenty Years," AAHE Assessment Conference,Boston,2002.
③ Barbara D Wright,"More Art than Science:The Postsecondary Assessment Movement Today," http://www.apsanet.org/media/WordFiles/MoreArtThanScience.doc,accessed in May 16,2012.

总之，质量评估范式在大众化阶段的大部分时间具有合理性，促进了高等教育的发展和质量的提升。但评估活动是否有效地与教和学，与课堂、实验室、工作室中的改进联系起来，关键看评估怎么使用。有时候评估只是形式，或者是为了满足政府的指令的活动。传统的评估模式是强调量化的、外部的、强制性的、标准化的、可比较的测试，作为对高校进行问责和配置政府性资源的依据，这种模式也许更适合于高等教育外延式发展模式和阶段，在新的高等教育发展形势和需求面前，传统的质量评估范式需要得到改进。

三　质量管理范式

高等教育质量管理作为一种范式是对质量评估范式的发展，包含了质量评估，同时扩大了质量理念、质量工作的范围和深度。质量管理范式的发展大致经历了检验质量管理、统计质量管理、全面质量管理等发展阶段。

（一）高等教育质量管理

高等教育质量管理即对高等教育质量的判断、决策和行动的整个过程，涵盖保证高等教育质量所涉及的一切内部和外部的结构和过程。其中"质量评估"是对高等教育质量的衡量和判断；"质量控制"更强调规定性职能；"质量保证"往往作为"质量管理"的同义词，既强调质量的规定职能，也强调质量的促进职能。高等教育质量管理涵盖了质量评估概念，是对质量评估的丰富和发展。在精英教育中，质量是通过限制进入加以保障的，但这种模式在大众化高等教育中不能持续，越来越强调管理程序和专业化管理对高等教育质量的保障作用。高等教育质量管理范式在经历了不断的发展后，进入了所谓TQM（全面质量管理）模式阶段。TQM首先出现在美国高等教育中。

在像美国这样的市场驱动的高等教育系统中，许多管理模式直接或间接起源于"市场"和商业世界。1991年10月美国高等教育学会（AAHE）的公报中刊登了一篇题为《TQM进入校园》的文章，标志着"质量管理"被正式引入美国高等教育，其后形成了各种变式的高等教育全面质量管理模式。① 1995年美国教育学会的一项调查发现，65%的高校开展了校园全面质量管理或持续质量改进（Continous Quality Improvement，CQI）活动。事实上，一些在企业管理中风采不再的质量管理风潮如今进入大学校园却再次风光起来，如马切塞（Marchese）所言，"这些质量管理模式的脚步迈入高等教育已是它踯躅于商业的五年后的事情，多半是由于企业家们已经抛弃它们了"。② 拥护者认为，TQM具有普适性，既适用于制造行业和服务性行业等工商业机构，也适用于学校、医院、专业团体等事业机构，甚至适用于政府、军队等机构。高校具有集合性生产的特点，在很多方面与工商企业相通，适合于实施TQM。

企业界的质量管理模式进入高等教育，是通过一些联结点进入的，如大学的工程和商学院往往设有咨询委员会，有很多成员来自大公司；在高校的董事会中，商业界人士往往是重要的代表；一些公司的董事会中，成员往往是大学校长；还有一些包含高等教育领袖和商业领袖的正式群体、包含大学校长和公司领袖的非正式协会、圈子等。③ 高校对企业的做法有一个模仿过程，私人企业的做法被认为比公共部门更有效。

同时，管理实践也从政府部门进入高等教育领域。有些学者将政府看作管理模式从商业部门进入高等教育的中间环节："每隔六个月，新的管理风尚就横扫了管理圈。它首先集中在商业社会，接着是政府，最后是教育。"有些研究者识别出了起源于政府的管理模式，在研究了项目规划预算制度（Program Planning Budgeting System）、目标管理、零基预算等管理模式的起源后，比恩鲍姆（Birnbaum）写道："所有这些理性方法最初都完全是由政府发展起来的，最先是总统个人的支持，然后从联邦政府传递到州政府，在这里，它们最终找到了进入高等教育的路径。"④

一些国际组织也对工商领域的质量管理模式进入高等教育进行了推动。

---

① Marchese, T J, "Sustaining Quality Enhancement in Academic and Managerial Life," in *Planning and Management for a Changing Environment*, edited by Peterson M W, Dill D D, Mets L. A. and Associates, Jossey-Bass, 1997, p. 7.

② Marchese, T J, "Sustaining Quality Enhancement in Academic and Managerial Life," in *Planning and Management for a Changing Environment*, edited by Peterson M W, Dill D D, Mets L. A. and Associates, Jossey-Bass, 1997, p. 7.

③ Slaughter S, *The Higher Learning and High Technology: Dynamics of Higher Education Policy Formation*, State University of New York Press, 1990.

④ Birnbaum R, *Management Fads in Higher Education*, Jossey-Bass, 2000, p. xvii.

如联合国教科文组织（UNESCO）出版的《学会生存》就指出："最近的各种实验表明，许多工业体系中的新管理程序都可以应用于教育，不仅在全国范围可以这样做（如监督整个教育体系运行的方式），而且在一个教育机构内部也可以这样做。"

除了TQM，企业界的诸多管理理念曾经作为一种管理时尚被频繁运用/移植到高等教育质量管理中。不少学者对高等教育质量管理模式进行了研究，如巴雷特（Parlett）和汉密尔顿（Hamilton）提出了教育评估的启蒙（Illuminative）模式[1]；斯塔克（Stak）提出了应答模式（Responsive）[2]；格林（Greene）的利益攸关者模式（Stakeholder）[3]；杜克（Duke）提出了学习型大学模式（Learning University）[4]；哈维（Harvey）和奈特（Knight）提出了教育质量的变革型模式（Transformative Model）[5]；霍勒斯（Haworth）和康拉德（Conrad）提出了教育质量的参与型模式（Engagement Model）[6]；摩尔（Moore）提出了回应型大学（Responsive University）模式[7]；等等。学者们还研究了全纳式、整合式、协作型、变革型、交互式等管理理论、模式和方法。这些理论的焦点从测量、描述和价值判断转向民主对话、多元参与、心理建构，从二元对立转向综合性模式，强调发展过程、组织学习、学生中心。

在国内，与企业领域不同，高教领域很少使用"质量管理"的概念，高等教育质量研究中常用质量的"评估""评价""检查""审核"等来描述对于高等教育质量的价值判断和衡量。20世纪90年代，随着全面质量管理理论的引入，高等教育"质量管理"的意识开始逐渐确立。由于"质量评估"

---

[1] Parlett M，Hamilton D，"Evaluation as Illumination：A New Approach to the Study of Innovatory Programs," *Plant Journal*，1972（4），pp. 341-351.

[2] Stake R E，"Program Evaluation, Particularly Responsive Evaluation," Reported on the Conference "New Trends in Evaluation"，Goteborg，Sweden，1973，p. 10.

[3] Greene J G，"Stakeholder Participation and Utilization in Program Evaluation," *Evaluation Review*，1988（2），pp. 91-116.

[4] Duke C，"The Learning University. Towards a New Paradigm？The Cutting Edge Series," *Change Strategies*，1992（100），p. 155.

[5] Harvey L，Knight P，*Transforming Higher Education*，Buckingham：Society for Research into Higher Education (SRHE) and Open University Press，1996.

[6] Haworth J G，Conrad C F，"Emblems of Quality in Higher Education," Developing and Sustaining High-Quality Programs，1997.

[7] Moore K M，"Building the Responsive Campus：Creating High Performance Colleges and Universities," *Journal of Higher Education*，1999（2），p. 249.

和"质量管理"概念的混乱,使得在很长一段时期,所谓的高等教育"质量管理"的研究,实际上仅仅是对"质量评估"或"质量保障"的探索。

"质量保障"是新管理主义的一部分。新管理主义强调生产力、产出、绩效责任。新管理主义下的质量保证强调透明度、效率、绩效、良好实践、卓越文化等。高等教育"质量保障"概念是20世纪80年代提出来的,这一概念要比高等教育"质量评估"大得多。质量评估只是高等教育质量保障的一种手段。高等教育质量保障系统是一套组织行为,而评估则是实行这一套组织行为的手段。高等教育评估是高等教育管理的一种手段,用来保障教育质量。[1]

高等教育质量保障体系的研究主要集中在其结构形态和组织体系、建构的原则与方法、实施和运行模式以及发展研究等方面。目前被引用到高等教育质量领域的管理理论主要有ISO9000系列标准认证理论、全面质量管理理论、高等教育服务质量管理理论等。代表性的研究有:陈玉琨等编著的《高等教育质量保障体系概论》[2];陈玉琨在《发展性教育质量保障的理论与操作》[3]中介绍了他所领导的课题组在充分吸收国外经验的基础上,对发展性教育质量保障进行了较系统的研究;王建华在《多视角的高等教育质量管理》[4]中提出高等教育质量将从"评估"走向"管理"的观点;吴剑平等对大众化背景下的国内外高等教育质量管理进行了较为系统的研究,提出了中国特色的高等教育质量管理理论体系。[5] 雷金火在《新时期高等教育质量建设的几个问题探讨》一文中总结了我国高等教育质量管理的基本思路[6];赵蒙成[7]、张虹[8]、戴梅红[9]等人对ISO9000质量管理体系在高校中

---

[1] 顾明远:《高等教育评估中几个值得探讨的问题》,《高教发展与评估》2006年第3期。
[2] 陈玉琨、代蕊华、杨晓江、田圣炳:《高等教育质量保障体系概论》,北京师范大学出版社,2004。
[3] 陈玉琨:《发展性教育质量保障的理论与操作》,商务印书馆,2006。
[4] 王建华:《多视角的高等教育质量管理》,广东高等教育出版社,2010。
[5] 吴剑平等:《大众化背景下中国高等教育质量管理研究》,清华大学出版社,2011。
[6] 雷金火:《新时期高等教育质量建设的几个问题探讨》,《中州大学学报》2006年第3期。
[7] 赵蒙成:《论ISO9000质量体系对高校的适用性》,《现代大学教育》2002年第6期。
[8] 张虹:《引入ISO9000系列标准建立高校质量管理体系》,《北京联合大学学报》(自然科学版)2003年第4期。
[9] 戴梅红:《在高等教育领域树立"顾客满意"质量意识的思考》,《高等农业教育》2004年第10期。

的运用进行了分析;赵中建介绍了高等教育全面质量管理的概念框架①;林健从高校人才培养的角度分析了全面质量管理理论的运用②;高新柱从经济学、组织文化学、政治学视角对高等教育质量管理进行了研究。③

(二) 质量管理范式的发展

高等教育质量管理理论和模式经历了一个逐渐发展的过程。20世纪以前,高等教育相对简单,规模不大,教育方式单一,那时的教育质量基本是靠教师本人的教学技能和经验来保证。教师既是教学人员,又是质量控制、管理人员,他们的经验就是质量标准,这种教育质量也可以称为"教育者的质量",质量标准基本是教师实践经验的总结。社会对教师教授的学生的信任成为大学教育的依据。

在工业社会,企业中出现了专门的质量部门承担质量控制职能,设置专职的质量检验人员,到20世纪40年代,这时的质量管理被称为"检验员的质量管理",这种检验属于事后检验。到20世纪50年代末,出现了数理统计技术在质量管理领域的应用,这时的质量管理被称为统计质量控制。在高等教育中,高等教育进入大众化阶段后,规模扩大,形式种类多样,教育技术不断发展,教学模式和方法越来越复杂,人们对教育质量的要求也更高更复杂了,高校开始借用商业领域"科学管理"理论的质量检验、质量统计等"质量控制"理论和方法,成立了相应的质量管理机构,出现了负责教育质量管理的专门人员,越来越重视"教育责任"和"质量保证"问题,加强内部质量管理。

当经济领域的质量管理理论发展到"全面质量管理"后,在高等教育领域中,人们也逐渐认识到,教育质量的形成,不仅与教育过程有关,还涉及其他许多过程、环节和因素,只有将影响教育质量的所有因素都纳入质量管理的轨道,并保持系统、协调地运行,才能保证教育质量。同时,受心理学和管理学领域行为科学理论、人际关系理论等的影响,人们也注意到在高等教育中,要关注人际关系,调动教师和学校员工的积极性,重视"人的因素"在质量管理中的作用。1987年,国际标准化组织(ISO)

---

① 赵中建:《高等教育全面质量管理的概念框架》,《全球教育展望》1997年第5期。
② 林健:《高等学校人才培养全面质量管理探析》,《高等教育研究》2001年第6期。
③ 高新柱:《高等教育质量管理的多学科视野分析》,硕士学位论文,华东师范大学,2010。

在总结各国全面质量管理经验的基础上，制定了ISO9000《质量管理和质量保证》系列标准，其基本特点是从过去的事后检验和把关转变为以预防和改进为主；从管理结果转变为管理因素，把影响质量的诸因素查出来，发动全员、全部门参与，依靠科学管理的理论、程序和方法，使生产的全过程都处于受控制的状态。这一标准随后被不少高校引入，加以吸收、改造和利用。

高等教育还引入了管理学中强调质量改进的过程循环理论和实践。著名的质量管理理论家戴明总结提出了质量管理的"戴明环"PDCA循环，后来出现了"六西格玛"的DMAIC循环。一些高校引入PDCA等模式，进行调整优化，希望建立教育教学质量提升的持续性机制。这些模式被一些学者在高等教育背景中进行研究，如程（Cheng）和塔姆（Tam）将工商管理理论应用于教育领域，提出了管理和提高教育质量的目标和计划模式、资源输入模式、过程模式、满意模式、合法性模式、问题排除模式和组织学习模式等七种一般性模式，作为高校制定质量发展战略的一般性参考框架。[1] 博格（Bogue）将高校的质量管理活动总结归纳为四种基本模式：第一，认证和专业评估，包括同行审议和外部标准；第二，评估和结果运动，要求发展绩效证据，关注价值增值问题；第三，全面质量管理，核心是持续改进和顾客满意原则；第四，问责和绩效指标报告，与监督功能和质量问题透明度需求的增加有关。博格认为，高校的质量管理必须超越这些模式所涵盖的概念和技术层面，统一质量保障的系统维度和个人维度，关注质量的道德和伦理问题。

质量控制作为高等教育质量管理的重要环节，越来越强调发展的理念。对高等教育问责的强调导致西方国家大量建立各种高等教育质量控制制度。一个国家的高等教育质量控制系统可以分为两部分：内部控制系统和外部控制系统。首先，高校对其教学、科研和其他服务的质量承担首要责任，由高校建立质量内控机制和制度，由高校内部机构开展质量控制活动，并促进教育质量的提升。其次，各级政府从外至内对高校的教育质量进行控制和监管。在一个良性的高等教育控制系统中，内控系统和外控系统是互

---

[1] Cheng Y C, Tam W M, "Multi-models of Quality in Education," *Quality Assurance in Education*, 1997 (1), pp. 22–34.

补的，而且，政府规制型的外控系统往往是由高等教育系统的内部发展而来。法国教育评估委员会前秘书长斯塔洛珀利（Staropoli）曾说：法国教育评估委员会的目的"不是要行使平衡或控制学术系统的权力，而是要尽力发展学术系统自己的评估能力，以让整个学术系统来管理好它自己"。①

一些国家比较注重外部质量监控。如荷兰自从1986年《大学教育法令》颁布开始，一系列的法律法规就规定了教育主管部门对教育质量的监管职责，设立了高等教育督察处监督教育质量。督察处的任务之一是组织和帮助专家组对高校进行评估，并对专家组开展的评估活动进行审查，并且，专家组的评估不会被看作唯一的评估教育质量的手段，所有的评估方法和技术手段都会被督察处公布出来，这样，督察处就可以对整个评估过程进行控制。督察处会查看所有从基层来的报告，为课程建设设置条件，对高校的内部质量监控体系进行督察，然后，督察处将评估结论和督察信息汇报给政府，政府根据《高等教育和科学研究计划》，提供机会让高校进行陈述，然后基于这些信息，做出财政资源配置的决定。从荷兰案例中可以总结出一些外部质量控制的一般性特征。第一，评估活动的实施是层级式的。政府规定了质量控制过程应当怎么操作，为评估机构和高校分配任务；政府对质量的界定和如何评估组织绩效有很大的发言权，这使质量控制越来越变成一种中央规制模式。第二，外部评估是第一位的。整个质量控制系统都是为满足外部控制的需要。评估活动的组织、程序、标准、规范等都是由外部来定的。虽然内部评估和外部评估并不必然相左，但外部评估控制的作用更大。第三，这种评估本质上是一种总结性评估。评估主要关注目标达到的程度。政府对目标的设立以及决定何种目标占优有很大的发言权，根据这些目标达到的程度进行相应的资源配置。

随着质量范式逐步从质量控制模式转向TQM，TQM也开始发展性地用于高等教育中。随着TQM在实践中的逐渐展开，人们意识到企业管理的TQM在高等教育中有一些不可避免的局限或问题，不少学者开始关注企业管理理论和模式存在的问题。如李（Lee）通过研究指出，TQM概念的核心是产品质量由消费者定义，通过减少变异提升质量。作为一种主要用于工

---

① 转引自 Weert E D, "A Macro-analysis of Quality Assessment in Higher Education," *Higher Education*, 1990 (1), pp. 57-72.

业领域的管理理论，TQM 存在一些内在矛盾，如集体主义对个人主体的矛盾、控制对授权的矛盾、标准化对创新性学习的矛盾等，需要在这些矛盾中找到一个恰当的平衡点。① TQM 理论用于服务领域并不容易，将其用于教育领域更难，因为在教育领域中，消费者的概念是不可靠的。事实上，教育质量的概念不是由单个消费者群体来定义的，而是要受到不同的利益相关者需求、各种与教育相关的目的和规律的影响。TQM 不能解释教育的转换和学生参与的本质；TQM 对减少变异的强调不适合解释学生学习的本质。某种程度上，教育和学生学习反而应该追求差异性、多样性，尊重个性，而不是追求一致性，在教育中保持一致性也是不可能的。休斯顿认为，TQM 用于高等教育存在"隐喻"的冲突：TQM 一般是组织的"机器"隐喻的一个工具，这与学术文化的本质有根本的不同，学术文化的基本价值是学术自由、共治和专业主义。②

一些学者注意突出 TQM 在大学中使用的特殊性。如唐仁春认为，大学全面质量管理"是指在高校高层管理者的领导和参与下，以教师为主导，以学生为主体，以培养德智体可持续发展的高素质人才为中心，以全校人员参与质量管理为基础，以让学生、家长、社会、政府满意和学校、社会受益为宗旨，以有效的质量保障为手段，学校所有部门同心协力，综合运用现代管理技术和科学方法，预防并控制影响教育质量的主要因素，经济、高效、系统地实现高校规模与质量持续协调发展的管理理念、模式的方法"③。高校也逐渐冷静下来，理性认识 TQM。美国 1994 年实施 TQM 的高校有 218 所，到 1996 年只剩 44 所。TQM 在高等教育质量管理中的使用被进行了改进和限制，重点突出高等教育的本质和特殊性。

重点在非学术领域大力实施 TQM。一些发达国家如美国和英国的高等教育机构对 TQM 进行了实践，但是，经验表明，其成功应用主要在非学术活动中，如登记注册、物资管理、财务管理等，而不是在核心的学术活动中，尤其是教和学的活动。④ 一些教师和管理人员将 TQM 看作更适合于招

---

① Lee H, "Beyond TQM," *Quality in Higher Education*, 1995 (2), pp. 123 – 46.
② Houston D, "Rethinking Quality and Improvement in Higher Eeducation," *Quality Assurance in Education*, 2008 (1), pp. 61 – 79.
③ 唐仁春：《高等学校全面质量管理策略研究》，湖南人民出版社，2011，第36—37页。
④ Don H, "TQM and Higher Education: A Critical Systems Perspective on Fitness for Purpose," *Quality in Higher Education*, 2007 (1), pp. 3 – 17.

生、财务、资产、校园安全等管理领域的改进的工具。除了教学质量、科研质量等核心的学术质量，高校尤其要重视管理质量的提升。提高质量仅仅停留在传统上加强和完善"质量的管理"，是远远不够的，必须不断提高和优化"管理的质量"，才会持续提高高等教育的质量，完成好内涵发展的核心任务。①

重视学生满意度。根据 TQM 的顾客满意度原则，强调以学生为中心，出现了对在校生和毕业生的各种满意度调查。

更强调人的主体地位。工业领域的 TQM 虽然也讲"全员"管理，但员工总体仍属于质量管理的对象，是达成提升产品质量目的的手段。在高等教育质量管理中，则更注重人的能动性和创造性发挥，强调质量是人的质量，人是质量的主人，是为人的发展服务的；强调变革质量文化，使质量保证成为每个人的自觉行为。"特别强调要深入挖掘现代全面质量管理和质量保障中的文化观念、精神价值和心理意识要素，实现与本土文化对接，与质量主体意识和道德自律对接。改变长期以来高等教育质量保障的外在性和技术性，使质量管理和质量保障真正成为国家、社会、高校以及师生等每一质量主体的内在成长的需要，成为质量提升的内在动力，换言之，就是要唤起每一主体的质量意识、质量责任、质量态度和质量道德。"②

总体来说，质量管理范式发展形成于高等教育大众化中后期，是对质量评估范式的发展，保障了高等教育质量工作的规范性和连续性，对高等教育发展效率很有价值。同时，高等教育管理范式虽然比质量评估范式有进步，但仍存在不少问题，各种理论和实践模式都多少带有"管理主义"和技术化倾向。高等教育质量管理只有少部分技术性活动，也是知识、人格、意义、精神、价值、观念性活动。质量管理模式最被人诟病的是不管是政府的外部性绩效评价、问责评估还是学校内部的各种质量管理，其出发点都是为了方便"管理"，便于"控制"，教育和学术的考虑不多，尤其是对学生学习的促进被边缘化了。另一个矛盾是质量管理更强调现有质量的保障和按照规则、目标进行"管理"，虽然也涉及质量的改进和提升，但后者总体上处于边缘地位。保障、问责、控制导向的质量管理模式急需根

---

① 《高等教育强国视角下的"两个一流"》，搜狐网，http://www.sohu.com/a/83046804_195079，最后访问日期：2018 年 6 月 14 日。
② 刘振天：《为何要提"高等教育质量文化"》，《光明日报》2016 年 6 月 7 日。

据外部环境的变化，尤其是高等教育改革发展的需要进行改革创新。

四　质量发展范式的历史继承性

质量发展范式是对质量评估和管理范式的丰富与发展。高等教育的"质量"不是一元的，而是多元的；不是单数，而是复数；不是确定的，而是未知的；不是永恒不变，而是不断变化和发展的。质量管理重在过去和当下，质量发展重在未来。质量评估和管理重在认识，质量发展重在行动。质量评估和管理重在已知，质量发展重在未知。质量评估和管理相对静态，质量发展是绝对动态的。质量评估和管理重在"实现"目标，质量发展重在"超越"目标。质量评估和管理也有质量的提升，但多是一次性的，而质量发展是质量的持续提升。质量评估和管理强调总结，质量发展强调诊断。质量评估和管理的问责目的往往大于改进目的，质量发展是问责与改进的统一，通过质量的发展来实现问责与改进目的。

质量发展范式是与高等教育大众化末期和普及化阶段相适应的新范式，具有较为丰富的时代内涵，是一个系统的思想和行动规则体系，下文将对高等教育质量发展的价值取向、标准框架、责任划分、核心内容（学习成果质量、工作质量）、方法、制度以及国际经验进行较为详尽的介绍。

第三章　质量发展的价值取向

高等教育质量价值观即对高等教育质量的价值的看法和意识,是高等教育质量意识形态的内核。新时代的中国高等教育应当发展出与高等教育内涵式发展相适应、起支撑作用的质量价值观。高等教育质量发展范式之前,高等教育在发展过程中,涌现出了符合性质量观、满意性质量观、动态质量观、竞争性质量观、全面质量观、结果质量观、系统质量观等主要的质量观。高等教育质量发展范式秉持"大质量"观,吸纳了这些质量观的合理成分,并进行了拓展和发展,形成了新时代高等教育质量发展的八大价值取向。

一　质量的全面发展

质量发展范式吸收了全面质量管理的全面质量理念,探索"全面质量发展"的模式和路径。质量发展的核心任务就是持续改进质量,以达到并超越目前及未来的顾客需求、希望与期待;质量发展范式还吸收了"全面质量管理"全员、全程、全要素的思想,构建形成了自己的"全面质量发展观"。

参与式发展。强调全体教职员工和学生共同参与质量发展,还要在此基础上有效协作,构建质量共同体。进而,高校面向社会办学,质量发展不仅需要内部全体人员的共同努力,也需要社会各方面的积极参与;高校要提高服务政府需求的能力,寻求各级政府部门对质量发展的支持。

全过程发展。对质量活动的全过程、全部活动、所有的环节都贯穿以质量发展。

全要素发展。高校的组织体系的全部构成要素都渗透进质量发展。

全面满意。追求让消费者的全面满意是高等教育质量发展的长远目标,必须持之以恒地追求。顾客全面满意,质量就不仅仅是合格的教育、经济合算，还要在此基础上让教育消费者心理上感到满意，质量涉及的范围更广、内容更深。

全部消费者满意。追求让"全部消费者"满意，也是质量发展的长期目标。当今高等教育的服务面向愈发多样，教育消费者也愈发多样。"全面消费者"包括教职工、学生、举办者、资源的供给者、合作者、政府、用人单位、社会、有合作交流关系的国际组织、外国大学，等等。

全职能发展。强调全职能的质量发展。高校的教学、科研、社会服务、文化传承创新、国际交流合作等职能的展开都肩负质量发展的任务。

全面发展。高校强调全人的发展，培养德智体美劳全面发展的建设者和接班人。

二　质量的持续发展

质量的持续发展是高等教育质量发展的重要价值追求。质量的持续发展包括质量的持续改进和质量的可持续发展两个方面，质量的持续改进是质量可持续发展的基础。

（一）质量的持续改进

持续改进是组织的永恒目标。事物是不断发展的，都会经历一个不断完善、不断更新的过程。人们对产品或服务的质量要求也在不断提高，质量管理必须包含对这种变化的管理，管理的重点应关注变化或更新所产生结果的有效性和效率，这是一种持续改进的活动。由于改进是无止境的，所以持续改进是组织的永恒目标之一，持续改进的目的在于增加顾客和相关方的满意度。美国的地区性院校认证中，认证机构强调学校自我改进，改进学术质量是认证的核心标准，要求高校对自己的改进活动进行规划，以推动高校持续地改进教育教学。

改进一般包括以下活动：第一，分析和评价现状，以识别改进区域；第二，确定改进目标；第三，确定改进办法；第四，实施选定的改进办法；第五，检测、分析和评价改进的结果，确定改进目标的实现情况；第六，正式采纳更改；第七，对正式更改的结果进行评审，寻找进一步改进的机会，进入下一轮改进。

质量持续改进的一个重要特点是着眼于未来。作为一种质量保障制度，美国认证制度通常着眼于未来。在国际上，除认证外，还有学术审计、视导等其他的质量保障方式，但它们大都将注意点放到对高校当前和过去的活动的检查，以保障目前的教育活动的质量、找出目前存在的问题为主导或唯一目的。而在美国实施的认证制度的重点是在于未来，在于质量的改进。质量改进部分来自对当前活动的检查，但以未来为主要的导向。例如，南部地区院校协会在高校中推行"质量提升计划"，要求学校通过自查找出未来需要改进的领域。新英格兰院校联合会要求高校对每一个认证指标的表现进行"反思"，以此为基础制订后续改进计划和发展规划。

（二）质量的可持续发展

1992年联合国提出《里约宣言》和《21世纪议程》，世界各国都把可持续发展作为一个重要战略思想。可持续发展包括社会的可持续发展和人的可持续发展。社会可持续发展是指社会、经济、环境、文化的发展既满足当代人的需要，又不对后代人满足其需要的能力构成危害。人的可持续发展指跨越人生诸阶段的、终身不间断的发展和人生各个横向维度的发展。可持续发展注意到了发展的纵向维度。人的发展应当是全面、可持续的发展，即能建构各个横向和纵向维度的发展。可持续发展也是组织追求的目标，一个可持续发展的组织有能力处理好当前的组织需要并具备成功应对未来组织和市场环境的战略管理能力和敏捷性。[1] 高等教育质量的可持续发展也表现为纵向时间维度的可持续发展和各个横向维度的可持续发展。

纵向可持续发展。提高质量是教育质量发展永恒的主题，教育质量提高只有起点，没有终点，教育应该是可持续发展的。高等教育"最好"是暂时状态，"更好"是常态。高校应以改进质量为追求，而不要追求终极的尽善尽美。高校必须不断努力，确保今天比昨天更好，明天比今天更好。学生和其他"顾客"的教育需求和期望在不断变化，是永无止境的，因此学生和其他"顾客"对高校教育教学的满意是相对的、动态的。这就要求

---

[1] 《美国鲍德里奇国家质量奖教育行业标准》，周杰、宋宝弘译，天津科学技术出版社，2010，第10页。

高校要持续改进教育产品和服务的质量，以持续满足"顾客"的需求，令"顾客"满意。

横向可持续发展。立德树人是高校的根本任务，高校对学生全面、健康成长的追求是无止境的，人才培养的标准也是没有上限。教育质量不仅仅是学生的知识学习和考试成绩，更是德智体美劳的全面和谐发展。科研应不断追求卓越，提升实力，为经济社会发展提供源源不断的智力支持。高校为国家和区域、社会提供各类服务，也应当以不断提高服务对象的满意度为追求。高校的文化职能和国际交流与合作也要长远考虑，追求可持续发展。

发展学生的可持续学习能力。要以学生为中心，关注学生的终身可持续学习与可持续发展。人的学习能力包括基础学习能力和可持续学习能力。基础学习能力是掌握基础知识与基本技能的能力，主要包括语言能力、运算能力、解题能力、阅读能力、写作能力、应试能力等。可持续学习能力是后续学习和终身发展所需要的学习能力，主要包括收集、分类、概括知识与相关信息的能力，口头表达能力，分析评价能力，合作能力，创新创业能力等。美国高等教育认证委员会（CHEA）规定，认证机构的认证标准中要求高校能促进学生的生产性学习，要求学校的改进规划要能支持学习或获致学生学习的改进。

增强适应性。质量发展是一个适应的过程，适应的过程是一个动态的过程，动态性是适应性的内在要求。高等教育要树立权变的观念，不断调查新情况，研究新问题，掌握新动态，加强信息反馈和调节控制，根据变化了的内部环境和外部环境对发展模式和发展方法做出调整。

注重发展性质量评估。发展性质量评估不同于水平性评估和甄别性评估，是一种面向未来，重过程、重评估对象主体性，以促进评估对象发展为根本目的的质量评估，是形成性评估的深化和发展。强调有效发挥评价的改进和促进功能。形成性评估强调工作的改进，发展性评估强调对评估对象人格的尊重，强调以人为本的思想。发展性评估具有以学生为本、价值多元、尊重差异、评价情境真实化、评价方法多元化、评价过程动态化、评价主客体之间的互动与理解、评价主体的行动研究与反思等基本特征。教师要充分发挥评价对学生学习与发展的促进作用，融合课程、教学与评价，运用评价工具不断开展行动研究和反思，改进教学和课程设计，促进学生、教学以及课程三方面共同发展。

三　以学生学习为中心的质量发展

（一）以学生为中心

以学生为中心是以人为本思想的具体体现，以人为本是科学发展观的核心内涵。以人的本质为质量发展的根本出发点和落脚点，是质量发展的总方向。质量发展以人为本，就把"质量"从一个物的概念，转变为一个人的概念，回答了质量发展为了谁、依靠谁的问题。一方面，质量发展的成果要惠及人；另一方面，提高质量水平、促进质量发展，必须依靠人，包括家长、学生、教师等的共同努力。

以学生为中心是一种新的学生观。杰拉尔德（Gerald）将精英主义高等教育中人们对"最好的学生"的偏爱背后的教育观归结为"好学生崇拜"。好学生崇拜的逻辑是：大学领导的最终梦想是招收到已经受到良好教育的学生，他们甚至不需要更多的教育。真正的以学生为中心的教育模式挑战着精英主义的好学生崇拜，这种模式希望所有的学生（不仅仅是少数的"好学生"）都能有好的发展，知道自己想学什么，如何学得更好。好学生崇拜问的问题是：在我们看见他们之前，谁是最好的学生？而以学生为中心的教育模式把问题转换为：在我们看见他们后，学生们能够做什么？美国杨百翰大学人类学系副主任克拉克（G. Clark）说："以学生为中心促使我们跳出我们自己，将我们的注意力从我们作为教师做了什么转到我们的学生真正学了什么。"①

以学生为中心是以顾客为关注焦点的管理原则的要求。"顾客"即接受产品和服务的组织或个人，如消费者、委托人、最终使用者、零售商、受益者、采购方等。顾客可以是组织外部的，如使用者、消费者和受益者；顾客也可以是组织内部的，如下道工作程序是上道工作程序的"顾客"。在此概念下，学生是高校最为重要的"顾客"。"组织依赖于顾客。因此，组织应当理解顾客当前和未来的需求，满足顾客需求并争取超越顾客期望。"

---

① Gerald G, "Assessment Changes Everything," http://www.mla.org/blog&topic=121，最后访问日期：2018 年 4 月 20 日。

(ISO9000)质量的需求在于消费者,目的在于满足消费者的主观需求,消费者理应成为质量的最合适的评价者。① 以学生为中心的教育要求认识到技术的发展,认识到竞争者提供的方案和产品的发展,要对学生、利益相关者和市场变化做出迅速灵活的反应。

学生发展是衡量高等教育质量的最核心的标准。博耶(Boyer)提出"天资发展模式",认为大学的主要目的是最大可能地发展学生的天资,这种发展体现在学生智力、价值观、态度、兴趣、习惯和精神健康的提升上,学校如果能够为学生提供最大量的发展利益,那就说明学校有最高的学术质量。②

人才培养质量是一种特殊的质量。人才培养质量是一种服务质量,不同于产品质量。服务质量的一个重要特征是顾客的参与性与教育质量的评价不可分离。服务质量是顾客感知的对象;服务质量更多的是按顾客的主观认知加以衡量和检验。教育服务质量的一个重要特性是文化性和精神性,即教育主要服务满足学生的精神需求的质量特性,学生作为被服务者希望得到一个自由、亲切、受尊重、友好的气氛,有一个和谐的人际关系。教师和学生之间应构建和谐的人际关系,教师要具有移情性,设身处地为学生着想,对学生给予特别的关注,有效地理解学生的需求,对学生的需求保持敏感性。

高校要增强教育服务的响应性,提供有效的教育服务满足学生的教育需求。应在学校内部对学生信息进行充分有效的沟通。包括:学生的需求和期望;学生需求和期望的变化;学生的投诉、抱怨信息;学生的满意信息。无论哪个部门从学生处获得信息,都应通知到相关责任部门。要把学校的目标与学生的需求和期望相结合:了解学生现在和未来的需求和期望→确定并转化学生的需求和期望→与学校的质量目标结合起来→实现并超越学生的需求和期望。学生的需求和期望的转化即将学生的需求和期望转化为学校的内部要求,如转化为学校的教学方案、质量标准、工作流程、年度工作计划等。

---

① 武汉大学质量发展战略研究院中国质量观测课题组:《2012年中国质量发展观测报告》,中国质检出版社,2013,第28页。
② Boyer C M, "Achieving Educational Excellence: A Critical Assessment of Priorities and Practices in Higher Education," *Journal of Higher Education*, 1986(3), p.324.

高校要提高学生的满意度。美国市场营销学大师菲利普·科特勒等说：满意是指一个人通过对产品的可感知的效果与他的期望值相比较后，所形成的愉悦或失望的感觉状态。① 顾客满意是指顾客在消费了特定的商品或服务后所感受到的满足程度的一种心理感受。这种心理感受不仅受商品或服务本身的影响，还受顾客的经济、观念、心理等自身因素的影响。要用顾客的眼睛看世界，顾客是以自己的标准来衡量事物的，要想令顾客满意，就必须用顾客的眼光来看待组织提供的产品和服务。学生满意既是高校发展的出发点，也是落脚点。

要对学生满意度进行测量，获得有用的信息并用于改进，以超越学生期望、获得良好声誉赢得学生认可；对学生进行教育产品和服务质量的跟踪，以获得及时、有效的反馈信息并将其用于教育教学的改革创新活动；获取和应用可供比较的竞争对手和标杆大学的学生满意信息。可以采用个人接触、互联网、第三方或邮件等方式收集学生转学率、旷课率、学生冲突数据、学生投诉等信息，这些信息往往在一定程度上表征了学生的满意度。

（二） 以学习为中心

以学生学习为中心是一种战略性的概念，它要求对学生学习要求的变化、对影响学生学习的因素不断保持敏感。它要求高校要预计到学生学习和教育市场的变化。高校要充分开发学生的潜能，为学生提供探索各种成功之路的机会。"以学习为中心的教育通过将教育的焦点置于学习和学生的真正需要上来促进上述目的的达成。这种需要来自市场，来自公民权的要求。"② 高校应重视学生的主动学习，培养学生的问题解决技能，以让学生能为经济社会的发展变化做好准备。

以学生及其学习为中心是发达国家高等教育质量发展的重要理念。20世纪90年代早期，德国在综合借鉴了英国、荷兰和法国的质量保障模式之后，把更多注意力置于学生学习的质量上，将学习评估和教学报告当作主

---

① 菲利普·科特勒、约翰·卡斯林：《混沌时代的管理和营销》，李健译，华夏出版社，2009年。

② 《美国鲍德里奇国家质量奖教育行业标准》，周杰、宋宝弘译，天津科学技术出版社，2010，第61页。

要的质量保障工具,关注教育教学因素与学习效能的相关性,评估方法包括毕业生调查、对学生的问卷调查、专家组对院校的现场走访报告、咨询专家提出改进建议等。美国的质量发展系统在演进过程中逐渐确立了以学生及其学习为焦点的观念。1984年,美国全国教育学会发布了报告《参与性学习》。报告认为,提高高等教育质量的关键是加强学习,为此需要提高学生在学习中的参与度,设立较高的学习期待,对学习结果进行评估,并提供反馈信息。[1] 1985年,美国学院联合会发布了报告《大学课程的整合》,将质量评估和学习联系起来。[2] 这两个报告使人们树立了这样的观念:质量是学生学习的一种功能。2001年,美国地区认证协会委员会专门制定了《认证活动指导原则》来指导认证审议过程中与学生学习有关的政策和实践,要求各个地区认证协会引导被认证院校将学生学习作为其办学使命的中心,记录学生学习,收集学生学习的证据,对学生学习的成果及其评估进行反思;要求地区认证协会自身要将学生学习作为认证的中心,特别注意被评院校如何收集和使用学生学习证据来帮助实现教育目标,通过认证帮助院校促进学生学习。《美国鲍德里奇国家质量奖教育行业标准》将"以学习为中心的教育"确定为核心价值观之一。

四 质量的协调发展

从理论上说,协调具有和谐、统筹、均衡等含义,强调事物间的联系,坚持对立统一。在质量发展中,协调主要指各种质量要素的综合考虑。协调是始终与发展相联系的,"协调发展"是"协调"与"发展"的交集。协调是高质量发展的内生特点,质量发展内在地要求协调,协调内生于质量发展,高质量发展要更加注重质量的协调发展。协调是质量发展的重要任务,是质量发展的手段,也是质量发展的目标之一,还是评价质量发展的标准和尺度。协调和质量发展是一体的,对协调问题的关注应该是积极、

---

[1] National Institute of Education, "Involvement in Learning: Realizing the Potential of American Higher Education," Paper Presented at the Study Group on the Condition of Excellence in American Higher Education, 1984.

[2] Association of American Colleges, "Integrity in the College Curriculum," *Chronicle of Higher Education*, 1985 (22), pp. 12-16.

主动和自觉的。协调以人的全面发展为出发点和归属点，是以人为本的协调。协调注意物质的、静态的协调，更强调全面的、动态的协调。"协调"是系统内外联动的整体概念，系统间的有机联系是协调的基础。协调注重高等教育系统内部的协调，也注重高等教育系统与外部的人口、社会、经济、科技、文化等的协调，是一种开放型的协调。质量发展应当是兼顾的、照顾他方的发展，否则就是畸形的，甚至是倒退和停顿。① 协调是发展基础上的协调，是不断进行体制机制创新的协调。在系统理论中，协调指两种或两种以上相互关联的系统或系统要素之间相互协作、配合得当、互为促进的一种良性循环态势及其控制过程。协调是实现系统演进的目标，要运用系统思维，根据"整体大于局部之和"的系统整体性原理，进行系统性协调，从全局和整体上认识协调，从系统内部结构、功能和系统与外部的关系把握协调与协调发展。高等教育质量协调发展主要有以下几点。

（1）输入、过程与结果质量的平衡。高等教育是一个综合性的整体。为了研究的方便，常常把高等教育分为教育过程与教育结果，或分为输入、教育条件、教育过程、教育结果，从而将教育质量分为过程质量和结果质量，或者输入质量、条件质量、过程质量和结果质量。但这几部分质量是紧密联系的整体，应该进行平衡。

（2）教育质量各种要素的协调。教育质量是学校各个方面、各个环节、各种因素综合作用的结果。教育质量发展包括对人、财、物、时间、空间、信息等各种资源的发展，协调处理好学校各个方面、各个环节和各种因素的关系。

（3）质量主体的协调。高等教育质量涉及众多质量主体，需要充分协调这些主体的思想观念和利益，发挥系统效益。首先要协调不同质量主体的思想观念。古贝（Guba）和林肯（Linkoln）提出了第四代评估理论，认为评估是评估者和被评估者之间的持续协商和对话过程。② 高等教育质量主体间需要充分交流，不断沟通，用思想观念的一致引导质量行动的一致。其次要协调不同质量主体的利益诉求和行为。利益协调是高等教育质量发展的基本条件，协调一致的利益是高等教育质量发展的重要动力。

---

① 王伟光：《科学发展观研究》，中共中央党校出版社，2004。
② 埃贡·G. 古贝、伊冯娜·S. 林肯：《第四代评估》，秦霖译，中国人民大学出版社，2008。

（4）多重评估。单个指标不能衡量质量，因此采用独立多重指标。研究表明，社会结果与一个量化指标（如考试分数）的联系越大，这个量化指标自身就越具有腐化倾向，对这个量化指标的使用就越有可能腐蚀这个指标本来要衡量和监测的社会过程。[①] 因而要综合采用多重指标对高等教育质量进行评估。

五　质量的开放发展

开放是高等教育质量发展的新理念之一，是凝结自高等教育改革发展的基本经验，是基本要求，也是基本途径。

推动高等教育向时代和经济社会开放，提高高等教育的适应性。高等教育质量发展应当反映社会发展阶段的特点。如何看待高等教育质量、以什么样的标准衡量高等教育质量，在不同的历史发展阶段有不同的答案。在农业社会和工业化社会前期，能否适应自然经济发展和当地统治阶级的需要是衡量质量的基本标准，培养极少数精英、不统一和分散化是重要的发展特征。在工业化社会中，适应工业经济发展和国家政治统治的需要是衡量质量的基本标准，批量生产、追求统一和标准化发展是重要的发展特点。在知识社会，才能够得到合适的高等教育、不同的人群能够通过高等教育实现自我潜能的充分发挥是衡量质量的基本标准。在当前的高等教育中，既应当有工业社会需要的高等教育质量的共同标准和基本要求，又应当为知识社会中每个人的全面发展和个性发展创造条件，留出空间。在衡量和评价高等教育质量方面，尤其应当注意发挥社会团体的民情民意表达机制，以及学术团体和专业团体的学术评价机制。[②] 在我国高等教育发展的新时代，质量发展必须要反映"中国梦"、"一带一路"建设、构建"人类命运共同体"、建设高等教育强国等的需要，开展高等教育质量建设。

推动高等教育市场开放，促进良性竞争。经济领域的新自由主义认为，通过市场的力量和模式可以更好地满足人的需求。管理领域的新公共管理强调"3E"：Economy（经济）、Efficiency（效率）、Effectiveness（效能）。

[①] Nichols S L, Berliner D, *Collateral Damage: How High-Stakes Testing Corrupts America's Schools*, Harvard University Press, 2007.

[②] 范文曜：《高等教育治理的社会参与》，《教书育人》2011年第9期。

新公共管理在公共部门中引入市场运行机制，通过市场方式来配置公共资源和提供公共服务，提高公共部门的效率和业绩，公共部门应以顾客为导向，建立对公共部门活动结果的多元监控机制，包括问责机制、质量保证机制和绩效管理机制。新公共管理有三个典型特征：精简、重建以及不断改进，其中不断改进即指持续改进组织产品的质量，从而寻求对顾客需求的更大回应。对高等教育而言，运用市场机制和教育选择可以很好地促进教育的公平和透明、防止垄断和高等教育腐败，更好地满足学生及其家长、社会等的教育需求，更好地提高高等教育质量。政府要帮助建立"教育市场"，学校在教育市场中展开竞争，学校的发展主要取决于教育竞争力和办学绩效，政府为了实现教育公平、宏观政策目的等而对教育市场进行干预。

推动高等教育信息开放，提高透明度。随着高等教育发展越来越市场化、多样化，外界对"消费者友好"的信息需求越来越强。虽然很多人固守高等教育是象牙塔的理念，认为大学应当与外界保持一定的距离，大学内部信息只应在学术社区内部流动，不愿向外界分享，但学生和公众则认为获取信息是作为消费者的权利。高校必须使自己的成本、价格、学生成绩等信息变得更加透明，并愿意与外界分享。学生成绩、学生发展的信息应当能让学生获知，以方便学生的学习。高校应当以便利的、可以理解的形式将办学信息报告给政府，使其可以更好地衡量学校的办学效率、指导学校办学。提供关于高等教育质量的更多的信息越来越被看作服务于公共利益。高校应当将办学信息向社会公开，以满足社会对信息的需求，同时也方便社会更好地评价和监督高校办学。

美国联邦教育部认为认证对公共政策有重要影响，认证透明度会影响公共利益，认证信息开放可以有效保护消费者的权益，要求认证过程要更加开放和易通达，使认证结果能方便地让公众获知，增加公众和私人部门在认证机构和认证小组中的代表性。[①] 大多数地区性认证机构在其治理结构中包括一定数量的公众成员。

公开质量信息面临一定的矛盾。一方面，高校办学和高等教育质量评价在本质上要求保持一定程度的谨慎、隐私和机密。另一方面，高校办学

---

① US Department of Education, "A Test of Leadership: Charting the Future of U. S. Higher Education," Department of Education, Washington, D. C., 2006, p. 62.

和高等教育质量评价需要保持公开和坦率。怎样平衡这二者？这种平衡应当是在持续的高等教育的自律的背景中对外界的信息需求做出回应。现实的做法是大部分高校和高等教育评估机构向学生和公众提供一般性和必需的信息。

六　质量的多元发展

多样化是高等教育大众化的前提①，是高等教育质量发展的重要特点，也是其基本目标，是高等教育保持生机活力的重要途径。多元平衡是教育质量发展的重要标志。高等教育质量多元发展的根源在于以下几方面。

质量观的多样性。高等教育质量是一个包容性很强的概念，人们对其理解和价值取向千差万别，丰富多彩。1998年巴黎世界高等教育会议通过的《21世纪高等教育展望和行动宣言》指出："高等教育质量是一个多层面的概念"，应"考虑多样性和避免用一个统一的尺度来衡量高等教育质量"。②

需求的多样性。当今时代的高等教育社会需求是多样的，国家需求是多样的，学生的需求尤其多样。需求的多样性决定了高等教育质量的多层面性。

高等教育供给的多样化。首先，高等教育自身发展是多样化的：高等院校的类型是多样的，高校的定位、发展战略、办学特色是多样的；高校所在的环境、区域是多样的；高校的学生是多样的；高校的学科专业是多种多样的；高校的教育教学模式是多样的。其次，高等教育"生产"是多样化的。不同高校生产的教育服务和产品在特性、价值、数量、内涵等方面存在差异，满足外部多样化的需求，从而大部分高校具有竞争优势。在质量时代，高校要通过差异化的教育创新，使产品质量满足消费者多元化的质量需求。

高等教育评价的多元化。首先，评估主体应当多元化。古贝和林肯在《第四代评估》中提出了第四代教育评估的基本理论观点和构架，在美国引

---

① 潘懋元：《潘懋元论高等教育》，福建教育出版社，2000。
② 潘懋元、陈春梅：《高等教育质量建设的理论设计》，《高等教育研究》2016年第3期，第3页。

起了很大反响。① 他们认为评估就是对被评事物赋予价值,本质上是一种心理建构过程,强调评估的"价值多元性",提倡在评价中充分听取不同方面的意见,并把评估看作一个由评价者不断协调各种价值标准间的分歧、缩短不同意见间的距离、最后形成公认的一致看法的过程。强调有关各方的全面参与和共同建构,力图实现教育民主化。其次,评估标准应当多元化。在发达国家的高等教育评估中,评估机构首先假设不存在通用的教育质量评估基准,如果强加某些质量的共同标准,将会破坏学校的多样性,评估通常是基于学校确定的目的和目标的,因此每所学校的评估是独一无二的。美国高等教育认证机构将这种相对的评估模式叫作定性评估模式。西北地区院校协会指出,"因为学校目标和达成目标过程的多样性,标准将会主要是定性的而不是定量的"。②

质量保障方式的多元化。评估、认证、鉴定、审核、批准、认定等方式的综合考量与运用。

七 质量的自主发展

自主性是行为主体按自己意愿行事的动机、能力或特性。高等教育质量发展的各个主体按照自己的价值取向、兴趣点、兴奋点开展活动,最能发挥主观能动性,提高活动效率。各个质量主体要有选择的自由,能够相对自由地行使自己的质量偏好。同时,各质量主体要有意识地进行选择。

(一) 高校对教育质量的自主发展

政府应真正落实"放管服"结合的诸多政策,贯彻自主办学原则,使自主成为高校的主动追求,让高校更好地应对各种挑战,拥抱各种难得的发展机遇。"是的,我们能"的精神能帮助高校达成目标,更好地提升组织能力,更好地履行自己对于学生许下的承诺。高校应当加强公众对于自己的自律的信心和信任,这是高校应当做的。这要求高校更透明地向公众表明自己正在追求的是什么,正在努力向学生提供何种学习经验,如何达到

---

① 埃贡·G. 古贝、伊冯娜·S. 林肯:《第四代评估》,秦霖译,中国人民大学出版社,2008。
② Troutt W E, "Regional Accreditation Evaluative Criteria and Quality Assurance," *Journal of Higher Education*, 1979 (2), p. 200.

自己设定的目标。①

（二）教师对教学质量的自主发展

教师是发展教学质量的第一主体。教师能自主自立地发展教学质量，是学术自由的应有之义。当教师的科研和教学挑战了固有、强势的利益时，他们经常需要得到工作保护。正如杰里（Jerry）所说，学术自由是一种教义，并成为教师和社会之间的一种特殊的"社会契约"的一部分，这与其他实施同行审议的行业类似。这个社会契约也涉及同行审议和共同治理，以便教授和律师、医生和其他拥有专业技能的专业人员一样，能对专业活动实施充分的控制，决定自身的工作条件。这种契约使教授可以服务于推进和传播知识这一崇高的社会价值，而不用担心来自被他们的工作所冒犯的人的威胁。② 美国大学教授协会（AAUP）发布的《学术自由和教职申明》已经被美国教育理事会（代表学校校长）、大学理事会协会（代表大学理事会）、美国学院与大学协会（代表各类高校）等社团所认可和采用。美国学院与大学协会在其《学术自由与教育责任》声明中说道："学术自由有时容易与自治、无所限制地思考和讲话相混淆。但是学术自由意味的不仅仅是相对于限制的自由，还指教师和学生有自由在学术社区中合作发展民主社会的公民和经济生活参与者所必需的知识和个人素质。学术自由获得社会的保护，以便教师和学生可以利用这种自由来提升更多人的福祉。"③ 以学术自由为核心的教师自主权的保护对高等教育质量的发展意义重大。

（三）学生对学习质量的自主发展

学习质量是教育质量的关键和核心要素，学生是发展学习质量的第一主体。为了保障学生对学习质量发展的自主权和主动性，应当大力倡导和推行"学生中心学习"（Student-Centred Learning，SCL）理念。早在1905年，海沃德（Hayward）就提出了SCL。杜威和罗杰斯对SCL进行了扩展。

---

① Christopher B N, "Expectations of a New Administration," Opening Address at Annual Meeting of the Council on Higher Education Accreditation, Maryland, January 25, 2009.

② Jerry G G, "Academic Freedom and Accreditaiton," Paper Presented at 2010 Annual Conference of Council for Higher Education Accreditation, Washington, D. C., 2010.

③ "Academic Freedom and Educational Responsibility," Paper Presented at Association of American Colleges and Universities, Washington, D. C., 2006.

到 20 世纪 80 年代，SCL 成为一个教育理论。SCL 模式与皮亚杰的"发展性学习"（Developmental Learning）和诺尔斯（Knowles）的"自我指导学习"（Self-directed Learning）相关。[①]

1995 年，巴尔（Barr）和塔格（Tagg）引发了美国高等教育界的一次大讨论，指出美国本科教育正在发生范式转型：从"教学范式"向"学习范式"转型，其中"教学范式"的特点是强调知识传授，教学是学生学习的手段；在"学习范式"中，重点不再是手段而是目的，即支持学生学习，或者说产生学习，教学范式误将手段当成目的，支持和产生学习才是教育的目的。[②] 与转向学习范式相伴的，是教学的中心也转向了学生中心学习。逐渐的，教师开始接受学习者中心的教育理念，愿意改变他们的做法，采用学习者中心的课堂策略，这种理念在国际高等教育界产生了广泛影响。学习者中心的模式在欧洲教育政策中也很显著，2012 年的《布加勒斯特博洛尼亚宣言》说："我们重申我们对于在高等教育中促进学生中心学习的承诺。学生中心学习是一种创新的教学模式，在其中，学生是自己的学习的积极的活动主体。我们将与学校、学生和学校教职员工一道，为学生中心的学习提供支持性的工作和学习环境。"[③] 对学生中心学习的强调需要更好地理解教与学的关系，以发现有效的教学策略，提升学生学习成果。对教与学的关系、教与学的过程的研究的重视还因为教育成本和效能。学生中心学习强调学习成果及其证据的重要性，倡导以学习成果证据为基础的有效教学与学习策略。[④]

SCL 基于建构主义学习理论，也与"转化性学习"（Transformative Learning）有密切的关系。转化性学习理论关注持续地提升学生的主动性，向学生授权，使学生成为学习的主人，发展学生的批判能力，使学生发生积极

---

① Knowles M S, "Self-Directed Learning: A Guide for Learners and Teachers," *Journal of Continuing Education in Nursing*, 1975 (3), p. 60.
② Barr R B, Tagg J, "From Teaching to Learning: A New Paradigm for Undergraduate Education," *Change*, 1995 (6), pp. 12 – 25.
③ OECD, "AHELO Feasibility Study Report Volume 1 – Design and Implementation," http://www.oecd.org/edu/skills-beyond-school/AHELOFSReportVolume1.pdf, Accessed in May 28, 2017.
④ Liu O L, "Outcomes Assessment in Higher Education: Challenges and Future Research in the Context of Voluntary System of Accountability," *Educational Measurement Issues & Practice*, 2011 (3), pp. 2 – 9.

的质变，即转化。欧洲学生联合会（ESU）将 SCL 定义为："学生中心学习是高校的一种精神与文化，是一种与建构主义学习理论有着广泛联系的学习模式。其特点是以促进教师与学生之间的交流中的学习为目的的创新性教学方法，将学生严肃地看作其学习的积极参与者，培养可迁移技能，如问题解决能力、批判思维、反思性思维等。"①

SCL 的基本要素包括：学生有不同的学习需求和兴趣；学生有不同的经历与知识基础；学生有不同的学习风格；学生是自己的学习的第一责任人；学生的选择权是关键；学生应当能控制自己的学习；促进深度学习；促进积极学习；学生要提高自我意识，持续地对自己的学习进行自我反思；学习的时间、结构的灵活性与自由；教学要授之以渔而不是授之以鱼；教师与学习者之间相互依赖，相互信任，相互尊重；学校的低层级性，组织和运行向学习聚焦，学校向教师授权，教师向学生授权。

学生中心学习模式优化了教师与学生这一对基本的关系（见表3-1）。对于学生来说，该模式重视学生需求，从根本上有利于调动学生学习的积极性和主动性，增强学习动机；倡导积极学习和参与学习，学习效果要好于传统的学习形式；要求学生控制自己的学习，这使学生更具独立性，可以使学生的可迁移技能得到有效发展，更能适应毕业后的生活。对于教师来说，在该模式中，教师的角色更多是学生学习的促进者和帮助者，这种角色变得更加有趣、富有挑战性；可以给教师的工作条件带来积极影响；可以促进教师的专业发展。对于高校来说，该模式可以有效提升教育质量；提升教学在高校中的地位；增强高校治理结构的参与性；促进高校持续的改进及教学质量的提高；培养终身学习文化。以上这些因素都有利于教育质量的发展。

表3-1 教师中心模式与学生中心模式

教师中心教学	学生中心学习
低学生选择权	高学生选择权
学生被动	学生主动
教师拥有权力	学生被赋权

---

① European Students' Union, "Student-Centred Learning: Toolkit for Students, Staff and Higher Education Institutions," Brussels, 2010, pp. 1-2.

八　成果导向的质量发展

高等教育质量发展既关注投入、过程,也关注符合要求的产出——成果。基本的教育成果包括教学成果、研究成果、校内的管理服务、向社会提供的学术服务、向政府提供的政策建议和决策咨询等智力服务。其中,教学成果又分为教师的教学成果和学生的学习成果。学习成果是所有教育成果中最核心、最关键的成果。

关注教育成果有如下益处:使高校、教师和学生开展教育教学活动的目的性更强;使质量评价有据可依;更有利于高校内部的信息传递和沟通,使高校的战略决策更科学合理;使社会对高校办学的了解更加深入,有利于外界据此对高校办学进行监督;有利于政府对高校推行"放管服"改革,进行绩效约束,调动高校的办学积极性。

2001年,凯洛格基金会(W. K. Kellogg Foundation)针对政府研究项目只注重立项,不注重最终结果的弊端,开发了成果逻辑模型(Outcomes Logic Model,OLM),对其研究项目进行管理。基金会认为,"政府喜欢项目的开张——宣布发动新的项目,然后停滞不前。但是好的开端并不是成功的标志。最终最重要的还是项目的完成、效果和结果"。[①] 该模型是组织研究思想、引导研究者的一种框架。框架的基本结构是确定预期的研究目标和成果,并记录项目研究事实上取得了多大的研究成果。该模型可以帮助利益相关者知道研究项目将要产生什么成果。通过预先确定研究目标和成果,再反向引导研究者开展研究,可以最大限度保证成果的最大化。在本质上,OLM是一个改进思维、以成果为导向进行规划的一个工具,它使参与者牢记要首先明确成果,然后努力使项目的目的、过程和成果一致。

美国的高等教育认证普遍是以学生学习成果为导向的。这里有两种情况。一是认证机构鼓励、认可学校或专业基于自身的使命和定位设定自己的学习目标。二是认证机构采纳学校确定的学习成果,同时指定一套核心的学习成果让所有的学校采用,这里主要包括大学水平的书面和口头交流

[①] W. K. Kellogg Foundation, "W. K. Kellogg Foundation Logic Model Development Guide," http://www.wkkf.org/,最后访问日期:2001年5月16日。

技能、高级思维或者批判性推理技能、数理能力或问题解决能力等"通识教育"成果。专业认证机构则必须更具体地指定学习成果,包括作为底线的专业核心知识、技能和能力以及具体的专业课程学习成果。

在操作上,美国的高等教育认证一般只对学校或专业作整体的学习成果评估。但是认证机构和学者们都意识到,对学习成果的界定不能太宏观和抽象,要尽量关注到具体的课堂学习实践。有学者指出,对学习成果的描述越抽象,就越没有实质意义。学习成果可以分为一节课的学习结果、一门课的学习结果和一个专业的学习结果三个层次。随着从一节课转向一门课,对学习成果的关注点就变得越来越不实际,当转向整个专业时,对学习成果的表述就变得完全没有意义了。离课堂中的学生和教师越远,对学习成果的表述就变得越远,越不相干。[①]

[①] Michael B, Jacqueline B, "A Radical Critique of the Learning Outcomes Assessment Movement," *Pharmaceutical Development & Technology*, 2012(1), pp.34–47.

第四章　质量发展的标准

质量标准是我国建设质量强国的重要内容。标准是高等教育质量发展的重要依据。标准建设是高等教育质量发展的关键性基础工程,是开展质量评估、管理、改进和提升等质量工作的基础。

一　教育标准与高等教育质量发展

(一) 教育标准

国际标准化组织(ISO)将标准定义为由一个公认的机构制定和批准的文件,它对活动或活动的结果规定了规则、导则或特殊值,供共同和反复使用,以实现在预定领域内最佳秩序的效果。标准具有重要的价值,是可量化、可监督、可比较的规范,是配置资源、提高效率、推进治理体系现代化的工具,是衡量工作质量、发展水平和竞争力的尺度,是一种具有基础性、通用性的语言。[①] 标准按使用范围划分为国际标准、区域标准、国家标准、专业/行业标准、地方标准、组织标准;按内容划分为基础标准、产品标准、辅助产品标准、原材料标准、方法标准;按成熟程度划分为法定标准、推荐标准、试行标准、标准草案。

根据《标准化法》,教育标准是指教育领域需要统一的技术要求。教育标准包括国家标准、行业标准、地方标准和团体标准、院校标准。国家标准又分为强制性标准和推荐性标准,行业标准、地方标准属于推荐性标准,强制性标准、教育部规范性文件引用的推荐性标准为底线要求。

标准化即为了在一定的范围内获得最佳秩序,对实际的或潜在的问题

[①] 《教育部关于完善教育标准化工作的指导意见》,http://www.gov.cn/xinwen/2018-11/27/content_5343757.htm,最后访问日期:2018年11月1日。

制定共同的和重复使用的规则的活动,即制定、发布及实施标准的过程。《教育部关于完善教育标准化工作的指导意见》要求加快建成适合中国国情、具有国际视野、内容科学、结构合理、衔接有序的教育标准体系,实现教育标准有效供给。

我国教育事业步入高质量发展阶段,教育标准的重要性愈益凸显。教育标准对教育发展具有重要的规范、引领和保障作用。加快教育现代化、建设教育强国、办好人民满意的教育,引导我国教育总体水平逐步进入世界前列,必须增强标准意识和标准观念,形成按标准办事的习惯,提升运用标准的能力和水平,形成可观察、可量化、可比较、可评估的工作机制,充分发挥标准的支撑和引领作用。将教育改革发展典型提炼总结成教育标准,通过标准方式形成可复制、可推广的经验,发挥示范引领作用。

联合国教科文组织于1976年制定了《国际教育标准分类》(ISCED),主要目的是使各成员在收集、整理和提供教育统计资料时有一个国际通用的适当工具,便于在国际间编制和比较各种教育资料。1997年,《国际教育标准分类》修订版本公布。2011年,联合国教科文组织第36届大会教育委员会通过《2011国际教育标准分类》,是1976年以来第三版国际教育标准分类。该标准根据教育课程内容复杂程度和专门化程度将教育体系从低到高分为9个等级序列,从而构成一个完整的等级序列。

(二) 高等教育质量标准

质量标准即为了获得一定质量领域的最佳秩序,对质量活动及质量结果规定的公认的衡量准则。质量与标准之间存在紧密的联系。标准是质量的基础,是衡量质量的依据,现代社会中事物的质量是执行某种标准的结果,质量发展也是贯彻标准的实践。标准的社会效益和经济效益通过质量来体现,而质量水平的评定必须要以标准为依据。社会中的产品和服务标准从根本上说就是为质量而制定的,离开质量就没有存在的必要。

教育质量标准是一定时期内为实现既定教育目标而制定的教育质量规范。[①] 高等教育质量是一个复杂而难以得到普遍认同的抽象概念,对其衡量

---

① 袁振国、苏红:《教育质量国家标准及其制定》,《教育研究》2013年第6期。

与评价往往使用质量标准或质量指标转换代替。① 高等教育质量标准是衡量与判断高校办学质量的准则依据，对高等教育质量发展起到识别、导向、促进和激励作用。②

高等教育质量标准在保障与提高高等教育质量的实践中起到导向、诊断、基准等作用，是连接高等教育质量理论与实践的纽带。制定高等教育质量标准，是对高等教育质量做到国家有数、社会有数、学校有数、教师有数和学生及其家长有数的基础性工作。③

高等教育质量标准可以分为微观质量标准和宏观质量标准，前者直接描述出应达到的水平，后者给出质量评价对象或角度。微观质量标准包括学生和学校两部分，宏观质量标准有助于通过有针对性的评判获得高等教育质量的概括认识。采用微观质量标准结果详尽但不利于整体性、全局性把握；采纳宏观标准抽象性强、站位高却不易于操作及得出确切结论。④ 对高等教育来说，采用先进的、恰当的标准，能够促进高等教育质量的提高，要提高质量，就需要提高标准水平。

20世纪七八十年代以来，随着世界发达国家对教育的重视以及对高质量教育的追求，"标准"被引入教育领域。进入21世纪，发达国家陆续颁布和实施相关的教育标准，尤其是"教师教育标准"，这对保证各国教师教育的质量，推动整个高等教育质量的稳步提升不无裨益。⑤ 高等教育事业发展要有好的秩序，高校要规范办学，各种高等教育产品要进行规范流通，就需要标准。有了标准，高等教育市场活动才能正常进行。"质量为王、标准先行"，标准建设是提高教育质量的基础工程。推动高等教育内涵式发展，就必须确立和实施内涵式发展的基本标准，才能真正落实提升质量的核心任务，有了标准，也才能对内涵式发展的效果进行评价、引导、监管和推动。

---

① 王铭：《我国高等教育质量标准"五个度"的分析、评价与操作化研究》，《高教探索》2016年第11期。
② 朱守信、杨颉：《基于成熟度评价的高等教育质量标准构建》，《江苏高教》2015年第6期。
③ 李志义：《重构我国高等教育质量标准体系》，《中国大学教学》2013年第1期。
④ 王铭：《我国高等教育质量标准"五个度"的分析、评价与操作化研究》，《高教探索》2016年第11期。
⑤ 马健生等：《高等教育质量保证体系的国际比较研究》，北京师范大学出版社，2014，第484页。

有了标准要抓标准的实施。标准化是进行质量发展的依据和基础，标准化使质量工作有章可循。要根据标准实施教育教学活动，质量才能有保证，不然再好的标准，不执行也没有意义，这就是高等教育的标准化。高等教育的标准化实际上是高等教育质量发展的过程，是制定标准、实施标准和对实施标准进行监督的不断循环、螺旋式上升的往复过程，以使高等教育达到最佳秩序和最佳效益。标准化贯穿于质量发展的始终，高校在教育需求调研、课程设计、招生、实施教育教学过程、毕业生考核、毕业生就业、毕业生调查等教育教学的各个环节都依据相应的标准来进行，这也是质量发展的基本内容。标准化也是高校提升竞争力的重要突破口。

二　高等教育质量发展标准体系建设

（一）现有高等教育质量国家标准

总体来说，我国并不缺高等教育质量标准，我国已经制定了8个方面的国家高等教育质量标准，但这些标准之间缺乏内在联系，未能形成系统化优势，需要有一个适应新时代要求的总体框架来统整和发展标准建设。现有高等教育质量国家标准概况如下。

1. 高等学校设置标准

1986年，国务院发布《普通高等学校设置暂行条例》，其中包括5条普通高等学校设置标准。2000年，教育部颁发了《高等职业学校设置标准（暂行）》。2002年，教育部印发《高等学校境外办学暂行管理办法》，对我国高校境外办学的机构和项目的设立标准进行了规定，但比较笼统。2006年，教育部印发《普通本科学校设置暂行规定》，其中包括办学规模、学科与专业、师资队伍、教学与科研水平、基础设施、办学经费、领导班子等7个方面的设置标准。

2. 高等学校建设标准

1996年，国家教委发布《核定普通高等学校招生规模办学条件标准》和《"红"、"黄"牌高等学校办学条件标准》。2004年，教育部印发《普通高等学校基本办学条件指标（试行）》，主要用于普通高等学校核定年度招生规模，确定限制、停止招生普通高等院校，并对普通高等学校办学条件进行监测。2018年，住房城乡建设部、国家发展改革委批准发布《普通高等学校建筑面积指标》。

3. 学科专业和学位标准

学科专业标准方面，1998年，教育部印发《普通高等学校本科专业目录》。2009年，国家质量技术监督局公布《中华人民共和国学科分类与代码国家标准》，规定了学科分类原则、学科分类依据、编码方法，以及学科的分类体系和代码，是关于学科分类的国家推荐标准。2010年，教育部办公厅印发《授予博士、硕士学位和培养研究生的二级学科自主设置实施细则》，规定了二级学科设置的基本条件。2011年，国务院学位委员会印发《学位授予和人才培养学科目录（2011年）》，2018年，国务院学位委员会印发修订后的《学位授予和人才培养学科目录》。2012年，教育部发布新修订的《普通高等学校本科专业目录（2012年）》。2015年，教育部发布《普通高等学校高等职业教育（专科）专业目录（2015年）》。2015年，为更好地适应学位工作和高等教育综合改革需要，提高学位授予质量，规范学位证书制发，加强学位授予信息管理，国务院学位委员会和教育部印发了《学位证书和学位授予信息管理办法》。2014年，教育部办公厅发布《关于规范高等学校学历证书有关事项的通知》，规范高等学校学历证书管理。2017年，国务院学位委员会印发《博士硕士学位授权审核办法》，对新增学位授权规定了6条"质量监管"办法。

在学位标准方面，1980年，全国人大常委会通过《中华人民共和国学位条例》，2004年，全国人大常委会通过修正的《中华人民共和国学位条例》，其中对授予学士、硕士、博士学位的条件和标准进行了规定。2010年，国务院学位委员会印发《关于授予境外人士名誉博士学位暂行规定》，规定了授予境外人士名誉博士学位的要求和条件。2013年，国务院学位委员会、教育部联合印发《一级学科博士、硕士学位基本要求》，这是学科层面的人才培养质量国家标准，按照一级学科类别制定100个学科标准，从学科前沿、知识结构、社会需求、基本规范、综合素养与能力等方面制定了各学科硕士和博士研究生获得学位所需要达到的国家标准。2014年，国务院学位委员会、教育部印发《学位授权点合格评估办法》，以人才培养为核心，重点评估研究生教育质量和学位授予质量。但该办法并未规定评估指标体系。2014年,为保证学位授予质量,做好博士、硕士学位论文抽检工作,国务院学位委员会、教育部印发《博士硕士学位论文抽检办法》,规定"按照学术学位和专业学位分别制定博士学位论文评议要素和硕士学位论文评议要素"。2015年,国务院学位委员会、教育部发布了《专业学位类别(领域)博士、硕士学位基本要求》,包括基本素质、基本知识、实践训练、基本能力和学位论文基本要求等5大方面,规定了各专业硕士和博士研究生获得专业硕士或专业博士学位所需要达到的国家标准。

4. 教育教学督导评价标准

在教学评估标准方面,2002年,教育部发布《普通高等学校本科教学工作水平评估方案(试行)》,并于2004年发布了修改后的方案,用于我国第一轮本科教学评估,其中的《普通高等学校本科教学工作水平评估指标体系》共包括7个一级指标,19个二级指标和44个观测点。[1]

2011年,教育部颁布了《关于普通高等学校本科教学评估工作的意见》,要求建立健全以学校自我评估为基础,以院校评估、专业认证及评估、国际评估和教学基本状态数据常态监测为主要内容的本科教学评估制度,其中院校评估分为合格评估和审核评估两类。

2012年初,教育部下发《普通高等学校本科教学工作合格评估实施办法》《普通高等学校本科教学工作合格评估指标体系》,用于对新建普通本科学校进行教学评估。合格评估指标体系包括办学思路与领导作用、教师队伍、教学条件与利用、专业与课程建设、质量管理、学风建设与学生指导、教学质量等7个一级指标和20个二级指标,并规定了每个指标的基本要求。该指标体系明确提出了"质量管理"和"教学质量"的概念,是质量观的一种进步。

2013年,教育部颁布《普通高等学校本科教学工作审核评估方案》,对参加普通高等学校本科教学工作水平评估获得"合格"及以上结论的高校进行教学评估,评估范围包括学校的定位与目标、师资队伍、教学资源、培养过程、学生发展、质量保障以及学校自选特色等7个审核项目和24个

---

[1] 孙琛辉:《新一轮本科教学评估:资源观荣退 增值观上位》,《中国科学报》2012年6月20日,B1版。

审核要素、64个审核要点。审核评估核心是对学校人才培养目标与培养效果的实现状况进行评价，重点是考察办学定位和人才培养目标与国家和区域经济社会发展需求的适应度，教师和教学资源条件的保障度，教学和质量保障体系运行的有效度，学生和社会用人单位的满意度。

在专业教学标准方面，2018年1月，教育部发布了《普通高等学校本科专业类教学质量国家标准》，涵盖普通高校本科专业目录中全部92个本科专业类、587个专业，涉及全国高校5.6万多个专业点，是我国发布的第一个高等教育教学质量国家标准。该标准既对各专业类标准提出定性要求，又包含必要的量化指标。2018年10月，教育部发布了353个高等职业学校专业教学标准征求意见稿。2007年，教育部印发《来华留学生医学本科教育（英语授课）质量控制标准暂行规定》，规定了来华留学生医学本科教育培养标准。

在课程标准方面，2011年，教育部印发了《高等学校思想政治理论课建设标准（暂行）》。除思想政治课外，尚无国家标准或指导性意见。

在来华留学生教育质量标准方面，2018年9月，教育部印发《来华留学生高等教育质量规范（试行）》，是国家首次专门针对来华留学教育制定的质量规范文件，是指导和规范高校开展来华留学教育的全国统一的基本准则，也是开展来华留学内部和外部质量保障活动的基本依据。其中规定了来华留学生的入学标准以及培养方案、师资队伍、教学设施和资源、教学管理、质量保障、管理和服务支持等其他基本标准。

5. 教师队伍建设标准

2018年，中共中央、国务院颁布《关于全面深化新时代教师队伍建设改革的意见》，第13条提出"全面提高高等学校教师质量，建设一支高素质创新型的教师队伍。着力提高教师专业能力，推进高等教育内涵式发展。"

教师资格标准方面，《教育法》、《教师法》、《高等教育法》、1995年的《教师资格条例》等法律法规对教师资格标准进行了相应规定。2000年，教育部发布《教师资格条例实施办法》。2001年，教育部印发《教师资格证书管理规定》。

教师编制或配备标准方面，1985年，国家教委下发《普通高校人员编制的试行办法》，第一次明确将校（院）本部、专职科研人员、实验实习工厂、直属单位列入编制范围，根据学校不同类型，以在校学生人数为标准和依据制定了教职工和学生的比例及教师与学生的比例。1999 年，中编办、教育部、财政部制定了《普通高等学校编制管理规程（草案）》，作为高等学校编制管理的临时办法，在一定时期发挥了指导作用。这两个文件都是从宏观管理的角度出发，重点寻求招生规模与编制之间的关系，以不同招生规模、不同科类的不同生师比或生员比确定各高校编制数量和规模，从而对编制进行控制。2011 年《国办关于印发分类推进事业单位改革配套文件的通知》明确提出，对可部分由市场配置资源的事业单位，如高校、公立医院等公益二类事业单位"在制定和完善相关编制标准的前提下，逐步实行机构编制备案制"。

教师职称职务标准方面，1986 年，中央职称改革工作领导小组发布《高等学校教师职务试行条例》，将教师职务分为助教、讲师、副教授、教授四类，并规定了相应的职责、任职条件和任期。2015 年，教育部发布《高等学校教师职务试行条例》的 16 项高校教师职务聘任制的实施意见。2017 年，教育部、人社部印发《高校教师职称评审监管暂行办法》。

教师职业道德标准方面，2011 年，教育部、中国教科文卫体工会全国委员会印发《高等学校教师职业道德规范》，引导教师自觉践行社会主义核心价值观，加强自身修养，弘扬高尚师德，对提高高等教育质量具有重要现实意义。规范包括爱国守法、敬业爱生、教书育人、严谨治学、服务社会、为人师表等 6 项内容。2014 年，教育部研究制定了《关于建立健全高校师德建设长效机制的意见》，划出被称为"红七条"的师德禁行行为。2018 年 11 月，为引导广大教师努力成为有理想信念、有道德情操、有扎实学识、有仁爱之心的"四有"好老师，教育部印发《新时代高校教师职业行为十项准则》。

教师专业标准方面，2011 年，教育部、财政部发布《关于实施职业院校教师素质提高计划的意见》，但未对高职教师的专业素质进行明确。目前尚无普通高校教师专业国家标准。

教师培养标准方面，尚无专门的国家标准。相关文件有 2016 年教育部办公厅发布的《关于启动实施高等学校新入职教师国培示范项目的通知》，决定每年组织 2000 名中西部高校新入职教师，参加为期 20 天的国家级示范培训，帮助新入职教师树立正确的专业理念，培养良好的师德修养、学术规范与心理素质，掌握基本的教育教学技能，提高教书育人能力，为今后的教师生涯发展奠定良好基础。

教师培训标准方面，2012年，教育部发布了《"国培计划"课程标准（试行）》，用于对中小学教师示范性培训项目、中西部农村骨干教师培训项目、幼儿园教师国家级培训计划，尚无高校教师培训方面的标准。

双语教师任职资格评价标准尚在研制中。

尚无教师表彰奖励国家标准。

尚无明确的教师管理标准，相关文件为2017年教育部发布的《关于全面推进教师管理信息化的意见》，意见中包含附件《全国教师管理信息系统管理暂行办法》。

教师评价标准方面，2016年，教育部发布《关于深化高校教师考核评价制度改革的指导意见》，提出了加强师德考核力度、突出教育教学业绩、完善科研评价导向、重视社会服务考核、引领教师专业发展等指导意见。

外籍教师资格标准方面，1991年，国家教委发布《高等学校聘请外国文教专家和外籍教师的规定》，规定了来华专家、外教的条件以及聘请专家、外教院校的条件。1996年，国务院颁布《学校及其他教育机构聘用外籍专业人员管理办法》。这两个文件时间较早，亟须修订。

6. 学校运行和管理标准

在经费标准方面，2010年，财政部、教育部下发《关于进一步提高地方普通本科高校生均拨款水平的意见》，就进一步提高地方所属公办普通本科高校生均拨款水平提出指导性意见。各省区市出台相应的文件，确定高校生均财政拨款基本标准，如福建省财政厅会同省教育厅出台了《关于进一步提高省属公办本科高校生均拨款水平的通知》。2007年，国务院下发《关于建立健全普通本科高校高等职业学校和中等职业学校家庭经济困难学生资助政策体系的意见》，规定了国家奖学金制度、国家助学金制度、国家助学贷款政策、免费师范生制度、学费减免、国家助学贷款风险补偿、勤工助学、校内无息借款、校内奖助学金和特殊困难补助等涉及的家庭经济困难学生资助标准或提出了指导性意见。

在学校管理规范方面，目前国家已经制定了《义务教育学校管理标准》，但尚无针对高等学校管理的统一标准。有一些分项管理规范，如2017年教育部公布了新修订的《普通高等学校学生管理规定》，对相关管理工作标准进行了原则性规定。

7. 教育装备标准

2018年，中国教育装备行业协会批准了《教育装备行业企业信用等级评价规范（试行）》《教育用音视频录播系统》《教学钢琴产品质量等级的划分与判定》等6项团体标准。

8. 教育信息标准

2002年，教育部发布《教育管理信息化标准 第1部分：学校管理信息标准》。2012年，教育部发布了包括《教育管理信息 教育管理基础代码》《教育管理信息 教育管理基础信息》《教育管理信息 教育行政管理信息》《教育管理信息 普通中小学校管理信息》《教育管理信息 中职学校管理信息》《教育管理信息 高等学校管理信息》《教育管理信息 教育统计信息》等7个教育信息化相关标准。2017年，教育部发布《交互式电子白板》系列两项标准，包括《交互式电子白板 教学功能》和《交互式电子白板 教学资源通用文件格式》。

在数据库建设方面，2007年12月，教育部和财政部联合发文批准建设"全国高校教学基本状态数据库系统项目"，着手建立高校本科教学基本状态数据库。2010年5月，教育部发布了《高等学校信息公开办法》，规范高校向外部提供信息，回应质量问责。

在信息公开方面，1999年，全国教育工会发布《关于推进校务公开工作的意见》。2002年，教育部出台《关于全面推进校务公开工作的意见》。2010年教育部出台《高校信息公开办法》。2014年，教育部公布了《高校信息公开事项清单》，将高校信息公开范围确定为10大类50条，作为指导高校信息公开实施的细则与规范。

在教学质量报告编制与发布方面，教学质量报告包括两个层次：一是本科教学质量报告；二是研究生教学质量报告。《教育部办公厅关于普通高等学校编制发布2012年〈本科教学质量报告〉的通知》对编制并发布《本科教学质量报告》提出了要求。2014年国务院学位委员会和教育部联合发布《关于加强学位与研究生教育质量保证和监督体系建设的意见》，提出要建立质量信息公开制度，规定学位授予单位要编制并发布《研究生教学质量报告》。

（二）高等教育质量发展标准体系框架构建

高等教育质量标准体系是由高等教育领域内有关质量的标准按内外关联共同组成的科学有机整体。① 基于以上现有标准和国内外相关研究成果，本书构建了高等教育质量发展 MSC 三棱锥型标准体系框架。

1. MSC 三棱锥型框架

要构建标准体系框架，首先要确定框架的基本维度或要素。大部分国家的政策文本将高等教育质量标准划分为输入标准、过程标准和输出标准三个维度。斯塔弗尔比姆（Stufflebeam）提出了"背景（Context）、输入（Input）、过程（Process）、产出（Product）"的 CIPP 教育评价标准框架。② 甘矢其那（Gushchina）和埃琳娜（Elena）从社会效益和经济效益的角度提出了对大学教育质量进行评价的综合框架。③ 威特（Vught）等总结的高等教育质量评估一般模型包括评估机构、自我评估、同行评估、评估结果的报告、评估结果的使用等五个基本要素。④

基于文献分析和专家意见调查，本研究确定了元标准（Meta Standard）、本体标准（Subject Standard）和品质标准（Characteristics Standard）三个基本维度，构建了 MSC 三棱锥型高等教育质量标准体系框架（见图 4-1）。其中元标准处于顶点和内核，对整个标准体系进行指导；本体标准为标准体系的实质性内容部分，是元标准的具体体现和品质标准的载体；品质标准是标准体系的内涵部分，是在元标准指导下在本体标准中体现出来的基本特性和内在品质。

元标准也称指导性标准，即指导和评价高等教育质量标准的标准，主要包括指导高等教育质量标准体系的一系列基本理念，位于三棱锥的顶点

---

① 吕红、邱均平：《高等教育质量标准体系基本理论问题研究》，《重庆大学学报》（社会科学版）2015 年第 5 期。
② Stufflebeam D L, "The Use of Experimental Design in Educaitonal Evaluation," *Journal of Educational Measurement*, 2010 (4), pp. 267–274.
③ Gushchina E, "Factors, Criteria, and Determinants of the Increase in the Effectiveness of University Education in Russia," *International Journal of Educational Management*, 2017 (4), pp. 485–496.
④ Vught F A V, Westerheijden D F, "Towards a General Model of Quality Assessment in Higher Education," *Higher Education*, 1994 (3), pp. 355–371.

和重心处。基本理念是引导高等教育质量标准体系建设的基本思想和价值取向,是标准体系框架的灵魂,贯穿于标准体系其他要素之中,也是其他要素修订的原则依据。新时代我国高等教育质量标准体系建设应当坚持服务新时代、以学生为中心、以质量发展为导向、重视过程、以结果为基础、全面协调、中国特色和世界眼光等基本理念或元标准。其中以学生为中心的理念位于三棱锥的重心处,代表整个标准体系的价值内核,其他的基本理念和标准要素都应当体现学生中心的价值内核。

本体标准是在基本理念指导下的高等教育质量标准体系的主体部分,包括两个二级标准。其一是核心标准,由三棱锥的六条边线代表,它们共同构成了三棱锥构型,规定了高等教育质量标准体系的边界和基本内容。六条边线分别是代表输入标准、工作标准和结果标准的底面三条边线和代表过程标准、层次标准和发展标准的侧面三条边线。六条边线等长,表示六类核心标准同等重要。其二是背景标准,由框架底部的两个圆代表,其中内圆代表评估标准,外圆代表信息标准。信息标准为评估标准提供基础,二者共同为核心标准和品质标准提供背景性支撑和基本条件。

品质标准即定义本体标准的内在品质的标准,位于框架的底面和侧面。其中底面的等边三角和内外圆代表适应度、达成度、支撑度、有效度、满意度等5个横向品质,侧面代表创新度、增长度、成熟度、持续度、敏捷度等5个纵向品质。纵横10大品质标准充盈在本体标准界定的空间内,赋予本体标准鲜明的内涵和品格。

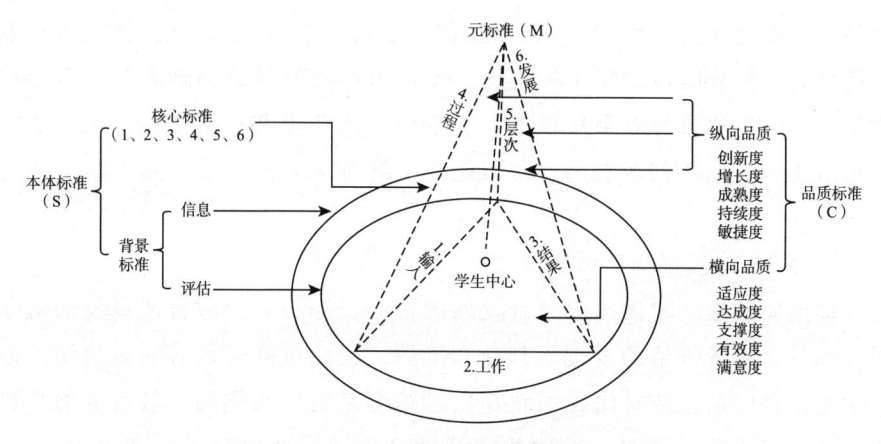

图4-1 MSC高等教育质量标准体系框架

2. 元标准

新时代的高等教育质量标准体系建设应当坚持以下7项基本理念和价值观。

标准1：服务新时代

时代性是高等教育质量标准的基本属性，服务时代需求是保持高等教育质量标准先进性的基本要求。新时代我国高等教育正在由大众化阶段向普及化阶段过渡，公平而有质量的高等教育越来越成为人民群众的普遍需求。新时代的中国高等教育总体上已经走上世界舞台，正在由大变强，走向舞台中央，需要保持中国特色，增强世界水平。高等教育质量发展应当树立大格局，紧紧抓住高质量发展这一主题，突出服务国家、民族、人民需求这一导向，充分利用深化改革这一动力，增强使命感，推动构建具有新时代先进性的标准体系。

标准2：以学生为中心

新时代的高等教育质量标准建设应当坚持以学生为中心，关键是要坚持以学生全面发展为中心、以学生学习为中心、以学习效果为中心。第一，教育的首要问题是"培养什么人"。培养德智体美劳全面发展的社会主义建设者和接班人是高等教育的根本任务，高等教育质量标准要引导构建德智体美劳全面发展的人才培养体系。第二，学习是学生的主业，学生是学习的主人。教学的效率重在促进学习和学习成就。从以教学为中心转向以学习为中心，是高等教育现代化的必然要求。新时代的高等教育质量标准要引导人们不光注重"教得好"，更注重"学得好"。第三，立德树人的成效是衡量高等教育质量的根本标准。立德树人的成效最终体现在学生学习的效果上，学生学习的效果从根本上表现为学生获得和提升专业能力、道德与情绪能力、创新创业能力、实践能力、终身学习能力等一系列核心能力和素养。

标准3：以质量提升为导向

提高质量是新时代高等教育发展的核心任务。高等教育质量发展既注重高等教育质量价值的发现、判断和维持，也注重高等教育质量价值的改进、增值和创新。新时代高等教育质量标准以引导我国高等教育全面提高水平和质量为第一要务。新时代高等教育质量标准以新发展理念为指导，坚持以解决质量问题为导向寻求质量持续改进；以质量供给丰富性为导向寻求质量创新；以质量统整观为导向追求质量协调；以质量生态观为导向寻求绿色质量、和谐质量；以合作共赢的质量共同体为导向寻求质量开放；以质量公平为导向寻求质量共享。质量发展导向下的高等教育质量标准建设，既注重质量的存量盘活、当下的即时管理、维持稳定性，也注重质量的增量激发、以未来为导向的战略规划以及增强动态性以更好地服务经济社会发展。

标准4：重视过程

我国高等教育向普及化阶段发展，要求高等教育质量标准必须从重视投入向重视过程和结果转变。质量产生于过程，采用过程方法，增强过程能力，对提高高等教育质量有重要作用。质量标准要引导高校识别关键的教育教学过程，对过程进行持续的改进和创新，优化过程接口，促进教育教学质量的持续提升。其中，学习过程是教育质量形成的关键。在新时代，质量标准建设要关注教学过程和教育管理过程，更应当关注学习过程，尤其要重点关注学生参与、学习经历和学习支持等过程。具体来说，质量标准建设要强调学术挑战、积极学习、合作性学习、课外文体活动、参与科研项目、参与社区活动、师生交流互动、创新与创业经历、实习实训实践经历、国际学习经历、与不同民族/宗教/文化背景的学生和教职人员交流的经历、学习保障与支持等。

标准5：以结果为导向

以结果为导向（Outcomes Based）是当今世界高等教育发展的显著趋势和成功经验。在学科发展、师资队伍建设、科研、社会服务、文化活动、国际交流和财务、资产、后勤管理等各种办学结果中，人才培养的结果最为重要、最为根本。立德树人、教书育人的成效是衡量高校教育质量的第一标准，人才培养的结果即学生从就学经历中所获得的知识、能力和素质，其中的关键结果被称为"关键能力"或"核心素养"，基本的能力或素养所构成的素质整体即"综合素质"。综合素质既包括考试所测试的各种"认知技能"或"学术技能"，即"硬技能"，还包括个人的、公民的、伦理的、社会的和跨文化的知识和技能或"个人和社会责任技能"，即"软技能"。[1] 人才培养

---

[1] Shavelson R J, Huang L, "Responding Responsibly: To the Frenzy to Assess Learning in Higher Education," *Change*, 2003 (1), pp. 10–19.

质量标准建设应当注意教育结果的基础性、综合性、多元性和增值性。

标准6：全面协调

在高等教育质量标准体系建设中，由于不同关键因素的加入，出现高等教育质量标准体系的叠加效应，① 需要把各种高等教育质量标准要素有效地协调整合起来，使整个标准体系发挥最大效力。新时代的高等教育质量标准体系建设要协调好以下关键因素。一是质量与公平是高等教育的双重任务，也是双重压力，在新时代，公平本身应成为一种质量标准。二是质量提升是新时代高等教育发展的核心任务，但必须以严谨的质量管理和坚实的质量保障为基础。三是在保证高等教育质量标准统一性的同时，要以多维度标准特征去反映高等教育需求的丰富性和发展的差异性。四是既要重视校园面积、资产总值、专任教师数等硬指标，也要重视质量意识、质量文化、办学特色、内涵发展等软指标。五是既要重视认知和操作技能标准，也要重视理想信念、品德修养、劳动精神、人文素养、健康人格等情感、态度和道德标准。六是既要遵从学科、教学、科研、教师专业化等内适性标准，也要遵从市场、行政、法律等外适性标准。七是协调输入、工作、产出等横向静态标准和过程、层次、发展等纵向动态标准。八是既进行内容、要素和结构分析，也对内容的特性和品质进行分析，二者综合起来才构成完整的质量标准体系图景。

标准7：中国特色与世界眼光

新时代的高等教育质量标准建设要主动融入中华民族伟大复兴的中国梦，立足中国国情，对照中国高等教育所处的方位、主要矛盾、奋斗目标和阶段任务，体现中国高等教育在指导思想、目标愿景、发展战略、制度体系、需求基础、发展模式、层次与结构、发展态势等方面的独特性，凸显中国高等教育体制的独特优势；努力创建有中国特色的高等教育质量标准，构建有中国特色的高等教育质量标准话语体系，推动讲述当代中国高等教育的生动故事，传播中国高等教育的独特声音，传递中国高等教育的优秀经验；在共建"一带一路"和构建人类命运共同体的时代背景下，加快制定和输出高等教育的"中国标准"，让更多国家认可中国高等教育质量

---

① 刘晓凤：《理解格雷欣法则下的美国高等教育质量奇迹——基于高等教育质量标准体系交错性与制度弹性的二维视角》，《兰州学刊》2017年第8期。

标准，推动中国高等教育"走出去"。同时，坚持面向世界，向世界一流质量标杆看齐，以开放的姿态采用国际通用的质量标准，加强与国际高等教育质量组织的合作，积极参与国际高等教育质量标准研究制定，努力提升国际高等教育治理能力和国际高等教育公共产品供给能力，助推我国高等教育更快地走向世界舞台中央。

3. **本体标准**

（1）核心标准

新时代的高等教育质量标准体系应当重点建设输入标准、工作标准和结果标准三类横向标准和过程标准、层次标准和发展标准三类纵向标准。

标准1：输入标准

输入标准或投入标准是高等教育的起点标准，是高等教育系统适应外部环境，保持物质、能量、信息顺畅交换的基础性标准，对高等教育系统的健康度和活力度有重要影响。高等教育的输入标准主要包括院校标准、学科专业标准、人员标准和资源与条件标准。

院校标准。高等院校作为高等教育活动的建制性机构，作为一种整体性的输入因素，它们应当具有的规格和要求，即院校标准。应当加强院校设置标准建设，推动普通本科院校、高职院校、中外合作办学机构、网络教育机构等的规范性设置；加强院校分类标准建设，引导高校分类发展、多元发展，在各自领域内争创一流；加强院校战略标准建设，引导高校制定适合自身的发展战略，促进内涵式发展和特色打造。

学科专业标准。学科专业是高等教育活动的主要载体，是高校办学的龙头和骨骼，应当根据科技、学科专业发展的趋势和高等教育发展规律，制定和修订符合时代要求的研究生、本科和专科学科专业分类标准，引导和规范各级人才培养和教师开展学术活动；加强学位授权审核标准建设，对各级各类学位授权单位和授权点审核进行规范；加强学科专业设置标准建设，对高校设置学科专业进行规范，促进建立健全专业动态调整机制，优化区域学科专业布局，引导高校培育一流、优势学科专业；加强课程设置标准建设，对作为学科专业基本构件的课程的设置目标、类型、课时、进程、课程体系等进行规范和引导；加强教材标准建设，对作为学科专业教学基本构件的教材的目标、内容、类型、结构体系以及撰写、出版发行、使用等进行规范和引导。

人员标准。高校的领导、教师、管理人员、学生等是高等教育活动的主体，是高等教育的稀缺性和战略性资源，对高等教育质量有重要影响。应当加强高校校级领导人员任职条件和资格标准、高校中层领导干部选拔任用标准、高校领导人员领导力标准等院校领导人员标准建设，建设符合新时代要求的高校干部队伍；加强教师资格标准、教师编制或配备标准、教师专业标准、教师职称职务标准、教师培养与发展标准、教师职业道德规范、双语教师任职资格标准、双师型教师认定标准、兼职教师聘用标准、外籍教师资格标准、教师表彰奖励标准等教师标准建设，把师德师风作为评价教师的第一标准，引导教师争做"四有好老师"；加强管理人员的聘用标准、工作标准、职位职级与晋升标准等建设，促进管理人员队伍的专业化发展；加强考试和招生标准、留学生入学标准、交换生标准、学生转换专业标准等学生标准建设，规范人才培养的"入口"关。

资源与条件标准。高等教育需要投入必备的非人力类资源和提供基本条件才能保障和提高质量。应当重点建设以下基本标准：校园面积标准、布局标准、功能标准、安全标准、卫生标准、生态标准等环境标准；教育预算标准、教育拨款标准、科研活动经费资助标准、教育收费标准、学生奖助标准、教育捐赠规范、高校债务风险控制标准等财力标准；校园建筑标准、教学设备标准、实验实习实训设施标准、生活和文化体育卫生设施设备标准等设施设备标准；图书资料标准、网络信息资源标准等信息资源标准；教育技术标准和教育装备标准等。

标准2：工作标准

工作是现代高等教育组织机构的基本单元。高等教育工作标准即高等教育系统中关于各类工作的职责、权限、程序、要求等的组织化、制度化形态的规范，包括业务工作标准、管理工作标准和工作技术标准等。

业务工作标准。也称作业标准，主要指教学工作、科研工作、社会服务工作、文化工作和对外交流工作等高校办学的主业在相应工作岗位序列中表现出来的标准，往往通过业务工作说明书或专业岗位/职务说明书加以具体描述。除了要建设好针对传统业务工作的基本标准外，重点要针对新型和新兴业务工作形态建立健全支撑标准，如要加快建设关于"互联网+教学""智能+教学"的系列标准、产教融合型企业相关标准、高校新型智库建设相关标准、教育援助标准等，为新时代高等教育各项新兴工作的开展保驾护航。

管理工作标准。主要通过各类教育管理工作岗位说明书来表现。要重点加强现代大学治理标准建设,完善内外部治理结构;改革教学管理标准,扩大学生学习自主权、选择权,推动打造"金课";建设学习管理标准,加强学习过程管理,促进学生刻苦读书学习;建设安全管理标准和应急管理标准,促进平安校园建设;加强教育管理信息化标准建设,推进智能化管理;构建学生管理标准体系,强化管理服务育人。所有标准都应凸显以学生为中心、为学生服务,促进学生响应标准和学习支持标准建设。

工作技术标准。工作技术标准是针对高等教育工作中具有普遍性和重复性的技术、手段、方法问题和事项所制订的标准,包括高等教育工作方法标准、工作产品标准、工作环境标准、工作安全标准等。新时代的高等教育应当重点加强教育云标准、智慧校园标准、智慧教室标准、智慧课堂标准、慕课建设标准、虚拟仿真实验标准、人工智能教育标准、教育大数据标准等新兴工作技术标准建设,推动教育教学与现代信息技术的深度融合,推动教育教学技术创新。

标准3:结果标准

在世界高等教育的"结果"和绩效"问责"时代,[①] 高等教育质量发展必须注意加强院校、学科专业、人员、基本条件等主要结果的标准建设。

院校结果标准。需要加强高校竞争力标准建设,引导高校在经费、社会声誉、学术声誉、排名方面进行良性竞争;加强高校服务能力标准建设,引导高校增强服务国家和地方经济社会发展、服务创新发展、承担社会责任的能力;加强高校特色标准建设,推动高校打造办学特色和优势,提升内涵,塑造品牌;加强高校治理标准建设,推动高校建设现代大学制度,增强内部治理能力;加强新建院校、示范院校、特色院校等建设验收标准建设。

学科专业结果标准。重点加强以下基本标准建设,为"双一流"建设提供动能:各级重点学科、特色学科专业群、优势学科专业等建设结果的检查验收标准建设;学位授权单位建设验收标准和学位授权点建设验收标

---

① Contreras-Mcgavin M, Kezar A J, "Using Qualitative Methods to Assess Student Learning in Higher Education," *New Directions for Institutional Research*, 2007 (136), pp. 69–79.

准；全英语授课课程、双语课程、在线开放课程、示范课程等各级各类课程建设结果标准；国家规划教材、协编教材、自编教材、外文原版教材等各级各类教材的编写、出版和使用标准；高校科技成果标准。

人员结果标准。重点加强以下基本标准建设，推动人才强校：高校校级和中层领导人员试用期考核标准、年度考核标准、离任审计标准和校级领导班子建设成效和中层干部队伍建设成效评价标准等高校领导干部考核标准；管理人员晋升标准、年度考核标准、评优评先标准等高校管理人员评价标准；教师试用期结束考核标准、年度考核标准、各级各类教师人才称号和荣誉评选标准、科研奖励标准、教师团队建设成效评价标准等教师结果标准；体现人才培养结果共性的学历学位标准，即学术资格标准；作为人才培养结果核心的学生能力标准；学生、教师、家长、政府、社会等主体对高等教育的满意度标准等。

资源和条件建设结果标准。主要包括：绿色校园、安全校园、节约型校园、智慧校园等校园环境建设结果标准；财务审计标准、财务风险标准、经费绩效评价标准等财务结果标准；教育设施设备、图书资料和信息资源、教育装备等条件建设的绩效标准等。

标准4：过程标准

高等教育过程指高等教育各项活动的环节、步骤和程序，它们按照一定的流向顺序和逻辑构成一种动态的过程关系。新时代高等教育要加强高校办学的基本职能或关键过程的标准建设。

人才培养活动标准。人才培养活动标准包括教学设计标准、研究生和本专科层次学科专业教学质量标准、课程教学标准、中外合作和校企合作人才培养标准等。人才培养标准建设要落实立德树人根本任务，把提高人才培养水平和质量作为首要目标，着力提升高校的人才培养能力，形成高水平人才培养体系，创新人才培养模式，推进教育教学方式变革，优化人才培养结构，为培养和造就全面发展的社会主义合格建设者和可靠接班人提供重要保障。

科研活动标准。科研活动标准包括科研立项、项目研究、项目中期和终期检查等科研项目管理标准，学术会议、论坛、工作坊等学术交流活动规范，学术伦理，经费、图书、设施设备、场地、档案等科研资源管理标准，科研团队、学术社团、联盟、学术委员会等学术机构建设标准，科研人员招聘、培训、考核等科研人员管理标准等。科研活动标准应有利于推动实施创新驱动战略和建设创新型国家，推进产学研协同创新，推动科研服务育人，激发科研人员创新创造活力。

社会服务活动标准。高校既是"象牙塔"，也是"社会服务站"，它通过价值观念、社会批评、社会问题解决或社会活动来实现其服务社区、政府、企业等社会服务职能。[①] 社会服务活动标准包括教育培训服务标准、科技服务标准、文化艺术服务标准、咨政咨商等咨询服务标准、社区服务标准、智库建设标准等。社会服务活动标准建设要推动高校增强社会服务责任感，提升智力资源素质，提高服务能力和服务实效，既重视科技服务，也重视人文服务。

文化活动标准。当今社会，大学的文化形象和作用正在变化和扩大，大学可以为各种各样的声音和文化提供更广阔的空间。[②] 文化活动标准包括高校文化教育标准、文化传播标准、文化研究规范、文化创作规范、文化交流规范、文化组织标准、文化设施管理标准等。文化活动标准建设要能推动高校建设优秀大学文化，传承弘扬中华优秀传统文化，传播当代中国先进文化，以文化人以文育人，增强师生文化自信。

国际交流合作标准。对外开放是高等教育现代化的重要路径，加强国际交流合作标准建设是建设高等教育强国的必然要求。国际交流合作标准包括高校中外合作办学标准、国外办学标准、人才联合培养标准、科技创新合作标准、出国留学标准、来华留学标准、海外智力引进标准、人文交流标准、教育援助标准等。国际交流合作标准建设要能促进高校引进国外优质教育资源，提升国际化水平和能力，积极参与国际教育规则制定，助推我国高等教育国际竞争力和话语权提升。

标准5：层次标准

高等教育质量标准具有层次性。为了促进高等教育的分类发展，需要制定不同层次的质量标准。层次标准是高等教育质量的纵向标准之一，主要包括水平层次标准、学科学历层次标准和范围层次标准。

水平层次标准。根据质量水平的不同，高等教育质量标准分为卓越标

---

① Crosson, Patricia H, "Public Service in Higher Education: Practices and Priorities ERIC, Digest 85-2," *Activism*, 1985 (3).

② Kamenou A, "Universities and Culture," University of London, 2009.

准、合格标准和监控标准三个层次。卓越是一种竞争力、一种优势，卓越标准包括一流大学、一流学科、一流专业、一流本科、一流师资等的标准，卓越标准建设重在构建高等教育竞争力指标，创建标杆大学，发挥引领作用。合格标准包括政府部门制定的各种办学要求和高校自身制定的办学目标，合格标准建设重在规范各类日常工作、保障常态质量。监控标准包括各种以非常态问题监测为主要目的警戒性标准，监控标准建设重在对各种问题质量加强控制、守住高等教育质量"红线"。

学科学历层次标准。学科层次标准包括学科门类标准、专业类（研究生教育中称为"一级学科"）标准、专业（研究生教育中称为"二级学科"）标准、行业标准以及学校标准。学历层次标准包括博士生教育标准、硕士生教育标准、本科生教育标准和专科生教育标准。学科学历层次标准建设要有助于推动构建统一的国家学历资格框架，引导各级学科学历教育分类高质量发展。

范围层次标准。根据高等教育质量标准所涉及的范围，由大到小分为国际、国家、行业、地方和机构标准5种层次。其中，中国高等教育要积极学习、主动对接国际先进标准，还要积极参加重大国际标准和规则研制，推动中国高等教育标准"走出去"；国家标准建设要体现国家意志，与《中国教育现代化2035》等国家战略部署对接，使高等教育强国建设的各项任务和举措有据可依；充分发挥行业组织作用，制定必备的高等教育行业标准，助推国家标准建设；根据实际需要和地域性原则制定地方标准，为国家和行业标准提供支撑；高校制定符合自身需要的内部规范，疏通高等教育质量标准体系的毛细血管，夯实标准体系的塔基。

标准6：发展标准

发展具有时间轴概念，指事物由小到大、由简单到复杂、由低级到高级的变化过程。高等教育质量也有发展问题，质量发展的核心任务是高等教育质量的持续改进和提升。[①] 新时代中国高等教育必须加强质量发展标准建设。质量发展标准属于动态标准和纵向标准。如果说高等教育质量的横向标准主要关注质量存量的话，纵向标准则更关注质量增量，关注质量的

---

① Mcgettrick A, Dunnett A, Harvey B, "Continuous Quality Improvement in Higher Education," *Quality in Higher Education*, 2006（3）, pp. 235–247.

"增值"。①

新时代的高等教育应当将创新、协调、绿色、开放、共享等新发展理念融入质量标准化工作中，围绕人才培养、科学研究、社会服务、文化传承创新和国际交流合作等基本发展任务，构建起发展理念、发展规划、发展制度、发展任务、发展举措、发展评估标准等组成的发展标准体系，推动高等教育内涵式发展和高质量发展，促进高等教育强国建设。应当加强课程、教材、教育技术、教学方法、毕业论文（设计）、实习实践、就业指导、创新创业教育等教学发展标准建设，构建高质量人才培养体系，推动育人质量提升，为人才强国战略提供支撑；加强前瞻性基础研究、关键共性和颠覆性技术创新、科教融合、协同创新、哲学社会科学研究等科研创新发展标准建设，推动科技创新能力和水平提升，为创新驱动战略和科教兴国战略提供支撑；加强高校智力服务、文化活动、中外人文交流等标准建设，推动服务能力、文化能力和国际交流能力提升，为文化强国和"一带一路"建设提供支撑；加强高等教育改革创新标准建设，推进高等教育综合改革，为高等教育质量发展提供根本保障。

（2）背景性标准

标准1：评估标准

质量评估是高等教育质量保障和发展的重要条件，质量评估标准是高等教育质量标准体系的重要背景性标准。评估标准包括评估机构标准和各类教育评估活动标准。

评估机构标准包括评估机构设置标准、评估机构认可标准、评估人员从业标准、评估机构内部组织标准、评估收费标准、评估机构管理标准等。要通过评估机构标准建设，推动构建由政府评估机构、准政府评估机构、第三方评估机构（包括国外的高水平评估机构）和高校内部评估机构等组成的多元化评估机构体系，推进评估机构管理体制机制创新，促进评估人员专业化发展，促进国内评估机构与国际知名评估机构交流合作，促进评估机构提升评估能力和国际影响力。

评估活动标准渗透在各类核心标准中，可分为大类评估标准和专项评

---

① Astin A W, "Excellence and Equity in American Education," *Academic Achievement*, 1982（1）, p. 30.

估标准。大类评估标准包括督导评估标准、院校评估标准、院校自我评估标准、绩效评估标准、合格评估标准、水平评估标准、审核评估标准、认证评估标准等。专项评估标准包括教学评估标准、科研评估标准、社会服务评估标准、教育对外开放标准、学科评估标准、专业认证标准、教师评价标准、学生评价标准等。新时代的高等教育评估活动将更加复杂、精细和多样,要通过评估活动标准建设,推进构建高等教育分类发展、分类管理和分类评价体系,帮助克服唯分数、唯升学、唯文凭、唯论文、唯帽子的评价痼疾,树立科学的教育评价指挥棒,将学生德智体美劳全面发展作为出发点和落脚点,落实立德树人根本任务,树新时代师德师风,突出教育教学业绩,为高等教育质量提升提供评估保障。

标准2:信息标准

信息是教育活动和评估活动的基础,信息标准与评估标准都是高等教育质量标准体系不可或缺的背景性标准。信息标准是对高等教育信息管理计划、信息产生与收集、信息管理与组织、信息处理与分析、信息存储、信息发表与共享、信息发现与获取、信息再利用等活动所做的统一规范,是高等教育信息化建设的关键。应加强信息标准建设,促进质量信息系统建设,使质量信息活动制度化、规范化。

信息标准主要有以下六类。一是对教育媒体与平台分类、版权保护、协作技术等进行规范的教育信息环境标准,旨在建设有序、泛在的信息化教育环境。二是规范数字教育资源设计、开发和应用的教育信息资源标准,旨在促进教育资源的共享、重复使用和互操作等。三是对教师、学生、管理者等个体活动进行标识、记录和追踪的人员信息标准,旨在集聚和挖掘人员大数据,为终身学习发展、精准化、个性化教学与管理提供基础。四是对政府教育行政管理信息活动和学校管理信息活动进行规范的管理信息标准,旨在促进管理信息优化和管理资源共享,为教育管理科学决策提供支持。五是对各类教育信息评价活动进行规范的评价信息标准,旨在加强信息反馈,促进教育信息化可持续发展。六是对多媒体教学技术、虚拟实验与学习技术、电子课本、电子书包等教育技术所承载的信息活动进行规范的教育技术信息标准,旨在促进教育信息技术手段的规范和创新发展。

信息标准建设应当提高对高等教育评估标准和核心质量标准的支持能力,加快开展云计算、物联网、移动互联、大数据、人工智能、知识管理、社交网络等新兴信息技术应用于高等教育领域的标准研制,加强智慧校园和智慧课堂建设,推动信息技术与高等教育融合和高等教育信息化向高级形态发展。

4. 品质标准

本体标准在元标准指导下表现出一系列品质特性,它们对本体标准提供内涵支撑,可以分为横向品质标准和纵向品质标准。以往,社会需求适应度等相对静态的横向品质标准往往更受重视。新时代,创新度等相对动态的纵向品质标准应当受到重视。

(1) 横向品质标准

横向品质标准一般包括"适应度""达成度""支撑度""有效度""满意度"等"五个度",我国高校审核评估、各类高等教育质量报告均采用"五个度"标准框架。① "五个度"总体上具有静态性,分别从不同的质量观对输入、工作、结果等横向质量标准的品质进行界定。

其中"适应度"指高校适应各类社会需求的程度,主要通过高校的办学定位和人才培养目标加以体现,是一种符合外部需求程度的适用性质量标准。"达成度"指高校人才培养效果与人才培养目标实现的程度,主要通过学生的学习成果加以体现,是一种以学校自身目标为导向的符合性质量标准。"支撑度"指高校教师资源和教学资源对高校人才培养的保障程度,是一种以资源保障为重点的条件性质量标准。"有效度"指高校内部质量保障体系运行的有效程度,是一种强调高校质量保障主体地位的保障性质量标准。"满意度"指高校的学生、用人单位、家长等"消费者"对高校提供的"产品"各方面特性的满意程度,是一种衡量高校供需关系健康状态的满意性质量标准。

从高等教育质量发展的阶段可知,以上的适用性质量、符合性质量、条件性质量、保障性质量和满意性质量,都处于高等教育质量发展前期相对静态的阶段,是上升期和成熟期等相对动态的质量发展的基础。

(2) 纵向品质标准

新时代的高等教育质量过程标准、层次标准和发展标准等纵向标准应

---

① 王铭:《我国高等教育质量标准"五个度"的分析、评价与操作化研究》,《高教探索》2016年第11期。

当具有"创新度""增长度""成熟度""持续度""敏捷度"等新"五个度"。如果说横向品质标准"五个度"总体上属于合格质量标准的范畴,强调空间维度和保障性,则纵向品质标准新"五个度"总体上属于卓越质量标准的范畴,强调时间维度和发展性。

标准1:创新度

创新是质量发展的根本动力。创新度指高等教育通过行业创新、技术创新、产品创新、管理创新、制度创新、战略创新等新的方式满足甚至超越"消费者"需求的程度。创新度是高等教育质量发展的新理念、新目标和在新时代的新内涵,包括前瞻性、新颖性、及时性、适用性、可行性等基本标准。要通过创新度建设,推动高等教育实施创新驱动,发扬创新精神,建立健全试错、容错、纠错机制,获取发展新动能,增强竞争优势,实现创新性发展。

标准2:增长度

价值增值是质量发展的重要目的。增长度指高等教育通过质量改进和提升实现价值增值的程度。价值增值包括消除价值浪费和发展关键质量特性两方面。一方面,要详细分析所有办学活动和所有活动步骤的必要性与可行性,减少或消除人才"缺陷"、管理失误、设施设备故障、教学事故、顾客抱怨、声誉不良等造成的直接或间接的成本损失。另一方面,要进行关键质量特性分析,把"消费者"对高等教育产品的需求进行多层次演绎和归纳,明确影响和决定高等教育产品质量的关键质量特性,并把关键质量特性转化为教育教学设计要求和教育活动要求,从而从根本上提升教育质量。要实施知识驱动和精细化管理,用有限的教育资源获取最大化价值,切实提高价值增长度。

标准3:成熟度

成熟即事物完全发展的一种状态,是卓越质量的重要内涵。成熟度指高等教育质量体系、质量过程、质量结果等完全发展的所有过程阶段,是对质量发展水平和完善、卓越程度的度量基准。高等教育质量发展可分为困惑期、觉醒期、启蒙期、理智期、卓越期等成熟度阶段,每一个较低阶段是达到较高阶段的基础。通过定义每一个阶段达到更高阶段所需解决的关键问题和关键过程,明确差距,可以促进高等教育质量发展逐步从不成熟阶段走向成熟阶段。应当建立健全高等教育质量成熟度标准,助推"双一流"建设和高等教育强国建设。

标准 4：持续度

质量发展是一个持续不断的过程，持续性是质量发展的重要特性。持续度即高等教育质量发展预期和事实发展的持续程度，是判断高等教育质量发展进程中的长期合理性的度量标准，注重从时间特性上把高等教育质量发展的过去、当下和未来放到一起统筹考虑。持续度对质量发展的空间、能力、效果都有直接影响。要通过持续度标准建设，引导高等教育立足长远，明确愿景，制定具有连续性的发展规划；制定和实施具有前瞻性、注重长期效益的政策和制度；不断深化具有渐进性的改革创新；建设具有持久性的内外部关系，实现整体水平的不断提档升级。

标准 5：敏捷度

敏捷即快速变化和柔性的能力，敏捷性是新时代高等教育质量发展的必然要求。敏捷度即高等教育主体根据环境变化快速、有效地制定决策、采取行动、做出改变的能力。敏捷度注重时间特性，目的在于增强高等教育在不断变化的环境中的应变能力、机动能力和生存发展能力。敏捷度包括员工改变的熟练性、保持需求敏感性的能力、识别和适应内外部环境变化的能力、科技和文化发展敏感性、快速响应环境机会的能力、信息传递顺畅度、柔性管理能力等基本指标。要通过敏捷度标准建设，引导高等教育系统增强开放性，拓展资源、功能和效益，保持制度良性变迁，不断自我更新，努力满足"消费者"不断发展变化的需求。

第五章 质量发展的责任

责任是指有胜任能力的人在社会生活中应承担的义务，以及对自己选择的不良行为所造成的危害应承担的后果。应当基于质量权力配置模式，构建相应的高等教育质量责任制。世界高等教育质量发展主体关系模式发展的趋势是多元平衡型模式或"参与型治理"模式，各大主体结成一种服务于公共利益的互生伙伴关系。相对来说，各个质量主体都有自己最关注的质量焦点。应结合质量主体的质量焦点，构建政府主导、市场调节、高校主体、行业自律、社会参与的高等教育质量主体关系模式。

一　政府的质量责任

（一）政府的质量责任

中共中央、国务院1993年颁布的《中国教育改革与发展纲要》指出："政府要转变职能，由对学校的直接行政管理转变为运用立法、拨款、规划、信息服务、政策指导和必要的行政手段，进行宏观管理。"2010年《国家中长期教育改革和发展规划纲要》指出："各级政府要切实履行统筹规划、政策引导、监督管理和提供公共教育服务的职责，建立健全公共教育服务体系，逐步实现基本公共教育服务均等化，维护教育公平和教育秩序。改变直接管理学校的单一方式，综合应用立法、拨款、规划、信息服务、政策指导和必要的行政措施，减少不必要的行政干预。"

政府对高等教育质量的监控和调控的主要职能包括以下几点。第一，制定高等教育质量法律、法规，建立健全高等教育质量法治。第二，制定高等教育质量标准，加强高等教育质量标准化工作。第三，制定高等教育质量发展规划。第四，制定并实施高等教育质量发展政策，加强政策引导。在发挥市场机制作用的基础上，制定相关政策，促进高等教育质量的提升。

政府有时需要成为一个强有力的改革的倡导者和推动者，激发出那些安于传统和惯例的大学必要的行动。① 第五，加强高等教育质量监督，包括法律、标准、行政、消费者、舆论、社会各界监督。第六，综合运用各种手段引导、调控高等教育质量发展。第七，引导和发挥社会团体、中介组织的作用。第八，推动教育技术发展、管理进步和教育者素质提高。第九，建立推动和激励机制，营造重视质量、关注质量的舆论氛围，开展高等教育品牌评价，加强高等教育质量奖项建设，对质量卓越的高等教育组织进行奖励。第十，对高等教育质量发展的绩效进行评估考核，促进各级政府、有关部门严格履职，把各级领导的关注焦点和工作重心引向高等教育质量和效益上来。

这些质量责任可归为三类。第一，尊重的责任，它要求政府不去妨碍个人高等教育质量权利行使。这是一种消极责任。第二，保护的责任，这是指政府保护个人的高等教育质量权利不受他人侵害的义务。这是一种积极责任。第三，实现的责任，由两部分组成，一是政府有义务促进个人高等教育质量权利的实现，通过积极的行为增强人们获得高等教育质量资源和享有这种权利的能力；二是政府有义务提供高等教育质量资源，这是一种积极责任，国家需要做出一定的给付义务才能保障公民的权利，在实现的责任中，需要政府有经济上的投入和技术能力，这就是给付的义务。在现代社会中，政府承担了大量的高等教育治理事务，要求政府不仅要履行不得侵犯公民高等教育质量权利这样的尊重的义务，而且要求政府积极行使职权，实现公民的高等教育利益。政府高等教育质量责任要求政府应该采取一定的行为来保证提高高等教育质量，从而促进公民高等教育质量权益实现。

政府履行质量职责的手段包括宏观调控、市场准入、质量监管和公共服务。

宏观调控。国家运用计划、法规、政策等手段，对高等教育质量发展不平衡不适应的状态进行干预和调整，提高微观教育活动质量水平和国家高等教育质量竞争力，主要运用法律手段、经济手段和必要的行政手段。

---

① Mackie M D, Martin M J, Thomson M K, "Autonomy versus Accountability," *Tertiary Education & Management*, 1995 (1), pp. 62 – 71.

市场准入。对高等教育市场主体及其活动的行政许可制度，是国家对高等教育机构资格和活动的确立、审核和确认的法律制度。

　　质量监管。政府依靠特定的高等教育质量法规和强制性标准，对高等教育质量行为进行监督管理。质量监管的对象可以是一项教育活动，一个教育过程，一个教育产品，一个高等教育机构，一个高等教育体系，一个教师或学生，或者以上对象的组合。因此，质量监管也可以是过程质量监管、产品质量监管、组织质量监管、体系质量监管、人的行为的质量监管，组合的质量监管。为防止行政权力滥用，任何监管权的取得都必须有合法的授权依据，并依法行使该项权利。德国各州法律规定了非公立高校的认证标准，各州各自开展非公立高校认证；同时，联邦政府和州政府要求非公立高校还需要由科学委员会进行认证，政府对高校的认证是一种质量保障程序，确定高校是否能够根据法律的规定提供高等教育，认证标准是根据联邦的《高等教育框架法》和州高等教育法律确定的。1990年，我国国家教育委员会颁布《普通高等学校教育评估暂行规定》，规定普通高等教育评估主要有合格评估（认证）、办学水平评估和选优评估三种基本形式。2002年，教育部出台新的政策，将合格评估、优秀评估和随机性水平评估三种方案合并为普通高校本科教学水平评估。2004年以前，高等教育评估主要由教育部实施。2004年8月，国家成立了负责组织实施高等教育评估工作的半官方机构——教育部高等教育教学评估中心。教育部还委托各省、自治区、直辖市教育主管部门对本地区内的高职院校进行评估，对民办高校和其他院校进行试点评估。同时，国务院学位委员会是负责学位与研究生教育质量发展的官方机构。2014年，国务院学位委员会和教育部共同发布《关于加强学位与研究生教育质量保证和监督体系建设的意见》，规定实施学位授权点合格评估制度，开展博士、硕士学位论文抽检工作，建立全国研究生教育质量信息平台，要求省级教育行政部门加大对本地区学位与研究生教育质量的监管力度，做好硕士学位授权点合格评估、省级重点学科评选、硕士学位论文抽检、优秀学位论文评选等工作。

　　公共服务。即政府使用公共权力和公共资源向公民或组织所提供的各项服务。质量公共服务是有国家行为介入的一种旨在提高总体质量水平的服务活动。广义上，可以将公职人员使用公共权力与资源所从事的各项质量工作都看作质量公共服务。狭义的质量公共服务，即提供质量公共服务是国家的重要职能之一，是国家在质量方面提供的一项公共服务职能。① 高等教育是一种准公共物品，② 高等教育质量服务部分属于公共服务，包括高等教育质量标准服务、质量评估政策与平台等。在传统意义上，政府是理所当然的高等教育质量公共服务的供给主体。当前，高等教育质量公共服务供给主体出现了多元化趋势，除政府外，第三部门机构也参与到高等教育公共质量服务活动中来。

（二）防止政府责任失灵

公共利益理论可以很好地解释高等教育质量调控的起源。但是，随着时间的推移，调控者开始被所调控的行业影响，具体实施调控的机构（regulatory agencies）很容易进行寻租。当政府调控被用于为私人利益服务时，就容易发生寻租。因此，政府对高等教育的调控需要得到监督和约束，也需要市场机制和第三部门机制等进行补充。

调控还会存在官僚化问题。马蒂莫特（Martimort）将调控的官僚化定义为"随着时间的推移被调控者的自主权越来越小的趋势"。③ 调控机构会逐渐依赖于较为固定的、量化的指标，这是一个较为实用的策略，而这会使调控越来越官僚化，调控机制越来越僵化，被调控行业的自主权会越来越小。为了克服调控的官僚化问题，政府调控需要不断改革创新，避免陷入僵化。政府对高等教育质量的调控也应与时俱进进行体制机制创新，弱化或避免官僚化。

政府对高等教育质量治理不当可能导致"政府失灵"问题。市场失灵为政府干预提供了依据，但是，政府对高等教育质量的管理也存在失灵的可能。政府对高等教育质量的管理必须适度、有效。政府失灵一方面表现为政府的无效干预，即政府的调控、规制的范围和力度不足或方式选择不当，不能弥补市场失灵；另一方面，表现为政府的过度干预，即政府干预的力度和范围超过了弥补市场失灵的需要，或干预的方向不对，形式失当。政府对高等教育质量的管理具有垄断性，这种没有竞争的管理容易造成政

---

① 王泽洪、黄国庆、周德文：《宏观质量管理概论》，中国质检出版社，2013，第42页。
② 蔡红英：《高等教育公共支出政策研究》，《湖北社会科学》2005年第6期。
③ Martimort D, "The Life Cycle of Regulatory Agencies: Dynamic Capture and Transaction Costs," *Review of Economic Studies*, 2010 (4), pp. 929-947.

府失去对高等教育效率、效益追求的动力。政府质量管理为公职人员的寻租行为提供了可能性。政府对高等教育的行政管理涉及面很广，是一个错综复杂的决策过程，但政府很难全面掌握和分析处理与高等教育有关的信息，容易出现政府决策失误。

改革方的原则是，政府对高等教育的调控和规制应做到公正、超脱；要规范政府调控和规制的职能和行为；要加强对政府调控行为的监督；提高政府决策的科学化程度；在高等教育硬件资源的配置中，可以让市场发挥基础作用；在某些软件资源的配置中，可以让市场发挥补充作用；要把政府干预置于制度和规范之下，做到透明、公正；加强高等教育质量工作考核，推动将政府部门和人员的质量工作纳入绩效考核范围。

政府质量监管的模式在经历从对质量的微观干预式管理向以提供公共服务为主的监管式的治理模式转型。政府从微观干预中退出后，高校作为市场主体、中介机构和其他社会主体在质量提供中发挥着日益重要的作用，包括提供质量公共教育、通过政府渠道发布质量信息、对消费者的质量权益的保护等。

集权制的政府规制模式强调统一的绩效标准，基于绩效评估配置资金，以推动某些改革。这种模式容易让政治因素进入学术领域。正如韦斯（Weiss）所言：这种模式关注教学结果的可评估性，"教学结果的可评估性证据不得不与其他的在政治过程中受到注意的、受到政治机会主义影响的因素竞争注意力"。[1] 质量受到太多的管控，甚至可以说出现了一个质量控制的管控产业。[2] 这种过度的政府规制会在一定程度上侵蚀高等教育机构的办学自主权，应当考虑将这种管控模式向更关注高等教育系统的多样性和复杂性的模式转变。

政府应切实推动"放管服"改革，加强与高校的联系，创新管理模式，为高校提供必要的服务。在这方面，德国政府的做法值得借鉴。在德国，高等教育的政府管理机构包括联邦政府和州政府。联邦政府制定总体框架，州政府可以制定地方性高等教育法律。联邦政府还负责约一半的新建筑、

---

[1] Weiss C H, "Where Politics and Evaluation Research Meet," *American Journal of Evaluation*, 1993 (14), pp. 93 – 106.

[2] Weert E D, "A Macro-analysis of Quality Assessment in Higher Education," *Higher Education*, 1990 (1), pp. 57 – 72.

新校园和重大科研装备的决策和资助。州政府负责筹措经费、配置经费、批准课程体系。州政府还参与教授招聘。每个州政府都设有一个 Hochschulreferent 岗位，即"大学信息员"，每个"大学信息员"负责一所特定的大学，作为大学和州政府管理机构之间的联系人。大学被主管机构公平地组织管理，学校的组织地位较为明确，被政府看作真正的合作伙伴，"大学信息员"在大学和政府管理机构的互动中扮演着关键的角色，他对自己所联系的大学非常熟悉，会竭尽所能为所联系的大学争取和维护政府资源。他也会将政府政策向大学传达。州政府主管机构对高校的人事任免、课程、科研等的决策上几乎不存在直接联系。

为了避免高等教育质量发展的政府失灵，加强政府部门与高校和社会的联系，有的国家的解决方式是发展介于政府、高校和社会之间的非营利性教育中介组织，来联系和沟通其他高等教育质量主体，促进高等教育质量发展。政府通过教育中介组织对高校进行间接"干预"，此举在实现必要问责的同时，也较好地保证了高校在教育质量管理等方面的自主空间。教育质量中介组织作为联系政府、社会和高校三方的桥梁，发挥着缓冲器的重要作用。各国的教育质量中介组织，如美国的高等教育认证协会（CHEA），英国的高等教育质量保障署（QAA），法国的全国大学评估委员会，澳大利亚高等教育质量与标准署等，都属于准官方的质量保障机构，有独立的经费和机构管理自主权，它们接受政府或者高校委托完成各种质量评估活动，在实施质量评估中拥有独立的空间。

2004年，教育部成立高等教育教学评估中心。该中心负责根据教育部制定的方针、政策和评估指标体系，对高等学校、办学机构的教学和专业教学工作的评估；开展高等教育教学改革及评估工作的政策、法规和理论研究；组织有关评估的培训和对外交流等方面的工作。随后，一些省级政府成立了教育评估院。教育部高等教育教学评估中心和一些省级政府设立的教育评估院政府色彩浓厚，兼具公共性和私人性。这些机构在业务上以执行政府监督检验任务为主，是行政命令式的，定位不明；经费上主要依靠政府财政拨款，存在依赖思想，市场意识不强，危机感和紧迫感不强；由于业务和经费的非独立性，与政府的联系过于紧密，这些机构很难保证在政府和高校之间保持中立性，对高等教育公益性的保障很难彻底；内部管理体制上这些机构的最高管理者由政府任命，内部人员的级别参照政府部门，缺乏人事权、劳动用工权、内部机构设置权，内部缺乏择优的竞争机制，工薪制度采用事业单位财务制度，没有足够的激励措施。应当增强这些机构的相对于政府的独立性。

《国家中长期教育改革和发展规划纲要》提出，要"鼓励专门机构和社会中介机构对高等学校学科、专业、课程等水平和质量进行评估"。"培育专业教育服务机构。完善教育中介组织的准入、资助、监管和行业自律制度。积极发挥行业协会、专业学会、基金会等各类社会组织在教育公共治理中的作用。"国内有学者认为，"我国未来高等教育外部质量保障体系的建设中，有必要建立若干半官方的外部质量保障机构，并在今后逐渐发展为高等教育质量保障中介组织，同时建立起具有元评估机制的完整的高等教育质量保障体系。此举也意味着高等教育外部质量保障工作将从政府职能逐渐转变为由中介组织来承担"。[①] 长期来看，通过真正拥有独立性的第三方机构对政府监管提供支持，对市场机制提供补充，对高校提供个性化服务，应当是我国高等教育质量治理体制发展的一项议程。

二 市场的质量责任

市场暗含和确立了质量标准，市场标准是一种"实践标准"，应让"市场力"来检验和保障高等教育质量。[②] 充分发挥市场机制在高等教育质量发展中的作用，在此前提下，以必要的政府干预弥补市场调节的弊端或市场失灵，同时，又以市场调节的正面作用来克服政府干预的弊端或政府失灵，从而实现政府干预和市场调节机制的最佳组合，这就是所谓的"凸性组合"。

（一）市场的质量责任

市场机制是通过市场竞争配置资源的方式，是价值规律的实现形式。市场机制主要包括供求机制、价格机制、竞争机制、风险机制等。市场调节高等教育质量的机制主要包括供求机制、价格机制和竞争机制三个方

---

① 方鸿琴：《我国高校质量保障体系一般模式建构与质量审计》，中国社会科学出版社，2013，第271页。
② 张应强：《高等教育质量观与高等教育大众化进程》，《江苏高教》2001年第5期。

面,[①] 市场的质量责任也通过这三个方面加以体现。

1. 供求机制

供求机制是指通过商品、劳务和各种社会资源的供给和需求的矛盾运动来影响各种生产要素组合的一种机制。高等教育供给主体会根据市场的需求状况及时做出反应，调整供给结构，迎合市场变化，在追逐自身利益的同时，满足人们的需求，并为社会带来各种利益。[②] 尤其对于营利性高等教育，供求机制的作用发挥比较明显。[③] 在质量发展方面，供求机制可以促进高校重视教育产品的需求调查和供给能力调查，树立供需平衡的高等教育质量观，优化办学资源配置，提供优质的教育产品。

在供求机制下，须讲究办学效益，合理确定发展速度，优化学科专业结构，适应需求侧调整，开展供给侧结构性改革。供给侧结构性改革的核心就是要通过提高供给质量、丰富供给结构等途径，贴近学生的消费需求，满足学生的个性发展和未来社会的人才需求。[④] 供给侧结构性改革的重点是减少政府对高等教育的行政干预，逐步消除政府在相关领域的行政垄断和过度干预，充分发挥市场在资源配置中的作用和功能。[⑤] 结构性改革的关键是要解决高等教育发展过程中的重大结构问题和体制缺陷。在人才培养规格的供给上，应当形成"多层次、众规格、新模式、异要求"的人才培养规格体系。[⑥] 在学科专业结构上，应当主动对接行业和产业需求，对接国家战略和地方经济社会发展需求，分类分层发展，更好地适应实际需求。在教师队伍结构上，《国务院关于加强教师队伍建设的意见》要求建立教师学习培训制度，构建"双师型"教师培养培训体系，推进教师分类聘任和分类管理。在课程结构上，要在必修课与选修课、理论课与实践课、专业课与素养课之间实现平衡发展，构建课程的知识、能力、综合素养、创新创

[①] 吴婷：《市场调节高等教育质量的机制研究》，硕士学位论文，湖南大学，2008。
[②] 刘颂：《民办高校治理机制研究——基于利益相关者的视角》，《扬州大学学报》（高教研究版）2008年第3期。
[③] 李东方、胡云巧：《论我国营利性高等教育的供给机制》，《高等理科教育》2009年第5期。
[④] 李奕：《教育改革，"供给侧"是关键》，《陕西教育》（综合版）2016年第3期。
[⑤] 王小广：《供给侧结构性改革：本质内涵、理论源流和时代使命》，《中共贵州省委党校学报》2016年第2期。
[⑥] 王鹏、王为正：《高等教育：供给侧结构性改革》，《河北师范大学学报》（教育科学版）2017年第2期。

业素质等目的兼顾的综合性课程体系。在教学体系结构上，要从以教师为中心、教为中心向以学生为中心、学习为中心转变，促进教师与学生的平等对话、沟通与协作，促进现代信息技术在教学中的充分利用。

实施需求导向的人才培养结构调整。发挥市场机制配置非基本公共教育资源作用，强化就业市场对人才供给的有效调节。进一步完善高校毕业生就业质量年度报告发布制度，注重发挥行业组织人才需求预测、用人单位职业能力评价作用，把市场供求比例、就业质量作为高校设置调整学科专业、确定培养规模的重要依据。实行专业退出机制，对设置雷同、就业连续不达标的专业，高校应及时调减或停止招生。

同时兼顾需求侧的改革。在消费方面，培育多元化办学主体，尽量挖掘高等教育消费增长点，拉动高等教育继续发展壮大，为质量发展奠定基础。在投资方面，增加非竞争性经费投入总量，拓宽办学经费来源，构建政府为主导的多渠道投入机制，变革竞争性经费投入机制，建立健全经费绩效评价体制机制，提高投资效益，改善办学条件，改善高等教育投入结构，尽量实现高等教育投资均衡化，为高等教育质量可持续发展奠定坚实的物质基础。在"出口"方面，增强综合实力和国际竞争力，增强中国高等教育的话语权，尽量扩大高等教育的"出口"，为我国高等教育质量的国际化发展提供条件。同时，在需求方面，要重点关注作为高等教育消费者主力的用人单位。读懂用人单位的需求，同时挖掘用人单位对质量发展的作用。

在"入口"端，高校所招录的学生是高校教学服务的消费者。高校应当了解学生的合理就学需求，深化教育教学改革创新，提供学生满意的教学服务。作为消费者，学生和家长比较关心以下几点。第一，使用学校资源的途径。学生不太关注根据学术标准定义的学校和专业的资产的质量，他们更关注个人对这些资源的使用。他们关心的问题包括：学校有多少可供选择的通识教育课程？如果不喜欢所选的专业，可以换专业吗？学校指导学习、实习、就业、开展心理咨询的场地、指导教师好吗？可以较方便地使用到学校的学习设施设备吗？等等。第二，管理活动和管理能力。学校要有能力向学生提供安全的、让人有归属感的、得到公平对待的、有价值的学习环境。总之，学生和家长关心学校办学是否以学生为中心和将这个价值观体现到与学生相关的所有活动中。第三，结果。学生不太关心一般性的结果，更关心学术兴趣、学术水平、出身、民族等与自己类似的学生成功的记录、学校在竞争性排名中的位次、社会声誉、国际声誉等、往届学生对学校的满意度；学生毕业后的升学及其后的表现、就业及薪酬等成就情况。

在培养过程中，应通过增加学生的选择权，包括学生选学校、选专业、选方向、选课、选教师等的权利。竞争是市场保持活动的重要因素。在高等教育中，学生对院校、专业、教师和课程的有条件的自由选择，可以促进竞争，间接促进质量的发展。学生的选择活动就是学生在"用脚投票"，直接影响到教育资源的流向，进而促进高等教育质量发展。学生择校可以促进高校间的竞争，促使它们推进改革，提高教育质量。西方国家大学生对教师和课程具有较大的自主选择权。美国、德国、英国等国家的大学大多盛行选课制度，学生可自主选择课程和授课教师，形成自己的课程"菜单"。一些高校实行课程试听制度，学生经过头两周的试听，对课程做出选择。这种选择给教师带来了压力，也给他们提升教学质量带来了动力。

开展学生满意度调查，收集学生的需求和满意度信息，对提高教学质量具有现实意义。在国外，比较成熟的大学生满意度调查有美国的全国大学生满意度调查（NSSS）、英国的全国学生调查（NSS）等。对大学生的就业经历进行调查对提高教学质量也可以提供重要的信息，比较知名的大学生就业经历调查有美国的全国学生参与度调查（NSSE）、澳大利亚的课程学习经历问卷调查（CEQ）等。

用人单位是高校最重要的外部消费者。在兴趣点上，用人单位往往关注三个主体：学校、专业和毕业生。一般来说，用人单位对学校的兴趣不是很大，对专业的兴趣次之，对毕业生的兴趣最大。在学校层面，用人单位几乎更关注学校声誉，他们希望自己的员工毕业于声誉好的大学。他们往往从比较性排名，尤其是大众媒介获取学校声誉的信息。在专业层面，用人单位对专业的关注点包括专业能力：专业声誉以及师资队伍和课程体系等与本单位用人目的之间的关联等；专业办学成就：毕业生数量、毕业生就业率、毕业生就业的职业和行业分布、平均工资、本专业学生资格考试的通过率、本专业与类似专业的绩效比较信息等。在毕业生层面，用人单位更关注结果，包括毕业生的知识、技能、态度；学业证书与本单位用人需求的相关性；将知识应用于工作场景的能力等。

用人单位对高校人才培养质量的提升可以发挥重要作用。第一，用人单位树立正确的用人观，把自己需要的人才选拔任用到组织中合适的岗位上去，是用人单位在人才招聘中应坚持的原则。对不同的岗位来说，不存在最好的人才，只有最合适的人才。过分看重毕业生所毕业高校的排名、毕业专业的热门程度、毕业生所获得的荣誉等，对用人单位来说其实并不一定需要。问题在于在缺乏对甄别毕业生关键信息的情况下，用人单位往往只能选择相信这些声誉性的表面信息。但是，从人才招聘的需求来说，用人单位应当重点关注毕业生是否具备某个岗位所需要的各种素质。用人单位转变人才招聘思想，可以帮助扭转高等教育中存在的各种浮夸性的排名竞争、生源竞争和考试竞争的不良风气。第二，用人单位与高校合作，共同培养自己需要的人才。用人单位可以与高校签订合作协议，参与到人才培养方案制定、师资培养培训、实习实践平台建设、毕业生订单式就业等当中。企业可以以资本、技术、管理等要素参与举办高等教育，深度参与高校教育教学改革，多种方式参与高校专业规划、教材开发、教学设计、课程设置、实习实训，促进企业需求融入人才培养环节。企业可以与高校协作，共同推行面向企业真实生产环境的任务式培养模式。企业可以积极依托高校设立工作室、实验室、创新基地、实践基地等，为更好地满足自己的人才和智力需求奠定平台基础。通过引企驻校、引校进企、校企一体等方式，推动企业与高校共建共享生产性实训基地。为了深化产教融合、校企合作，充分发挥企业在人才培养和人力资源开发中的重要主体作用，2019年3月，国家发改委和教育部联合发布《建设产教融合型企业实施办法（试行）》，明确企业通过独资、合资、合作等方式，利用资本、技术、知识、设施、管理等要素，依法举办或参与举办高等教育，在实训基地、学科专业、教学课程建设和技术研发等方面稳定开展校企合作，可以申报成为产教融合型企业建设对象。这对发挥企业作用推动高校质量提升具有重要的意义。

供给侧结构性改革离不开需求侧的支持，应该把供给侧的改革与需求侧的改革相结合，两端共同发力，共同推动高等教育质量的发展。

2. 价格机制

价格机制指在市场竞争过程中，某种商品市场价格的变动与市场上该商品供求关系变动之间的有机联系的运动。高等教育属于准公共产品，学费是高等教育市场的一种准价格机制，基本反映了高等教育的买方（学生及其家长）和卖方（高校）之间的供求关系。所谓准价格机制是指学费具有价格机制的某些作用，可以调节高等教育供求关系，优化高等教育资源配置，影响教学质量，但又不具备价格机制的全部特征和性质，介于价格和非价格之间的一种机制。[①] 学费受高等教育需求状况、个人接受高等教育的收益水平和受益程度、家长的收入水平和消费能力、高等教育供给质量、高等教育成本、所在地的物价水平、政府的高等教育财政政策等因素的影响。

学费可以帮助平衡高等教育的供求关系，在民办教育表现尤为明显。学费价格可以促进高校想办法降低办学成本提高办学效率，学费的高低对高校的办学质量有直接的影响。学费的价格在调节高等教育供给总量的同时，可以直接影响高校的高等教育产品供给质量。根据市场规律，高等教育市场中，质量是高等教育价格的依据之一，不同的教育质量有不同的学费价格，高校为了获得更高的学费价格收益，就会想办法提高教育质量，开展教育产品质量竞争。同样根据市场规律，在价格一定的情况下，消费者更青睐质量更好的教育产品，这会促使高校保障教育质量。进而，消费者希望在一定的学费付出下，高校能尽量提升教育教学质量，提升教育服务满意度。高等教育需要讲投入产出，讲办学成本和产品质量。在教育系统中，高等教育资源属于稀缺性资源，要学会利用市场的机制和手段加以优化配置，吸纳市场因素的学费生成机制就是其中之一。

目前，我国高等教育学费主要以政府定价为主，高校确定学费额度的自主权很小，不能很好地反映高等教育供求关系，不能体现高等教育收费价格与教育质量的统一。高等教育市场迫切需要建立一种新型的价格机制，反映高等学校教育质量，激励和约束高校办学行为，调节高等教育市场供求，优化高等教育资源配置。[②] 作为准公共物品的高等教育具有使用价值，可以给受教育者带来收益和社会地位的提升，高等教育产品的消费具有一定竞争性和排他性，其价格应当遵循市场规律，以市场供求形成的价格为

[①] 王作峰：《硬币之两面：高等教育学费价格的双刃剑作用》，《中国物价》2006年第3期。
[②] 耿一平、吴东霞、刘勇：《我国高等教育价格机制改革探究》，《商业会计》2012年第23期。

主，同时辅以政府调控。政府的宏观调控应以确保高等教育的公益性、非营利性为根本目的。市场化的价格机制，可以在一定程度上调节高等教育市场价格，推动高校提高教育教学质量，提高产品的竞争力。对于整个国家来说，高等教育的市场价格形成机制有利于发挥市场在高等教育资源配置中的基础作用，满足人民群众对公平而又有质量的高等教育的多样化需求，促进高等教育的可持续发展。但是，市场机制在高等教育定价中的作用应有所差异。对于民办高等教育，可以主要由市场来定价，推动民办高校充分竞争、优胜劣汰，促进民办高校不断提升办学质量；对于独立学院和公办成人教育高校，可实行有条件的自主定价；对于与市场和行业对接比较紧密的高职院校，可实行政府指导下的准自主定价；对于普通公办高校，可由政府定价，但应根据高校、学科专业、区域等不同而实行差别定价。

3. 竞争机制

竞争机制是指在市场经济中，各个经济行为主体之间为着自身的利益而相互展开竞争，由此形成的经济内部的必然的联系和影响。高等教育的竞争主要包括生源竞争、师资竞争、经费竞争、学科专业竞争、科研竞争、排名竞争、政府项目竞争等。竞争机制可以促进高校充分利用资源，提高管理水平和办学能力；促使高校重视质量竞争，进行改革创新，打造办学特色，塑造品牌，增强美誉度和影响力。应当培植竞争主体，打破教育垄断；扩大学生选择，壮大买方市场；深化激励作用，引导校内有序竞争。

市场竞争是驱动质量发展的根本动力。影响某一产品或服务质量的因素很多，但最根本和核心的要素是市场竞争。市场的核心是竞争，处于竞争环境下的市场主体会关注消费者的质量评价。理论研究和实证证明，质量并不是主要靠政府的直接监管来提升的，在一个竞争的环境下，市场主体自身有足够的动力去关注自己的质量问题。因此，要推进质量的市场化程度，让企业成为真正的市场主体。政府应该在质量发展方面大力创造和营造良好的市场环境，让企业作为质量主体直面质量的真正评价者——消费者，让消费者的市场选择成为驱动企业质量发展的根本动力。市场竞争使企业获得正确的激励约束机制，能够提高产品的质量。我国改革开放四十年的经验表明，市场机制充分发挥作用的领域，消费者的满意度一般较高，市场机制作用发挥不明显的领域，消费者满意度较低。调查表明：市场准入程度较高的行业质量满意度较高；非国有化程度较高的行业领域质量满意度较高。① 市场准入行业主要参考国家发改委和商务部发布的《外商投资产业指导目录》，在该目录中，教育属于主要限制或禁止进入的行业，外资进入程度低；非国有化程度是衡量市场化程度的一个指标，教育属于非国有化程度低的行业。高等教育要提高满意度，市场竞争是必不可少的机制。

保障高等教育质量，必须变政策约束为机制约束，引入市场竞争机制。② 可以在生源、资源、劳动力市场引入市场竞争机制，进而提高效率。③ 在我国高等教育逐渐步入普及化阶段，接受高等教育人口数逐渐达到顶峰后，高等教育将进入买方市场，生源竞争不可避免。应增强学生对高校、学科专业、学习年限、课程、评价方式、实习、毕业论文或作品、就业形式等方面的选择权，进一步壮大买方市场，推动高校增强提高教育教学质量的动力。在经费配置上，确保政府对高等教育经费投入的同时，增加非政府（市场、个人或家庭）对高等教育的投资。强化绩效拨款，加大按质拨款的力度，逐渐淘汰生均拨款和直接拨款。在人力资源方面，切实保障高校选人用人自主权和教师自由流动的权利，培育和壮大国内教师资源市场。同时，支持高校面向海外引进学科专业发展急需的高层次人才，提高教师队伍国际化水平，增强教师队伍的国际竞争力。推动分类竞争，让同层次、同类型高校之间展开竞争，使所有的高校都有机会争创一流。推动动态竞争，高校的地位不能人为认定，不能搞身份"终身制"，让高校在动态的竞争中获得相应的声誉，自然形成身份和地位。

在加强高校间的外部竞争的同时，要加强高校内部的竞争。校内竞争分为单位竞争和个体竞争。高校干部的选拔任用中，要适当引入竞争机制，让干部能上能下，动起来，活起来。加强干部任期考核和目标考核，让愿干事、能干事、会干事、干好事的干部得到重用、获得实惠。严格教师职业准入，将新入职教师岗前培训和教育实习作为认定教育教学能力、取得高等学校教师资格的必备条件。拓宽师资来源，支持高校聘用具有其他学

---

① 武汉大学质量发展战略研究院中国质量观测课题组：《2012 年中国质量发展观测报告》，中国质检出版社，2013，第 165—166 页。
② 袁祖望：《运用市场竞争机制保障高等教育质量》，《高教探索》2002 年第 2 期。
③ 李福华：《提高高等教育资源利用效率的机制分析》，《北京师范大学学报》（社会科学版）2001 年第 3 期。

校学习工作和行业企业工作经历的教师。改革教师职称评审制度,将评审权直接下放至高校,由高校自主组织职称评审、自主评价、按岗聘任。推行高等学校教师职务聘任制改革,加强聘期考核,准聘与长聘相结合,做到能上能下、能进能出。推进高等学校教师考核评价制度改革,破除"五唯"的评价导向,突出教育教学业绩和师德考核。改革薪酬制度,建立体现以增加知识价值为导向的收入分配机制,完善适应高等学校教学岗位特点的内部激励机制,对专职从事教学的人员,适当提高基础性绩效工资在绩效工资中的比重。

(二) 防止市场责任失灵

公共物品与市场存在一定的矛盾。从理论上说,市场主体不会主动生产公共物品。公共物品是指在消费过程中具有非排他性和非竞争性的产品,公共物品又叫非营利产品。市场无法自动提供公共物品是市场失灵的重要体现。高等教育是一种准公共物品,市场机制可以部分发挥作用,部分失灵,因此也可以叫准市场机制。市场失灵也通常被用于描述市场力量无法满足公共利益的状况。市场是个体化的,市场主体只考虑自身产品的质量,对区域、行业、国家整体的质量不会考虑。市场主体具有逐利性,有降低成本、包括质量成本的冲动。高等教育质量的提升需要足够的资源、资金、时间等投入,质量提升到了一定阶段要再往前较难,一些高校缺乏继续实施质量提升的动机和实力。这就需要政府政策的支持和推进,从规划、标准、人才、激励、宣传等方面进行引导,也需要社会各界的关心支持,才能实现质量水平的不断提升。

一是要加强对高等教育市场的舆论监督。舆论监督是新闻媒体和群众运用舆论的独特力量,帮助公众了解政府事务、社会事务和一切涉及公共利益的事务,并促使其沿着法治和社会生活公共准则的方向运作的一种社会行为。质量舆论监督,是指新闻媒体和群众针对组织或个人的质量违法、违纪、违背质量诚信的不良现象及行为,通过报道和传播进行曝光和揭露,打击假冒伪劣、弘扬质量文化,在社会上营造人人重视质量、关注质量发展的良好舆论氛围。

质量舆论监督对市场主体具有较强的公众约束力。质量舆论监督的优势在于它的群众性、广泛性和公开性。质量舆论监督的主体包括群众和新闻媒介，新闻媒体天然关注质量，新闻媒体对质量的关注是它生存发展的需要。质量无处不在，质量问题存在于社会生活的方方面面，广大群众密切关注，很多群众往往通过新闻媒体传递诉求，新闻媒体不仅成为人们获取知识和信息的主要渠道，也是舆论监督的有力工具。舆论监督可以拓展国家质量监管的视角，弥补相关政府部门的常规监管的不足。质量舆论监督能有效约束高等教育市场主体的行为，维护消费者的权利，对整个高等教育系统的质量发展有重要的现实意义。要充分利用以数字技术、网络技术、移动技术等为基础的新媒体，加强对高校、用人单位、政府管理部门、高等教育评估机构等市场主体和相关主体的质量监督，促进高等教育质量发展。

二是发挥社会中介组织的作用，弥补市场机制的缺陷。中介组织可以弥补市场在质量发展中的不足，减少政府质量监管的成本，提高质量监督的效率。中介组织也是社会公众参与高等教育质量发展的重要方式。中介组织在社会生活中收集公众的质量反馈和质量诉求，并通过与政府的沟通渠道向管理者表达对于质量监管的建议和要求，从而参与到质量建设中去。同时，中介组织还是表达和维护弱势群体利益的积极力量。在高等教育发展中，尤其是高等教育深化改革与转型发展时期，不同主体的利益是多元的，要求是多样的，矛盾和冲突也很多，其中弱势群体的高等教育权益和利益较容易受到侵害。要完全依靠政府来处理这些冲突、保护弱势群体是不可能的，社会中介组织在保障高等教育的公益属性、保护弱势群体方面能发挥积极作用。

此外，中介组织还可以是增加质量信息选择的重要渠道。竞争被认为可以提高高等教育的质量和效率，但学术市场发挥作用的重要条件之一是要有高等教育质量差异的充分的信息。通过提供适当的消费者信息，教育产品和服务的质量才能得到保障。经济学家认为，商业组织可以提供这种信息，而不需要政府干预。高等教育中有不少商业组织通过大学排名、学科评估等方式提供高等教育质量信息。但事实证明纯粹的商业性大学排名削弱了保障学术质量标准的努力，不受约束的商业模式在学术质量的消费者信息提供上存在严重的失灵。[①] 从营利的角度考虑，商业组织没有动力去

---

① Dill D D, Soo M,"Academic Quality, League Tables, and Public Policy: A Cross-national Analysis of University Ranking Systems," *Higher Education*, 2005 (4), pp. 495 – 533.

收集和提供真正对学生学习、教师教学和高校决策有用的信息，它们使用的调查方法的合理性和所获得的信息价值值得怀疑。针对高等教育质量信息市场提供的失灵现象，一些国家推动由政府机构和非营利组织来提供质量信息，弥补市场的缺陷。如澳大利亚政府实施的毕业生去向调查（GDS）和课程体验问卷调查（CEQ）、德国高等教育中心（CHE）开发的学术专业排名、美国的全国学生参与度调查（NSSE）、美国非营利组织国家公共政策和高等教育中心从 2000 年开始每隔两年发布各州的高等教育《测量》（*Measuring Up*）报告等等，给消费者提供了非常有价值的信息，有效避免了纯商业机构提供信息的弊端，至少给消费者提供了更多的信息来源和信息选择。

中介组织可以有效减少质量信息的不对称。高校作为教育产品的生产者，掌握着产品和服务质量状况的大部分信息，高校为了自身利益最大化，有可能屏蔽质量的负面信息。政府和消费者在获取高校质量信息上存在一定的难度，因此高校与政府之间、高校与消费者之间存在着质量信息的不对称。中介组织以其在质量方面的专业能力，能为政府和消费者提供评估、咨询等服务，可以在一定程度上减少信息不对称。消费者和政府之间、消费者和高校之间也同样存在信息不对称。消费者对于质量的反馈信息往往是分散、无序的，不同的消费者对于同一质量问题的反馈也不一样。高校同样需要掌握消费者对产品质量的感知和评价以及对未来产品的期望，但高校往往需要投入较多的资源才能掌握相应的真实情况。对此，社会中介组织能以较低的成本为政府和高校提供消费者信息服务，降低信息不对称。政府与高校之间、政府与消费者之间也存在质量信息不对称。政府的质量政策、标准，不可能被每一所高校完全理解，一些中介组织可以进行专门讲解，帮助高校理解政府的政策和标准。政府向消费者公布质量信息，不一定完全能被消费者理解，一些社会质量组织，特别是一些刊物或媒体，会对政府公布的质量信息进行分析，帮助消费者解读其中的含义。

中介组织可以帮助纠正、曝光负面质量行为，发展积极质量文化。一些社会中介组织，特别是新闻调查类的媒体组织，对于纠正、曝光质量领域的负面行为起到重要作用。这类质量组织，对挖掘非常态的、负面的质量问题具有强烈的动力。

三 高校和高等教育行业的质量责任

(一) 高校的质量责任

作为组织的高校应对自己内部的质量发展负责。在新时代,一些高校现有的内部质量保障体系不能很好适应教育教学的发展,需要改革创新。当今时代,知识和信息呈指数级增长,学科和科研变得越来越分化,形成了分化、原子化的学术文化。[1] 学科专业的分化带来了"集体行动的困境",[2] 这对高校的质量保障活动有重要影响。学术知识的学科领域变得越来越窄,越来越专业化,很多教师发现很难与其他院系的教师讨论教学问题。关于课程内容、教学方法、保障和改进学术质量的方法的集体讨论变得越来越难、越来越少。跨学科和边缘学科快速增长,教师们很难达成传统中的教什么、怎么教的共识。在这些新兴的领域,教师不能再以传统的学科规范来定义学术标准;同时,科技发展又越来越整合和综合化,学科交叉与融合越来越明显,教学上的跨学科教学模式不断发展。STEM 或 STEAM 教学方兴未艾。使传统的学科规范不再适应高校中的学科学术质量保障的需要。

高校应当处理好与政府在高等教育质量发展中的关系。二者的关系包括以下几个基本点。

质量主体与质量主导的关系。高校是自主开展办学活动、承担相应责任的独立法人。高校是高等教育的主体,是高等教育产品及其质量的提供者,享有高等教育产品提供主体的权利,即教育教学的决策权,学校的经营权,办学收益的享有权等。高校同时必须承担教育产品提供者的义务,其中包括质量义务。政府是高等教育的管理者、推动者、监督者和保护者,其职能主要是计划、调节、监管、公共服务等。在质量方面,政府的职能

---

[1] Münch R, "Faded Grandeur: Disciplinary Differentiation, Interdisciplinarity and Renewal in the German Academic System," in Herbst M (eds.), *The Institution of Science and the Science of Institutions*, Boston Studies in the Philosophy and History of Science, Vol. 302, Springer, Dordrecht, 2014, pp. 83–101.

[2] Dill D D, Beerkens M, "Public Policy for Academic Quality: Analyses of Innovative Policy Instruments," *International Review of Education*, 2011 (5–6), pp. 763–765.

包括制定和实施质量战略、监控质量状况，服务质量提升，促进高等教育科学发展。高校的微观质量活动在政府的宏观指导和法律法规的规制下进行，既要防止政府对高校干预过度的"越位"，也要防止政府对高校质量问题不作为的"缺位"。

微观管理与宏观管理的关系。高校的质量管理是对高校自身的微观活动的管理，即微观质量管理。政府的宏观质量管理是对高等教育总体质量及其运行状况的管理，不干涉高校的微观质量管理活动，这两者有密切的联系。高校微观质量管理是政府宏观质量管理的基础，政府宏观质量管理是高校微观质量管理顺利进行的必要条件。从国家高等教育事业的高度看，质量管理不单纯是高校的行为，为了提高我国高等教育的整体质量水平，研究制定质量发展战略，建立质量监控体制机制，采取重大质量措施，这些都是政府宏观质量管理的重要职能。要将宏观质量管理和微观质量管理有机结合起来，相互补充，相互促进，共同提升高等教育质量。

监督与被监督的关系。政府宏观质量管理与高校微观质量管理是相互制约的。政府可以对高校的质量行为进行严格的监督，要求高校执行政府规定的质量法律法规和标准，申请司法机关对高校的质量违法行为进行制裁。政府对高校实施质量监督，既是对高校的爱护，也是对社会的负责。同时，政府的质量监督本身也需要高校反过来的监督。政府的监管存在权力寻租的可能性，这就要求对政府监管进行监督。这种监督的一个途径是高校对政府的监管行为进行评议，可以投诉或举报政府的违法违规行为。

政府管控模式应当向高校的机构本位模式转变。机构本位模式更强调多样性、灵活性，均衡考虑不同的利益诉求和不同的角度。机构本位模式将会达成三个层面的目标：在社会层面将会维护多样性和变化性；在机构层面，教职工被鼓励提高教育质量；在个体层面，学生可以评价教学的质量。①

机构本位模式强调尊重高校的差异性。"大学应当为自己的教育负责。同时，大学应当将劳动力市场的愿望和需要考虑进来，但不能盲从于后者。原因不仅是产业机构并不能明确其需要，还主要因为这会导致缺乏多样性。

---

① Weert E D, "A Macro-analysis of Quality Assessment in Higher Education," *Higher Education*, 1990 (1), pp. 57 – 72.

必须根据大学自己的目标和利益对产业机构的愿望进行衡量。"① 换句话说，高校必须自己慎重决定哪些任务对自己的目标是合适的。不同的高校有不同的发展环境、发展过程和发展战略，这就需要高校的质量保障系统适合于各自的情形。

高校必须自己决定哪些目标是最重要和优先的，这就意味着质量必须根据特定高校的目标或特定的教学计划进行特定的评估。为了维持多样性，并不是所有的高校都追求同样的目标。例如，一所高校应当关注那些更有创新性的学生，还是要更关注平等？一所高校应当以科研为中心还是将本科教学置于最优先的地位？这些问题都应当基于特定的高校背景来回答。

应当根据高校的目标决定评价标准。教育教学质量标准应随着特定的课程、专业或学校的不同的目标而有所不同。每所高校都应当形成和追求自己的目标，这意味着评估应当作为一种内部过程来开展。当然，这并不必然排除外部评价。相反，没有外部评价，将会很少有内部评价，或者说很少有能推动学校进步的自我评价。但是，内部评价不应是外部机构强加的，而是由高校自己主动发起的。内部评估与外部评估相互支持，互有侧重。外部评估允许高校有充足的时间来进行自我诊断，查找存在的问题。外部评估需要得到高校内部的管理者和教师的协作，外部人员和内部人员为了共同的目标而持续开展合作性诊断（collaborative studies），这种模式将会真正有利于质量的提高。②

学术自由和学术权力对高校内部的质量发展至关重要。历史上，大学治理长期以来都实行学院模式。在这种模式中，学术人员是人员体系的中心，学术权力与行政权力、政治权力相比占主导，自主办学、学术自由、学习自由是最基本的原则。在学院模式中，学术人员组成了学者社区，参与所有重要的决策，在学术事务的决策上有最后的决定权。随着高等教育的发展，绝对的学院模式既行不通，也不可能存在，但仍然可以说，在有关大学效率和质量的主要事务上，学术参与仍然是非常重要的。③

---

① Weert E D, "A Macro-analysis of Quality Assessment in Higher Education," *Higher Education*, 1990（1），pp. 57 – 72.
② Weert E D, "A Macro-analysis of Quality Assessment in Higher Education," *Higher Education*, 1990（1），pp. 57 – 72.
③ Chaffee E E, Tierney W G, "Collegiate Culture and Leadership Strategies," *Journal of Higher Education*, 1988（61），p. 288.

历史上，大学享有较高的自主权。大学自主权对质量发展从理论上是正相关的。有学者总结了美国高等教育发展史中大学自治和政府干预之间的关系，认为"当政府不插手监视学术机构的核心功能即课程的定义、教学、学生考评、教师的聘用和晋升等的时候，高校的功能就发挥得最好"。①从20世纪末以来一直到现在，很多国家的中央和地方政府都向高校放权，以使高校运转得更有效，更好地满足社会和经济发展的需求。同时，政府也很强调高等教育问责的必要性，设计了相应的质量控制体系。对质量控制越来越重视被认为是政府减少对高校内部事务的干预的一个逻辑后果。

早在1798年，哲学家康德就努力寻找一种合适的模式，来平衡两种力量：一方面是专业相对于政府干预的独立性，这是构成学问的必要条件；另一方面是政府对这些专业进行控制的要求。法律、技术、医学等专业被称为"社会的价值分配团体"。康德认为，这三个专业是政府规制的合法的领域，因为这些专业影响了国家的福利和公民的思想。相比来说，哲学就不属于这一类。这不仅因为哲学与真理和学问的追求相关，哲学家可以自由地对其他同行的教学做出判断，更因为人在本质上是自由的，除了他们所追求的之外，他们不会受到任何的限制，在这样的领域进行政府规制是不合适的。② 在高校中，一般来说，政府规制对非学术事务是合适的，也是必要的，但对于学术事务，政府规制往往不是必要的。

在美国，大学自治的哲学基础之一是对"多数人的暴政"的反对。麦迪逊在《联邦党人文集》中表达了对多数主义的不信任："如果多数人根据多数人的利益联合起来，则少数人的权利就会不稳定。"为了防备这种潜在的不公正，他认为："野心必须被创造出来以对抗野心。"麦迪逊所描述的民主政权的这个危险在高等教育中也存在。学术自治原则保证了观点、思想和探究途径的多样化。要维持一个健康和真正具有代表性的高等教育，高校的多元化是必须的。事实上，美国的大部分建国者从一开始就倾向于将政府保持在高等教育之外，这是出于对政府集权的担心。这种担心反映

---

① Fritschler A, "Accreditation's Dilemma: Serving Two Masters, Universities and Governments," Paper Presented at the Annual Meeting of the Southern Political Science Association, New Orleans, LA, November 30, 2014.
② Fritschler A, "Accreditation's Dilemma: Serving Two Masters, Universities and Governments," Paper Presented at the Annual Meeting of the Southern Political Science Association, New Orleans, LA, November 30, 2014.

在美国历史早期的《美国宪法》《联邦党人文集》《权利和自由法案》和其他重要的文献中。高等教育的自主权在1819年的达特茅斯学院一案中得到了提高。

凡是对高校的学术使命很关键的领域都应当实施自律，政府应当尽量不干预。高校的核心职能是人才培养和科研，与核心职能相关的课程设置、学生学习标准、学生评价、教师的聘用、解聘和晋升等，都应当由高校自主管理。

高校自治就是承认高等教育机构自身应对它们的教育质量负主要的责任。高校自治其实是对高校提出了更高的质量要求。对此，有学者认为从质量控制的角度来说，高校自治其实是"有条件自治"，因为高校可以自由开展教学和研究活动，"前提是它们能够先达到办学成果如研究生的约定或期待的水平，或者能证明员工的比例是在国家标准的范围内，等等"。① 在这里，质量更多地是由政府或社会组织等外部因素来界定，而不是由高校自身来界定。

高等教育一直存在所谓"学术漂移"现象。② 高校的科研职能在与教学职能的竞争中，越来越受重视和偏好，导致教学职能慢慢被弱化，教学质量越来越不受重视。现行的学术评价体系下，教师个人倾向于更多从事科研活动，这是基于利益考虑和职业发展的考量。对于高校来说，科研活动的经费和声誉回报近年来已经极大增值，这导致科研管理被置于高校注意力的中心。高校采取更强有力的政策来管理科研质量，而没有平衡的政策来管理教学质量，这必然会对高校的教学职能带来消极影响。"在最坏的情况下，当关于教学质量的信息不充分，在公众眼中，科研质量可能会变成高校整体质量的代名词，这从长远来说会削弱高校的教学使命。"③ 在这里，政府对教学质量的强制性政策和保障措施就非常有必要。因为在这里，高校自身的学术发展机制存在障碍，依靠自身难以纠偏，必须依靠外来的力量加以纠正，政府作为我国高等教育质量发展的主导者，理应第一时间站

---

① Neave G, "The Politics of Quality: Developments in Higher Education in Western Europe 1992 – 1994," *European Journal of Education*, 1994 (2), pp. 115 – 134.

② Morphew C C, Huisman J, "Using Institutional Theory to Reframe Research on Academic Drift," *Higher Education in Europe*, 2002 (4), pp. 491 – 506.

③ Dill D D, Beerkens M, "Public Policy for Academic Quality: Analyses of Innovative Policy Instruments," *International Review of Education*, 2011 (5 – 6), pp. 763 – 765.

出来帮助高校纠正教学与科研的严重失衡。

在高校和学生的质量责任分担问题上,高校不能推卸自己作为生产者的主体责任。当学生找到理想的就业岗位时,学生认为自身的就业能力强,理想的就业是学生自身奋斗的结果,学校则认为自身的培养方向正确,学校的铺路搭桥对学生的成长具有非常重要的作用。当学生不能合理就业甚至不能就业时,学生认为学校的培养方向存在问题,学校则认为学生没有充分利用学校的条件内化知识以至在市场上缺乏足够的就业竞争力。由于存在这种争议,高校往往并不太注重教育产品的质量,学校并不负责找到毕业生的销路,学生为了自身的利益不受损失,自己推销教育产品的急切程度比学校高得多,学生也在较大程度上承担了教育产品推销的成本,[①] 这样的单方面质量责任承担对于学生是不公平的。高校对其生产的教育产品应当负全责,应当想办法为生产出来的教育产品找到消费者。在教学质量评价上,现在流行的学生评教制度,学生对教学的评价往往充斥着自利因素、偏见因素或者是幼稚甚至是无知因素,高校往往会不加区别地采纳学生的评价结论,进而参考其他方面的评价活动,对教师进行考核。这也有将教学质量提高的职责转嫁给学生的嫌疑。教学质量往往是学生不能够选择的。

(二) 高等教育行业的质量责任

1. 行业自我规制

行业规制的一个类别是行业自我规制(industry self-regulation)。甘宁汉(Gunningham)和里斯(Rees)将行业自我规制定义为:"行业(对应于政府和组织)内的组织设立与本行业中的组织行为相关的规则和标准(活动准则),据此对本行业进行自我规制的过程。"[②]

行业自我规制的规则和标准不是政府标准,要对本行业的组织具有约束性,就需要具有合法性。所谓合法性,指"关于一个组织的行为是可取的、正确的或者在一些规范、价值、观念和定义的社会建构制度中是恰当

[①] 孟祥林:《高等教育质量责任转嫁与管理制度弱化问题分析》,《大连大学学报》2009 年第 2 期。

[②] Gunningham N, Rees J, "Industry Self-regulation: An Institutional Perspective," *Law & Policy*, 2010 (4), p.364.

的整体性看法或假设"。① 行业自我规制需要向所规制的组织说明自己的合法性来源，没有对合法性的认知，行业自我规制组织的努力很难成功。私人性标准（private standard）往往成为行业自我规制的合法性来源，行业自我规制经常采用私人性标准。② 行业标准最初是私人性标准，它可以被写进私人性合约中，也可以被公共规制者所采用，可以用来抵御民事侵权行为，可以应用于参与政府性项目所必须的认证制度中。③ 可见，虽然私人性标准自身不具有政府合法性，但它们可以为政府所采用，并被强制实施。私人性标准获得规制力量的过程通常涉及政府将各种形式的要求归结为许可、认证，或者是采用行业组织已经发展起来的标准，美国的高等教育认证就属于这种情况。私人性的行业标准通常是由行业内的组织磋商后达成共识所形成的，以某种文件的形式加以明确，用以对行业内组织的产品和组织运转等进行规范。私人领域的标准制定组织制定了美国的大部分标准，④ 这些行业标准由美国全国标准组织（ANSI）进行协调。ANSI 是一个非政府性组织，由各个行业领域自身进行支持和管理。ANSI 成员通过一套自律制度运行，ANSI 对成员机构进行现场考察，对其产品的有效性进行判断。政府有时会将 ANSI 制定的标准通过立法程序认定为法律，并用政府强制机制保证其实施。

行业标准既是行业自我规制的合法性来源，也是行业自我规制的基本形式。行业自我规制的基本形式除了制定和实施行业标准，还包括定额制定和市场准入，但是，后两种形式往往被政府的反垄断法所禁止，因此，行业标准是行业自我规制的最主要的形式。

行业自我规制产生和发展的原因在于以下几点。第一，政府往往缺乏专门知识技能来制定行业的标准。第二，政府往往不能及时跟上千差万别的行业的发展变化，如果政府勉为其难对所有的行业都要进行直接规制，

---

① Nancy V, Pierre H, "Multi-stakeholder Governance: A Brief Guide," *International Institute for Sustainable Development*, 2004.
② Gupta A K, Lad L J, "Industry Self-Regulation: An Economic, Organizational, and Political Analysis," *Academy of Management Review*, 1983 (3), p. 419.
③ Weimer D L, "The Puzzle of Private Rulemaking: Expertise, Flexibility, and Blame Avoidance in U. S. Regulation," *Public Administration Review*, 2006 (4), p. 575.
④ Olshan M A, "Standards-making Organizations and the Rationalization of American Life," *Sociological Quarterly*, 2010 (2), pp. 319–335.

就会形成规制过载,行业自我规制是可以让政府从不能和不必承担的负担中解脱出来的重要方式。第三,这是行业对冲政府强制规制的一种策略。当政府标准还未出台时,行业内的组织往往协商一致,制定能保护大家的行业标准和规范,这些标准往往比政府标准更为宽松,而当政府将行业标准采用为政府标准后,行业内的组织就可以获得相对宽松的发展环境。行业自我规制可以增强行业内的协同性,增强行业内组织的生产效能,减少不确定性。第四,如果将行业看作一个具有理性的整体,其自我规制的重要目的是促进市场份额的增长、提高进入本行业的门槛、减少替代产品的威胁、抑制消费者和供货方的权力。第五,行业需要一个机制来监督本行业内的组织遵守和实施行业内的标准。第六,从行业内竞争的角度看,行业内的不同组织有不同的目标,权力的分配必然会不对称。组织竞争需要得到规范和约束,这对每个组织都有利。如果权力分配太不平衡,那些不能发出声音或处境不利的组织就不会支持行业自我规制,转而要求政府管控。自律是高等教育的核心概念,在美国,高等教育行业自我规制正是基于以上原因在大约19世纪末出现,随后不断发展演变,已经成为世界上高等教育行业自我规制的一种典型。

高等教育行业自律的重要原因在于政府没有专门知识或必须的技能来监督学科领域专家的活动,政府没有办法来复制这些技能和经验。例如,由医学院教师来决定他们所在专业的教育的核心知识和技能很有必要。一个政府机构怎么能够做到这一点?这个工作只能留给医生和医学家来做。因此,政府应当允许医生自律,公众不会对由医生对其专业领域内的学术事务进行自律有多少疑问,同样的逻辑适用于所有的学科。一个尊重学科自主性和多样性的教育系统的好处在于学生可以被暴露在多种多样的视角和观点中。

行业自我规制可以处理很多政府规制不能很好处理的问题。可以被用来解决集体行动难题,可以提升组织的内部操作性,可以自我监控行业发展质量,可以限制外在性。政府规制失灵、政府机构人员缺乏专门知识技能、运行效率低、行政规范和程序要求阻碍政府机构快速变化以适应新环境,等等,这些原因都使行业自我规制尤为必要。政府机构往往受累于"规制过载",也乐于放手部分权力,支持行业自我规制,把自己从处理不了的负担中解放出来。

有学者提出了四条评估行业自我规制制度的指标：合法性、严密性、问责性、互补性。[①] 合法性关注将主要的利益攸关者都要纳入标准的制定、监督和实施中；严密性是指标准是否可衡量，以及是否得到强有力的实施；问责性指监督的透明度；互补性指行业自我规制制度是否与政府调控一致和互补。高等教育行业自律和自我规制也需要从以上四个方面加以完善，才能更好地发挥质量发展功能。从合法性上来说，高等教育行业自律行为必须公平对待行业内的每一所高校，增强代表性，让每所高校都有渠道表达诉求、争取利益。从严密性上来说，高等教育行业机构代表行业制定的行业标准需要考虑到时代背景和内外部环境的变化，增强可操作性，适时更新；在标准确定后要严格执行。从问责性上来说，高等教育行业应当加强自我问责，主动向政府和公众披露高等教育行业标准和高校实施行业标准的情况等信息，构建制度化的透明度，接受外部监督和自我监督。从互补性上来说，政府规制和行业自律并不是相互排斥的，而是相互依赖的。政府规制的存在能促使高等教育行业更好地改进自我管理和约束，强大自己。[②]

除了以上标准外，高等教育在行业自律中还需要加强行业规范建设，尤其是行业道德规范建设。一个成功的行业自我规制结构中，道德能力的提升至关重要。[③] 高等教育道德规范可以帮助保障高等教育公益性，抑制高校的不合规利益冲动，促进高等教育公平。重点推动高校师德建设，建立健全高校管理人员职业道德规范和教师职业道德规范。2011年12月，教育部、中国教科文卫体工会颁布了《高等学校教师职业道德规范》，这是继2008年教育部、中国教科文卫体工会重新修订和印发《中小学教师职业道德规范》之后，首次制定印发高校教师职业道德规范。职业道德规范对于加强和改进高校师德建设，建设高素质专业化高校教师队伍，引导高校践行社会主义核心价值观，弘扬高尚师德，全面提高高等教育质量具有重要现实意义。高校要制定教师的教育教学规范、学术研究规范、校外兼职兼

[①] O'Rourke D, "Outsourcing Regulation: Analyzing Nongovernmental Systems of Labor Standards and Monitoring," *Policy Studies Journal*, 2003（1），pp. 1–29.

[②] Sinclair D, "Self Regulation versus Command and Control? Beyond False Dichotomies," *Law & Policy*, 2010（4），pp. 529–559.

[③] Gunningham N, Rees J, "Industry Self-Regulation: An Institutional Perspective," *Law & Policy*, 2010（4），pp. 363–414.

薪规范等,将师德规范落实到教师日常管理之中。加强师德教育,激励教师自觉遵守师德规范,树立良好职业形象。改进和完善师德考核,在各类教师评优评先中,实行师德"一票否决制"。

行业自我规制的一个重要方面是行业质量自律。行业质量自律指对国家质量法律、法规、政策的遵守、贯彻和用行规制约行业主体的质量行为。行业质量自律往往由行业自律组织实施,行业质量自律组织是介于政府和市场主体之间,从事协调、评价、评估、检验、仲裁等活动的组织。我国的行业质量自律组织往往与政府有较紧密的联系,一些组织行业质量自律组织就来源于政府机构,它们参与制订行业质量发展计划,受政府委托承担许多重要的行业质量管理和协调职能。按照我国《质量发展纲要》的要求,行业协会、学会、商会等行业组织要积极提供技术、标准、质量管理、品牌建设等方面的咨询服务,及时反映企业及消费者的质量需求,根据市场规则建立自律性行业机制,进一步促进行业规范发展。在高等教育领域,高等教育评估协会、大学联盟等社团承担了一定的行业质量自律的功能。新时代,我国高等教育行业亟须建立专门的高等教育行业质量自律组织,推动行业质量自律。

2. 促进专业化发展

高等教育行业的质量责任之一是促进高等教育的专业化发展。专业化(professionalization)指某种职业的成员而不是消费者或管理者控制工作的制度化情景。当一个职业获得了决定谁有资格承担规定的工作、防止其他人承担这一工作、控制衡量工作绩效的标准的权力的时候,就可以说这是一种专业主义(professionalism)。[①] 相对而言,在市场机制中,是由消费者控制人们所做的工作;在政府中,是由管理者控制工作,很少有职业或专业能完全控制自己的工作。通常认为专业人员的思想体系与直接响应于市场压力的一般人员的思想体系不同,专业人员通过长期的正规教育获得了专门化的知识和技能,他们对自己的工作有一种特殊的承诺和关心。专业人员往往给予专业化至高无上的价值,以提高专业化能力为终身追求的目标,以提供专业化的产品和服务为行为宗旨。专业人员往往追求和支持独立性

---

① Eliot Freidson, *Professionalism, the Third Logic: On the Practice of Knowledge*, The University of Chicago Press, 2001, p. 12.

服务的理想，虽然他们经常面对服务于政府和市场需求的压力。弗雷德逊（Freidson）指出，"专业人员被认为是与众不同的，还因为他们对自己的工作有特殊的奉献和承诺"。① 也有人认为，一个行业追求专业化的重要目的是获取市场影响力："我们称为专业的职业将自己组织起来，去获取市场权力。"② 拉森（Larson）将专业化看作一个市场控制的过程，经常通过广泛的培训而得到加强。这种培训经常发生在大学中，服务于双重目的：向公众证明与专业人员相符的高收入和地位的正当性；建立进入障碍，这是以能力为基础的。专业化确实有助于增强高等教育的市场竞争力，对于教育教学质量提升有直接的推动作用。

在美国，高校教师成为一个正式的职业、教师成为现代意义的专业人员的标志是现代大学的出现。科恩（Cohen）在《美国高等教育的发展》中指出：他或她"通过长时间的正规教育获得了专门化的知识体系。相对于顾客群体的专业职位、自主判断、道德规范的遵守、许可证或正式的进入标准、进行监督的协会等，所有这些都是一个专业的特征"。③ 在现代大学出现之前，教师无异于家庭教师，他们教授很多科目，很少有专门知识技能。随着大学的发展，教师成为以学科来划分的专业教学和研究人员，每个人都有自己的专门化知识领域，都希望从事长期的、全职的职业。受德国大学影响很深的美国大学，开始强调教师的专业能力不仅仅是储存知识和传播知识，还包括发现知识。对发现知识的强调意味着大学也是从事研究的地方，可以吸引优秀的学者和科学家。

专业协会的成立往往是某个行业专业化发展的重要阶段或者发展产物，专业协会的成立反过来或促进专业培训机构的建立和发展、专业人员的培训、专业标准的建设等。④ 专业协会还会积极联系政府，从政府那里争取资源，为协会成员服务。同时，专业协会往往会构建专业道德规范，增强本专业的行为的合法性，树立良好的公众形象。专业协会大部分是自律的。

---

① Freidson E, "The Changing Nature of Professional Control," *Annual Review of Sociology*, 1984 (10), p. 2.
② Larson M S, *The Rise of Professionalism*, University of California Press, 1977, p. 82.
③ Cohen A M, *The Shaping of American Higher Education: Emergence and Growth of the Contemporary System*, Jossey-Bass Publishers, 1998, p. 124.
④ Wilensky H L, "The Professionalization of Everyone?" *American Journal of Sociology*, 1964 (2), pp. 137–158.

传统上专业协会有责任设立标准来监督本专业人员，对背离专业标注太远的人进行惩罚。专业协会集中关注专业质量的控制、保障和提升往往是一个行业专业化发展的最后一步，也往往是行业的专业化发展步入成熟和稳定期的关键一步。在美国，伴随着现代大学的出现，高等教育社团在19世纪80年代开始出现。这些社团成立之初的关注点是清晰的入会标准、中学后教育机构的办学质量等。1885年，新英格兰院校协会成立。很快，中部院校协会成立。10年后，中北部院校协会、南部院校协会成立。1906年8月3日至4日，这些协会聚到一起讨论中学生升入学院的标准。这四个协会同意建立一个以认证中学校为目的的认证委员会，这个过程最终促成美国全国学校认证系统的建立。① 在美国的高等教育认证体系中，认证活动主要是由专业人员实施的。专业标准和专业政策的制定、专业认证活动的开展由专业人员来承担，根本的原因在于专业活动需要专门知识技能，专业人员有足够的专业知识开展专业活动，进行专业决策。②

现实中，专业标准具有一定的模糊性和灵活性。专业标准的相对模糊性往往有利于保护专业人员，为专业人员争取相对自由的活动空间。在美国，高等教育界成立了专业的认证标准修订委员会，专门对基于定性标准而不是定量标准的认证模式进行调查研究，当时的背景是政府正在推动较为明确的量化认证标准。委员会发布了七卷本的报告，建议实施一种新的认证模式，该模式重点关注高校的目标和使命，而不是可量化的标准，认为量化标准虽然很容易测量，但忽略了高校使命的多样性，不利于高校质量的保障。

3. 行业失范的防止

站在普通大众和政府的角度看，行业自我规制有一些问题需要解决。第一，行业自我规制机制与公众的利益不必然协调。如果不协调，自我规制的行业倾向于追求自身利益最大化，在这种情况下，自我规制会导致串通、高价格、新来者进入的高障碍等。第二，自我规制的行业制定的标准可能得不到很好的监督。自我规制的很多行为是在政府和公众视线之外的，

---

① Thrash P A, "Understanding Accreditation: Contemporary Perspectives on Issues and Practices in Evaluating Educational Quality," *Journal of Higher Education*, 1983 (1), p. 111.

② Freidson E, "The Changing Nature of Professional Control," *Annual Review of Sociology*, 1984 (10), p. 1–20.

没有政府监管的行业自我管理会存在失范的可能。① 第三，行业自我规制的好处并不是由行业内的组织平均分配的，行业内部竞争或者行业权力和利益分配机制的不合理会导致部分组织得到不公平待遇。通常，力量小的组织和新进入组织往往处于不利境地。高等教育行业的自我规制也一样，高等教育行业可以发挥自身的内生动力，通过自我约束机制和行业标准的实施，来保障和提升质量，但正如政府规制和市场机制一样，高等教育行业的自我规制也不是万能的，它需要得到政府规制和市场机制的支持和补充，才能更好地发展高等教育质量。

随着行业自我规制的发展，不少专业协会变得越来越官僚化，正在逐步失去自律的能力。高等教育自律中丑闻时有发生，这会导致公众的不信任。不少人呼吁应加强对高等教育行业的监管，这是有其合理性的。现代高等教育与政府的联系非常紧密，政府性项目和资金使高等教育很难再像过去那样要求较为纯粹的行业自我管理。专业人员在专业教育中投入了大量的时间和精力，具有本能的专业保护主义倾向，希望通过行业自我管理最大化自身利益，这种利益并不一定与公众利益一致，有时甚至有损于公共利益。

加强对高等教育行业的问责。没有监督的权力有失范和腐败的可能，专业性权力也一样，高等教育领域的专家权力和高校作为专业机构的自主权也需要得到基本的监督和问责。托希（Tuohy）指出，专业性组织应当协调保护组织成员的权利和提升公共利益的关系，因为专业组织的权力不仅影响个人获得谋生的手段，也影响到市场或政府配置资源与生产过程的能力，② 专业权力的绝对自由会带来社会秩序的混乱。

---

① Gunningham N, Rees J, "Industry Self-Regulation: An Institutional Perspective," *Law & Policy*, 2010 (4), pp. 363 – 414.
② Tuohy C J, "Private Government, Property, and Professionalism," *Canadian Journal of Political Science*, 1976 (4), pp. 668 – 681.

第六章　学习成果质量发展

一切为了学生，为了学生的一切。学习质量是高等教育质量发展的核心内容。高等教育质量发展应当坚持学生中心、学习中心和学习成果中心"三中心"，切实推动学生学习成果（Student Learning Outcomes，SLOs）质量的发展。高等教育学生学习成果特指学生的高校就学经历所带来的学习成果，而不包括高校之外的个人发展、社会成熟和其他影响。这些学习成果是学生因高校提供的学习机会、环境和支持而带来的学习的积极结果。

一　学习成果的价值

学习成果作为组织提供高等教育和评估高等教育质量的一种方法，其地位越来越显著。[1] 学习成果是向学生、公民、用人者、教师澄清学习结果的重要工具。学习成果对高等教育的各个层次和维度都可以做出贡献。学习成果在清楚地描述"教学—学习—评估"的关系以及更清晰地表述学历、学历体系、质量及相关的工具方面扮演着基础的角色。发展到现在，学习成果的使用虽然还存在不少问题，但对高等教育的创新性发展功不可没，正如著名博洛尼亚进程专家亚当（Adam）所言，"学习成果不是解决高等教育面临的教育问题的灵丹妙药，它们自己也存在明显的问题，这不能被忽视。但是，不广泛采用学习成果模式，要建成更好的高等教育系统是不可能的"。[2] 德克兰（Declan）形象地将学习成果比喻为生产和生活中不可或缺的货币："从一个角度说，学习成果可以被看成是一种'通用货币'，

---

[1] Ewell P T, "Accreditation and Student Learning Outcomes: A Proposed Point of Departure," *CHEA Occasional Paper, Council on Higher Education Accreditation*, 2004, p. 33.

[2] Adam S, "Using Learning Outcomes," Report for United Kingdom Bologna Seminar, 2004.

帮助学校、国家和国际层面的课程与专业变得更具透明性。"[1]

学习成果模式具有显著的优势：明确的学习目的和任务，使教师、学生、学校、教育管理部门、用人单位等都心中有数；基于学习成果的教学模式具有很大的灵活性；统一标准的学习成果使不同处境、环境的学生的学习教育可以进行比较；可以基于相同标准的学习成果对不同高校和国家的学历学位进行认可认定，从而促进高等教育的合作交流以及人员流动。

学习成果与高等教育的水平、水平指标、学分、教学、学习、评估等存在广泛的联系，被看作高等教育大厦的基础构件，它与其他教育工具有很强的联系。

学习成果与高等教育的水平和水平指标有直接的联系。对学习成果进行描述时，是以一定的学校、国家或国际的参照点为背景的，这可以帮助维持学习成果的标准和质量。因此依据学习成果进行的课程发展不是发生在真空中的，一定的参照点对课程和专业的学习成果起着指导作用。

学分制在欧洲很多国家被引入，其中一些国家将学分制与学习成果联系起来。如苏格兰2003年的《苏格兰学分与学历体系》（SCQF）采取了两项措施来处理学历和学习专业：学习成果的水平；用SCQF学分来表述的学习成果的数量。这样，SCQF学分就被用来量化学习成果，赋予学习成果价值或者"流通币值"。在欧洲学分转换与积累系统（ECTS）中，学分是用"获得特定的学习成果的理论学习时间"来定义的。学分是量化不同背景（职业教育、终生教育、高等教育）的学习成果的有力工具。但是，学分只有与水平和学习成果联系起来时（学习成果被用来定义学分），它们才完全发挥了作用。

学习成果与教学、学习、评估不可分割，这对课程设计者来说是最有意义的关系，一旦学习成果被确定，就需要确定合适的评估方法、制定相关的评估指标对它们进行评估。最后一步是根据评估结果设计合适的教学机制，即所使用的教学与学习方法。"成果—学习—教学—评估"具有因果联系，对它们的关系进行反思可以改进课程设计的一致性。

---

[1] Declan K, "Linking Learning Outcomes and Assessment of Learning of Student Science Teachers," *Science Education International*, 2008（4），p.396.

对高等教育系统几个关键的主体，学习成果都具有重要的价值。

对课程设计者来说，明确的学习成果陈述可以帮助提高课程或专业教学的一致性。课程或专业的目的是教学意图的较一般和广泛的说明，通常是从教师的角度叙述的，揭示了课程的内容和方向。课程或专业的目标是对教学意图的一种较为具体的说明。课程目标的一个问题是，它有时是根据教学意图进行描述，有时又是根据预期的学习进行描述，也就是说，它有时是对课程教学进行描述，有时是对课程学习进行描述。大多数制定课程或专业目标的教师都遇到了这种问题，这种混乱状况使有人要求在描述课程或专业时不要使用"目标"一词。而学习成果的最大好处是它避免了这种混淆，明确地说明了学生需要取得什么、如何来展示取得的成就。学习成果可以识别课程、专业或学历间的重叠部分而帮助课程设计。学习成果可以帮助课程设计者准确地确定课程的核心目标、如何制定合适的教学大纲、如何安排学习进程等，对教学、学习和评估的重要关系的强调促进了课程设计和学生经历，学习成果促进了对评估的反思、评估指标的发展、更有效和多样的评估。

对教师来说，学习成果可以让他们更好地理解指导目标和课程教学目标，理清需要指导和传授的内容，并据此选择合适的指导方式、教学模式和评估方法。学习成果在转向"学生中心学习"模式中是核心的工具，因为它聚焦于明确和描述学生应当获得的学习的成果。采用学习成果模式主要关注学生的活动而不是教师的活动，学习成果模式促进教师是学习过程的促进者或者管理者的理念的产生，学习成果模式认识到，很多学习活动发生在没有教师存在的课堂之外，学习成果模式认为，学生应当积极参与规划和管理自己的学习，学生作为学习者应当承担更多的责任。必须认识到，"学生中心学习"必然要求把学习成果作为唯一的逻辑路径。"学生中心学习"要求人们集中关注学生如何学习、如何设计有效的学习支持环境。在使用学习成果、选择合适的教学策略、发展恰当的评估技术间存在着"联级效应"。教师在指导学生、与学生进行讨论时，用学习成果来突出最重要的课程内容，并与职业指导联系起来。教师和学生对于学习成果的讨论已经带来了对于专业、课程内容和态度的更好的理解，学习成果在学生考核中具有信息价值。"成果—学习—教学—评估"具有因果联系。由于学习成果描述了学生需要获得的知识、技能与能力，教师就可以用这些描述

第六章 学习成果质量发展

来作为考核标准和要求。学习成果鼓励课程内容与课程考试之间的联系的改进,将学习成果与学习和评估联系起来,对它们的关系进行反思可以改进学业指导和教学的一致性,改进教学。

对学生来说,学习成果向他们提供了清晰的目标信息,可以帮助他们更好地选择学习单元、课程、专业、学术领域和学历,被称为学习者的"地图""登山向导"。通过用学习成果来描述学习过程及其成果,学校就可以以一种学习者中心而不是教师中心的方式,有效回应学生和相关方的利益诉求。[①]学习成果与主动学习密切相关,以学习成果为导向,可以提高学生主动学习的程度,反过来,主动学习可以提升学习成果。此外,学习成果有助于学生勾画自己的知识与技能,规划下一步的学习和职业生涯,促进学生的终身学习。学习成果给学生提供了更多管理他们自己的学习机会,给学生在适合自己的点上转入和转出学习专业提供了更好的支持,学习成果还鼓励横向和纵向整合学生学习经历。学习成果能促进学习者的终身学习,因为学习成果可以使学生勾画自己的知识与技能,决定他们下一步需要去什么地方,随着职业发展的需要而进入或中断学习。学习成果还有助于提高学生的就业能力,学习成果可以向潜在的用人单位提供关于学习者的知识、技能和能力的更清晰的信息。

对高校来说,学习成果可以帮助学校更好地向教师、学生等内部主体和政府、用人单位、评估机构、新闻媒体等外部主体说明所培养学生的知识、技能、态度等素质结构和人才规格,展示培养成果,促进相互沟通与理解,推进人才培养改革创新。学习成果使高校有机会表明自己的学生毕业后实际上获得的知识、技能与能力,而不是像以前那样说明学生记住了什么和应当记住什么。通过开发工具和机制来评估学生学习,高校可以更好地改进教学,一些高校用学习成果来证明工作期待和未来的发展。学习成果提供了更准确和有意义的关于学生成就的图像,这使学习者的教育之路更容易理解,使专业与文凭对于其他高校来说更透明,因此减轻了相互认可的负担,方便了专业间和学校间的认可与流动。学习成果在高校中的使用路径包括用于专业评估与改进、开展以能力为基础的教学设计、学生

---

① Gallavara G, et al., "Learning Outcomes: Common Framework-different Approaches to Evaluating Learning Outcomes in the Nordic Countries," ENQA, 2008.

流动的管理等。

对于整个高等教育行业来说,学习成果可以有效提升高等教育系统的灵活性,促进高等教育和终身学习的多样性和特色,使学历教育外的资历和实践性学习的认证认可成为可能,创造了通过不同的路径获取学习成果的可能性。

对用人单位来说,学习成果信息有利于选聘本单位所需的毕业生。同时,用人单位根据学生的学习成果等信息,选择合适的高校以一定的形式开展校企人才培养和科研合作,有利于本单位拓展知识网络,夯实人才和智力基础。进而,用人单位根据所选聘学生的学习成果信息设计有针对性的员工培养计划,可以有效提高人力资源发展成效。用人单位除了要知道学生学会了什么、会做什么之外,还想知道学生会如何获取新的知识和技能。在能力基础的招聘环节中,毕业生被要求提供能证明其技能的证据。用人单位认为,他们虽然可以教授毕业生技术性知识,但更需要毕业生拥有一系列软技能。

对政府部门来说,学习成果可以明确目标,帮助制定学生教育发展战略,制订出台高等教育人才培养改革政策,对学习成果数据的统计与分析可以帮助揭示本国或本地区的学生教育成就和存在问题,出台举措改进毕业生就业,提高毕业生就业质量。学习成果使教育管理机构可以找到方法将教育质量更深刻地纳入高校的绩效考核指标中。用统一的国家学历资格框架及其学习成果描述,教育管理机构可以用学习成果来设立绩效指标,并根据这些指标直接或间接配置教育资源。学习成果还用于校准学术标准、配置教育资源和对学校进行指导、质量认证或审计等。

对外部质量保障机构来说,学习成果可以作为设立评估标准的重要参照点。质量保障可以从采用学习成果中获益,通过学习成果,学历体系内和学历体系之间的标准的可比性和透明度可以得到提高。以学习成果为基础的学历资格比传统的学历资格有更大的可信度和实用性,以学习成果为基础的共同的外部参照点使对学历资格的层次、内涵、价值等的跨国判断和认证更容易和准确。欧洲高等教育质量保障联盟2005年发布的《高等教育质量标准与指针》把明确的外部参照点的使用作为基础,并明确认可学习成果为基础的模式:"专业和文凭的质量保障需要将明确的学习成果的发展和公布包括在内。""需要设计学生评估制度来测量预期的学习成果和其他专业目标的实现情况。"在学习专业与课程层面，学习成果必须在一定的国际和国家的外部参照点的背景下进行描述。学习专业和课程的评估必须使用这些外部参照点。外部参照点是质量保障机构评估学习成果、形成透明度的基础。学习成果是用来描述和定义一种学习和评估过程及其产品的一种工具。以学习成果为重要标准的质量评估可以更清晰地向政府部门、用人单位、家长以及被评的高校和其他高校传递办学绩效信息，增加人才培养的透明度。同时，学习成果评估可以帮助增加毕业生学历的可比较性。

从国际层面来说，各国可分析、对比大学生学习成果信息，总结和吸纳国际经验，帮助制定本国高等教育改革政策，创新人才培养模式，促进高等教育交流与合作，引进本国所需的高层次人才。通过提供共同的参照点，学习成果在国际层面可以帮助提升透明度、认可度与可比性。学习成果有利于学历学位在国际上的认可，促进学生的国际性流动。

二 学习成果的表征

学习成果是一个抽象概念，需要通过一些步骤和手段使其由抽象变为具体，由理论概念变为实际操作，其中，需要对学习成果进行表征，以使相关人员能理解学习成果的含义，交流和推动工作。

学习成果的表征是通过一些基本步骤逐步实现的。以借鉴欧洲经验在美国实施的 Tuning 计划为例，该计划为各个学科和各类学历学位拟定能力体系，明确学习成果的含义、维度和内容体系，这实际上也就是对学习成果的表征，其基本步骤为：（1）定义学科核心；（2）规划职业路径；（3）与相关各方商讨；（4）确定核心能力和学习成果；（5）考虑学校的具体情况，确定《学位说明》。

其中定义学科核心是对学科内涵和核心概念的描述，识别学科中不同学位层次的知识与能力，说明学生如何展示他们的知识与能力。简单地说，定义学科核心就是说明每个学位层次的基本学问的知识与能力体系，定义学科核心要从4个方面进行。《学科简介》是对学科领域、学科重点、新兴的或已有领域的模式的一般性说明，它是学生学习的学问背景。核心概念体系用于识别专业的核心学习目标——知识与技能的一系列基本的概念，它是对学科核心的解释。《能力说明》是对一个学科的知识与学问类别体系的简要描述。能力说明与一定的学位层次对应，每个学位层次都会有关于能力的简短说明。能力说明取自核心概念体系，描述了学科中的学习的水平。《学习成果说明》是对学生学习表现情况的说明，是学位专业要求的一部分。学习成果说明揭示了学生掌握的知识与技能的熟练程度，而知识与技能构成了能力。对学习成果的说明使学生学习通过能力变得可以测试。能力是知识与技能的熟练程度（从新手到能手）的参照标准，学习成果显示了学生达到的熟练程度的参照标准的程度。

能力和学习成果都可以分为学科专业的和一般的两类。《能力说明》是以教师为中心进行的，关注构成一个学科或职业领域的知识与学问的体系。而《学习成果说明》则是以学生为中心的说明，用明确的词语说明一个学生通过做什么来展示他已经获得的在《能力说明》中所描述的学问。

《学位说明》采用标准的格式，但在内容上要具有学校自己的特征。《学位说明》有5个方面的内容：第一，学位目的：对学位路径的总体目标的说明；第二，学位特征：对学位专业的特征描述，每个学校的描述不一样；第三，就业能力：对学位的职业路径的总结；第四，教育方式：专业如何进行课程教学；第五，专业能力与成果：该专业所预期的系列能力与学习成果。

英国高校的学习成果主要通过《就业能力陈述》《专业说明》《学科基本要求》等材料进行表征。

英国高等教育拨款委员会（HEFCE）和商业、创新与技能部与英国大学联合会（Universities UK）和英国高等教育机构协会（Guild HE）合作，于2011年发起一个改进学生就业能力信息呈现的项目，推动将就业能力和就业信息纳入"教学质量信息系统"和"全国学生调查"中。该项目的一项重要内容是对高校进行指导，要求高校拟定规范的《就业能力陈述》，将该材料的撰写纳入英国高等教育质量保障体系中。

《就业能力陈述》是高校提供给学生、支持学生就业能力发展和向就业过渡以及后续发展的一个简短材料。该陈述不会重复院校已经通过学校网站提供的信息，而是想向学生提供更容易比较、方便获取的就业能力信息，增强这种信息的图像感和可见度。高校通过Unistats网站、学校网站和其他网站公布《就业能力陈述》。《就业能力陈述》集中呈现学校可以向学生就业提供的支持，而不是对就业成绩进行宣传。

《就业能力陈述》的主要内容有四个方面：职业生涯、工作经历、课程支持、认证。在遵循统一规范的基础上，高校可以在陈述中反映自己的创新性和独特性。

《专业方案》（Brogramme Specifications）是高校提供的关于其专业的系列信息。每个专业说明都会陈述学生成功修完一个专业后在知识、理解、技能和其他品质方面有什么发展。它还提供教与学的方法、评估、职业机会方面的信息，并说明专业与国家学历资格体系框架相关。

QAA 在《专业方案指导手册》中指出，"一般来说，课程和其他学习单元都有规定的学习成果，通常由学校通过手册向学生提供，帮助学生做出选择。这些预期的学习成果直接与课程、学习与评估方法、评估指标相关，《专业说明》可以显示专业如何与整个学历体系联系起来。但是，专业方案不仅仅是课程学习成果的集合，它与专业所发展的整体的学习与品质相关，在高等教育中，这些方面是整体大于部分的"。①

QAA 没有规定具体的专业方案的模式或样式，但指出专业方案要包含以下 15 个方面的信息：授予学位的机构或院校；教学的机构（如果与学位授予机构属于不同的机构）；专业机构或政府机构认证的详细情况；最终文凭的名称；专业名称；UCAS 代码；专业招生指标；专业目标；用来对专业学习成果进行参照的相关的《学科基本要求》和其他外部参照点；专业学习成果：知识、理解和其他品质；获取和说明专业学习成果的教学、学习与评估策略；专业结构与要求、层次、课程模块、学分和文凭；学习模式；学习语言；《专业方案》的日期。

《学科基本要求》是对一系列学科领域的学位标准提出的要求。《学科基本要求》描述了显示学科一致性和身份的概念框架，说明了毕业生需要具备的理解该学科的技能与技巧，表明了对毕业生在广泛的学科领域内的期待。QAA 指出，"学科基本要求为学术社区提供了一种手段来描述一个具体学科专业的内涵与特点。它也提出了授予某个层次学历的标准的一般性要求，表明了学历拥有者应当具有的品质与能力"。"学科基本要求提供了

---

① The Quality Assurance Agency for Higher Education, "Guidelines for Preparing Programme Specifications," 2006, p. 115.

表达与专业相关的学习成果的一般性指导"。①《学科基本要求》由学科界负责制定,由学科专家进行评议,由QAA负责监督。

《学科基本要求》的主要内容包括:学科范围;学科的含义和内容;学科知识、思维和技能;学科的教与学和评估;学科基本标准。《学科基本要求》的详细程度不一,但都会对毕业生的预期学习成果的范围和水平进行描述,包括毕业生需要掌握的一般的和专业的知识与技能,或者是要发展的"品质"(特质),提出毕业生的预期学习成果的基本标准(threshold standards)和一般标准(typical standards)。

三 学习成果评估

当学生学习成果被有效设计和评估,就可以帮助教师、学生、高校管理人员确定怎样更好地促进学习。学习成果评估是学习成果形成、维持、发展提高和改革创新路径中不可或缺的支持性条件之一。评估不论采取何种形式,都是教与学的工具,也是一种证明工具,可以让学生展示对知识和技能的掌握情况。正如阿穆德(Aamodt)和霍华德胡根(Hovdhaugen)所坚持的:评估和学习成果的关联毫无疑问是大学、学位体系和高等教育发展的引擎。② 欧洲高等教育质量保障机构网络(ENQA)前主席威廉(Williams)说:"学习成果的价值已经得到了质量保障机构、学校、学生、政府机构等所有各方的认同,但是在将来,评估学习成果将会被证明是最大的挑战,也会带来最大的收获。"③ 学生学习成果评估目前还有不少问题需要解决。但利用学生学习成果评估来促进教育教学质量提升是不可逆转的趋势。

在国际上,学习成果评估是逐步受到重视的。美国高等教育界是世

---

① "The Quality Assurance Agency for Higher Education," *Code of Practice for the Assurance of Academic Quality and Standards in Higher Education*, Mansfield, 2004.
② Aadmodt P, Hovdhaugen E, "Assessing Higher Education Learning Outcomes as a Result of Institutional and Individual Characteristics," Paper Represented at the General Conference of the Programme on Institutional Management in Higher Education, Paris, 2008.
③ 转引自 Gallavara G, Hreinsson E, Kajaste M, et al., "Learning Outcomes: Common Framework—Different Approaches to Evaluation Learning Outcomes in the Nordic Countries," Paper Represented at the Joint Nordic Project 2007-2008, 2008。

上开展学生学习成果评估较早、较系统深入、成效也较好的国家。20世纪80年代，美国高等教育中产生了著名的"评估运动"。评估运动主要由教育者从内部发动。2006年，高等教育未来委员会发布了名为《领导力的检验》的报告，认为高等教育的成果和高等教育带给学生的增值是不理想的；著名教育家博克（Bok）出版了《我们成绩不佳的大学》一书，提出高等教育质量的改进依赖于对学习成果的测量。这些都使学习成果质量问题获得了更多的重视。2007年，公共和赠地大学联盟与美国州立大学协会（AASCU）发起建立"自愿问责系统"（Voluntary System of Accountability，VSA），重要目的是评估和披露学生学习成果。VSA使用标准化测试来评估学生学习成果的"价值增值"，将核心学习成果定义为书面交流、批判性思维、分析性推理方面的技能，认为这些技能是学生在21世纪生存和发展所必须具备的。2005年，美国州立大学协会推出了"通识教育与美国的承诺"（LEAP）计划，界定了21世纪大学生"必备的学习成果"，将其作为大学生学习和通识教育的基准和指针，提出开展"真实评估"，测试学生是否能将所学知识技能用于解决复杂的问题和现实挑战。2007年，公共和赠地大学联盟、美国州立大学协会和美国学院和大学协会（AAC&U）共同向联邦教育部"改善中学后教育基金"申请了三个评估发展项目。"改善中学后教育基金"设立的重要目的是推动学生学习成果测量，改进教学，促进教育问责。三个评估项目发展的最终成果之一是发布了《学生学习的有意义评价》报告，报告聚焦于对最常用的学生学习标准化测试工具的总结，展示开发新的工具与模式的成绩。其中美国州立大学协会领导了"学位准备"项目，开发了针对学生学习领域的新的学生调查工具，这些领域包括社会参与、成功工作的准备、全球技能的获取等。美国学院和大学协会领导了"本科教育中的有效学习评价"（Valid Assessment of Learning in Undergraduate Education，VALUE）项目，开发了15个学生学习历时评估的全国常模。公共和赠地大学联盟领导了"测验效度研究"（Test Validity Study，TVA）项目，对VSA中使用的学术水平和进步评估（MAPP）、大学水平评估（CAAP）和大学生学习评价（CLA）的效度和在"大学画像"（College Portrait）网站上发布报告的同一性进行分析评价。参与VSA的高校采用三种测试工具中的一种，在同一时间对新生和毕业生进行测试。VSA通过计算各个高校学生学习的价值增值分数来对高校间进行比较。当一所高校的学生从入学到毕业实际获得的成果比预期的要大时，这所高校就会获得较高的价值增值分数。通过对高校的价值增值分数进行比较，就可以对高校在核心学习成果教育的有效性进行相对的判断。

OECD 2006 年开始实施"高等教育学习成果评估工程"（Assessment of Higher Education Learning Outcomes，AHELO）。AHELO 是第一次跨国、跨语言、跨文化评估高等教育学习成果的国际尝试。传统上，评估学习成果是高校的一种内部事务。随着高等教育越来越普及化和国际化，越来越多的一般测试（如公共考试、毕业考试、职业资格考试等）出现了，成为学校内部评估的重要补充。在高等教育国际化背景下，AHELO 显示了评估的一般化趋势。一般化测试对学习者的知识、技能、运用知识和技能解决现实问题的能力提供独立的判断。实施 AHELO 的大背景是各界关注绩效、能力和学习成果的各种实践。

学生学习成果评估应坚持教育性、学生中心、整体性、持续性等基本原则。美国高等教育学会（AAHE）1992 年发布了《学生学习评估的九条原则》，提出要提升评估的代表性，打破管理人员和教师之间、各个院系和专业之间、学术事务和学生事务之间、学校内外之间、员工和学生之间等的界限，采用一种整体性的观点看待学生学习评估。对学生学习成果的评估应当以学生为中心。蒂莎（Tisha）等学者提出了"学习者中心评估"（Learner-Centered Assessment）的概念：学生设定自己的学习目标，确定实现目标所需的资源和活动，参与对自己学习成果的评估。与该模式相对的是教师中心评估，强调作为专家的教师向作为新手的学习者传授学习内容、评估学习成效的必要性。教师中心评估模式经常采用记忆型考试来测试学生对陈述性知识的记忆程度，记忆型考试测试的重点是学生的再认或再现能力，再认或再现能力往往又是机械学习的重点，是教师主导下通过不断的训练和练习获得的能力，很容易衰减。

相比传统测试，学生中心评估模式更关注迁移能力测试。迁移性学习要求学生创造性地运用所学信息，迁移性学习更多是建构主义学习或积极学习。建构主义方法鼓励学生通过知识技能发展参与自己的评估过程，在建构主义学习中，学生必须创造自己的评估。学生中心评估模式可以促进学生对自己学习的归属感。① 通过帮助学生对自己的学习做出更加合理的判断，学生中心评估模式聚焦于对未来学习的评估，可以促进学生的短期学习成果和长期学习成果。② 参与性原则是学习者中心评估模式的核心原则，学生要能完全参与学习和评估过程中。③ "评估与学习必须被看成同一个活动；评估必须变成学习过程的重要组成部分……当教师与学生分享评估过程，即放弃控制，分享权力，引导学生行使评估自己的权力，这时候教师与学生的专业判断都得到了提高。"④ 在学生中心评估模式中，评估成为教学设计和学习过程的重要组成部分。在这种评估中，教师与学生合作确定学生成果质量指标，教师与学生共同分担学习责任。

学习成果评估应有利于学生推动深度学习和高阶思维发展。恩特威斯尔（Entwistle）区分了表面学习和深度学习。表面学习是针对不相关的知识片段，通过机械记忆这些知识。深度学习涉及发现关系和样式，认识到材料背后的逻辑，形成理解的感受。⑤ 在学生的智力发展模式中，学生最初的学习模式是对错二元观下的绝对性学习，后来逐步形成高度发展的、内化的价值结构为基础的多样性和相对主义学习模式。雷斯尼克（Resnick）归纳了高阶思维的特征：不规则性、复杂性、多解、细微判断、多准则、不确定性、自动调节、意义生成、充满努力等，认为学生不但要会应用知识和技能，还要有优良的个性品质，如自律、首创精神、环境适应能力等。⑥ 因此，对学生学习的评估不能只提供一些没有背景的信息片段，鼓励速度、

---

① Pedersen S, Liu M, "Teachers' Beliefs about Issues in the Implementation of a Student Centered Learning Environment," *Educational Technology Research & Development*, 2003（2）, pp. 57 - 76.

② Thomas G, Martin D, Pleasants K, "Using Self-and Peer-assessment to Enhance Students' Future-learning in Higher Education," *Journal of University Teaching & Learning Practice*, 2011（1）, pp. 1 - 17.

③ Duncan T, Buskirkcohen A A, "Exploring Learner-Centered Assessment: A Cross-Disciplinary Approach," *International Journal of Teaching & Learning in Higher Education*, 2011（2）, pp. 246 - 259.

④ Brown S, Angela G, ed., *Assessment Matters in Higher Education: Choosing and Using Diverse Approaches*, Buckingham, Open University Press, 1999, p. 169.

⑤ Entwistle N, "Motivation Styles of Learning, and the Academic Environment," *ERIC Document Reproduction Service No. ED*, 1979（1）, pp. 1 - 19.

⑥ Resnick L B, "Education and Learning to Think," Washington, D. C.: National Academy Press, 1987.

回忆和考试技巧，而要能有利于开发学生的问题解决或思维能力，提供机会给学生展示自己的特点，如坚持性、创造性、思想开放性等。

利用学习评估促进教师教和学生学。把学习成果作为一个中介，使教师教、学生学和评估紧密结合在一起，形成一个有机整体。教师要确保教学方法、评估方法、评估指标与学习成果一致，很重要的一点是评估能要反映学习成果，因为从学生的角度说，评估就是课程的一部分。① 学生在准备评估的同时，也会学习课程。学生将会学习他们认为会评估的，而不是课程所提供的，甚至是教师所讲授的。而对于教师来说，评估处在教学活动序列的最后，但对于学生来说它则位于开端。从促进学习的目的来说，教师得学会转换视角，用学生的眼光看待评估。② 教学活动、学习活动、评估任务与学习成果之间相互协调、配合，形成"建构性联合"。③

应当针对不同的学习成果类型、内容及其组合，开发和使用适宜的评估方法与工具。一般来说，结构化的评估工具更适合评估只有很少数量正确答案的技能，非结构化评估工具比较适合评估有多种完成任务的技能。较复杂的评估可用于衡量学生是否掌握解决复杂问题的一系列技能。

学生学习成果评估可以分为直接评估与间接评估。直接评估是对学生实际的知识、能力和行为的评估，方法包括标准化考试、自制考试、模拟、口试、行为观察、访谈等。间接评估是可以推论学习发生的评估方法与工具，是对直接评估的补充，如校友调查、入学考试分数、毕业率、转学率、就业数据等。间接评估不能直接显示学生学到了什么和能够做什么，只能提供学生学习的间接证据，只有通过对直接证据的检查才能揭示这些问题的答案，即学生作品和成绩的现实样本。但直接评估所获证据的有效性也存在问题，如考试分数经常不是基于学习的数量和质量给出；教师和教师之间评分的变化很大；分数太总括了，不能为学生个人或专业层面给出优势和缺陷以及需要改进之处的细节性反馈，等等。因此，直接评估与间接评估应当结合起来使用。

---

① Ramsden P, *Learning to Teach in Higher Education*, Routledge, 2003, p.280.
② Shaikh H M, Hussein A R, "Aligning Teaching, Learning and Assessment to Curriculum Objectives," *International Journal of Advanced Education and Research*, 2017 (2), pp.239 – 245.
③ Cowan J, John Biggs, "Teaching for Quality Learning at University: What the Student Does," *Higher Education*, 2000 (3), pp.374 – 376.

瑞臣（Rychen）等把作为学习成果核心的"能力"定义为成功满足要求或执行任务的才能，它包含了认知和非认知的维度。[①] 能力可以被定义为某种环境中的行动、知识、价值与目标的结合。对学习成果的分类需要充分地理解学习成果的整体性和背景性。整体性的学习成果融合不同学科专业领域的技能为真正的专门知识与技能。因此，学习成果最好是在现实的问题、任务背景下进行界定、观察和评估。对学生能力的评估应当注意综合性。评估工具的开发要注意学生的认知、情感与行为特质的结合。因此，学生学习成果评估既可以采纳学习成果的直接证据，如书面作业、现场表演、面谈、实验报告、实习报告等，也可以包括一些间接证据，如用调查问卷要求学生对自己的能力发展打分，对学生的多种学习作品综合评价，以支持学习成果的整体性。

能力也可分为一般能力和职业能力。职业能力是指用于特定职业的范围较窄的能力，也被称为"就业能力"。[②] 让学生为就业提升能力是高等教育的一个主要目标。高校要培养学生满足工业、商业和服务业组织需求的能力，其中包括发展学生在就业中受到重视的技能，这种压力越来越大。但是，如果高校仅仅以职业能力为重点，则学生的深入学习和发展潜能可能会受到影响。而且，很难为每个专业规定明确的职业目标，因为毕业生可能在多个职业就业。在一些学科中，很难界定明确的职业角色。最后，就业能力更关注眼前的就业需求，而学生可能更有志于发展终身受用的智力技能和长远的劳动力市场需求的技能，而不仅仅是为了初次就业。因此，高校要重视学生针对外部就业市场而发展的就业能力的养成，但不能过度，要注意协调一般能力和就业能力的关系。在现代社会，即使是高等职业教育所集中培养的技术技能型人才，也应当是认识、情感、态度、行为等领域全面协调发展的，否则很难适应经济社会的发展。

在一些国家，学历资格框架中会对期望的就业能力进行规定。如英格兰学历资格与课程发展局就规定，高校颁发的学历学位应当是"明显与工作相关的能力的一种说明，便利学生就业、继续教育与培训，它的评价整

---

① Rychen, Dominique S S, Laura H, "Highlights from the OECD Project Definition and Selection Competencies: Theoretical and Conceptual Foundations," *Definitions*, 2003 (12), p. 10.

② Nusche D, "Assessment of Learning Outcomes in Higher Education," *OECD Education Working Papers*, 2008 (15), p. 1.

合了特定的技能、相关的知识与思维以及使用与特定任务相关的技巧、知识和经验的才能"。① 对就业能力的评估需要考虑到其综合性，可以建立能反映毕业生在真实或模拟工作场所表现的综合性档案。其中的证据来源可以包括对学生的直接观察、音频、视频、学生活动的电子记录、学习作品等。

一些国家专门开发了针对毕业生的调查，如澳大利亚的毕业生去向调查、加拿大的毕业生过渡期调查和英国的毕业生就业收入调查关注的是毕业生发展就业能力的情况。

澳大利亚工商会和商业理事会共同开发了就业技能框架（Employability Skills Framework），并于 2002 年发布了《未来就业技能》，提出"要求的就业技能不仅是为了获得工作，更重要的是要能帮助毕业生在公司里获得发展，发挥潜能，对公司的发展做出贡献"。就业技能框架总结提炼了 8 条大学生所需的就业能力：（1）交流能力：有助于员工与顾客之间建立富有成效的和谐关系；（2）团队工作能力：有助于富有成效的工作关系的建立和生产成果的提升；（3）问题解决能力：有助于提升生产成果；（4）主动精神和事业心：有助于产生创新性的成果；（5）规划与组织能力：有助于长期和短期的战略规划；（6）自我管理能力：有助于员工满意度与成长；（7）学习能力：有助于员工、公司运行及其成果的持续的改进与扩展；（8）技术能力：有助于有效执行任务。针对这些就业技能，澳大利亚工商会和商业理事会除了推荐选用毕业生技能评估外，还推荐使用"就业技能分析"，后者更适合专业性不明显的毕业生。此外，毕业生的自我评估也可以提供一些补充信息。

另一些经常用于评估高校学生就业能力的方法是查看就业率、就业去向、起薪数、升学率、升职状况等。毕业生调查可以提供毕业生对于高校教育对自己的就业能力的助益的认知的重要信息。但是，就业市场成果并不能保证准确反映学生事实上所获得的就业能力。不少研究表明，就业率不仅依赖于通过高等教育获得的成绩，也受经济、社会因素、就学前经历、行业发展、高等教育成本、就学高校的社会声誉等众多因素的影响。

---

① Lester S，"The UK Qualifications and Credit Framework: A Critique," *Journal of Vocational Education & Training*，2011（2），pp. 205-216.

以证据为基础开展学生学习评估。学习成果评估的基础是以证据为中心进行评估设计（Evidence-Centered Design，ECD）。ECD 即将评估结果、过程与评估目标相协调，以保障评估效度。[①] ECD 的基本程序为确定学生学习成果——识别必须收集的证据——以证据提供为基础，选择评估工具和评估活动。具体步骤如下。第一，确定预期的学生学习成果。这里要考虑学生情况、学校使命、学校类型、学生学习成果数据的使用目的等因素。第二，审核现有的评估，确定现有什么证据可以用于所确定的学生学习成果目标。要盘点学生学习成果的现有数据类型，以此作为基点，确定还需要什么证据；要判断这些数据与所确定学习成果目标的相关性或有用性；判断现有数据是不是需要使用的数据；要确定现有评估的信度和效度。第三，进一步完善证据。要考虑到方方面面的证据，以使"证据链"尽量完整、翔实。第四，改进评估系统。引入新的评估，继续有价值的现有评估。第五，评估活动总结。从总体上分析学校的评估活动的结果，看看有没有重复、交叉，评估工作量、精力和时间的分配是否合理等，确定预期的学习成果与实际测试得到的成果之间的差距。第六，学校需要采取什么变化来应对学习缺陷，确保持续的进步。要交流与分享数据分析结果；确定成功与欠缺的一面；确定应对问题需要采取的措施；选择下一轮评估最合适的工具。第七，在学校中创立证据文化，保证持续改进。

应当加强评估机构建设。在美国，独立的评估社团机构在学习成果评估中扮演着重要角色，这些机构的目的是提高学生学习成果在高校教育教学中的作用，向高校和高等教育机构提供评估工具和信息。如成立于 2008 年的全国学习成果评估研究所（National Institute for Learning Outcomes Assessment，NILOA）提供多种资源帮助高校实施学生学习评估、解读学习成果。NILOA 开发了一个综合性的透明度框架，该框架包括 6 种学生学习评估要素。这个框架对于增进人们对于评估过程和评估实质的认识起了重要作用。NILOA 还总结和分享美国高校开展学生学习评估的好做法和成功经验，积累和建设学习评估实践案例库供高校参考。成立于 2009 年的学生学习和问责领导新联盟领导和支持高校收集、报告、使用、分享本科教育学

[①] Millett C M, Stickler L M, Payne D G, et al. , "A Culture of Evidence: Critical Features of Assessments for Postsecondary Student Learning," Educational Testing Service, 2007, p. 32.

生学习成果的证据和经验，为高校提供咨询服务，帮助高校将学生学习成果评估整合进学校教育工作中。有超过100所院校的校长成为该机构的校长联盟的成员。2012年1月，联盟发布了《高等教育评估和问责指南》，同年10月发布了《学生学习成果优秀实践活动的院校自我评估工具》，为高校开展学生学习评估提供指导。2011年6月，高等教育学习评估协会（AAL-HE）正式成立，在肯塔基大学召开了第一次全国大会，讨论在学校、专业与课程层面切实推动学习评估，希望能从下至上影响高等教育的发展与改革。此外，成立于2005年的汉普郡雄鹰协会（Hampshire Teagle Consortium）和瓦巴什全国通识教育研究会（Wabash National Study of Liberal Arts Education）都致力于推动高校教师和管理人员协作收集、分享、利用学习评估数据。

应当加强评估信息的披露。评估信息的披露可以增强评估的透明性，促进信息的交流与分享，推进教育教学绩效问责，有利于高等教育质量的发展进步。以美国为例，美国公立和增地大学协会与美国州立大学协会发起的自愿问责系统（VSA）对加入高校的入学成本、校园安全、班级规模、学生的在校经历、学生保持率、学生学习成果等进行评价、分析和比较，将评估信息公布在"大学画像"网站上，这些信息的透明度很高，而且是可以比较的，有利于高校间相互学习借鉴，也有利于学生的学习选择，还有利于政府和社会的监督问责。类似地，美国社区学院协会（AACC）开发的自愿问责框架（Voluntary Framework of Accountability，VFA）也通过在线工具来为社区学院评估学生学习提供导航"地图"，向社会分享学生学习评估和学校基本情况的信息。QS世界大学排名、泰晤士高等教育世界大学排名、上海交大世界大学学术排名等影响力巨大的国际大学排名机制大多以输入、活动和科研成果为中心，其评估指标很难显示高校培养学生知识和技能的程度。因此，这些排名工具并不适合向学生、政府和公众提供教学质量的有用信息。但由于高校之间缺乏比较性的学习成果评估信息，这些排行榜被广泛看作可以相对代表学习质量，吸引了大量的媒体关注，显著地影响了公众对高校及其毕业生的认知。

创建一个全国性的评估高等教育学生学习成果的系统。我国不少高校已经开展了各具特色的学习成果评估探索，有不少好的经验和案例，但高校间交流和分享，影响了我国高等教育学习成果评估的整体进步。可以基于各个高校的使命和资源状况，以及已经探索形成的各具特色的评估模式，构建一个重在协同、整体优化与信息交流的全国性高校学生学习成果评估信息系统。系统可以使用抽样程序，避免测试所有学生，同时开发模块化测试工具；以学校为中心开发校本性测试，构建校本测试库；只有标准化测试才能比较院校间学生学习成果的差异，要积极开发标准化测试工具，推动对学生学习的增值性评价，为高校间的比较提供可靠的测试数据。

四 利用学习成果推动教育教学改革

从高校课程教学的角度看，学习成果处于教育变革的最前沿，学习成果代表了从强调教到强调学的变革。这种变革的特征是采用"学生中心模式"，与之相对的是"教师中心模式"。"学生中心模式"的焦点关注是"教学—学习—评估"关系，它对高校教学质量的提升产生了不可估量的推动作用。

教师中心模式。在以教师为中心的教学模式中，学校和教师用学生将会被"覆盖"的内容来解释课程。教材列出课程内容，勾画主要的理论、事件、过程和关系，这种模式是"输入中心"的。基于这种传统模式，教育管理部门采用相应的方法和工具来解释学历资格体系，如强调专业的入学要求、学习年限、学时数、采用的教学材料、人员的数量、可用的资源等。这些变量通常被作为输入驱动的质量保障制度的中心，学习根据取得特定的学历的学习年限、学时数来分类。教师中心模式对课程和设计产生了不利的影响。在这种模式下，高校教师首先确定课程内容，采用传统的教学大纲，然后以此作为规定如何教学和评估的依据。

学生中心模式。学生中心模式使用"名义学时"来定义特定的学习成果（或者学历学位）。采用学习成果模式意味着更少强调对学习时间的衡量，更多强调灵活的教育模式。部分时间学习、远程学习、网络学习、工作基础的学习、间隔式学习、集中式学习等教育模式已经不再遵从传统的学年制时间图式。欧洲 Tuning 计划、ECTS、美国绝大部分高校都采用了"名义学时"概念。学生中心模式下，学生成了掌控学习时间的主人，学分制普遍推行，灵活的部分时间学习受到认可，终身学习的理念已经深入人心。

"学生中心的学习"已经从理论概念走向实践，推动着高等教育人才培养模式变革发展。"必须指出,学生中心学习必然将学习成果的使用作为唯一的逻辑路径。"[1] 学习成果构成了教育改革议程的主要部分。"学生中心的学习"代表了一种范式转型:从用输入中心模式来描述和衡量学习的传统模式,转向使用学习成果和能力的输出中心模式。教育关注的重点从内容(教师教的)转向了成果(学生学的、能够做的)。"学生中心的学习"并不是什么新概念,很多教师其实已经本能或自觉地遵从了这种模式。"学生中心的学习"模式认为,教师是学习过程的帮助者或管理者,很多学习都发生在教室之外,没有教师在场。如在工作场所、家庭环境和社会情境中,非正式的学习已经成为一种常规。人们进一步意识到,学生应当积极地参与规划和管理自己的学习。学生是作为一个独立的学习者而积极发展的,因此他们应当更多地承担这种责任。学分基础的课程制度的发展带来了学习的高度可选择性以及单元式学习的推进,这种制度带来了充分的灵活性,可以帮助学生积极地承担对自己学习的选择和管理的更多责任。

自20世纪80年代前后以来,国际高等教育发展的一个普遍做法是以学生中心、学习中心、学习成果中心"三中心"模式为基础推动学科专业发展、课程教学设计、学历资格体系建设、教育教学质量认证与审核等高等教育体系综合性改革发展,促进高等教育质量的统一性和多样性提升,取得了明显的成效,其成功经验非常值得我国学习借鉴。

(一) 博洛尼亚进程的做法

欧洲博洛尼亚进程广泛使用学习成果推进高等教育改革与发展,取得了显著的成绩。正如博洛尼亚进程专家史蒂芬(Stephen)所指出的,"整个博洛尼亚进程代表了对学习成果的复杂、系统的运用。"[2] 阿德尔曼(Adelman)把学习成果和能力称为博洛尼亚进程的"密码"。[3] 学生中心的学习和学习成果是实施博洛尼亚进程的核心。[4] 采用学习成果话语给欧洲和国际

---

[1] Reports C A, "Using Learning Outcomes," Paper Presented at United Kingdom Bologna Seminar, 2004.
[2] Stephen A, "Learning Outcomes Current Developments in Europe," Edinburgh, Scotland, 2008.
[3] Adelman C, *The Bologna Process for U. S. Eyes*: *Re-learning Higher Education in the Age of Convergence*, Institute for Higher Education Policy, 2009, p. 67.
[4] Grifoll, Hopbach, Kekäläinen, et al., "Quality Procedures in the European Higher Education Area and Beyond-visions for the Future," *ENQA*, 2012, p. 49.

高等教育文化带来了巨大的变化。

20世纪90年代初，欧盟关于学分转换与积累系统（ECTS）的一个试验项目表明，如果用成果而不是用输入来描述学习专业，它们就更容易被进行比较。学习成果开始在欧盟的高等教育政策中体现出重要性，随后的欧洲高等教育区（EHEA）的建立、各国学历资格框架的发展、ESG的采用、《欧洲标准与指南》（European Standards and Guidelines，ESG）的出台、欧洲高等教育区学历资格框架（QFEHEA）和欧洲终身学习学历资格框架的构建、"文凭补充说明"等工具的开发，等等，都充分体现了对学习成果的重视。博洛尼亚进程的各项关键要素无一例外指向能力和学习成果，以学习成果为根本方法论和实践基础的一个新的欧洲高等教育基础设施快速成型和发展。

"学习成果"在博洛尼亚进场相关文件中被广泛提及：

> 1999年的《博洛尼亚宣言》和2001年的《布拉格公报》对教育产出进行了一般性的描述。
>
> 2003年的《柏林公报》提出："部长们鼓励成员国精心制定具有可比性和相互协调的国家学历资格体系，这个资格体系应当用学时、层次、学习成果、能力、简介来进行表述。"
>
> 2005年的《卑尔根公报》提出："我们采用统一的欧洲高等教育区学历资格框架，该体系分为三个层次，每个层次都有基于学习成果和能力的一般性描述，在第一和第二层次使用学分体系。"
>
> 2007年的《伦敦公报》提出："我们鼓励院校在持续的课程改革进程中，以学习成果为基础，进一步发展与用人者的伙伴与合作关系。""在发展更加以学生为中心、以学生为基础的学习的理念下，下一个应当关注的问题是更加综合的国家学历资格体系、学习成果与学分、终生学习、就学前资历的认可。"

2012年的《布加勒斯特宣言》中重申了实施学习成果模式的重要性："为了巩固欧洲高等教育区，实施学习成果模式是必须的。学习成果的发展、理解和实际使用对欧洲学分转换与累积系统的成功至关重要。文凭的补充、认可、学历资格框架和质量保障，所有这些都是相互依赖的。我们呼吁院校进一步将学习成果和学习量与学分联系起来，评估程序要增加对学习成果获取的考量。我们会确保《ECTS 使用指南》要完全反映我们关于学习成果和就学前资历认可的工作目标。……我们欢迎大家明确地参考欧洲委员会建议的 ECTS、欧洲学历资格框架和学习成果。"①

具体来说，博洛尼亚进程中学习成果对欧洲教育教学质量发展的推动主要有以下方面。

采用学习成果推动学历互认。1997 年签订的欧洲地区高等教育《学历互认条约》（即《里斯本条约》）、"文凭补充说明"以及后来建立的欧洲地区信息中心网络和欧盟国家学术认可信息中心，这些工具的开发都是为了建立"简单明了和可比较的学位体系"。而学习成果的使用使学历对学生、评估者、雇用者来说更透明。用学习成果来描述学历，使评估和互认学历变得简单，可以进行更合理的判断。

采用学习成果构建共同的学历资格框架。2005 年，欧洲高等教育部长会议（卑尔根会议）通过了采用《欧洲高等教育区学历资格框架》的决议。该框架采用"成果中心模式"，包括学历层次、学习成果与能力要求、学分要求三个部分（见表 6-1）②，对学士、硕士和博士三个层次的学位授予提出了明确、具体的学习成果和能力的要求。该框架于 2010 年开始实施。对欧洲各国的高等教育质量保障体系的发展产生了重要影响，各国的质量保障机构和高校都对"学习成果"和"能力"在本国情景中的使用进行了进一步的定义和解释，在 2010 年前陆续制定了各自的国家学历资格框架。学历资格框架的相对统一为欧洲各国高校提供了明确的学生学习和教师教学的外部参照，基本结束了欧洲各国学制不统一、文凭颁授标准五花八门、缺乏合作交流的"共同语言"的状况，极大地促进了欧洲高等教育的区域一体化发展，使欧洲各国能用一种声音向外界展示和讲述高等教育的故事，有利于提高欧洲高等教育的竞争力和影响力。

---

① Dias D, Amaral A, *Assessment of Higher Education Learning Outcomes (AHELO): An OECD Feasibility Study, Quality Assurance in Higher Education*, Palgrave Macmillan, 2014, p. 36.
② Karseth B, "Qualifications Frameworks for the European Higher Education Area: A New Instrumentalism or 'Much Ado about Nothing'?" *Learning and Teaching: The International Journal of Higher Education in the Social Sciences*, 2008 (2), pp. 77–101.

表6-1 欧洲高等教育区学历资格框架

学历层次	学习成果与能力	ECTS 学分
第一层次学历	第一层次的学历授予下列情况的学生： • 证明了基于普通中等教育，获得了一个学习领域中的知识和理解。这些知识和理解由先进的教材支撑，某些知识和理解得益于其学习领域的前沿知识。 • 可以以其工作或职业的专业模式的方式，运用他们的知识和理解；获得了能力，这些能力可以通过在其学习领域中设计和维护自己的观点、解决问题而得以展示。 • 有能力收集和解释相关数据（通常在其学习领域内的）用于做出判断，其中包括对相关的社会、科学和伦理问题进行思考。 • 可以向专业人士和非专业人士交流信息、数据、问题和解决方案。 • 发展了继续下一层次的较高层次的自主学习所需要的学习技能	通常包括 180—240 个 ECTS 学分
第二层次学历	第二层次的学历授予下列情况的学生： • 展示了与第一层次相联系、又超越或拓展了第一层次的知识与理解，这些知识与理解为在研究背景下原创性地发展和应用思想观念提供了基础或机会。 • 能够运用其知识与理解，有在与学习领域相关的宽广的背景（或多学科背景）中，在新的或不熟悉的环境下的问题解决能力。 • 有能力整合知识、处理复杂问题；能够用有限的或不完整的信息做出判断；要思考运用知识和判断相关的社会和伦理责任。 • 能够向专业人士和非专业人士清楚、明确地交流自己的观点及观点背后的知识和理论依据。 • 拥有继续更高层次学习的技能，这种学习主要是自我指导的或自主的	通常包括 90—120 个 ECTS 学分，最低 60 学分
第三层次学历	• 证明了对于一个学习领域的系统的理解，掌握了与这个领域相关的技能和研究方法。 • 证明了有能力符合学术规范地构想、设计、实施和修正一个重大的科研活动。 • 通过原创性研究做出贡献，这种原创性研究产生了实质性的系列成果，其中一些成果获得了国内或国际同行的认同，由此，这种原创性研究拓展了知识的前沿。 • 能够对新的和复杂的思想进行批判性分析、评价与综合。 • 能够与同行、更大的学术社区和社会交流其专业领域。 • 在一定的学术或专业背景中，有能力促进知识社会中的技术、社会或文化进步	没有要求

以学习成果为基础建立学分体系。欧洲学分转换与累积系统（ECTS）从简单的学分转换工具变成精细、系统的学分转换与积累体系。ECTS 学分本身不分层次，不太精确。采用学习成果来表述学分，是一种有力的工具

来认可和量化不同背景下的学习成就，学习成果也为相关的学历提供了一个有效的结构，加入学习成果使ECTS作为真正的跨欧洲体系而发挥作用。

借助统一标准的学习成果促进流动性。课程用共同标准的学习成果进行表述，使课程内容和学生需要获得的技能和能力变得明确，这可以帮助消除学生和教师自由流动的障碍。用学习成果来表述课程，可以使对课程的判断变得更准确和有效，使学生的横向流动（学习专业内）和纵向流动（从一个专业到另一个专业，从一个层次的专业到另一个层次的专业）都可以得到促进。

借力学习成果促进质量保障的交流合作。使用学习成果及其相关的外部参照点模式，可以促进建立共同的质量保障标准，采用统一的质量保障技术。基于学习成果的统一的外部参照模式，使对学历层次、内涵、等值的跨国判断更容易，也更准确。成立于2000年的欧洲高等教育质量保障机构网络（ENQA）已经从输入中心转向了成果中心。ENQA是欧洲质量保障和认证机构的一个独立性协调、合作组织，申请机构要通过外部评议、遵守《欧洲标准和指南》（European Standards and Guidelines，ESG）和《欧洲质量保障注册表》（European Quality Assurance Register，EQAR）才能成为正式成员。ENQA与欧洲大学协会（EUA）、欧洲学生联合会（ESU）以及欧洲高等教育机构联盟（European Association of Higher Education Institutions，EURASHE）共同构成"E4"，成为协作群体。ENQA在机构评议中将学生学习成果作为重要的基准。由ENQA进行协调的欧洲跨国评价计划（TEEP）是一个跨国质量保障机构协作计划，采用学习成果和能力概念，推动在欧洲使用共同的指标和质量保障方法论。

借助学习成果构建高等教育的"欧洲维度"。即在高等教育的所有层次的课程模块、课程、专业中发展跟欧洲有关的内容和取向，鼓励发展综合性学习专业，发展联授学位。用学习成果对专业和课程内容进行统一的、更准确的表述，这对这一行动路线有帮助。使用学习成果，可以使学习单元间的关系和配合更透明，使双专业和共同专业的建构更简便。而对于远程学习，学习成果可以帮助提升学习单元的开放性。同时，通过采用学习成果模式及相关的学生中心、透明的课程的发展，提升欧洲高等教育区的吸引力和竞争力。

借助学习成果推动终身学习。高等教育要提升学习路径的灵活性，发挥学分积累和转移系统的效益，打通职业教育与高等教育的联系，实现"从摇篮到坟墓"的学习，都需要采用以学分为基础的学历资格体系，而以学习成果为基础的学分有潜力将小学、中学、职业教育、高等教育整合成一个一体化的学习系统，构建一个涵盖所有教育层次的学历资格体系。这在爱尔兰、苏格兰、威尔士的实践中已经得到证实。这个学历资格体系可以帮助所有年龄阶段的人接受适合的教育与培训。用学习成果来表述学习，是建设综合性的终身学习系统最重要的方法。

采用学习成果中心模式来强化学生的主体地位。采用学习成果使学生就业能力议题得到强化。学习成果凸显了一般技能与职业技能，这是雇用者所看重的。相应地，学生需要从专业和课程描述中获得更多预期学习成果的信息和要求。这就需要建立一个更加以学生为中心的教育系统，使学生作为积极的学习者，主动参与教学设计、教育活动和自己的发展中。当课程用学习成果来表述，使学生知道自己应当获得的技能与能力，就可以有效提高学生的教育参与度，也有利于学生做出合理的关于学习专业的选择。

博洛尼亚进程各国推行学习成果中心模式的具体做法既有统一性的一面，也有各自的个性和特色，体现了博洛尼亚进程统一性与多样性的特点。[①]

（二）欧洲 Tuning 计划的做法

2000 年 12 月，为了落实博洛尼亚进程《里斯本条约》，欧洲高校发起了欧洲教育结构调谐计划（Tuning Educational Structures in Europe，简称 Tuning 计划）。Tuning 计划背后的理念是使学位的相似性成为可能。随着时间的推移，Tuning 计划已经发展成为一种高等教育的各个层次的学位专业再设计、发展、实施、评估、提升质量的过程和模式。Tuning 计划用能力描述学习成果，将能力作为课程设计和评估的参照点。能力被定义为知识、理解、技能和才能的动态的联合，以能力为核心的学习成果允许课程建构的灵活性和自主性。同时，能力为基础的学习成果为课程描述提供了共同的语言。能力通过各种课程单元进行培养，在不同的学习阶段加以评估。能力被分为一般能力和专业能力。一般能力即可迁移技能，专业能力即特殊

---

① "Learning Outcomes: Common Framework—Different Approaches to Evaluation Learning Outcomes in the Nordic Countries," Paper Represented at the Joint Nordic Project 2007–2008, 2008.

能力。可迁移技能对提升学生的就业能力、让学生为将来进入社会做好准备非常重要。

Tuning 计划将一般能力分为三种：第一，工具能力，包括认知能力、方法能力、技术能力、语言能力；第二，人际能力，诸如社会技能（社会交往与合作）的个人能力；第三，系统能力，指与整个能力系统相关的技能与才能，是认知、情感与知识的结合，需要工具能力与人际能力作为支撑。

Tuning 计划首先研究制定了所有专业的学生获得学士和硕士学位需要达到的学习成果的"参照点"。其中学士学位的学习成果参照点包括 7 个方面：掌握本专业的基础和历史的知识；理解所在学科的总体结构、各个分支学科之间以及本学科与其他学科之间的关系；能够有条理地使用恰当的媒介形式（口头、书面、图表等）交流本学科的基本知识；获取和解释学科新信息；在学科中理解和使用批判性分析的方法；准确使用学科方法与技术；理解用于评价与学科相关的科研的质量标准。

硕士学位的学习成果参照点包括 5 个方面：在一个具体的学科领域中，掌握最新的和权威的理论与思想、方法与技术；批判性地跟踪和理解专业领域的理论与实践的最新发展；具有独立开展研究、高水平地解释研究成果的能力；通过毕业论文、项目、表演、作曲、展览等方式，对学科的理论和实践做出一定程度的原始创新贡献；在各种学科背景中展示创造力。

在咨询了大量的毕业生、雇用者和学者之后，Tuning 计划将学士学位的 7 个方面的学习成果参照点进一步细化为 31 种必备的一般能力：用外语进行交流的能力；学习并跟上时代的能力；用本族语进行口头和书面交流的能力；批判和自我批判的能力；规划与时间管理能力；对机会公平与性别问题的意识能力；产生新思想的能力（创造力）；从多种渠道收集、处理和分析信息的能力；承担安全的责任；识别、提出和解决问题；在现实情境中应用知识的能力；合理决策的能力；在一定的水平上进行研究的能力；在团队中工作的能力；对专业领域的知识和理解，以及对行业的理解；在国际背景下工作的能力；合乎伦理地行动的能力；与所在领域的一般人士交流的能力；抽象思维、分析与综合的能力；企业家精神，开创能力；人际与交往技能；设计和管理项目的能力；公民意识与承担社会责任的能力；完成任务时的决心、毅力和履责能力；珍视与尊重多样性与多元文化；自主工作能力；使用信息与交流技术的技能；承担环境保护责任；适应和在新环境中行动的能力;评估和维持产品质量的能力;激励他人为共同目标努力的能力。①

Tuning 计划同时对各个学科领域的专业能力进行了调查研究,先后完成了艺术史、工商管理、化学、教育科学、欧洲研究、历史、地理(地球科学)、语言学、文学、数学、护理学、物理、神学等 13 个学科专业领域的专业能力清单研制。例如,为教育科学列出了 25 种专业能力:系统地批判教育理论和政策问题的能力;确定各种教育理论与教育政策和背景之间潜在联系的能力;理解和运用教育理论和方法作为一般和具体教学活动的基础的能力;有能力提供价值观、公民意识和民主教育,并反思自己的价值体系;认识和应对学习者多样性和学习过程的复杂性的能力;对不同学习环境的认识能力;认识参与者在学习过程中的不同作用的能力;理解教育系统的结构和目的;在不同情境下进行适当的教育研究的能力;咨询各种教育问题的能力和咨询技巧(心理咨询,咨询学习者和家长);教育管理/发展项目的能力;管理和评估教育计划、活动和材料的能力;了解教育趋势并能认识到其潜在含义;领导或协调多学科教育团队的能力;了解社区发展和变化过程的能力;对学习者进步和成就的承诺;多种教学策略中的能力;要教的科目/科目的知识;与团队和个人有效沟通的能力;创造有利于学习的氛围的能力;利用 E-learning 并将其融入学习环境的能力;改进教学环境的能力;将课程和教育材料调整到特定教育背景的能力;能够根据特定的标准设计和实施不同的策略,以评估学习能力;设计和实施符合具体需要的教育的能力。②

一些参与 Tuning 计划的学科组织将这些参照点进一步扩展,提出了超越国界和院校界限的"欧洲学士"(Eurobachelor)和"欧洲硕士"(Euromaster)概念。如 Tuning 计划化学组于 2003 年向欧洲化学专业协会陈述了这一想法,得到欧洲化学和分子科学协会大会的支持。经过严谨的调查研究,化学组拟定了高校化学院系学生学习成果的 4 项共同参照点:第一,专业知识,如热力学原理及其在化学中的运用,有机分子中的功能组的特性

---

① "Generic Compotences," http://www.unideusto.org/tuningeu/competences/generic.html,最后访问日期:2018 年 5 月 15 日。
② "Generic Competences," http://www.unideusto.org/tuningeu/competences/specific/education.html,最后访问日期:2018 年 5 月 15 日。

和行为；第二，与化学相关的认知能力和技能，如书面或口头向听众介绍科学材料或观点的技能；第三，与化学有关的实际操作能力，如实施有关使用化学物质的风险评估的能力；第四，一般技能，如计算能力。

2008年9月，欧洲化学和分子科学协会大会向16个国家和2个联盟的37所大学的45个"欧洲学士"和9个"欧洲硕士"专业颁发了化学质量标签（Chemistry Quality Labels），类似于美国化学学会实施的化学专业认证。但是，欧洲的这种化学学科的质量鉴定重在有标准参照的学生学习成果。

Tuning计划于2005年传播到拉丁美洲，2009年传播到美国、俄罗斯、日本、澳大利亚、加拿大、中国等国也进行了规划或实施Tuning计划。跨国流动、将高等教育机构与职业和产业界以及学习型社会联系起来是欧洲Tuning的主要驱动力。拉丁美洲的主要动力是具体化和明确学习成果促进教育改进。日本将调整学习成果与学科描述作为一种方式来重塑学分，以使其他国家尤其是实施Tuning计划的国家的高校能更容易地接受日本高校学生的学分。Tuning计划的实施在世界范围内提高了人们关于学习成果与能力的关系和意义的认识，为专业和课程设计提供了共同的语言，同时允许灵活性与自主性，极大地方便了国际高等教育的合作与交流。

（三）美国的做法

美国是学生学习成果模式的开创者，学习成果与课程和专业评估的标准相关联，在高等教育中有着非常广泛的使用，学习成果的证据成为衡量高等教育效益的基本标尺。其中，作为美国高等教育质量发展制度基石与核心的认证制度成为学生学习成果的关键推动者。

长期以来，美国高等教育认证与精英教育阶段相适应，具有"好学生崇拜"和"好教师崇拜"情结[1]，主要采用"重点检测生产线的质量"的"生产模式"[2]，"教学质量被当作教育资源的一种功能"。[3] 美国高等教育进入大众化阶段后，传统认证制度的不适应性逐渐显现。到20世纪80年代

---

[1] Graff G, "Assessment Changes Everything," http://www.mla.org/blog&topic=121，最后访问日期：2017年6月28日。

[2] Troutt W E, "Regional Accreditation Evaluative Criteria and Quality Assurance," *Journal of Higher Education*, 1979 (2), pp. 199-210.

[3] Strong M E, "Involvement in Learning: Realizing the Potential of American Higher Education—A Critique," *Wisconsin Vocational Educator*, 1985 (9), pp. 16-20.

初,各界出现了对高等教育"学习""质量""结果""效能"等问题的热议,学习成果受到重视;不断有学者呼吁高等教育要用新的"学习范式"取代传统的"教学范式";"学习型大学""深度学习"等词语在各种著作、会议、媒体中频繁出现。在此背景下,高校和认证机构掀起了以学习成果评估为焦点的变革浪潮,这就是美国高等教育在当时及后来影响广泛的"评估运动"。评估运动帮助美国高等教育实现了从教学中心向学习中心、从教师中心向学生中心的转型,① 多种力量共同推动和塑造了学习成果"评估运动"。

一是高等教育界。首先是高校把学习成果评估作为一种工具来证实学生的知识和技能,高校教师把学习成果评估作为一个手段来探究学生的学习需求、改进教学方法与策略、提升教学效果。其次是高等教育社团的大力推动,如美国高等教育学会(AAHE)于1985、1987和1988年召开了以学生学习评估为主题的系列大会;美国学院和大学协会(AAC&U)2002年提出了"学习中心的新学园"愿景,2005年推出了"通识教育和美国的承诺"计划,对高等教育通识教育"必需的学习结果"进行了界定,推进高等教育学习评估的全国对话;2008年,著名评估专家艾肯伯瑞(Ikenberry)、尤厄尔(Ewell)等人发起成立了全国学习成果评估研究中心(National Institute for Learning Outcomes Assessment, NILOA),并领导开展了一系列相关研究项目;2009年,评估专家鲍勃(Bob)等人发起成立了高等教育学习评估协会(Association for the Assessment of Learning in Higher Education, AALHE);2009年,蒂格尔基金会与AAC&U和高等教育认证委员会(CHEA)共同发起成立了学生学习和问责新领导联盟(NLASLA);2010年,公立和赠地大学联合会、州立学院和大学联合会共同发起成立了"自愿问责系统"(VSA),向外界主动展示学生学习成果信息。整个高等教育界越来越强调学习及其结果的中心地位,高等教育从业者普遍树立了"质量是学生学习的一种功能"的观念,这种观念正是评估运动的核心。

二是政府。首先是州政府。州政府希望通过评估来证实教育投资的回报。在评估运动的早期阶段,几乎所有的州政府都对高校实施学习成果评

---

① Wright B D, "More Art than Science: The Postsecondary Assessment Movement Today," http://www.apsanet.org/media/WordFiles/MoreArtThanScience.doc, accessed June 20, 2017.

估进行了强制性的规定，推行各种标准化考试，为学习成果设立基准，后来，部分州政府允许高校实施校本性评估。其次是联邦政府。联邦政府也希望通过评估来权衡联邦经费的投入。1989年，联邦法律第一次把认证机构审核高校的学习成果作为对它们进行认可的一个条件。此后，这一要求变得更加明确和严厉。1992年再授权的《高等教育法》第九条明确要求认证机构设立"学校使命下的学生学习成就"的专项认证标准。这一规定在1998年再授权的《高等教育法》中被提到第一条。2006年，时任教育部长格丽特·斯佩林斯（Margaret Spellings）召集的高等教育未来委员会发布了《领导力的检验》，其宗旨便是使认证更加以学习成果为中心，推动州政府、联邦政府和高校建立以学习成果为基础的问责系统。

  三是认证机构。从20世纪80年代初开始，实施学校认证的地区认证机构就非常重视学习成果。1984年，南部院校协会明确要求申请认证的学校要提供实现设定的学习目标的直接证据。这种做法很快被其他地区认证机构跟进，如中北部院校协会要求所有的成员学校准备的"评估计划"要直接聚焦于"学生学业成就"的证据，西部院校协会规定认证人员必须集中关注学校创建学习结果"证据文化"的情况。专业认证机构也是评估运动的推动者。20世纪80年代末，美国商学院协会积极实验核心商学课程学习的直接评估；工程技术认证委员会采用了以学习成果为基础的模式来认证工程专业；各种卫生专业资格认证则一直是以学习成果为中心的。到20世纪90年代，所有的认证机构都制定好了以学习成果为中心的标准、政策和程序。认证机构之间还加强了交流与协调。1994年，地区认证机构领导人开会达成了更加关注学习成果的共识和协议；2001年，六大地区认证机构开始合作开展关于学习成果在认证中的使用的调查。作为行业协调组织，CHEA通过各种手册、声明、会议来促进认证机构间的沟通与协调，向认证人员提供术语表和政策框架来规范认证行为。如CHEA在2001年发布了《认证和学生学习成果》，学习成果自此成为CHEA的研究、政策分析、采访、调查、会议以及评奖活动的中心。2005年，CHEA设立了"CHEA学生学习成果学校进步奖"，对开展学习成果评估表现优异的学校进行奖励。2009年，该奖被重新命名为"CHEA学生学习成果杰出学校实践奖"。从"进步"改为"杰出"，反映出学习成果评估有了较大进展。

  在以上主体中，认证机构是评估运动的关键推动者，认证是美国高校开展学习成果评估的最主要的动因。对于高校来说，一纸认证是保持它们在高等教育声誉市场中的地位的关键，绝大部分高校都非常在乎认证，都会全力争取通过认证。将认证和学习成果评估联系起来，使学习成果评估的地位得到提升，推动着高校提供相应的保障，高校纷纷建立评估办公室等专门机构；建立评估队伍，对教师和员工进行培训，招聘专门的协调人员；向评估项目提供经费和场地保障；强调学校领导的评估责任。

同时，认证机构在推动评估运动中扮演了独特的中介角色，使各方对学习成果评估有了共同期待。高校希望改进教学，提高学生成绩，获得认证，争取有好的社会声誉。CHEA在对认证机构的审核（CHEA认可）中，期待认证机构将学习成果作为认证的焦点和判断学术质量的关键。联邦政府在对认证机构的监管（联邦认可）中，需要学习成果的证据判断联邦政府对高等教育的投入是否值得；州政府对高校的绩效拨款需要以学习为基础；社会组织期待认证机构对大学生的学习质量进行证实，以决定是否继续对高等教育进行支持；学生需要学习结果的证据决定上哪个学校或专业；学生家长需要学习结果的信息以决定他们愿意支付多少学费。同时，认证机构自身也需要学习成果的信息。认证机构作为高等教育质量保障者的合法性之一就是通过认证很好地实现对高校的问责。各方都希望认证机构提供学习成果的信息，希望认证机构制定清晰、合理的与学习成果有关的标准、政策和程序。认证机构通过这些信息和规则向外界表明自己对学习成果的积极姿态和持续承诺，这对提高认证的社会地位、维护认证机构的合法性非常必要。

此外，美国高校和州政府都致力于推动美国版Tuning计划，为各个学科专业制定统一的学历学位、一般能力和专业能力标准。由于体制原因，美国没有统一的国家学历资格框架。为此，高校和一些中介组织致力于开发全国性的学历学位资格标准，如"学位资格简介"（Degree Qualification Profiles），可以看作美国版的博洛尼亚学历资格框架。

第七章　工作质量发展

教学、研究、社会服务、国际交流与合作是高校的基本职能，也是高校办学的基本工作，工作质量发展是高校质量发展的重要内容。如果说学习成果质量发展是高校质量发展的核心，那么工作质量发展则是学习成果质量发展的基础条件和支撑。

一　教学质量发展

课程质量发展是教学质量发展的核心。教学方法变革是教学质量发展的关键点。教学技术的发展是教学质量发展的重要路径。

（一）提高课程质量

课程是实现教育目标的载体和手段。课程是关于教育活动的时间、空间、内容、手段、教授、学习、教师与学生的关系等多种要素的有目的的结构性安排。课程质量是教学质量的决定性因素之一，提高课程质量的关键是做好课程发展工作。

1. 分清影响因素

只有准确分析和认识影响因素，才能有好的课程设计和课程发展。

读懂课程政策。课程政策是教育体系的重要组成部分，存在于国家、行业和机构层面，政府制定有或宽松或严格的课程政策。有的国家对课程实施严格的政府控制，有的国家对课程进行原则性规定，通过中介机构控制课程，有的通过经费资助政策影响课程建设。专业性强的课程一般有国际行业标准或准则，国内行业组织往往有课程建设指导方针。每所高校则制定有详细的、具有自身特色的课程规章制度。只有读懂了各个层次的课程政策，提高合规性，课程发展才可能顺利推进。

读懂校情。课程设计要与学校学生和教师的背景相适应。设计课程越来越多地面临学生群体不断变化，需要考虑到他们的时代特征、特殊需求、兴趣和期望。国际教育课程还要考虑国际学生的独特需求，包括国际学生来源国的情况。学生的就业需求是课程设计需要认真考虑的。从师资的角度看，教师既可能是课程变革的推动者，也可能是阻碍者。需要授权教师发展自己的课程，让教师成为推动课程创新的主体。同时，课程发展还要考虑到本校的物质资源和财力资源状况。

读懂社会期待。社会的意见和期望对课程的发展有着重要的影响。高校要对公众、资助者、政府、行业、社会的所有利益相关者负责，课程也会受到经济社会背景和道德规范的强烈影响。

读懂最新研究成果。课程发展要与本学科前沿知识和技能保持一致，在设计课程时充分考虑学科的国际国内发展趋势，追踪学术界的研究趋势，了解最新的实践和研究成果。

紧跟技术发展。技术进步对课程发展有重要影响。课程需要根据教育技术的发展更新内容和结构体系，使教师教学和学生学习能紧跟技术发展的潮流，保持与技术进步的一致性。信息技术进步对课程设计、课程授课方式也产生了深远的影响。网络信息技术越来越多地用于课程管理、教学和评估，电子学习方法和资源的数量呈指数级增长。移动互联网和智能设备、虚拟现实、基于云的应用程序、开放访问资源、虚拟现实等在课程中的使用带来了一系列问题，这些都需要在课程发展中加以认真考虑。

2. 优化课程目标

在课程目标的确定上，现在国际上的一个趋势是强调对核心知识、关键和基本概念以及关键技能的理解，而不是鼓励学生死记硬背过多信息。学习成果陈述应清楚地说明对学生的期待：对内容、知识、原则、概念和理论的了解和理解；"做"的技能和能力；态度和价值观的发展。除了这些核心预期学习成果，还要确定实现学习成果的环境、复杂性、教育标准和水平以及学习成果的评估标准。

确定课程目标的重要依据是进行课程发展需求评估。需求即现状与目标之间的差异引发的缺失感。需求评估因此需要进行差异分析，对课程发展预期的结果予以明确定义。需求评估是一个以某种可理解的方式具体说明教学应该是什么以及如何评估的过程。需求评估是确定教育成果的一个实际过程，它依据一定的标准，合理配置实现预期教育成果所需的人员、时间、空间等课程要素。需求评估要确定合理的行为目标，并确定以合适的方式对学生的行为目标实现状况加以考核。需求评估也是选择与课程发展有关的一系列问题解决工具的过程。需求评估应当确定实际教育成果与预期教育成果之间的差距，根据这种差距确定课程发展的优先事项以弥合差距。差距的确认应当由学生、教师、社区成员、产业界代表等共同进行。课程发展需求评估应当持续进行，课程的支持者和受益者也应当参与评估，效率和人性化是课程发展的两个基本目标。[1]

需求分析的步骤为：描绘目的和方法；目标推导；目标验证；确定目标优先级；绩效目标的确认；目标重新排序；对目标排名进行未来性验证；重排目标；选择用于评估当前状态的测试工具或评估策略；整理收集的数据；撰写"需求陈述"。

3. 课程目标的操作化

课程目标的操作化实际上是确定课程内容与结构。主要涉及发展课程的总体结构和内容，并确定适当的资源。

课程内容设计。优化课程内容，减少信息的过度重复。课程最好与特定职业的工作活动有关[2]，将工作过程知识转化为课程内容。以能力为基础和工作导向已经成为课程发展的国际趋势。工作导向的课程建设中，学习领域源自代表工作领域的职业领域；课程与工作和业务过程相关；课程内容根据以工作为导向的能力进行构建。将工作转化到课程学习需要一系列复杂的步骤，首先分析工作活动和所需的能力，然后制定与工作流程相关和基于能力的课程，最后设计与工作流程相关的学习情境。为此需要开展工作分析和能力分析。首先分析职业、工作流程和学习专业之间的关系。在此基础上，可以对职业领域进行识别和描述。经过验证和反思，确定的职业领域可以转化为课程，具体步骤为：分析职业与工作过程的关系；职业环境分析；确定职业领域；描述职业领域；选择合适的职业领域；将选定的职业领域转变为学习领域的安排；描述学习领域；通过具体化学习领

---

[1] Eglish F W, Kaufman R A, "Needs Assessment: A Focus for Curriculum Development," Association for Supervision and Curriculum Development, Washington, D. C., 1975, p. 73.

[2] Fischer, Martin, Bauer, et al., "Competing Approaches towards Work Process Orientation in German Curriculum Development," *European Journal of Vocational Training*, 2007 (40), pp. 140–157.

域和职业领域定位来设计学习情境。能力的发展可以分为新手、高级初学者、胜任者、精通者和专家五个阶段。根据能力发展阶段设计相应的课程内容。

课程结构设计。确保学生在从一个教育水平过渡到下一个教育水平时知识和技能的发展顺序。课程体系中的每一门课程都要适合特定的智力水平。课程的结构设计需要强调在同一教育水平的课程之间横向转移知识和在不同水平之间纵向转移知识,确保课程之间的衔接,促进学生良好的知识和技能的发展。影响课程连贯性的因素包括教学和学习活动的数量、时间安排和协调等。课程的学分和学时安排可以作为课程规划的参考,但需要将所有学生视为具有独特个性、技能和动机的个体,课程设计需要留有灵活性,为每个学生都能够实现有意义的学习留下空间。课程结构设计坚持学科交叉渗透。日本的工科教育课程中规定人文、社会科学方面的课程应有 24 学分,占总学分的 16%—17%;美国理工科大学的人文、社会科学方面的课程占总学分的比例达到 20% 左右。麻省理工学院规定本科生必须修读不少于 8 门人文、艺术和社会科学方面的课程,每门课程一个学期至少有 9 个学分,合计 72 学分,而且在 8 门课程中,至少有 3 门课程必须从指定的文科课程目录中选择,而这些课程多达 18 类 100 多门,占教学计划总学时的 20%。同样地,对文科大学生来说,必须在原有的课程体系下增加自然科学和科学技术发展史方面的课程,培养科学精神。

课程互动设计。真正的课程设计应有两个部分:对内容的描述和对互动的描述。[①] 所有课程都应当是互动的,课程互动也即"教学",教学的本意就是教师与学生之间的互动。互动课程的预期结果之一是产生积极学习,课程应根据教与学的互动过程从整体上加以构建。

教学资源设计。需要设计和选择课程所需的教学资源,包括课程大纲、笔记、讲义、活动手册、实验室手册、教科书、视觉教具、网站和电子资源等的设计。

教学人员设计。包括对师资数量、工作量、完成工作的能力和工作的效果评估等的设计。

---

① English F W, *Quality Control in Curriculum Development*, American Association of School Administrators, 1978.

4. 发挥教师的主体作用

教师是课程实施的领跑者和看门人,是教学内容与学生和学习过程之间的重要桥梁,教师并是不简单地将他人开发的课程"传递""交付"给学生。参与课程开发是教师有意义的学习机会。① 合作开发课程,对教师的专业成长、工作满意度和工作承诺都有重要作用。OECD 2005 年发布了《教师很重要》的报告,提出推进教师的终身学习、加强教师的自主性、教师作为教育变革的主体。苏格兰 2010 年发布的《为苏格兰未来而教:苏格兰教师教育评价报告》的重要目的是促进对教师的理解,使教师"有能力充分参与教育的复杂性,并成为引领教育变革的关键角色"。② 此外,苏格兰实施的卓越课程(Curriculum for Excellence,CFE)政策强调教师在塑造课程实践中的关键作用,鼓励教师对教育目标、价值和自己的课堂实践进行思考,成为反思型实践者,形成自己的思想并进行分享。

在强调教师重要性的背景下,出现了"合作性专业咨询""从业者咨询"等概念。这些概念大部分源于行动研究。合作性专业咨询是教师加强合作和经验交流学习,共同促进专业学习和创新的有益途径。③ 合作性专业咨询是一种行动研究,经验丰富的教师与新手教师进行持续的对话,与新手教师合作一致对教学话语和行动进行分析研究,得出课程和教学改革政策建议。

尊重教师的教学风格,赋予教师教学创新的权利。鼓励教师用适合自己的方式开展教学、研究教学、渗透教学,让每个教师都有机会追求教学卓越。优秀的教师在教学中会尽量激发学生的内在动机,让学生内在地想学习;让学生成为主动的意义探究者,而不是被动的信息接收者。④ 元认知是成功学习的关键,即主体对自己思维过程的认识和调节。元认知教学法

---

① Deketelaere A, Kelchtermans G, "Collaborative Curriculum Development: An Encounter of Different Professional Knowledge Systems," *Teachers and Teaching*, 1996 (1), pp. 71 – 85.
② Donaldson G, "Teaching Scotland's Future: Report of a Review of Teacher Education in Scotland," *Scottish Government*, 2011 (1), p. 19.
③ Drew V, Priestley M, Michael M K, "Curriculum Development through Critical Collaborative Professional Enquiry," *Journal of Professional Capital & Community*, 2016 (1), pp. 92 – 106.
④ Anderson T R, Rogan J M, "Bridging the Educational Research-teaching Practice Gap: Curriculum Development, Part 1: Components of the Curriculum and Influences on the Process of Curriculum Design," *Biochemistry and Molecular Biology Education: A Bimonthly Publication of the International Union of Biochemistry and Molecular Biology*, 2011 (1), pp. 68 – 76.

已被证明有助于学生通过定义学习目标和监测他们在实现目标的进展来控制自己的学习,教师自己也要提高元认知意识和元认知能力,有意识地对自己的教学进行计划、监控和调节。

(二) 改革教学方法

教师应积极学习和采用认知风格和策略、多元智能、批判性和创造性思维、学习动机、合作学习、互动学习、环境学习等方面的现代教学理论和模式,努力为学生创造新的学习体验,促进学生更加积极、有创造性和自主地开展学习活动。

1. 情境性教学法

前馈和反馈是学习的核心构成要素。[①] 前馈是一种预先的理解,或者是一种假设。前馈是将未来想象为对当前行动的回应,并评估设想的情况是否与实际发生的情况相符的过程。一个人从事任何类型的行动,他都会根据行动和可能的反应想象未来会发生什么,以及将扮演什么角色。前馈基于对过去的理解。反馈是一个过程,在这个过程中,人们对所做的或所做的方式做出反应。不同反馈的比较是活动的基础,我们从自身的经历中学习,我们从良好的反应中学习,我们也从不良反应中学习。反馈改变了预先的理解,并提出了关于如何以更有意义的方式建立联系的问题。反馈可以促成对预先理解的修改,以及理解方式的重建。反馈和前馈一起描述了学习者在过去、现在和未来的框架内发生的行动和反思过程。

反馈-前馈的原理告诉我们,每个学生都会根据自己过去的经验和对未来的期望,创造一种情境性的主观意义。这意味着每个学生在学习同一次课或进行相同的练习时,无论是理论知识、方法知识还是实践知识、技能还是能力,都会不一样。由于学习是基于反馈-前馈的,它要求课程教学必须足够灵活,考虑到个人学习过程和学生的个人意义创造,解决这一问题的一种方法是尽可能多地提供有关学习情境的信息。学习要求是什么?学习情境如何与其他学习情境相关联?学习的可能结果是什么?这些信息有助于学生根据反馈-前馈原理来创造生动的主观意义。教师应该通过榜

---

① Nygaard C, Hermansen H M, "Learning-Based Curriculum Development," *Higher Education*, 2008 (1), pp. 33-50.

样作用、生动形象的语言描绘、课内游戏、角色扮演、诗歌朗诵、绘画、音乐欣赏等，有目的地创设生动具体的场景，引起学生的态度体验，激发学生的情感，帮助学生理解教材，促进学生心理机能的发展。

2. 反思性教学法

学习可以分为无意识的习惯性学习和有意识的反思性学习。习惯本身就是一种无意识学习，是不知道所学的是什么或为什么的学习，学生不可能总是思考所做的一切，因此，学习过程的一部分必然是习惯性的。学生寻求以尽可能少的努力去完成所需的学习任务，以习惯的方式完成学习任务，将精力用于其他目的，这就是习惯性学习产生的根源。反思性学习是自觉的学习，反思就是学生对学什么、在哪里学、如何学和为什么学进行思考。学习对一个学生来说是习惯性的，而对另一个学生来说则可能是反思性的。教师应当帮助学生对自己的习惯性学习进行反思，没有反思的习惯性学习很少能让学生获得预期的知识、技能和能力。教师还应帮助学生对其他不良学习方式进行反思，对良好的学习方法和行为也要进行反思总结。教师可以通过小组辩论、小组讨论、小组作业、个人作业、反思笔记等来促进反思性学习。同时也要认识到，每个学生都有自己习惯的学习方式，习惯性学习在某些情况下可以节省学习时间，提高学习效率。除了帮助学生进行反思性学习，教师对自己的教学也要勤加反思，借助行动研究、叙事研究、角色扮演等方法增强自觉反思教学的意识能力。

3. 案例教学法

案例是"对实际情况的描述，通常涉及决策、挑战、机会、问题或组织中一个人或多个人面临的问题"。[1] 案例不能给出简单或明确的答案；相反，它们会激发学生的批判性思维，说明如何专业思考，并敦促学生使用理论概念来突出实际问题。案例往往是基于现实场景的，它们提供了信息、数据和需要分析的文档，并提出了一个开放的问题，寻求可能的解决方案。案例可以呈现给个人或集体，但最常见的是用于集体学习，让学生集体讨论问题和问题的解决方案。案例可能以不同的形式呈现；案例可以简单，可以复杂；一些案例包括角色扮演和现实生活情境。案例在护理、保健、法律、商业和社会科学中用得较多。案例研究帮助学生将理论应用于实践，

---

[1] Daniel A S, "Learning with Cases," https://ssrn.com/abstract=9266, accessed July 28, 2018.

练习决策技能，使用不同的观点，进行数据分析，综合学习内容等。案例创造了对知识的需要，有助于提高学习兴趣，锻炼合作学习技能，在学生和教师之间建立伙伴关系，帮助学生学会监控自己的思维，促进思考，从不同的角度对自己的想法进行检验。

案例法是提高学生学习能力的有效方法。通过案例进行教学，可以给学生提供现实中不具备的经验；提供专家对问题的想法模型；增加学生解决问题的策略范围；帮助学生识别问题并锻炼专业思维；帮助学生为现实世界做情绪准备；促进学生主动学习；有助于学生理解复杂的问题，分析相关过程。案例研究也有利于教师教学，帮助教师重新思考教学方法，更新教师对课程材料的理解，创造更高水平的热情。[1] 案例教学法通过提供以学生为中心的教学和通过积极参与来激励，结合了实验学习的理念。案例教学也为在无威胁的环境中使用问题解决技能和促进决策技能学习提供了一条途径。案例教学允许学生体验他们在课堂环境中可能无法接触到的真实情况，提供复杂问题分析的机会，促进批判性思维技能的发展。通过让学生在课堂上面对一个实际场景，教师给他们一个"动手"的体验，学生可以阅读和检查现实生活中的信息和数据，尝试解决问题，或者至少找到解决问题的可能方法。

案例教学所使用的案例不是凭空编出来的故事，也不是没有讨论价值、教育价值的简单事例，而是融合教学目的、教育价值和事实存在为一体的具有故事性的文本。开发案例耗时较多，保证案例的合理性较为困难。案例教学往往用在模拟解决问题的复杂情况，在教授具体事实时并不合适。案例教学要求教师具备良好的提问和沟通技巧；上课前要做充足的准备，进行周密的策划，指导学生提前阅读相关材料；课堂实施中要精心组织学生开展讨论，加强交流；要提供一定理论基础，通过知识和观点的碰撞来启迪思维。

4. 探究式教学法

探究是一种有效的教学工具，鼓励学生成为自主和积极的学习者。探究式教学法指通过学生驱动和教师引导的以学生为中心的问题探究来促进

---

[1] Kunselman J C, Johnson K A, "Using the Case Method to Facilitate Learning," *College Teaching*, 2004 (3), pp. 80-92.

学生学习的一系列教学方法。① 探究既指寻求知识和新理解的过程，也指基于这一过程的教学方法。探究过程类似于科学研究，伴随着知识发现和意义的理解，伴随着学生的思维从一个层次移动到另一个更高的层次。探究是教育学的一种重要模式，它通过将学生和教师视为寻求知识的伙伴来实现研究和教学的一体化。② 探究也是一种组织教学环境的方法，增强学生的参与性。探究式教学与建构主义教育理论有关。建构主义教育理论认为，与传统的记忆导向的知识传播模式相比，通过积极参与而获得的知识会导致更深层次的理解、更大的整合和内化。探究式教学是一种利用好奇心、探索和积极参与来推动参与学习的建构主义方法论。探究式教学的基本步骤如下。

（1）明确学生的学习责任。学生能更积极地控制自己的学习过程的话，学习就更有效。学生承担责任是探究的前提。探究的责任在于学生而不是教师，教师的责任是帮助学生探究但不能代替学生探究。探究式教学以学生为中心，而不是老师和课程。

（2）确定探究主题，准备基础知识。主题是一个范围、问题领域，但不是具体的问题。明确探究主题，可以帮助学生确立探究的方向。探究主题最好由学生经过讨论协商一致后确定，这有助于鼓励参与，培养个人归属感。同时，让学生围绕探究主题收集、整理和消化相关资料。

（3）提出一个问题。提出问题是探究的核心和基础，采用适当的措辞对问题进行清楚明确的表述是提出问题的一个方面。什么是一个好问题？不同的问题类型适用于不同的学科领域、学科方法、学习目标和经验水平。需要注意的是保持灵活性和随着探究的进行而不断发展问题也很重要，也就是说问题可以不固定，需要保持开放性，这本身就是探究的特性。学生提出问题的过程比问题的答案更重要，应把重点放在深思熟虑地探索可能性上，问题的答案应该是试探性的，并引致更深层次的问题。

（4）预测可能的答案并确定相关信息。探究过程的一个关键是积极地寻找可以用来测试探究问题答案的信息。探究的特点是对多个复杂的探究

---

① Lee V S, " What Is Inquiry-guided Learning?" *New Directions for Teaching & Learning*, 2012 (129), pp. 5 – 14.

② Justice C, Rice J, Warry W, et al., "Inquiry in Higher Education: Reflections and Directions on Course Design and Teaching Methods," *Innovative Higher Education*, 2007 (4), pp. 201 – 214.

结果的预期,需要对每一个假设答案进行验证,无论是支持还是反对,这需要证据,需要信息来支撑。

(5)确定资源和收集信息。有效获取信息不仅包括计划和实施有效的信息搜索,还包括识别检索到的信息,管理信息及其来源,理解信息的要素和要求,理解在道德和法律上使用信息的相关问题。

(6)评估证据。探究需要获取和评价证据(信息),需要批判精神,它是开放思维和批判思维的融合。

(7)权衡证据和综合理解。将信息组合成答案是探究过程中的一个重要步骤。综合包括权衡和平衡支持性的和否定性的证据,避免为了发展论点而简化。通过让学生思考并想办法把他们的发现综合成一个连贯的整体,他们会发现看似无关的问题之间有深刻的联系。鼓励学生对可能的答案作出富有想象力的反应,激发创新思维。

(8)积极交流探究的过程和结果。交流所学和所学的过程是探究过程的一个组成部分,交流是澄清和测试思想的一种方式。可以使用口头陈述、书面总结等方式。

(9)评估成功。评估在整个探究过程中取得的成功,整个过程伴随着学生的自我反思和自我评估。评估的过程包括建立评估标准,选择评估技术和方法,实施评估获得结论,并对评估过程进行批判性反思。教师也应对学生的整个探究过程进行评估,向学生提供反馈意见,帮助学生进行探究反思。

5. 知识建构教学法

知识建构教学法认为,真正的创造性知识工作可以在学校课堂上进行,知识工作不仅模仿成熟的学者或设计师的工作,而且实质上促进了课堂社区的知识状态,并将其置于更大的社会知识中。[1] 知识建构是一个集体概念,而不是个人概念。传统的教学过分关注教师个体或学生个体,对知识建构不利。知识建构是一种"认识性工件",将知识用作知识进一步发展的工具。[2] 在教育中,知识的主要用途是创造更多的知识。知识建构也即教

---

[1] Scardamalia M, Bereiter C, "Knowledge Building: Theory, Pedagogy, and Technology," in Sawyer K (ed.), *Cambridge Handbook of the Learning Sciences*, Cambridge University Press, 2006.

[2] Rheinberger H J, *Toward History of Epistemic Things: Synthesizing Proteins in the Test Tube*, Stanford University Press, 1997.

师、学生和其他成员共同促进新知识产生并加速新知识的发展。在知识建构课堂中,学生的目的是知道自己有多少知识是不知道的,传统课堂中,学生的目的是知道更多的知识。知识建构是主动学习的同义词,相关概念是"有意义学习",它不仅仅是"主动"或"自我调节"的学习,更重要的是要有包括个人学习议程在内的人生目标。

从知识建构的角度看,可以将知识分为"属于"的知识和"关于"的知识。① 属于的知识相当于程序性知识,但内涵更丰富,"关于"的知识相当于陈述性知识。在知识建构中,学生以问题为中心,关注结构性的"属于"的知识。"关于"的知识在传统教育中占主导地位,它是教科书、课程指南、学科测试以及学校的各种"项目"和"研究"的原料。"属于"的知识遭到了极大的忽视,教师有关于技能(程序性知识)的指导,但没有与理解结合在一起。"关于"的知识并非完全无用,要使"关于"的知识有用,应当围绕问题而非议题。获得"属于"的知识的最佳方法是通过问题解决,如基于项目的学习和更普遍的探究式学习。但是,对知识迁移的研究表明,问题解决并不能自动地产生知识的迁移。基于问题的学习需要背景性知识,在具体背景下,具体问题的解决往往不需要一般性原则。因此,一般性知识往往通过传统课程教学来传授。

话语是一种分享知识的方式。话语既可以成为批判性工具,也可以发挥创造性作用,推动知识和思想改进。公共话语和合作话语具有互补功能,教师教学需要精通这两种功能,但面向理解的合作话语与教学更为相关。合作话语有利于知识构建和进步,知识建构话语是公共话语和协作话语的元话语,知识建构话语是一种以知识状态的进步为目的的话语。② 知识建构话语不是冠冕堂皇之词,而是要分享信息,表达观点,寻求共同理解而不仅仅是达成一致。课堂中的知识建构话语更具建设性和进步性。在知识建构教学中,对信息的关注点不是权威与否,而是信息的质量,各种各样的信息,无论是来自第一手经验还是来自第二来源,只要它有助于知识建构话语,就具有价值。

---

① Scardamalia M, Bereiter C, "Knowledge Building: Theory, Pedagogy, and Technology," in Sawyer K (ed.), *Cambridge Handbook of the Learning Sciences*, Cambridge University Press, 2006.
② Scardamalia M, Bereiter C, "Knowledge Building: Theory, Pedagogy, and Technology," in Sawyer K (ed.), *Cambridge Handbook of the Learning Sciences*, Cambridge University Press, 2006.

(三) 将现代教育技术整合进教学

现代信息技术是高等教育质量发展的一个非常必要的组成部分。现代信息技术使数据收集更快、更可靠、更全面。近年来，信息技术的发展及其在教育中的应用进一步深入，信息技术的应用已成为高校日常工作的基础。随着移动和数字设备在人们日常生活中的普及，学习和学习方式也发生了变化。与教室、图书馆和家庭中早期的微型计算机不同，今天人们越来越多地使用基于网络的教育计算机系统。信息技术在教学过程中的应用可以从互动课堂、远程学习、互动远程学习、基于网络的学习和虚拟课堂等方面进行。教学管理的信息化和智能化，使学生能够更容易、更好地履行学习义务，学生的学习变得前所未有的便利。

研究表明，高等教育教师在教学中采用信息技术并不普遍。一些教师安于现状，不希望改变现有的课程讲义和教学模式，并抵制变革。其他一些因素也影响了教师采用信息技术推动教学，如学习使用新的教学技术需要花费较多的时间，而教师一般都面临时间约束；一些新的教学技术本身还在发展进步中，或者存在一些争议，保守的教师一般会采取观望的态度；一些年龄较大的教师更认同传统的教学模式，认为信息技术负面作用较大，或者说对学生学习的益处并不大；学校缺乏激励教师采用新兴技术用于创新课程教学的支持性机制，如教师教育培训机制、采用新技术的试错容错机制等。此外，一些高校更重视科研，不重视教学，学校整体环境不鼓励教师进行教育技术和方法发展更新。教师和高校要针对这些原因共同努力，推进课堂教学技术的发展。

在线学习和电子化学习不再是仅在远程教育中使用的方法。应当整合在线学习和电子学习技术等学习方法，将它们嵌入现有的学习、教学或培训形式中。电子化学习不仅仅是一个"数字化"传统材料的问题，而是一种新的方法，必须考虑到教学、技术和组织的特点，形成一个设计良好的教育系统。[1] 构建教师协作学习和研究社区，开展数字化教学协作。围绕技术与教学的关系，教师需要学习三方面的知识，一是技术性内容知识，即

---

[1] Jochems W, Jeroen van Merriënboer, Koper R, "Integrated E-Learning: Implications for Pedagogy, Technology and Organization," *Internet & Higher Education*, 2005 (3), pp. 269–273.

内容相关技术的知识,以及技术和内容如何相互影响和约束的知识;二是技术性教学内容知识,即教师在教学实践中如何用技术来表示教学内容的知识;三是技术性教学知识,即应用技术于教学中的实践性知识,如课堂管理、学习支持、评估等如何应用技术的知识。[1]

通过现代信息技术促进知识社区的构建。课堂作为一个社区,可以拥有一种共同的精神生活,它提供了一种丰富的环境,在这种环境中,个体精神生活呈现出新的价值。[2] 通过网络技术,重组课堂上的信息流,使问题、想法、批评、建议等都贡献到一个所有人都可以访问的公共空间,取代传统的教师或学生个人之间的信息传递。通过将这些信息联系起来,教师和学生们可以创造一个新兴的超文本,它代表了集体,而不仅仅是参与者的个人知识。在课堂上,话语可以服务于广泛的目的。网络技术有助于课堂话语推动知识构建和共享,知识构建的网络技术有助于使用信息,而不是单纯的学习信息。在信息化的知识社区中,获取、记录和存储信息将成为辅助功能,知识创造服务才是更主要的目的。多媒体数据库可以提高教师和学生组成的课堂社区创建和改进其知识内容和组织的能力。开发各种协作学习软件,信息技术不仅仅是学习的工具,还是知识构建的环境,课堂和校园的信息技术环境的打造应当成为教学改革的重要内容。

将技术整合进教学。教育技术通常被定义为加强教学的技术手段或工具。教育技术包括模型、音频、视频和数字媒体等,将技术融入教学是一个充满挑战也充满机遇的过程,教师使用技术进行教学的能力一定程度上取决于他们探索教学和技术之间关系的能力。技术融入教学应充分考虑学习目标、教学方法、反馈、评估策略、后续活动等问题。用于教学和学习的技术应被视为教学的一个组成部分,而不是一个单独的对象。从广泛的角度看,技术整合(technology integration)为教师有效地将技术引入课堂提供了必要的基础。[3] 布鲁纳认为,教学的本质是帮助学习者获得知识,并利

---

[1] Jaipal-Jamani K, Figg C, Gallagher T, et al., "Collaborative Professional Development in Higher Education: Developing Knowledge of Technology Enhanced Teaching," *Journal of Effective Teaching*, 2015 (2), pp. 30–44.

[2] Scardamalia M, Bereiter C, "Knowledge Building: Theory, Pedagogy, and Technology," in Sawyer K (ed.), *Cambridge Handbook of the Learning Sciences*, Cambridge University Press, 2006.

[3] Okojie M C P O, Olinzock A A, Okojie-Boulder T C, "The Pedagogy of Technology Integration," *Journal of Technology Studies*, 2006 (2), pp. 66–71.

用他们所获得的知识创造其他知识。从广义上讲，技术整合可以描述为使用工具、设备和材料以增强学习的过程，包括管理和协调可用的教学辅助工具和资源，以促进教学，还包括根据学生的学习需要选择合适的技术，以及教师使用这种技术以促进特定的学习活动的能力。技术整合要求教师在计划教学的时候能够考虑到选择合适的技术，技术整合还要求教师使用适当的技术来呈现和评估教学，并使用相关的技术进行后续活动。一些灵巧易用的 APP 工具有助于教师用好同行教学智慧和信息丰富的学生反馈等策略，也可以帮助学生建立新旧知识联系、使学习可视化、模拟真实性活动等；借助技术整合教师可更方便地进入广泛的专业共同体，与其他教师群体一起讨论和开展教研。

探索教育技术与教学之间的关系的过程将鼓励教师进行批判性思考。教师在进行技术整合时，应成为批判性思考者和反思型教师。学生积极参与教育技术与教学的融合，在课程学习中增强批判性思维和解决问题的能力。

将教育技术整合进教学可采用以下步骤。（1）确定教学和学习目标，教师根据学生的需要选择和/或调整教学技术以匹配教学与学习目标。（2）将技术作为教学过程的一部分进行教学。教师选择与教学目标、所选技术、学习风格、学习模式和学习速度相关的教学方法。（3）评估基于技术的教学。要求教师选择与教学目标、教学方法和所使用技术相关的适当的评估技术。（4）开展技术设计后续活动。教师选择与教学目标相关的适当的后续材料，以及学生可以使用且易于使用的技术。（5）利用技术开发课程材料。教师探索与课程材料相关的问题，利用技术开发新的课程材料。（6）利用技术寻找教学材料。教师利用互联网和多媒体网络技术寻找教学材料，扩大教学资源。（7）利用技术设计动态的课堂。教师利用技术建设一个丰富多彩、引人入胜、令人兴奋、充满互动和活力的学习环境，鼓励学生探索世界，发现知识。

二　研究质量发展

加强研究团队建设、创新研究评价机制、加强学术教育是研究质量发展的必然要求。协同创新是研究质量发展的重要趋势。

（一）加强研究团队建设

现代的科研组织形式越来越多的是团队攻关，高校的研究工作要求加强研究团队建设，提高研究团队的协作能力和联合攻关、跨学科、跨领域攻关能力，发挥团队作战效益。高校环境中的研究传统上被视为一种个人工作，研究人员相对独立地工作，并根据其个人成就获得奖励，至多是在院系、本学科范围内开展一定程度的同行交流与合作，这在人文艺术领域尤其明显。随着高校和政府更加重视研究和研究成果的公共影响，成果出版和展示形式越来越丰富，后来还出现了研究的国际影响也被纳入考虑，高校教师开展研究的问题领域、过程模式、成果出版和外部影响途径变得越来越具有跨界性、综合性，研究的私人性越来越弱化，教师之间的合作交流和团队研究越来越多。再到后来，面对一些复杂的大科学问题，以及人类社会共同面临的气候变化、污染控制、跨国河流共同治理、极端势力防范等综合性问题，国内高校与其他国家的高校和科研机构开展合作研究，教师也逐步参与科学研究的国际合作。在此背景下，校内、区域内、国内、跨国等各个层次的研究团队的建设及其有效运转就变得越来越重要。

团队的构建要综合考虑共同的研究问题和目标，能调用的研究资源，所依据的国家政策和学校有关制度，选择数量适中的人员，构建起成员的性别、年龄、学科背景、专长、研究经历、项目分工等结构合理、能力互补的协同团队。还要建立健全相应的激励约束机制、优良的团队心理氛围和文化环境，协调和兼顾每个成员的需求、利益诉求，充分调动每个成员的积极性。

研究团队的建设和运行必须遵循团队理论和规律，以研究团队的整体效益最大化为目的。而关于什么样的团队是好的团队，什么样的团队运行最有效，在什么样的团队中成员最有积极性，团队效益受哪些因素影响，等等，存在众多的理论和模型。这些理论和模型存在差异，也有共同之处，其中一个共同点是它们大多采用了输入-过程-输出模型（Input-Process-Output，IPO）的系统方法。

IPO模型将过程因素视为输入因素与输出因素（团队成果及其效率效益）之间关系的中介，认为输入因素是过程的主要原因，过程调解着输入对结果的影响。不同的输入因素，如任务特征、领导因素、组织和情境特征、个人特征、团队氛围和团队凝聚力等，会直接影响过程的展开，而过程又直接影响团队的结果。[①]

高校和政府管理部门往往只关注作为结果的团队产出上，如团队发表的论文数、新获得项目的数量和级别、获奖数和档次、参加和召开的学术会议次数、获批的平台、获得的外部经费数额等。团队投入被作为必要条件受到阶段性的重视，团队过程往往不受重视，团队的其他重要的结果也容易受到忽视，如团队成员的满意度和幸福感。IPO 模型告诉我们，要想获得理想的研究产出，团队的输入、过程和其他团队产出因素都因受到重视，这些因素对研究成果有直接或间接的影响。其中，团队成员作为人的因素尤其要引起重视。在团队中，教师具有在私人环境下不同的行为模式和心理模式。要对影响教师团队合作的行为和心理因素进行调查和分析，确立相应的指标，建立研究团队成员心理档案。有必要在高校的团队环境中对有助于研究有效性的因素进行专门的调查和研究，进而，教师在承担教学任务、扮演社会角色的同时，参与研究团队，承担在团队中的任务，扮演相应的角色，这些角色之间可能存在一定的紧张关系。况且，教师同时参与多个研究项目也是常见的事情。这些因素都可能导致教师精疲力竭，产生沮丧和焦虑心理，必须加以关注和分析，采取相应的措施进行优化调整。

在这里，有学者提出了影响个体团队工作心理和效率的两个理论，具有较强的解释力。一个是社会技术系统（Sociotechnical System）理论提出了社会需求和技术需求的集成（联合优化）问题，包括工作结构和职业角色，将人与技术和人与人之间联系起来，例如工作角色的组织、支持服务和相互依赖的任务的协调。二是工作团队效能（Work Team Effectiveness，WTE）理论认为将输入转换为输出的材料、机器、过程和任务结构等对工作团队效能有重要影响。[②] 组织应该同时关注团队的社会心理维度和技术与工作维度，即要同时关注人和任务。如果过分关注任务，注重技术的发展和工作

[①] Antoni C, Hertel G, "Team Processes, Their Antecedents and Consequences: Implications for Different Types of Teamwork," *European Journal of Work & Organizational Psychology*, 2009 (3), pp. 253–266.

[②] Fox M F, Mohapatra S, "Social-Organizational Characteristics of Work and Publication Productivity among Academic Scientists in Doctoral-Granting Departments," *Journal of Higher Education*, 2007 (5), pp. 542–571.

的开展，人的因素被轻视，团队可能会经历心理紧张和成员间紧张的互动，压抑的心理氛围并不利于任务的完成。反过来，如果过分强调团队成员间的人际关系，则可能不利于任务的完成和团队目标的实现。因此，需要将技术系统（工作分配、材料和流程）和社会系统（团队氛围、领导、人际协调）结合起来，以提高团队效率，同时提高团队成员的幸福感和满足感。

在社会系统方面，团队合作人际关系管理有三个基本维度，即冲突管理、动机和信心建设以及影响管理。佐哈拉（Zoharah）等建议在研究合作团队的社会系统建设和管理中，需要重点加强团队承诺的建设，团队承诺是影响人际关系的重要因素。[1] 团队承诺是指个人对团队或组织的目标或任务的认同感和依附感，它提供了将个人与一个或多个目标相关的行动过程结合在一起的力量。[2] 团队承诺特点是对团队目标和价值观的坚定信念和接受，愿意代表团队付出相当大的努力，强烈希望保持团队成员身份，以及愿意完全参与团队进程。承诺感唤起了实现项目目标的责任感和意愿，团队领导、团队氛围、工作量、个人利益诉求等因素都会对团队承诺产生影响。当研究项目团队成员形成积极的团队氛围时，他们更愿意履行自己的职责；团队领导的友好型、激励型和民主型管理模式更有利于增强成员的团队承诺；促进团队内部互动以及任务流程（如协调和沟通）的领导者将能够加强团队成员之间的联系，并增强他们对团队的承诺。此外，工作负担过重可能会对团队成员的组织承诺产生负面影响，他们可能会采取磨洋工等消极行为应对工作。

影响管理是指促进情感平衡、团结和有效应对压力和挫折的活动。由于团队承诺的特点是对团队目标和价值观的坚定信念和接受，愿意代表团队付出相当大的努力，强烈希望保持团队成员身份，以及愿意参与在团队过程中，团队承诺可以被理解为促进情感平衡、团结和有效应对压力与挫折的一部分。因此，团队承诺有助于影响管理。此外，沃森（Watson）等人将团队承诺描述为团队努力的协调，对团队绩效有热情，并专注于共同

---

[1] Zoharah O, Aminah A, "Factors Contributing to Research Team Effectiveness: Testing a Model of Team Effectiveness in an Academic Setting," *International Journal of Higher Education*, 2014 (3), pp. 10 – 26.

[2] Bettenhausen K L, "Five Years of Groups Research: What We Have Learned and What Needs to Be Addressed," *Journal of Management*, 1991 (17), pp. 345 – 381.

的团队目标，① 强调敬业的团队成员对帮助团队成功的重要性。在我国高校的一些科研团队中，有的教师基于个人目的参与团队，或者因为职称晋升，或者因为想借以结识学术大牛，或者想沾团队的光申报项目或奖项，而对团队的发展并不上心，投入度不够，或者表面投入，骗取信任，对团队的承诺不足，这都不利于团队任务的展开和共同目标的实现。因此，在入口关就要加强对申请加入团队者的甄别和选拔，对能力强但承诺度低的教师，最好婉拒，反而是能力暂时不强，但对团队认同感高、迫切希望加入的教师，则可以考虑给予机会，通过后期培训提高，这样的成员反而可能为团队做出更大的贡献。

教师作为研究成员的心理感受、反应等因素既是团队的输入因素，也可能是输出因素，对研究团队的学术产出的数量、质量和水平产生影响。心理因素主要包括效能感、成就感、幸福感、满意度、归属感等积极因素，以及挫折感、焦虑、压抑、工作倦怠、无力感等消极因素。其中满意度和挫折感作为关键因素，也作为影响团队研究生产力的关键指标，基本相对。研究团队成员满意度是指团队成员对其团队的态度，以及他们愿意随着时间的推移继续合作的意愿。IPO 模型将团队成员满意度作为核心的输出因素。研究团队成员的挫折感是在团队合作并采取集体决策和行动中，团队成员之间以及成员与团队集体之间由于矛盾冲突而引发团队成员的沮丧心理反应。挫折可以被定义为对目标实现或目标导向活动的干扰和对目标维持的干扰，被认为是一种类似于压力感的心理压力。② 研究团队合作中的挫折经历可能始于"环境事件"，团队因素干扰或阻止团队成员个人实现其工作目标。团队成员的幸福感涵盖了个人情感和行为反应的各个方面，与成员的满意度有关。高校及其研究团队的领导和管理者必须加强对成员教师的多方了解，读懂成员教师的心理需求以及满意度、挫折感等积极或消极的心理感受，采取相应的支持性措施，构建积极的团队氛围，缓解教师的消极感受，增强其积极感受，让教师舒心、积极快乐地在团队中开展研究

---

① Watson W E, Ponthieu L D, Critelli J W, "Team Interpersonal Process Effectiveness in Venture Partnerships and Its Connection to Perceived Success," *Journal of Business Venturing*, 2005 (5), pp. 393 – 411.

② Whinghter L, Cunningham C M, Burnfield J, "The Moderating Role of Goal Orientation in the Workload-frustration Relationship," *Journal of Occupational Health Psychology*, 2008 (3), p. 283.

工作，为研究成果质量的提升添砖加瓦。

团队氛围是指成员个人心理相互作用后共同形成的团队心理，包括愿景、参与安全、任务导向、创新支持、互动频率等因素。[①] 团队氛围对研究团队的学术效率很重要。当团队成员与团队中的其他成员共享类似的思想观点和行为模式时，团队承诺就会得到加强。心理上安全的环境让人们可以自由提问、寻求反馈或讨论工作中的错误。积极的团队氛围有助于提高研究团队的效率。研究表明，积极的团队氛围可以预测成员的满意度。明确的共同愿景、共享的目标有助于形成良好的团队氛围，这样的团队往往内部结构紧密，成员分工协作良好，在共同的目标诱导下，成员的成就欲望往往会更强。在这一点上，我国高校的研究团队往往有书面的团队目标，但这些目标不一定成为教师们共享的目标。所谓共享的目标指成员将这个目标看作与自身利益攸关，愿意主动投入时间和精力，做出贡献，以求得目标的实现，共享目标实现的同时，各个成员的目标也得以实现。这也就是所谓学习型组织中的共同愿景。

团队氛围是一个心理环境因素，其性质对成员的心理感受有重要影响。当团队氛围趋向消极时，可能会抑制团队成员的积极体验，或增加团队成员的挫折感、压力感等消极体验。当团队气氛积极时，团队成员与其他成员往往能够和愿意分享自己的思想和理解，在行动模式上也会类似地趋向于积极；团队成员也愿意寻求他人的信息反馈。积极的心理环境可以帮助团队成员实现个人目标，进而有助于团队目标的实现，减轻团队成员的挫折感。具有积极团队氛围的团队很少会让团队成员体验到失望，即使有失望情绪，也会在积极的心理气氛中得到消弭和抚慰。在积极的团队氛围中，成员的安全感增加，他们将更加放松地投入自己的工作，少有后顾之忧。在积极的团队氛围中，成员间共享的思想观点和类似的行为模式增多，这将有助于推动成员之间更大更好的合作，提高成员对团队的满意度，减少挫折感。高校的研究团队建设一定要注意营造积极的团队氛围，消除团队氛围中的消极因素，为增加成员教师的幸福感、满意度，提高团队的研究生产力和成果质量提供心理支撑。

[①] Adams W M A, "The Team Climate Inventory: Development of the TCI and Its Applications in Team-building for Innovativeness," *European Journal of Work & Organizational Psychology*, 1996 (1), pp. 53–66.

研究团队管理和领导行为影响团队成员绩效、团队生产力和团队学习。例如，团队领导者为团队提供有说服力的指导意见，提供支持性的信息、物质资源、学习机会，为团队联系专家，等等，都有利于团队研究效率和质量的提升。这种指导、发展和支持型领导被称为任务型领导或功能型领导[①]，被证明能够增强团队效率。团队领导行为对团队成员满意度也有影响。如果团队成员对他们的团队领导有负面看法，他们可能会感受到心理紧张，这可能会对其满意度产生负面影响。团队领导要对研究团队的角色和目标提供清晰的定义，增强成员的方向感；他要通过专业知识和技能、管理技能以及个人人格魅力，增强在成员眼中的威望；管理行为要秉持公平公正和透明的原则，增强成员的认同感；增强使命感，竭尽全力为团队争取资源和机会，尽可能满足成员的合理需求，加强学习提高，保持在学术的前沿，才能引导团队获得更大的创新性成果。

工作量对成员教师的研究产生影响。由于高校、政府部门对教师研究成果的数量和质量要求越来越高，教师面临来自国内外同行的愈加强烈的学术竞争，加上教学任务、社会服务职责以及其他日益增加的责任，教师面临更大的工作负担。教学、监督指导学生、研究、管理、社会服务、文化发展、国际交流交往等职责和角色，往往被认为是当今高校教师理所应当承担的。教师成为多面手有利于其全面发展和提高，但也带来了大量的时间、精力、责任心投入需求，这些责任和工作有时存在时间和履行路径上的冲突，教师往往陷于多难选择中。相互竞争的义务、相互冲突的压力、冲突的时间，必然引起教师的心理紧张，紧张心理超过一定的限度，就会引发心理问题甚至心理疾病，这也必然会损害团队效率。因此，高校研究团队的管理者一定要意识到成员教师不是万能的，他们的精力是有限的，而需要将眼光放长远，给教师分配合理的工作量，追求可持续的团队发展和研究成绩的产出。

（二）加强协同创新

协同创新是新时代高校开展科研活动的基本原则和常态化形式。新时

---

① Burke C S, Stagl K C, Klein C, et al., "What Type of Leadership Behaviors Are Functional in Teams? A Meta-analysis," *Leadership Quarterly*, 2006 (3), pp. 288–307.

代高校研究提升质量和竞争力,迈向世界一流水平,是一项艰巨的长期任务,需要各方共同努力,建立健全政府、社会、高校相结合的共建机制,形成多元化投入、合力支持的高校研究工作格局。一方面,高校内部要加强教学与科研的协同,另一方面,高校要加强与外部的科研院所、行业企业、政府机构、社会中介组织等的协作,推动产学研用的合作,推动学校内部和外部的科技教育资源共享,培育跨学科、跨领域的团队,推动教育教学质量的提升。

1. 加强教研协同

教学与科研相结合是德国著名教育家洪堡高等教育理念的核心。近代以来,世界高等教育经历了一个重大转变,高校从开展单纯的教学活动转变为将教学活动与研究活动整合在一起。将卓越的教学与研究放在一起,可以成为大学质量的一个关键指标。[1]

追根溯源,研究被公认为是高校在教学职能的基础上生发出来的第二项基本职能。从发生学的角度看,教学与研究在逻辑和实践中都存在密切的联系。教学与研究关系发展中发生的研究对教学的所谓"漂移"是一种阶段性现象,当前我国实施的高等教育"双一流"建设,其宗旨不但不是要强化研究而削弱教学,而是要通过教研良性互动、有机融合而共同推动高校整体和学科实力的提升,共同冲击世界一流水平。从长远来看,教学与研究必将更紧密地走在一起,如同一对孪生兄弟,双方的内在联系是难以割舍的。与教学协同、融合,是研究发展自身,提升水平和质量的必然要求。

在个体的意义上,研究可以被定义为一种个体智力控制的探究活动,通过发现和分析整理新的信息或进一步了解现有信息与实践,都可以推动知识的进步。而教学是一种多维的活动,旨在通过教师、学生和课程之间以学生为中心的互动来促进高质量的学习。不管是知识的发现、发展还是知识的传递,都是高校内生的职能要求。自从现代高校诞生以来,高校中围绕知识所进行的种种活动往往是交叉和融合的,不存在绝对的只有知识发现的活动,或者只有知识传递的活动,教学与研究应该是相互支持的。教学与研究的关系在本质上就是一种相互促进的关系,这种相互促进的关

---

[1] Mcinnis C, "The Governance and Management of Student Learning in Universities," *Higher Education Dynamics*, 2005, pp. 81-94.

系对两者都有利。

教学与研究的密切关系可以从知识的内涵和知识观的演化中找到根据。安吉拉（Angel）总结了高等教育中存在的两种典型的知识观。① 一种是经验主义者眼中的客观知识观。经验主义认为研究是一种知识体系的创造或发现，这种知识体系被认为是与发展它的人分离的，认为知识是研究者正在建立的对象，与世界有着对应关系。这种观点认为既然通过研究产生的知识是客观的，并与发现它的主体是分开的，那么对知识的教学也是客观的，教学是一种知识的传递活动，知识从类似管道的地方流过，保持不变，教师和学生都是一种没有情绪情感体验的知识的传递者和接受者。另一种是解释学、现象心理学、批判理论者眼中的主观知识观。知识被认为具有主观性，是解释和谈判的产物；认为学习总是在特定的环境和影响下进行，并受该环境的影响；学习总是在知识的文化传统中进行，其中许多知识是从过去的研究中获得的。因此，在主观主义知识观指导下的教学中，知识的客观与否其实并不重要，重要的是学生在现实背景下与教师和知识双向互动，生产意义，知识是活的、具象的，学生和教师与知识之间是可以进行对话、谈判的。也因此，在主观主义知识观的视角下，既然知识可以被看作交流和谈判的产物，那么研究和教学就没有本质的不同，只是形式的不同，它们之间的关系可以变得非常密切。教学是一种交流和解释性工作，研究也是一种解释性工作，这意味着教学和研究可以被看作一种共生关系。

不同的知识观会导向不同的教学观。在传统知识观下，教学被看成传授特定学科的知识，教师的任务是将该知识移交给学生，一个以知识为中心的教学系统是预先设定的。教师把知识看成是客观的事实，学生学习后加以应用。在这种观念下，教师往往从数量的角度看待教学和学习，教学的目的是增加学生对事实的了解，假设学生拥有的事实越多，解决问题的能力就越强。② 在建构主义的知识观下，教学和学习的重点是对知识的理

---

① Angela B, "Teaching and Research: New Relationships and Their Implications for Inquiry-based Teaching and Learning in Higher Education," *Higher Education Research & Development*, 2012 (1), pp. 101 – 114.

② Boud B D, "Teaching and Research: Establishing the Vital Link with Learning," *Higher Education*, 1995 (3), pp. 261 – 273.

解，而不仅仅是记忆和应用；增加知识（客观事实）的数量也不是重点，重点是通过创造性的学习，优化学生的认知结构。

不同的知识观会导向不同的教学方法。普罗塞（Prosser）和特里格维尔（Trigwell）认为，那些将教学看作把教学大纲中的信息传递给学生的教师，倾向于使用"信息传输/以教师为中心"的教学方法。强调教学的重点在于改变学生对学习对象的观念的教师，倾向于使用"概念性变革/以学生为中心"的方法。[①] 教学方法会影响学生的学习方法，"信息传递/以教师为中心"的教学方法与表面学习方法有关，而"概念上的改变/以学生为中心"的教学方法与深度学习方法有关。

不同的知识观会形成不同的教学与研究关系模式。在客观主义知识观下，知识根据学科进行划分，研究者与所研究的知识分离，教学以教师为中心，教师在与研究没有联系的学习环境中向学生传递信息。教学和研究在不同的机构中独立进行，相互脱离，争夺资源和时间。在主观主义知识观下，教学以学生为中心，强调学生观念的转变以及在具体的背景下建构知识，教学与研究都是对观念的理解和知识的建构，是结合在一起的。博耶美国研究型大学本科教育改革委员会（Boyer 委员会）基于博耶的思想，将学术划分为四种，提出了十种改变本科教育的方法，核心是培养学术社区意识，发展学术团体，使教师和学生都参与其中，Boyer 委员会建议实施将教学和研究密切联系构建成一个完成的整体的新的本科教育模式。

教学和研究之间的紧密联系对学生来说是显而易见的好事，好处是学生认识到"学习"不仅仅是教师通过教学进行的，通过动手开展调查，通过参与教师的研究项目，甚至通过观摩教师开展调查和实验，学生一样可以学习，甚至学得更好。此外，教师的学术身份、学术成就增强了他们在学生心目中的地位，听一个学术权威的课被认为是难得的机会，甚至可以拿来在其他同学那里炫耀。在稍有名气的大学中，很少听说一个只会教学的教师对学生来说多有吸引力。而学术精英们哪怕教学技能稍微欠缺一点，也并不影响他们在学生中的学术威信。教师向自己的学生介绍研究成果、研究的经验和心得，向学生提供自己获取的第一手资料，这对学生的学习

---

① Prosser M, Trigwell K, *Understanding Learning and Teaching: The Experience in Higher Education*, College Instruction, 2000.

第七章　工作质量发展

来说绝对是一件好事。

在一个国家的所有现代组织中，高校被赋予了越来越高的期望，被看作既是知识教授和学习的场所，更是研究和创新的中心，是高深知识汇聚之所，是文化传承和创新的场所，也是社会精神文化的引领者，还是生产力的牵引车；对一座城市来说，没有响当当的大学总觉得上不了档次，而所谓响当当的大学，往往指它有响当当的学科专业、实验室和教授，这些学科专业、实验室和教授的名气则更多是因为某些代表性的研究及其成果，如发明创造、新的理论。当然，高质量的人才培养也能给学校带来卓著的声誉，但这些人才的培养者往往并不是单纯的教书先生。在这样的背景下，学生浸润在浓厚的学术文化中，通过各种途径和形式参与某些形式的学术活动，不仅必须，也是必然。在培养技术技能型人才为主要目标的高职院校，让学生动手进行调查研究或开展实验和研发，已经成为不少学校的标准做法。虽然仍有人对学术人员所做的研究是否能为教学和学生学习带来价值持怀疑态度，为此争论不休，但大多数高校已经将这些疑问存了起来，通过各种创新性的形式探索持续推进教学与研究之间的协作和相互获益，事实证明高校整体也从这种积极的互动中获益，而经历教学与研究双重洗礼或者说叠加磨炼的学生，往往更受用人单位欢迎，他们的职业发展前景更好。

在教学与研究的关系上，学术界普遍认为教学和研究是正相关的。[1] 在实践中，这两者往往趋于融合，新时代的高校办学环境也有助于这二者通过融合实现卓越。过去高校要么太过强调人才培养而忽视研究，或者因现实利益抑或外部压力又太过强化研究职能，总认为二者存在资源争夺，或者注意力争夺，是一种结构性的矛盾，不可兼顾，也不可双赢。不少高校要么荒废学术而换取所谓教学质量，要么荒废教学而追逐学术的卓越，结果是学校的整体发展受影响，整体实力裹足不前，学校的声誉也往往会受到负面影响。

海蒂（Hattie）和马什（Marsh）认为，在高等教育中，除非你是一个好的研究者，否则你不能成为一个好老师。[2] 一方面，对教师来说，教学对

---

[1] Brown R B, Mccartney S, "The Link between Research and Teaching: Its Purpose and Implications," *Innovations in Education & Training International*, 1998 (2), pp. 117–129.

[2] Hattie J, Marsh H W, "The Relationship between Research and Teaching: A Meta-analysis," *Review of Educational Research*, 1996 (4), pp. 507–542.

自己的研究是有用的,通过与学生的交流,通过教学中的提问和讨论,教师往往会发现研究中需要关注的问题,或者通过教学可以直接收集某些研究所需的一手资料;反过来,研究对教学也是很好的促进,教学需要新的动力和来自研究的新知识、新材料、新信息,教学为研究人员提供了专业发展的机会。传统上,大学的职位主要是为了教学目的而设立的,这些宝贵的职位也提供了进行研究发展的机会。对拥有硕士和博士学位授权点的高校来说,研究生教育的开展往往是通过教学与研究进行的,实施主体也是同一批教授,或者导师团队。在这里,教师和研究生既是师生,也是研究团队中承担不同任务的研究人员,一定意义上他们的地位是平等的,只有学术分工的不同,他们构成了学术社区,知识的传授和发现发展已经水乳交融,难以区分了。因此,在这个意义上,海蒂和马什的论断是有道理的。

研究对学生有益。学生对教师讲授的知识更信服;对知识的观点变得更全面、更开放、更灵活;通过接触从事研究工作的教师,他们更理解什么是真正的"学问"和"大学";对研究的了解使他们对学习更有兴趣,因为他们更容易带着科学问题听讲,头脑中有一个问号,好奇心更强,变得更有批判精神,尝试从书中找出一些错误,或者是尝试用自己的论点与教师"交锋",试图说服教师,在这些过程中,他们能对什么是"教师"有更全面的认识;当学生听活跃在研究领域的教师授课时,他们能受到激励,或者对研究产生兴趣;通过研究,学生往往可以收获"额外"的知识,能得到更多的收获,让他们的满足感更强;由于有研究环境或者是研究任务,学生必须学会处理研究与学习的关系,想办法对时间进行合理的分配,这有利于排挤时间虚耗,挤掉学习中的水分,有利于整体学习效率的提升。

肖尔(Shore)、品科尔(Pinkler)和巴泰斯(Bates)认为,研究可以作为教学模式。[1] 巴奈特(Barnett)则认为教学变得更像研究。[2] 海蒂(Hattie)和马什(Marsh)认为,通过加强教学和研究之间的关系来结合教学和研究是大学的理想目标。[3] 高校应多鼓励学生广泛接触和参与各种形式

---

[1] Shore B M, Pinker S, Bates M, "Research as a Model for University Teaching," *Higher Education*, 1990 (1), pp. 21–35.

[2] Barnett R, *Higher Education: A Critical Business*, Bristol: Open University Press/Taylor & Francis, 1997.

[3] Hattie J, Marsh H W, "The Relationship between Research and Teaching: A Meta-analysis," *Review of Educational Research*, 1996 (4), pp. 507–542.

的研究活动,感受到研究文化的魅力;变革传统的人才培养模式,将教室打造成学问交流和探究之所,而不仅仅是知识的传递之所,而且应让学生走出教室,将学习环境拓展到实验室、社区和企业,给学生提供更多的探究学问的场所和机会。学术工作需要在大学与外部之间建立更多的联系,需要在大学社区内建立更多的联系。①

拉维(Lave)和威戈(Wenger)提出,教学和研究可以组成学术的"实践社区"。实践社区是一组人、活动和世界之间的关系,随着时间的推移,它与其他相关的实践社区产生融合。②可以将研究机构、学科、专业、大学作为一个整体,成为学术实践社区。在一个学术实践社区中,学生、教师、专业人士,与社区相关的人员,都有责任维护实践社区,将新来者引入实践社区,继承社区的传统,向未来迈进。学生和教师积极参与实践社区,教学和研究都在学术实践社区中进行。在学术实践社区中,知识是一个构建过程,研究和教学都被视为个体和群体在社会背景下协商意义、构建知识的活动。③

在教学和研究相结合的学术实践社区中接受高等教育,意味着教学和研究相互向对方开放。按照这种思路,教师在研究中进行教学,通过教学进行研究,学生尤其是研究生、高年级本科生在探究中进行学习,在学习中发现问题。教学和研究相结合的学术实践社区也意味着社区成员可以不论出身互为师生。因此,教师之间在研究交流、辩论中可以相互教导对方,让对方通过这种特殊的教学方式进行学习;社区中的学生可以与任何合作、交流的教师进行意义的协商,建构特殊的知识,也可以在学生之间互为教师,相互教学。这与同侪教学和"教学相长"的思想是一致的。

通过教学与研究的整合促进教师和学生的专业发展。教学和研究都是专业性活动。相对来说,研究的专业性更强,教师通过研究,可以增强专业理念和意识,在教学中,他们会将这种理念和意识潜移默化地渗透给学生。反过来,教学是专业知识、专业身份和意识的展示、发展和检验的渠

---

① Scott D K, Awbrey S M, "Transforming Scholarship," *Change*, 1993 (4), pp. 38 – 43.
② Lave J, Wenger E, *Situated Learning: Legitimate Peripheral Participation*, Cambridge University Press, 1993.
③ Brew A, "Teaching and Research: New Relationships and Their Implications for Inquiry-based Teaching and Learning in Higher Education," *Higher Education Research & Development*, 2012 (1), pp. 101 – 114.

道。通过教学,教师的专业性不断得到强化。对学生来说,他们在某个专业学习,在课堂中体验到的往往是一种间接的专业性,而通过直接的研究经历和相应的学术经验,可以体验到更为鲜活的专业性,这对他们以后的专业发展非常有益。在研究性学习中,学生体验到了专业的严谨性,专业的各种标准、方法和规范,这些是通过传统的知识性教学学不到的。对于所有的学生来说,无论他们的能力或学习动机如何,在学术的质量概念中体现的专业性追求对于学生毕业时从事的任何工作都是有用的。[1] 需要培养学生的调查研究能力,以及在各种不同背景下应用这些技能的能力,需要教会学生如何通过增强专业性生活生存。

教学和研究都是学术的一部分,它们通过学生的学习这一中介而结合在一起。鲍德(Boud)认为,教学和研究是相互关联的,它们是学习这一同一活动的相互关联的两个方面。这并不是说教学和研究就完全等于学习,但学习是教学和研究共同拥有的重要的和实质性的因素。[2] 根据博耶的观点,学术是互补和互动的学习环境,学习可以弥补教学与研究之间的差距。从学习的角度看,教学与研究不仅是互补的,而且在促进知识和增进理解方面具有协同作用。教学和研究都是一个共享的过程,学习是教师、研究人员、学生、学习者等个人从不了解到了解的过程。

但这里的"学习"不能是传统教学模式中的学习,而是以学生为中心的活动,是有意义学习、积极学习、深度学习。知识在这里相互关联,与学习者是紧密联系的,而不是一种冷冰冰的被传递对象。学习不会脱离上下文,有社会文化背景,不存在客观的、孤立的学习。这里的学习鼓励自主性和责任感,强调让知识和学习者成为一个整体。[3] 学习也可以创造知识。学习者通过与作品中的概念、教师和其他人提出的观点以及个人经验的相互作用来发展对知识的个人理解,学习者以这种方式创造知识,尽管学习者的知识可能是混乱的、个体性的,不具有普适性。学习者所获得的

---

[1] Brew A, "Teaching and Research: New Relationships and Their Implications for Inquiry-based Teaching and Learning in Higher Education," *Higher Education Research & Development*, 2012 (1), pp. 101–114.

[2] Boud B D, "Teaching and Research: Establishing the Vital Link with Learning," *Higher Education*, 1995 (3), pp. 261–273.

[3] Boud D E, *Developing Student Autonomy in Learning*, Nichols Publishing Company, 1981.

知识是个人和社会建构的。①

在这种学习观下，学习与研究能够产生更紧密的联系。研究和学习都是探究的过程和发现的过程。发现过程是在主体试图理解某个领域中的现象或问题时产生的。根据布鲁纳等学者的观点，通过发现进行的学习是有意义学习，学生学习的效果往往比较好。而研究所进行的发现过程从某种意义上说也是一种发现式学习的过程。研究既有公共性，也有私人性。研究产生的知识经过出版让外部所知，成为一种对社会有益的公共知识，这是其公共性。而研究过程充满着研究者个人的不懈探索、独立思考、个人对话等私人性活动，这也是一种私人学习，而学习也具有公共性和私人性。一方面，学习的内容大部分是公共知识，也会产生或多或少的公共知识，学习很多时候是在群体中进行的，这是其公共性；另一方面，学习者的个人努力、思考和自我对话往往是学习的前提，学习者需要一定的私人空间和时间，私人性的学习对公共学习是重要的基础和促进。研究和学习都是为了理解意义，研究是理解混乱并将其转化为可理解和接受的解释。深层次的学习同样是为了理解意义，有意义的学习既要理解对象的概念意义，更会理解对象的心理意义和内涵意义。研究需要一种深入的学习方法，教师在研究中会模拟学习的过程和方法，聪明的教师通过反思自己的研究深入学习。从事研究活动的教师可以成为更好的教师，研究人员作为经验丰富的学习者可以帮助学生改进思考和学习的方法。研究和学习都涉及个人成长，都是发展性的。一个好的研究者必定是好的学习者，好的教师也应当是一个好的研究型学习者。研究和学习都是智力挑战活动，都与辨别现象的关键特征有关，都涉及探索现有知识并试图超越现有知识，都需要批判性思考。

应基于建构主义的知识观、学生中心的学习观、教学与研究统一的学术观，打破教学、研究和学习之间的区隔，重构学生和教师之间的关系，要让好的研究人员能够为学生授课。在教学和研究中，创造性、承诺性、好奇心和批判性分析都应该得到鼓励和支持。改革教学和研究分开资助的经费配置制度，将教学和研究的资源配置通盘考虑。支持院系和研究平台将教学和研究进行整合，设立类似"学术实践社区"的创新型学术组织，

---

① Boud D, "Experience as the Base for Learning," *Higher Education Research & Development*, 1993 (1), pp. 33 – 44.

打造新的竞争优势。变革偏重经济回报的学术评价制度，构建支持教学与研究结合的学术奖励制度。根据研究的学科特点有针对性地促进教学与研究的结合。斯梅比（Smeby）认为"硬"学科和"软"学科研究与教学的联系不同，"硬"学科研究更加注重技术，在教学方面会有更多的困难。[①]要对理工科类研究与教学结合提供特殊的支持。构建将教学质量和科研质量融合在一起进行评价的学术质量评价体系。高校科研评价在强调质量导向的基础上，还要强调贡献导向，特别要突出为人才培养服务的导向。人才培养是高等教育的根本任务，人才培养的导向应体现在高校科研的全过程。[②]通过研究培养人才是高校人才培养的重要途径。高校研究的目的不仅在于出成果，还在于出人才，推动人才培养。高校尤其是研究型大学要大力推动本科生、研究生参与科学研究，将学术训练贯穿在创新型人才培养过程中。学生参与研究活动，培养其团队协作精神和团队管理能力。

加强教学研究。根据博耶对学术的分类，教学是重要的学术活动，应将狭义的"研究"拓展到涵盖教学、学术在内的广义的研究，加强对教学的研究。教学研究也属于研究的范畴，教学研究是高校区别于一般科研院所的重要特点。重视教学方法、教学模式、课程教材、实践教学等教学实践问题研究，为人才培养质量提升提供支持。发挥高校、省区市、国家教学研究项目和成果奖励的引导作用，支持教师结合自己的教学工作开展创新性的、各具特色的教学研究，加强优秀研究成果的宣传和推广，让教师成为懂教育理论和规律，能对直接和间接的教育经验进行调查、分析和反思，能将研究成果反哺教学的研究型教师。

2. 加强跨学科研究

"跨学科研究"是一种科学探究形式，是将两个或两个以上学科或既定研究领域的知识和思维模式相结合，以产生认知或实践上的进步的过程，例如解释现象，创造一个产品，开发一种方法，找到一个解决方案，提出一个问题。[③]学科发展既有综合化趋势，也有越来越分化的趋势。从知识发

[①] Smeby J, "Knowledge Production and Knowledge Transmission: The Interaction between Research and Teaching at Universities," *Teaching in Higher Education*, 1998 (1), pp. 5 – 20.

[②] 段洪波：《以人才培养为导向的高校科研评价改革探析》，《中国高教研究》2013年第5期。

[③] Feller I, Gardner H, "Quality Assessment in Interdisciplinary Research and Education," *Research Evaluation*, 2006 (1), pp. 69 – 74.

展的角度看，解决重大问题的专业性知识很难为一个人或一个专业的专家所掌握，因此，研究很多时候是在跨学科的背景下进行的。跨学科研究就是所有与问题解决相关学科的人员一起选择需要研究的问题，决定方法和技术，共同开展研究，并监督工作的执行，评估结果并得出结论，最后共同将成果出版。[1] 跨学科研究是问题导向的，它结合并融合了来自不同理论范式的方法论，包括学术和非学术行动者的多样性，并以一系列研究目标、组织形式和产出进行。可持续性发展等新兴研究领域的出现是为了解决复杂和紧迫的现实问题，这些方法具有内在的应用性和跨学科性，以问题为导向以及社会相关性是跨学科研究的特征。[2]

关于跨学科研究的质量，并没有公认的定义或解释，关于跨学科研究如何开展，也不存在一个规范或指南。跨学科研究当使用来自多个学科的认识论和方法时，来自多个学科的规范和标准可能相互矛盾，研究者可能对概念有不同的理解，在研究中使用不同的技术路线，这就会出现学科研究文化冲突。因此，需要针对具体的跨学科研究项目拟定统一的研究目的、术语表、方法和工具界定、内容框架、技术路线等，以此统一团队成员的思想和理解，规范研究的开展，尽量减少学科研究文化冲突带来的负面影响，解决跨学科研究的创新方法以及行动者、产出、结果和长期社会影响的多样性。同时，由于跨学科研究不符合传统学科导向期刊的预期，很难找到适合跨学科研究出版的渠道。这会影响到项目申报、成员职称评审等，需要予以特殊的扶持和关心。跨学科研究会面临不少障碍，但困难与机遇往往相伴。学科跨越中会存在不少冲突，如果消除所涉及学科术语、方法和技术上的差异带来的影响，消除研究习惯、范式等潜在的合作障碍，促进真正的交叉和交流，扩大对选定问题的研究范围、拓展研究的深度，可能会产生新的、出乎意料的见解，甚至可能产生新的混合学科，这些学科在分析上更为复杂。[3] 提升跨学科研究的质量，要注意以下几点。

确定共同研究的问题，要强调研究目的协作安排的重要性。项目团队

---

[1] Bosch J J T, "Interdisciplinary Research: What, Why and How," *Caries Research*, 2001 (1), pp. 1-2.

[2] Carew A L, Wickson F, "The TD Wheel: A Heuristic to Shape, Support and Evaluate Transdisciplinary Research," *Futures*, 2010 (10), pp. 1146-1155.

[3] Aboelela S W, Larson E, Bakken S, et al., "Defining Interdisciplinary Research: Conclusions from a Critical Review of the Literature," *Health Services Research*, 2007 (1), pp. 329-346.

研究和协作安排是由一个不允许单一学科解决方案的问题驱动的，并且问题要对多学科小组的所有成员都具有内在的兴趣，这是保障研究成功的第一步。共同问题的寻找可能需要大胆，需要某些突破，但最后确定的问题是可以驾驭的，而且要确保对基础研究或者现实需求来说是重要的。

达到有效的合成。衡量跨学科研究质量的重要标准是学科综合能力。相关学科进行交叉和结合之后会产生综合效应，学科综合效应越高，跨学科研究的效益就会越大。多学科简单的并行，不产生内在的交融，就不可能产生学科综合效应。成功的学科综合能加深研究人员对研究问题的理解，学科综合后研究人员能给出更全面的解释，揭示全新的维度，或者给出新颖的解决方案，这些效益的前提是要达到学科有效的合成。

保障合作的连续性。跨学科研究不同于一般的学科性研究，往往需要花费较长的时间，要求保障研究的连续性，提升研究过程中相关学科的综合程度和研究成果的综合程度。跨学科研究要取得好的成果，需要加强相关学科的融合，而这需要时间。从最初简单的思想交流，到真正的跨学科组织、方法论、程序、认识论、术语、数据以及融合性成果的产出，需要耐心与包容，这不是短期内可以实现的。当前期成果出现后，还要进行跟进的后续研究，这也需要持续的投入和保障。

提高研究者之间的互动。跨学科研究的研究人员来自多个学科，相互之间缺乏了解。要想实现跨学科研究的目的，取得好的成绩，就需要提高团队成员之间的合作和交互程度，加强成员间的联系和信息共享，让不同学科的成员间能产生化学反应，催生单一学科所没有的新的理念、方法、技术或路径。团队成员要勇于抛开学科偏见和固有的学科范式，以宽阔的胸怀倾听其他成员的意见建议，听得进不同的观点。团队管理者要制定有效的成员交互制度，鼓励成员间加强联系与合作。要把成员的互动频率、互动质量作为评价跨学科团队建设的重要指标。

有效沟通。跨学科研究要能深入下去，而不是停留在表面的多学科简单合作，需要团队成员加强沟通和分享。团队成员必须加强沟通，以生成跨学科知识，有效的团队沟通是团队成功的基础。团队成员最初往往忠于各自的学科语言，对其他学科的语言和信息有着本能的排斥，随着时间的推移，成员间变得更加了解和理解，团队融合度加深，这时需要有意识培育、开发和使用共同的话语。共同的团队话语不同于成员各自学科话语的简单拼接，而是在共享和借用学科方法基础上产生的新的综合性话语体系。新的共同话语可以进一步拉近成员的心理距离，构建融洽的团队氛围，所有这一切都需要成员间加强沟通和信息共享。跨学科研究团队是一个复杂、动态的人际系统，根据系统原理，团队成员之间的沟通和交往是非线性的。[1] 沟通能力是"与他人良好互动的能力"，"好"的沟通的标准包括"准确、清晰、可理解、连贯、专长、有效性和适当性"。[2] 希瑟（Heather）提出了沟通能力的六个评估标准：第一，适应性；第二，会话参与；第三，会话管理；第四，移情；第五，有效性；第六，恰当性。团队沟通涉及对适当规范和规则的了解、对他人和自身差异的了解、沟通视角把握、信息的编码和解码等维度。[3]

优化研究成果。跨学科研究可能导致一个综合性问题的解决，一个或一组出版物的出版，产生一个新的领域，或者产生一套新的学术话语体系。在一些人文艺术学科领域，可能不会有明确的最终成果产生，跨学科研究努力的过程本身就是重要的结果。跨学科研究旨在创造学科之间的综合，有可能导致一个新的研究领域、研究模式或范式。跨学科研究的程度有深有浅，任务有大有小，涉及的学科从几个到几十个都有，预期的成果要依据项目设计而定。不管是什么类型的跨学科研究项目，项目团队都要力争实现真正的学科跨越和交叉，可以是思想层面的，也可以是物质成果的，不能是简单的学科拼盘，要尽量达到学科间的融合，如果不能产生成员间的某种程度的化合反应，只有简单的信息交流，则研究的意义不大。

符合多学科标准。跨学科研究工作的一个基本前提是，它满足所涉及学科的质量标准。跨学科工作需要与多个学科社区沟通。跨学科的研究及其成果要能被所涉及学科的专家同行所认同，这是基本的要求。跨学科研究会确立自己的包括质量标准在内的项目标准，这套标准不能随意设计，一定要考虑相关学科的标准，与这些标准兼容。

为研究工作提供条件。团队领导者和管理者首先要做好团队的组建工

---

[1] Thompson J L, "Building Collective Communication Competence in Interdisciplinary Research Teams," *Journal of Applied Communication Research*, 2009（3）, pp. 278 – 297.

[2] Tardy C H, *A Handbook for the Study of Human Communication*, Ablex, 1988, p. 68.

[3] Heather E C, "Teaching Ethics in Communication Courses: An Investigation of Instructional Methods, Course Foci, and Student Outcomes," *Communication Education*, 2007（2）, pp. 193 – 208.

作，挑选合适的成员进入团队，接下来要订立相应的规章制度，促进团队成员的磨合，搞好团队文化建设，关切团队成员的合理诉求，做好团队成员的激励；为团队提供充足的场地、经费、图书资料、信息保障、后勤联络等基本的保障工作；保障团队的安全，消除团队成员在安全和物质上的后顾之忧。团队领导要加强团队引领，重点搞好项目的顶层设计、项目实施中的重点环节的把控、成员间的协调、外部资源和支持性政策的争取、良好外部支持性关系的构建、团队较为重大的内外部矛盾冲突的应对和化解等，要成为团队的主心骨，把各个学科的成员有机整合在一起，提升团队的整体战斗力。

3. 加强政产学研用协同

政产学研用协同是高校研究质量发展的重要方式。政产学研用协同即政府、企业、高校、科研机构和用户发挥各自的优势和能力，共同促进高校进行知识创新活动的过程。① 政产学研用是一种理论和实践结合更为紧密的创新协作教育模式，它要求顺应市场发展规律，高校与政府管理部门、行业企业、科研机构、技术成果应用单位和用人单位相辅相成，从政府及教育管理部门获得政策与经费支持，从用人单位获得人才培养目标，从企业获得项目、设备、技术。② 通过政产学研用协同，高校研究将会从内部被激活，从外部获得宝贵的支持，有利于质量提升。

2011年3月，教育部、财政部颁布《高等学校创新能力提升计划》，旨在突破高校与其他创新主体间的壁垒，充分释放人才、资本、信息、技术等创新要素的活力，推进高校与高校、科研院所、行业企业、地方政府以及国外科研机构的合作，高校从国际科技发展前沿和国家、行业、产业、地方的重大需求出发，结合自身的优势与特色，确定协同创新方向，建立和发展政产学研用协同创新平台，建立协同创新机制，营造协同创新环境。

美国是高校与企业开展合作研究的典范。研究课题由高校和企业共同提出，或由其中一方提出，共同承担，研究成果一般会被企业直接应用于产品开发。研究选题直接针对行业发展普遍性问题。校企合作研究有多种形式，如企业向高校委托科研、建立实习实践基地；双方开展合作教育；

---

① 原长弘、孙会娟：《政产学研用协同与高校知识创新链效率》，《科研管理》2013年第4期。
② 廖霄梅、魏锋：《研究生教育政产学研用协同创新培养模式的构建》，《教育与职业》2016年第18期。

双方共建工程研究中心和应用开发研究中心，互派人员共同进行研究工作。校企合作研究有多方资金支持，一是联邦政府、州政府设有产学研合作的专门基金；二是企业的捐赠与投入；三是地方当局和社区的经费支持。各方共建产学研合作的管理机构，对研究开发、人才培养数量与规格、课程设置、经费管理、人员互派等进行管理和规范。①

为推动与地方产业的合作，从1987年开始，日本一些大学相继建立"共同研究中心"。共同研究中心是高校与产业界合作的窗口，既是共同研究的场所，又是企业技术人员接受高级技术培训的课堂。此外，企业还向大学派出"委托研究员"接受研究生水平的研究指导，以把握最新的研究动态。委托研究员所学的专业涉及人文、社会、自然科学等领域，通过提高素质和能力，以备在企业未来的研究活动中发挥更大作用。②

政产学研用协同的模式一般为高校发挥多学科和科研资源富集的优势，针对合作项目，提供学科资源、教师队伍、科研设备、专业图书资料等方面的支持，与地方政府、行业企业、科研机构、国外高校或研究机构合作，共建联合研究机构或技术开发平台，共同开展项目研究，或合作进行人才培养，或高校接受委托研究项目或人才培养任务，学生以某种形式参与项目中，或互派人员，以获取协同带来的共赢效益。

实施好政产学研用协同，切实发挥协同效应，助推高校研究质量的提升，需要从以下几方面推出改革创新举措。

（1）建立健全体制机制。高校要与产业企业建立沟通协调和社会服务机制，紧密结合经济社会发展和政府部门需要，确定好人才培养目标和学术发展规划，共同建设服务地方和行业企业需求的特色优势学科，构建校企协同育人的运行机制；高校要立足于学科特点，面向市场与行业，开展各种形式的社会服务工作，支持教师参加政府机构的科技交流、科普宣传和科研成果对接，到部门和企业挂职，开展行业调研，了解行业产业的发展情况，帮助企业解决技术难题，在实践中寻找科研课题，在实践中提升研究水平；通过校企、政校合作，形成科研项目从生成、研发到对接、实施的良性循环。

---

① 谢开勇：《国外高校产学研合作模式分析》，《中国科技论坛》2004年第1期。
② 中国驻日本使馆教育组：《日本大学的产学研合作》，《中国高等教育》2001年第7期。

（2）选准合作方向和点位。高校要跟踪国际科技发展前沿，紧盯国家、行业、产业、地方的重大需求，结合自身的优势与特色，确定协同与合作方向。方向选择应具有针对性和前瞻性，具有一定的广度和深度，体现多学科的交叉融合。要根据高校的长期或中期发展目标，动员相关学术资源，结合合作方的需求，在国家有关法律法规以及合作各方的规章制度的范围内，确定具体实施的项目，项目的选择要具有可行性。

（3）组建共赢的协同机构。由高校牵头，积极吸纳国内外优势力量，组建实体或虚体的协调机构。协同机构可以同时是项目决策机构、实施机构和管理机构，机构的名称可以是委员会、理事会、办公室、中心、所、室等。机构的建立要明晰各方职责，确定具体分工，建立优势互补、互利共赢的协同机制和形式，形成良好的协同氛围。

（4）汇集优质的协同资源。发挥协同创新的聚集作用，充分利用高校、政府、行业、科研机构等方面的资源，积极吸纳地方、企业以及国内外社会力量的支持与投入。在各种合作资源中，把人才作为合作的核心资源，加快各方拥有的基地、平台、资本、信息、成果、仪器设备等创新资源的整合，形成协同发展的优势。

（5）创建良好的协同环境与氛围。结合合作目标与具体项目，搞好顶层设计，创新人员聘用与考评方式，完善高校人才培养机制，建立健全组织创新、协同管理、资源整合、成果共享等制度体系。从合作的实际出发，建立健全组织管理、人员聘任、科研考核、人才培养、资源配置等方面的创新性机制、方案、制度。为合作项目的开展提供基础设施、平台、仪器装备、日常运转等方面的支撑与保障。

（6）加强政府的政策支持与导向职能。各级政府应当在产业、技术、人才、财税金融等政策方面提供支持，通过设置合作研究项目、专项资金，制定导向性的财税和产业金融政策等方式，搭建"用—产—学—研—金"融合的平台和服务体系，① 为高校、行业企业、科研院所开展协同提供基础支持。

（7）充分调动合作各方的积极性。按照公平公正的原则，建立健全合

---

① 黄彬、周梓荣：《应用型大学产学研用协同创新机制研究》，《现代教育科学》2016年第3期。

作各方研发投入、风险分担、利益分享等方面的机制，调动合作各方积极性，发挥他们的主体作用。建立按照投入大小、贡献大小分配利益的激励机制，调动各方积极性，为项目合作提供根本动力。项目合作要使各方都能获益。

（8）推进高校内部治理创新。根据合作的需要有序推动高校内部组织机构设置优化、学科专业结构调整、人才培养模式创新、管理能力提升、治理体系优化，充分发挥高校的学科、人才培养、科研和师资优势，加快扩大学校开放的步伐，增强与外部主体合作的意识和能力。提升学校人才、学科、科研的创新能力，加大与科研院所、企业、政府的合作力度，形成政产学研用融合发展的创新模式。

（9）建立健全考核评价机制。依据针对性、实效性、适应性等原则，以合作质量、实际贡献为导向，变革以项目、专著、论文、获奖为主的指标评价体系，建立以实绩、质量、效益为主要考量点的高校内部考核评价体系。具体的考核方式因合作项目而异，灵活采取多种评级方法。建立合作项目运行绩效外部评价体系，监督和约束合作各方的行为，激发合作各方的动力。

（三）创新研究评价机制

适当的质量评估对于确保研究获得支持和资助、指导和培训研究人员和管理人员实现高质量研究至关重要。创新高校研究评价机制，要以创新和质量为导向。高校研究评价始终要将质量放在第一位，鼓励和引导研究人员开展具有创新性的科研工作，对机构和个人（或群体）研究评价的指标要重质量效益，轻数量和形式，延长研究时长，减少功利化评价。高校对不同类型的研究，要实施分类评价，提高评价的针对性。

1. 制定科学合理的评价标准

有效的研究质量标准是指导研究方法、项目和计划的资助、管理、持续发展和进步的必要条件。在高校的研究评价中，质量往往被狭隘地定义，主要标准是被设定为研究的卓越性和科学相关性。[1] 缺乏指导和评估研究设

---

[1] Chataway J, Smith J, Wield D, "Shaping Scientific Excellence in Agricultural Research," *International Journal of Biotechnology*, 2007 (2), p.172.

计与性能的质量标准是阻碍高校研究发展的重要原因。评价标准比较单一，分类评价受到忽视。

比如，研究成果包括基础研究成果、应用研究成果和软科学研究成果三类，各自的表现形式不同：基础研究成果多为论文和专利，应用研究成果多为新技术和新产品，软科学研究成果多为研究报告、资政报告等。不同成果的评价焦点不一样，有注重经济价值的，有注重学术创新价值的，有注重社会效益。因此，对这些成果的评价必须制定分类评价标准。国外研究评价的标准主要有文献索引、学会奖、专利和市场标准等。在基础研究上，德国认为科学论文发表后在学术界的反映是最好的评估标准。西方国家 SCI、EI、ISTP 等检索工具在文献计量学中获得了广泛的应用。学会奖和民间奖在西方很普遍，如诺贝尔奖被视为权威，而政府奖不太受重视。应用研究专利的申请与授权是前期研究评价的重要标准，后期评价标准是市场评价，如德国政府认为"好的成果必然得到市场的认可和验证，市场效益是成果评估的主要标准"。[1]

评价指标是具有指示意义的评价标准，是评价标准应用的重要工具，评价标准建设的重要工作是建立评价指标体系。评价指标分为各种类型，从研究过程管理的角度主要分为投入指标和产出指标。投入指标主要衡量设备、经费、人才培养、研究基地、人员等的数量和质量，产出指标主要衡量论文、著作、获奖、新增项目、新增经费、新增拨款、授权专利等的数量和质量如学术效益、经济效益、社会效益等。

评价指标从性质上分为定性指标和定量指标。定量指标以数据统计为基础，以统计数据作为指标的主要来源，通过数学建模，计算出指标数值。定性指标指定量指标之外难以通过数值表征的质性指标，其权重一般采用专家意见咨询法（德尔菲法）以及其他定性化方法确定，具有一定的主观性。

我国高校研究评价广泛使用的定量指标包括论文、著作、授权专利的数量、论文和著作被引次数、论文发表期刊的影响因子、期刊在本学科期刊中的排序、著作出版社的级别、研究成果获奖数和级别、新增项目数及级别、新增研究经费等。这些指标具有一定质量属性。这些定量指标的过

---

[1] 王雅芬、贾丽娜：《国内外高校科研评价方式的比较研究》，《评价与管理》2005 年第 1 期。

度使用被认为是导致我国高校研究重数量轻质量现象的主要原因，原因在于定量评价的成果对不可定量测量的创新贡献具有"挤出效应"。需要改进定量指标与质量导向之间的兼容性，既充分利用定量评价客观、简便的优势，又尽可能避免其与质量导向的偏离。①

高校研究质量评价涉及面广，环节多，指标层次、种类和数量比较多，需要体现质量和创新导向，抓住重点，平衡好各级各类指标，为指标科学赋权。

质量和创新导向是高校研究评价的基本原则。20世纪末21世纪初，质量和创新逐渐取代数量成为高校研究评价的主要导向。以英国为例，英国1986年进行了第一次高校"研究评估活动"（Reasearch Assessment Exercise，RAE）。2008年，英国开始用"研究卓越框架"（Research Excellence Framework，REF）取代RAE，REF已成为欧洲最先进的高校研究评价系统之一。REF由英格兰高等教育基金委员会（HEFCE）联合苏格兰、威尔士高等教育拨款委员会和北爱尔兰就业与学习部研制，对英国高校的研究活动进行管理、引导、评估和监督。RAE体系向REF体系改革，标志着英国高校研究评估重点从研究产出数量到质量的倾斜。② RAE评估体系中评估指标分别为科研成果、科研声誉和科研环境三类，权重分别为70%、10%和20%。REF将评估指标调整为科研成果、科研影响和科研环境三类，权重变为65%、20%和15%。其中科研影响指对除学术以外的经济、社会、文化、公共政策或服务、健康、环境或生活质量等方面的影响力。科研环境包括科研发展策略、资源、基础设施、科研管理规章制度等，原则是强调其活力和可持续。澳大利亚的科研评价由澳大利亚研究委员会（Australian Research Council，ARC）主导，ARC根据"澳大利亚卓越研究"（Excellence in Research for Australia，ERA）评价体系实施评价。ERA包括科研质量、科研数量及活动、科研应用和声誉四个维度的指标。ARC根据评估结果对具备国际竞争力的院校和学科重点资助。③

---

① 朱军文、刘念才：《高校科研评价定量方法与质量导向的偏离及治理》，《教育研究》2014年第8期。
② 吴勇、夏文娟、朱卫东：《英国高校科研评估改革、科研卓越框架及其应用》，《中国科技论坛》2019年第2期。
③ 胡锦绣：《高校科研评价制度的国际比较研究》，《科研管理》2016年第1期。

抓指标重点的一个方法是确定关键绩效指标（Key Performance Indicator，KPI）。KPI 是通过对组织内部流程的输入端、输出端的关键参数进行设置、取样、计算、分析，衡量流程绩效的一种目标式量化管理指标，是把组织的战略目标分解为可操作的工作目标的工具。KPI 的最大特点是在进行绩效考评时，能够抓住重点，突出中心工作。建立 KPI 考评体系的步骤包括形成 KPI 框架、分列绩效指标项目、确定 KPI 条目、设置各 KPI 条目的权重等。确立 KPI 需要兼顾流程性、计划性和系统性。

将 KPI 引入高校研究评价，主要目的是引导评价人员关注高校科研人员绩效考评和科研管理中的关键质量指标，重点把握对质量和绩效产生关键影响的那部分指标。KPI 分为定量和定性两种。定量的 KPI 可以通过数据来体现，定性的 KPI 则需通过对事实的描述来体现。高校研究的 KPI 一般包括研究投入、研究产出、研究管理、人才培养、团队建设等方面的关键指标，弥补投入产出视角下指标质量导向不够的不足，使评价指标体系更聚焦于质量评价。KPI 的选取应与高校的发展定位、发展战略、发展目标相一致。此外，研究人员的表现对研究质量有较大影响，需要将研究人员的表现纳入关键指标中。

平衡各项指标有多种方法可以使用，其中较有影响的工具是平衡计分卡（Balanced Score Card，BSC）。BSC 是由哈佛大学教授卡普兰（Kaplan）与诺顿研究院执行长诺顿（Norton）于 20 世纪 90 年代提出的一种组织绩效评价体系。平衡计分卡不仅是一种管理手段，也体现了一种管理思想，即组织愿景的达成要考核多方面的因素，不仅是财务要素，还包括客户、业务流程、学习与成长等方面的因素。BSC 从财务、客户、内部运营、学习与成长四个方面构建企业的绩效评价体系，打破了单一使用财务指标衡量组织机构业绩的传统。其中财务指标包括营业收入、资本报酬率、经济增加值等，也可能是销售额的提高或现金流量等；客户指标包括客户满意度、客户保持率、客户获得率、客户盈利率、目标市场份额等；内部运营方面，管理者要确认组织必须擅长的关键流程；学习与成长指标构成了企业的软实力框架，确立了当前和未来成功的关键，企业必须鼓励创新、投资于员工的能力提升、投资于技术研发。BSC 的指标体系建立是一个较复杂的过程，其中一系列非财务指标的确立，需要企业长期的探索和总结，且不同的企业面临着不同的竞争环境，需要不同的战略和目标设定。平衡计分卡涉及财务、客户、内部业务流程、学习与成长四个方面，合适的指标数目是 20—25 个，其中，财务指标 5 个左右，客户指标 5 个左右，内部流程指标 8—10 个，学习与成长指标 5 个左右。这些指标的筛选、管理需要根据组织的具体情况确定。权重的分配并没有客观标准。

美国康奈尔大学、加州大学将 BSC 体系应用于包括科研在内的绩效评价中，从顾客、财务、内部过程、创新与学习四个方面，选取符合条件的指标进行定量定性的评价。BSC 体系可以用于高校研究质量评价。可结合目前常用的研究经费、研究项目、研究团队、研究成果等构成的指标体系，融合 BSC 四个方面的指标，尤其是学习与成长，根据学校的实际情况进行调整，可以建构以质量和创新为导向的科研评价指标体系。

指标权重系数的确定主要包括两种方法，一是主观构权法，包括专家意见调查法、两两比较法、层次分析法等；二是客观赋权法，主要包括因子分析法、主成分分析法、环比分析法等。[①]

2. 实施研究绩效评价

绩效评价是目前世界上高等教育质量评价通行的做法，有较为完善的相关研究成果和实践模式，评价效果得到大部分人的肯定。绩效评价主要是响应各界对绩效信息透明度、拨款资助问责、质量改进、高校之间的比较和信息交流等方面的需求而实施的一类以高等教育教学效率、效益结果为重点的评价活动。研究绩效是高校办学绩效的重要方面，也是衡量研究质量效益的重要维度。

高校研究绩效评价虽以效率、效益结果为重点，但仍然要综合考虑输入、过程和输出的多方面因素，构建综合性评价指标体系。指标体系有助于对高校研究的绩效进行价值判断，同时也有助于研究绩效的改进，有助于研究质量的提升。在这方面，国外高校的相关经验值得借鉴。1995 年，美国肯塔基州建立了人才培养、教育质量、机会均等、经济发展等五大类25 项指标构成的高等教育绩效评价指标体系，这是美国最具代表性的高校绩效评价体系之一。1985 年，英国《贾拉塔报告》首次建议政府使用权威的、系统的绩效指标，衡量大学质量，为财政拨款提供依据。1986 年，英国名校长协会和大学拨款委员会联合工作小组将高校绩效评价分为投入指

---

① 苏为华：《多指标综合评价理论与方法研究》，中国物价出版社，2001。

标、过程指标、输出指标三类。①

如上文所述，我国高校研究绩效评价的一个痼疾是过度使用SCI、EI、CSCI、CSSCI等量化评价指标，淡化了指标的质量指示功能，排挤了其他重要的质量指标。一个合理的高校研究绩效评价指标体系应综合考虑以下因素。

（1）研究资源。包括对学校内部各级单位所拥有的学术资源进行盘点和总体规划，找出问题、优势和差异、研究资源的结构状况、研究资源管理制度、研究资源投资和发展计划、研究资源开发渠道、工具等。

（2）研究参与情况。包括学校研究人员/研究团队的概况，如研究习惯、动机、期望、出版行为、研究的"生产力"等。

（3）研究文化。包括学科文化、团队文化、价值导向、创新文化、参与文化、学术社区文化、研究人员身份建设等。

（4）研究生产力。定义出版物、项目、专利、团队、经费、经济价值等研究产出的含义和形式，建立全校的数据库对研究数据加以记录和分析。我国科研评价对专利等知识产权以及对科技成果转化为生产力的重视程度不够，应将知识产权、专利等指标纳入进来，体现教师研究工作的经济价值和社会价值。

（5）研究优势、特点和外部影响。这是研究竞争力和声誉形成的重要根源，必须重视。当下国内外的各种高校排名工具一般未纳入这些因素。事实上，研究优势、特点和外部影响是重要的绩效产出，是机构和个人研究能力的重要方面。应将这些因素纳入指标体系，对学校教师的研究活动进行相应引导。

（6）可持续性和支持。高校研究要提高质量，增强可持续性，就必须进行持续的投资，为研究提供全周期、全方位和全面的基本条件支持，尤其是要投资于研究人员，包括培养和引进高水平的研究人员，建设创新型的研究团队，提供国内外的研究技能、成果出版等方面的培训，要求同行专家开展研究审议等。

高校研究绩效评价分为自我评价和外部评价两类，其中外部评价的主体可以是政府部门、行业组织或第三方机构。目前比较普遍的做法是由中

---

① 崔慕华、冉欣航：《高校科研经费绩效评价研究综述》，《商业经济》2018年第4期。

介机构进行独立于政府和高校的三方评价，以增强评价的客观性、独立性、专业性。在美国，研究绩效评价主要由第三方机构如国家科学研究委员会等民间非营利组织承担，这些机构基于同行评议对高校和科研机构的研究进行评价并给出排名。日本于21世纪初建立科技中介机构，政府赋予其合法性，委托这些中介机构建立科研评价指标体系，开展绩效评价。英国高等教育基金委员会（HEFCE）是拥有独立法人资格，具有独立性、中介性和公益性的研究评价机构。法国高等教育与研究部于2007年建立了独立的管理机构——研究与高等教育评价机构（AERES），在全国范围内对研究组织和高校研究开展评价。荷兰高校研究评价在2004年前后由高校自治组织荷兰大学协会和荷兰与弗兰德地区认证组织授权的民间质量评价机构荷兰大学质量保障署负责。2010年，意大利总统法令赋予2006年成立的意大利国家高校及科研机构评价署（ANVUR）科研评价职能，对高校和研究机构进行联合评价。[①]

3. 实施研究分类评价

分类评价是高校研究评价的基本原则。从研究项目来分，高校研究主要划分为基础研究、应用研究和科技产业化三类。基础研究重在原始性创新，应该立足于鼓励探索，宽容失败的基础上构建评价标准；应用研究以技术的创新与集成、知识产权、经济效益、社会效益等为主要评价标准；科技产业化以产品的技术先进性和创新性及其产业化水平和发展前景为主要评价标准。[②]

从研究成果来看，不同性质的研究其研究成果的形式会有差异，对不同类型的成果应当采用不同的方法和工具进行评价。自然科学类研究的成果主要为专著、论文等，可以采用专家评审和量化评估方法进行评价。人文艺术类学科研究的成果大多为成果展览、现场演示/表演、作品设计等，主要采用专家评估法来评价。

从研究领域看，高校研究可以归属为不同的学科领域，学科领域之间差异较大，应针对不同的学科领域进行分类评价。学科研究一般以同行专

---

① 刘莉、朱军文：《欧洲高校科研评价制度的趋势及政策启示》，《评价与管理》2015年第3期。

② 周文燕：《我国高校科研评价存在的问题及对策》，《吉首大学学报》（自然科学版）2006年第4期。

家审议为主，辅以其他方法。英国"研究卓越框架"(REF)评价分为医学和生命类、物理工程类、社科管理类和人文艺术类4个学科大类和按领域划分的36个评估单元，由学科领域的同行专家实施评价。其中4个学科大类对应4个主专家组，4个主专家组包括4名专家组主席、23名国际成员和17个用户成员。36个评估单位包括36个小组主席、1052名评估员，其中77%为学者，23%为用户，还包括25名专家顾问。[①] 德国科学委员会的评价体系针对不同学科制定了详细的评价指标。在法国高校研究评价中学术产出是主要标准，但不同的学科有不同的要求。在意大利高校研究评价中，文献计量学的评价指标普遍用于自然科学和工科等"硬学科"，而社科和人文学科主要依靠同行评议。[②]

我国高校研究评价经常出现用理工科的方法来评价人文社会学科和艺术学科的现象。从项目申报、成果的中期和结题验收到成果评奖，从政府政策文本到评估专家的选择，几乎都可以看到在经济社会发展中作用更易显示的理工科研究的"话语"体系占了主导地位，其他科类的研究只能被动适应这些主导话语。这种不分类别、一把尺子量到底的评价模式，不能客观、真实、准确地反映不同评价对象的实际情况，不利于调动不同类别研究主体的积极性，更不利于研究质量的提升。

2003年5月，科技部、教育部、中国科学院、中国工程院、国家自然科学基金委员会联合印发《关于改进科学技术评价工作的决定》，提出要针对计划、项目、机构、人员等不同对象，根据国家、部门、地方等不同层次，基础研究、应用研究、科技产业化等不同类型科学技术活动的特点，确定不同的评价目标、内容和标准，采用不同的评价方法和指标，避免简单化、"一刀切"。人员评价要遵照分类评价的原则，根据其所从事岗位和工作的性质，确定相应的评价标准。2013年11月，教育部发布《关于深化高等学校科技评价改革的意见》，提出实施科学的分类评价，针对科技活动人员、创新团队、平台基地、科研项目等不同对象，按照基础研究、应用研究、技术转移、成果转化等不同工作的特点，分别建立涵盖科研诚信和

[①] 吴勇、夏文娟、朱卫东：《英国高校科研评估改革、科研卓越框架及其应用》，《中国科技论坛》2019年第2期。

[②] 刘莉、朱军文：《欧洲高校科研评价制度的趋势及政策启示》，《评价与管理》2015年第3期。

学风、创新质量与贡献、科教结合支撑人才培养、科学传播与普及、机制创新与开放共享等内容，科学合理、各有侧重的评价标准。

应通过实施分类评价，引导教师在不同领域、不同岗位追求特色，追求卓越。对主要从事创新性研究的教师可以实行代表性成果为重点的评价；对从事基础研究的教师的评价应集中关注原创性成果的产出情况，引导教师注重长期积累；对从事应用研究的教师的评价应重点关注技术创新和突破；对从事软科学研究的教师的评价应以决策咨询报告、调查报告、政策分析和建议对科学决策、战略性决策的价值为关注重点；对从事技术转移、科技服务和科学普及的教师的评价应以经济效益、社会效益和实际贡献为重点指标。

4. 合理选择评价方法

根据评价对象的实际情况合理选择评价方法是高校研究评价的另一项重要原则。研究评价的方法多种多样，各有其侧重和适用对象。我国高校研究评价的问题之一是评价方法选择的随意性和使用的不严谨性。一是静态评价太多。对高校研究的评价多为静态评价，只能对研成果部分特征进行评价，无法对研究成果发展全过程进行动态评价。① 二是定量评价的泛化。定量评价本身没有问题，问题在于将定量评价泛化使用到不适宜的评价对象，造成评价结果效度不佳。三是由于操作复杂度、时间精力约束等原因，实际使用的评价方法较为单一，综合采用多种方法提高评价信度和效度的比较少。

现有评价方法总体可分为定性评价法和定量评价法。定性评价法即以考察研究活动和结果的基本属性的评价方法。研究的属性包括质量、创新性、对于学科的贡献、外部影响、内部影响、难度、复杂性、应用前景、社会效益、经济效益等。我国高校研究评价早期以定性评价为主，定性评价的主要方法是专家评议法。定性评价具有一定的主观性，评价效率受专家的影响较大，专家的负担比较重。

同行专家评议法是一种常用的定性评价方法，指某一或若干领域的一些专家共同对一项知识产品进行评价的活动。② 同行专家通常具有很深的资

---

① 魏海燕、李晗：《基于协同理论视角的高校科研评价体系构建》，《科技进步与对策》2012年第22期。

② 郭碧坚、韩宇：《同行评议制：方法，理论，功能，指标》，《科学学研究》1994年第3期。

历、丰富的评价经验、一丝不苟的学术态度，他们提供的结论通常能获得行政部门和学术界的认可。同行专家评议法在论文评审、基金遴选、职称评定、学术荣誉等众多学术评价活动中被广泛采用。但同行评议以专家定性判断为主，存在主观性强、容易被操控、透明度有限等弊端，在科研资源竞争激烈的背景下，评议人员利用专家身份为自己谋利或者帮助他人谋取科研资源等现象屡见不鲜。采用同行评议方法会耗费评估专家较多的时间和精力，也给被评估的高校和教师评估增添了不少负担。

定量评价法即采用数学的方法，收集和处理数据资料，对高校的研究做出定量结果的价值判断。在国际上，通用的定量评价法有文献计量分析法、经济计量分析法、网络计量法等。计量评估有利于降低专家评议的工作量，提升评估工作的效率。

文献计量分析法是用数学和统计学的方法，定量地分析文献情报的方法。文献计量分析的优点在于它的定量性。计量指标包括论文、论文引文和专利、专利引文等。其计量对象主要有：文献量（各种出版物，如期刊论文、引文）、作者数（个人、集体、团体）、词汇数（各种文献标识）等。根据文献计量指标功能的不同，可以把计量指标分为描述型的统计指标和关联性的统计指标。描述性指标主要是论文、专利和引文的数量、平均引用率等，通过它们可以粗略估计研究的数量及其影响。关联性指标主要指合作著文的作者分析等，描述参与者之间的现存关系等。[1] 文献计量分析法可用于确定核心文献，评价出版物，考察文献利用率等。《科学引文索引》（SCI）、《工程索引》（EI）、《社会科学引文索引》（SSCI）、《科技会议录索引》（ISTP）等数据库是文献计量分析法运用的著名案例。由于存在影响文献情报流的人为因素，很多文献问题还难以定量分析。引用指标基本上排除了那些发表在非期刊类出版物上的成果。传统的文献计量指标在人文社会科学等研究领域作用有限，因为它们大多反映了学术表现（如出版物数量）的一个特定方面，往往忽略了研究成果的其他重要属性。[2] 期刊很受自然科学学科的欢迎，而一些社会学科更偏爱专著和书籍。期刊往往被根据刊载文章的影响因子进行排名，影响因子是根据一份期刊的文章被引用的

---

[1] 王雅芬、贾丽娜：《国内外高校科研评价方式的比较研究》，《评价与管理》2005年第1期。
[2] Czellar J, Jacques L, "Quality of Research: Which Underlying Values," *Scientometrics*, 2013 (3), pp. 1003 – 1021.

次数统计出来的。拥有高引用率的文章的期刊被认为有高影响因子，这种逻辑存在问题。一份期刊不能完全用其发表文章的引用次数进行评价，因为这对那些发表评论文章的期刊更有利，这种期刊往往拥有更高的引用频率。而且，期刊论文的引用频率到底是反映了该成果的"影响"还是"质量"存在很大的争议。论文引用统计采用无差别方式，为了提高引用次数而有意为之的自我引用和负面引用（针对论文的缺陷）的数量和成果质量关系不大。因此，有学者指出，科学计量评价"作为一种强大的药物，如果诊断是正确的，专业的应用，有助于愈合学术病症，否则它会比没有使用更有害"。[1]

经济计量分析法是用统计推论方法对经济变量之间的关系作出数值估计的一种数量分析方法。经济计量分析的主要过程是建立模型、估计参数和运用模型。经济计量分析法在研究评价中主要用于评价高校研究活动的投入与产出，比较注重研究成果的转化率分析。主要有成本效益方法、边际成本效益分析方法、生产函数方法等，如采用相对数指标，比较不同规模高校之间的投入产出关系。

伴随着计算机网络技术的发展，网络计量方法应运而生。网络计量法是在传统的文献计量法的基础上，利用各种搜索引擎收集网络信息并对其进行分析、评价的定量方法。西班牙互联网实验室（Internet Lab）定期发布的全球大学网络计量排名（WRWU）是以网络计量学为基础进行的大学研究评价，是对现有研究评价的补充，促进了各大学和科研机构科研网络化的进程。[2] 网络计量的研究对象主要包括三个层次：网络信息的直接计量；网上文献信息及其相关特征信息的计量；网络结构单元的信息计量。在文献计量法中得到广泛应用的文献信息统计法、引文分析法、系统分析法等在网络计量中得到应用。这些方法以数学和统计学为基础。同时，网络计量法在网络环境下有一些有别于传统文献计量学的研究方法，如链接分析法、统计分析法、图论分析法。[3]

---

[1] Vinkler P, "General Performance Indexes Calculated for Research Institutes of the Hungarian Academy of Sciences Based on Scientometric Indicators," *Scientometrics*, 1998 (1-2), pp. 185-200.

[2] 杨瑞仙、梁艳平：《国内外高校科研评价方法比较研究》，《情报杂志》2015年第9期。

[3] 王知津、闫永君：《网络计量法与内容分析法比较研究》，《图书馆学研究》2006年第6期。

研究的主体、活动、结果等都具有多方面的属性，任何定性评价法和定量评价法都各有其长处和缺陷。为了弥补单一定性评价或定量评价法的弊端，实践中出现了一些融和二者的综合性评价方法，如层次分析法、模糊综合评价法等。

层次分析法（Analytic Hierarchy Process，AHP）是将一个复杂的多目标决策问题作为一个系统，将目标分解为多个目标或准则，进而分解为多指标（或准则、约束）的若干层次，通过定性指标模糊量化方法算出层次单排序（权数）和总排序，以作为目标（多指标）、多方案优化决策的系统方法。[①] AHP 适合于具有分层评价指标且目标值难以定量描述的决策问题。AHP 把评价对象作为一个系统，按照分解、比较判断、综合的步骤进行决策，每一层的权重设置最后都会直接或间接影响到结果，每个层次中的每个因素对结果的影响程度都是清晰明确的。AHP 把定性方法与定量方法有机地结合起来，把多目标、多准则又难以全部量化的问题分解为多层次单目标问题，最后进行简单的数学运算，易于接受。应用 AHP 对高校研究工作进行综合评价，可以采用相对评价方法和绝对评价方法。相对评价方法指直接将若干个待评价的对象进行相对比较，确定出各评价对象相对于评价指标的优先顺序；绝对评价方法是指应用 AHP 确定出各项评价指标的权重集，对具体评价对象的指标实际值进行量化，然后加权得出最后的评价结果。

可将专家意见调查法与 AHP 相结合，定性与定量相结合，客观分配权重。首先用专家意见调查法，对设计出的指标体系的重要性进行调查，经过多轮专家意见问卷调查和意见反馈，使专家意见达成一致，然后得到两两比较指标的相互重要性判断矩阵，进而得到判断矩阵的最大特征根和特征向量，最后得到评价整体的定量化描述。这样可以避免高校研究评价只注数量的弊端，得到大多数同行专家的认同，为研究质量赋予合理的权重。

模糊综合评价法是通过将评价对象的影响因素量化，以层次分析法为基础为各因素分配权重并划分等级，根据隶属矩阵对其进行加权计算，从而对对象进行评价的一种方法。[②] 它具有结果清晰、系统性强的特点，能较好地处理评价因素多、结构层次多、模糊的、难以量化的对象系统，适合

---

① 许树柏：《实用决策方法：层次分析法原理》，天津大学出版社，1988。
② 杨瑞仙、梁艳平：《国内外高校科研评价方法比较研究》，《情报杂志》2015 年第 9 期。

各种非确定性问题的解决。该方法使用的基本步骤为构建模糊综合评价指标体系，通过专家意见调查法或者层次分析法构建好权重向量，建立适合的隶属函数从而构建评价矩阵，采用适合的合成因子对其进行合成，并对结果向量进行解释。建立在模糊集合基础上的模糊综合评判方法，从多个指标对被评价事物隶属等级状况进行综合性评判，对被评判事物的变化区间做出划分，可以照顾对象的层次性，体现评价标准、影响因素的模糊性，还可以充分发挥评价者的经验，使评价结果更客观。模糊综合评价法可以做到定性和定量因素相结合，扩大信息量，提高效率和评价效度。

而与任何单一的评价方法一样，每种综合评价法也有不可避免的缺陷。在实际应用中，针对高校研究的某个方面或者某个环节，可以主要采用一种评价方法，而对涉及面广、对象较为复杂的评价，则要综合采用多种评价方法，避免对评价对象作出片面的判断。

（四）加强学术教育与培训

在全球化和新经济时代，研究对创新和国家发展越来越重要，大学的学术培训已成为政府和公众更加关注的问题。总体来说，包括研究生教育在内，我国高校对学生研究能力教育重视不够，教育力度不够大，系统性不强，教育效果不够理想，离国家和社会的要求还有不小的差距，需要努力加以弥补。

1. 明确核心学术技能

首先要明确学生今后就业（进入行业或从事研究）需要培训提高的通用/一般学术技能。玛格丽特（Margaret）和杰瑞（Gerry）通过调查总结出澳大利亚研究生就业所需的基本技能：[1] 良好的沟通/表达能力；良好的工作协作能力；信息技术/计算机素养；能够将基础知识和技术知识用于应用系统；职业健康安全和危害分析；良好的制造实践；知识产权管理技能；技能发展的能力，以适应新的活动领域；广泛的实践经验；专业知识；熟悉和了解更广泛的文献；掌握科学方法的技能和与广泛背景相联系；实验设计、建模、统计学；良好的实验室实践。这些就业技能有一些属于学术

---

[1] Margaret K, Gerry M, "Quality in Postgraduate Research: Knowledge Creation in Testing Times," Refereed publication of the 2006 Quality in Postgraduate Research Conference, Adelaide, Australia, 2006.

技能，对成功就业同样不可或缺。

飞利浦（Phillips）和皮尤（Pugh）明确了学生在研究领域就业所需的科研技能：掌握学科，因此可以评估他人所做工作的价值；敏锐地发现在哪里可以做出贡献；掌握当前正在使用的适当技术，并意识到这些技术的有限性；能够在专业领域内有效地交流成果；能够在国际环境下运作；能够根据当前的发展情况评估自己和他人的工作，能够随着学科的发展而发展。[①]

美国科学、工程和公共政策委员会列出以下研究人员需要具备的基本特质：受过创造性思考和解决问题的教育；基于广泛的基础广泛而不是狭隘地关注特定的技术；能够与非专家以及同行进行有效的口头和书面沟通；了解技术转让，能够传递和表达意见；能够在一个协作的团队环境中舒适地工作，尊重就业环境及自己在其中的位置。

为了帮学生提高这些学术技能，教师、培训人员和研究机构的管理者需要关注和处理好以下问题：教师或培训者对学生所需的学术技能是否有明确的认识；学生是否知道需要提升哪些学术技能；是否有开展高质量学术教育所需的资源；学生是否有能力根据学术技能清单选择学习和研究条件；是否有机会让学生与研究人员、同行专家和其他群体接触；学生和教师是否能了解和响应就业市场对学术能力的需求。

2. 将研究融入教学

在高校中，人才培养的课程和教学安排有系统的结构。要在现有教学系统之外另外设立学术教育结构对学生学术技能进行培养不太现实，也没有必要。最好的选择是将学术教育的要素有意识地融入已有的教学系统中。

教师在日常教学中应当有意识地对学生的学术技能加以培训和指导，这要求教师自身要具备扎实的学术能力。学术教育中，指导教师与学生（包括研究生）的关系本质上仍是一种教学关系。与其他教学形式一样，学术教育提出了关于课程、方法、师生互动和教学环境的问题。在这种关系中，教师除了知识的传授者这一传统角色外，还可以承担学术导师、学术诤友、科学门卫等多种学术教育角色。除了正式的研究生导师外，任课教师、科研人员和其他人员都应主动加入学术教育，为学生学术技能的提升

---

① Phillips E M, Pugh D S, *How To Get a PhD: A Handbook for Students and Their Supervisors*, Buckingham: Open University Press, 2000.

提供相应的帮助。

课程建设中应对学术教育进行有意识的安排。科学研究相关的基础知识是进行科学研究的先决条件，应该融入课程建设。将科研动态、经典实例、科学精神等内容融入课程教育中，注重对学生创新精神与能力、批判性思维、逻辑思维等的培养。除了在现有课程教学中融入学术要素外，学校根据自身定位和需要，酌情开设文献检索、统计学、科研设计、信息学、论文写作等课程，其中基础和重要的列入必修课程。针对学术教育的特殊性，教师应有意识地选用一些针对性强、效果明显的教学方法。

3. 推动学生参与研究

学生通过各种形式参与研究是世界著名大学普遍的做法。学生参与科学研究，可以丰富他们的学术经历，培养和提高他们对科研的兴趣，磨炼科研的心性，培养学术精神、道德和意志；通过参与科学研究，可以有效提高学生的动手能力、分析问题和解决问题的能力、独立应对问题的能力、协作能力和公关能力等，为毕业论文的撰写及其质量提供支持。学生通过经历自己寻找问题、制定项目可行性计划、制定经费预算、查阅国内外文献资料、撰写项目报告、项目结项验收等环节，熟悉科研活动的基本流程，对积累学术经验、培养学术兴趣非常有益。学生参与研究，教师进行指导，这也有利于教师提高学术指导能力。

在美国，本科生从事科研已有几十年的历史。美国麻省理工学院在20世纪60年代实施本科生研究机会计划，[①] 对本科生参与研究做出了正式的制度安排，持续至今，学术参与机会多和途径广已经成为学子们青睐这类世界名校的重要原因。

我国清华大学从1996年开始开展大学生科研训练计划。[②] 随后许多高校也逐渐重视本科生学术教育，促进学生参与研究。总的来说，这项工作在研究型大学逐步推进，取得了一定的成绩，但其他高校的情况则不尽如人意。主要问题包括：前期准备不足，部分学生对参与研究的认识不足，缺乏自主性；系统性不够，时间得不到保障；缺乏正式的激励制度；对本

---

① 刘宝存：《美国研究型大学本科生科研的基本类型与模式》，《教育发展研究》2004年第11期。

② 阎桂芝、都治国：《加强"SRT"计划促进学生创新意识和能力的培养》，《清华大学教育研究》2001年第2期。

科生的指导和培训不够；学校投入经费不够；深度不够，形式大于实质；剽窃、学术造假等在学生中并不少见；学生心态浮躁，部分学生功利心强；学生流动性大，知识产权容易流失；指导教师数量不足，指导质量、时间、责任心等不够理想；学生科研项目管理制度不健全，等等，这些都直接影响了学生参与研究的质量。

正如上文所述，不管什么类型的学生，不管从哪所大学毕业，基本的学术素养和能力已经是新时代高校毕业生必须具备的技能，至少在就业市场上，这些技能是必备的，而学生参与研究，是非常重要的途径，必须加以重视。创新学生参与研究模式，可考虑重点做好以下工作。

（1）实行本科科研导师制。牛津大学开创了本科生导师制。后来，部分其他大学也将导师制推广到本科教育中。近年来，我国一些高校开始探索本科生科研导师制。实施本科科研导师制，要对教师承担的学生科研指导工作予以认可和奖励，如教学工作量奖励、指导评优奖励、指导获奖奖励、考核津贴奖励等；同时加强对学生积极性的调动，包括学分奖励、评优奖励、获奖奖励、优先推荐免试研究生等，充分调动学生参与研究的积极性，吸引更多优秀本科生进入科研领域，为我国创新型国家的建设夯实科研专业人才基础。本科生可参加导师的课题，或是自主开展小课题研究，由导师或导师组进行指导。导师对问题选择、课题设计、研究方法、成果撰写、出版发表、学术伦理、学术合作与交流、项目管理等进行全方位指导。

（2）畅通参与平台。设立院系级、校级、省级、国家级学生创新科研项目。向本科生开放实验室等科研设施，加强实验训练。南开大学多年来以培养"适应经济社会发展需要的基础宽厚、综合素质高、具有卓越才干的高层次专门人才"为目标，在国内高校率先启动创新试点，以点带面，积极构建本科生从事科学研究的平台，赋予"课堂教学—校园文化—社会实践"相结合的育人模式以新内容，在本科教学中充分贯彻学习与动手并重的原则，在加强基础理论学习的同时，进一步强调科研训练的作用，突出对学生创新能力的培养，相关成果获国家教学成果一等奖，[①] 值得其他高校学习借鉴。

[①] 张开显、金柏江、袁满雪：《构建学生科研平台 积极培养创新型人才》，《中国高等教育》2005年第19期。

(3) 丰富活动渠道。高校通过学生科研项目立项、科研竞赛、成果评奖、成果展示等形式，鼓励和支持学生参与研究。创办和打造"挑战杯"等更多的全国性知名学生科技创新竞赛品牌，为学生提供更好的参与和展示平台。支持学生走出去参加国际知名科技创新竞赛活动，拓展国际视野。试行高年级本科生、研究生指导低年级学生的科研活动。

三 社会服务质量发展

新时代下，高校的社会服务职能越来越突出。高校需要通过推动社区服务学习、新型智库建设等方式创造性地提升社会服务质量。

(一) 新时代的高校社会服务

历史上，高校的主要职能是教学。由于德国教育家洪堡19世纪中叶提倡和推出"学术"革命，科学研究成为大学的第二大职能，但与教学息息相关。社会服务作为高校的第三职能，仅在20世纪末才成为一个集中讨论的问题。在这之前，有一些高校逐步意识到要服务所在地区和社会的发展，如农业的发展，但总体来说是零散的。而在20世纪末，全球化、网络化的迅速发展，服务业和基于知识的生产更加发达，高校与社区的联系更紧密，在这些背景下，社会服务职能引发了学者和高校自身的集中关注。

外部环境的变化促使高校与环境建立更紧密的联系，对社会期望做出更快更灵活的反应，加强应用研究和技术开发，为企业和公共部门机构提供服务，并为一个地区的行政能力建设作出贡献。社会服务活动与教学和研究活动紧密结合，要求高校根据社会发展的需要加强知识（国际知识、国内知识和本土知识）在社会中的流转和适应，这是一项积极主动的职能。

查特顿（Chatterton）等特别提出了"区域网络"的概念，认为高校与外部社会的各种机构和所在社区结成相互联系、互助互益的网络是高校的制度生存或加强战略，在与这些机构的交往中，高校通过提供有针对性的教育，开展研究，在经济、社会和文化发展中发挥积极作用。[①] 高校通过提

---

① Chatterton P, Goddard J, "The Response of Higher Education Institutions to Regional Needs," *European Journal of Education*, 2000 (4), pp. 475-496.

供成人教育、公共讲座等方式，对社会发展做出区域性贡献。这里对高校的要求是它必须通过内部机制改革创新，让经费、教师发展、人员激励、沟通网络等的安排有利于将教学、研究和社会服务角色联系起来，使这些活动更符合地区需求。OECD 的报告认为，高等教育机构可以是能够在区域内汇集不同国家利益的主要地方机构。[1] 哈德森（Hudson）则提出，大多数高等教育机构是区域发展伙伴关系的核心参与者。[2]

随着高校与社会关系的进一步发展，高校服务社会已经不仅限于开展继续教育、提供文化服务、社区服务等传统的服务内容，已经拓展到影响所在区域的政府政策，成为区域政策实施的工具。进而，高校与区域内的商业和公共部门合作创造知识型工作岗位，为高层次人才提供工作机会。此外，很多高校在校园外建立了分支机构，成为研究和创新网络的联络点，还有的成为国际科技、教育和文化资源的集结地，深入地影响所在区域。

OECD 2010 年专门发布《高等教育与地区和城市发展》的报告，总结了高校对区域和所在城市发展的方方面面的作用和贡献，指出其中三个方面的贡献最为重要。[3] 一是高校对区域创新体系的创造和发展的贡献，如生产知识产权，创办咨询公司，通过研究和应用在该地区提供数据、技能、网络、经验等软性知识。二是高校通过教育活动对培养满足劳动力市场需求的知识和技能的贡献。主要通过在所在地区和城市的毕业生就业、继续教育、职业发展、终身学习等活动，推动人力资本形成和知识转移。三是高校对社会、文化和可持续发展的支持。高校通过决策咨询、文化服务、行政能力发展、社区管理能力发展等，推动所在区域增强社会凝聚力和可持续发展。

在创新经济时代，高校对区域的知识创新尤为重要。知识创造与研究及其应用是高校参与区域创新体系的重要途径。这里的创新包括硬性知识创新和软性知识创新。在终身学习背景下，知识创造呈现出不同的特点。

---

[1] 转引自 Goddard J B, "Higher Education and Regions: Globally Competitive, Locally Engaged," *Future Survey*, 2007 (100), p. 242.

[2] Hudson C, "Regional Development Partnerships in Sweden: A Way for Higher Education Institutions to Develop Their Role in the Processes of Regional Governance?" *Higher Education*, 2006 (3), pp. 387–410.

[3] OECD, "Higher Education in Regional and City Development: Catalonia, Spain," OECD Publishing: Paris, France, 2010.

区分可编纂知识（数据）、隐性知识（技能）、交往知识和经验非常重要，这些知识组合成的各种形式的"混合知识"成为最有价值的知识类型，最容易在区域内发展。[①] 高校在"混合知识"的创造和传递方面在区域内发挥着枢纽的作用。

创造和增值人力资本是高校对区域发展的核心贡献。人力资本形成的核心理念是将正确的知识传授给正确的人，让正确的人在正确的岗位上做出最佳的贡献，这里的关键是知识的转移。知识的转移发生在高校内的教学中，也发生在高校外的区域劳动力市场中。在校内，通过教学过程，知识在师生间发生转移、质变和增值；在校外，高校与企业、科研院所、政府机构和其他机构合作，促进知识的转移和增值。通过知识转移，高校促进了区域内的技术和组织活力。

高校在区域人力资本体系中的作用体现在四个方面。首先，它为区域经济社会发展提供适需的毕业生。其次，高校开放校园，为企业和社会提供人员培训、继续教育、成人教育等，通过网络教育、集中学习等形式，对非学历教育人群提供教育培训，为偏远地区和接受高等教育不利社区的人群提供学习机会，促进他们的职业发展，有利于区域经济的发展。再次是加强与用人单位的联系，打通劳动力市场信息渠道，支持企业发展，提高劳动力市场供需平衡。最后是高校本身可以吸引大量的人才并帮助所在城市留住人才。[②] 因此，高校被视为人力资本金字塔中的一个关键节点，有助于推动地区的人才竞争力和经济增长。

高校在参与区域网络的同时，扮演社区的建设者、开发者、领导者的角色，促进社区的发展。高校可以发挥学科和专业知识优势，为社区发展提供方案，对社区的情况进行科学的分析，发挥领导作用，提高社区发展计划的可信度；可以发挥文化资源富集的优势，为社区提供文化活动框架和平台，共享和传播思想，发挥文化精神引领作用；可以通过学生、教师和其他员工提供高质量、专业的语言、文化、艺术、卫生、体育等方面的志愿服务；可以通过各种方式向社区成员开放图书馆、体育中心、艺术和

[①] Chatterton P, Goddard J, "The Response of Higher Education Institutions to Regional Needs," *European Journal of Education*, 2000（4）, pp. 475–496.

[②] OECD, "Higher Education and Regions: Globally Competitive, Locally Engaged," OECD Publishing: Paris, France, 2007.

文化场馆等设施，提高社区公共生活的品质。

通俗地讲，高校就像社区的强力黏合剂，通过有形和无形的力量将社区成员黏合在一起，加强社区的凝聚力。新时代背景下，高校已经成为社区不可缺少的一分子，高校也从社区获益良多。这就要求高校必须尽力提升教育教学质量，增强人力资本功能，发挥优势和特长，向社区提供高质量的人才和智力服务，不负所在地区、城市和社区对它的期待。

（二）开展社区服务学习

如上文所述，高校需要提高社会服务质量，增强社会服务能力，无愧于所在地区、城市和社区给予的支持和对它的期待。如何提高社会服务的能力和质量，有多种思路，其中的一个是从自己的脚下寻找答案。高校所在的社区对高校有不小的期待，同时也为高校的发展提供了肥沃的土壤和牢固的地基。高校可以进一步密切与社区的联系，向社区学习，从社区中学习，同时提供社区服务，通过这种双向的过程，提升教师和学生的社区服务的能力。

在这方面，美国等发达国家较早开展了系统性的探索和总结，形成了较为丰富的社区服务（Community Service）、服务学习（Service-Learning）和社区服务学习（Community Service Learning, CSL）等概念、理论和实践模式，有人甚至认为已经形成了独立的社区服务学习教育学科。当前，劳动教育、公民教育、社会实践教育等受到我国家政策、高校和研究人员一致的重视，与西方国家的以上概念和模式有类似之处，值得我国高校发展社会服务职能，提升社会服务质量学习借鉴。

社区服务学习起源于美国。社区服务的理念在美国高等教育发展史中是一个较鲜明的特色。自现代大学在美国成立以来，培养负责任的公民是其使命的一部分，早期的美国高校建立的重要目的是为新世界的社区培养新一代的公民和宗教领袖。这种理念一直伴着美国高等教育的发展，成为一种传统。20世纪后半叶开始，现代服务业在美国快速发展，服务学习和社区服务在美国高等教育界进一步受到关注。学界认为，高等教育机构应对社会需求进行快速反应，高等教育应该与公共生活有更大的关联。有学者还提出，对于美国的大学来说，对服务的承诺"是一个时代已经到来的运动"。①

学校的社区服务和服务学习这两个概念既有区别，也有联系。

美国国家和社区服务社（Corporation for National & Community Service）将社区服务定义为学校单独开展或者其他组织举办学校支持的全校性或学校部分单位和成员参加的服务社区的活动，如清理公园、探望老人、分发食物等。这些活动是非课程型的、学校认可的、强制性的或者自愿的、学校组织或者其他单位组织而学校机构或个人参加、可以发生在校内也可以发生在校外，一般不包括明确的学习目标、有组织的反思或批判性分析活动。②

伯恩斯（Burns）认为，社区服务通常被视为"个人为他人、组织和/或社区的利益而提供的服务"，因此包括各种形式的学生体验。③

根据吉尔斯（Giles）和艾勒（Eyler）的研究，"服务学习"一词由美国的罗伯特·西格蒙（Robert Sigmon）和拉姆齐（Ramsey）于1967年首创。④ 美国国家和社区服务社将服务学习定义为以课程基础开展的社区服务，是学校课堂教学与社区服务的结合。服务学习可以是强制性的或自愿的，可能发生在校外，也可能发生在校内。服务学习的特点包括与课程和课程学习相关；有明确的学习目标；针对社区的实际需求；通过定期安排、有组织的反思或批判性分析，让学生从服务中吸取教训；组织相关的课堂讨论、演讲或写作等活动。⑤

社区服务与服务学习的联系在于：一般来说，服务学习包括学生参与社区服务，社区服务是服务学习的重要途径；接受过专门的服务学习的学生拥有社区服务的知识和技能，能更好地参与社区服务。二者相互助益。

社区服务与服务学习的区别在于：社区服务也许会有学习活动发生，但一般不涉及有意识的教学和学习安排，其主体可能是学生，也可能是其

---

① Howard J P F, "Academic Service Learning: A Counter-normative Pedagogy," *New Directions for Teaching & Learning*, 1998 (73), pp. 21 - 29.

② Kimberly S, Robert G Jr, Nathan D, "Community Service and Service-Learning in America's Schools," *Corporation for National and Community Service*, Washington, D. C., 2008.

③ Burns L, "Make Sure It's Service Learning, Not Just Community Service," *The Education Digest*, 1998 (64), p. 38.

④ Giles D, Eyler J, "The Theoretical Roots of Service-learning in John Dewey: Toward a Theory of Service-learning," *Michigan Journal of Community Service Learning*, 1994 (1), pp. 77 - 85.

⑤ Kimberly S, Robert G Jr, Nathan D, "Community Service and Service-Learning in America's Schools," *Corporation for National and Community Service*, Washington, D. C, 2008.

他社会成员；而服务学习一般与教学方法、学术技能和材料相结合，有教学和学习上的明确的目的，会安排学生对社区服务及其学习进行专门的反思①，服务学习旨在将社区服务体验与有形的学习成果联系起来。②

围绕社区服务和服务学习的相互关系，出现了"学术服务学习"（academic service learning）、"基于社区的服务学习"（community-based service learning）、"基于现场的社区服务"（field-based community service）等相关概念。③

为了区别于社区服务中非制度性的学习活动，霍华德（Howard）提出了"学术性服务学习"（academic service learning）的概念。霍华德将学术性服务学习定义为"有意将学术学习和相关社区服务结合起来的教学模式"。④ 学术性服务学习是一种正式的学习课程安排，由学校和教师发起，而社区服务中的非制度性学习是由非学校主体发起的，是一种非课程教学性活动。学术服务学习有四个特点。第一，是一种教学模式，也被理解为一种教学方法。第二，是有意的，即有特定的目标和目的，将服务体验与课程教学联系起来。第三，体验性学习与学术性学习相结合。第四，服务经验必须与课程学习相关。

魏格特（Weigert）提出了区分有效的服务学习与志愿活动、社区服务和其他体验活动的六个关键要素：学生提供有用、有帮助、有意义的服务，并做出贡献；学生提供的服务针对某种需求或目标，不是一种"工作"；由社区成员定义需求，涉及教师和社区之间的协作；学生提供的服务来自课程目标；通过任务将服务整合到课程中，任务包括根据课程目标对服务进行某种形式的反思；需要对服务任务进行相应的评估，社区必须在评估中发挥作用。⑤

---

① Gilens, Martin, "Why Americans Hate Welfare-Race, Media, and the Politics of Antipoverty Policy," *Political Science Quarterly*, 2013 (4), pp. 707 – 708.
② Rhoads R A, "In the Service of Citizenship: A Study of Student Involvement in Community Service," *Journal of Higher Education*, 1998 (3), pp. 277 – 299.
③ Butin, Dan W, "Of What Use Is It? Multiple Conceptualizations of Service Learning within Education," *Teachers College Record*, 2003 (9), pp. 1674 – 1692.
④ Howard J P F, "Academic Service Learning: A Counternormative Pedagogy," *New Directions for Teaching & Learning*, 1998 (73), pp. 21 – 29.
⑤ Weigert K M, "Academic Service Learning: Its Meaning and Relevance," *New Directions for Teaching & Learning*, 1998 (73), pp. 3 – 10.

社区服务虽然不同于服务学习，但可以为学习服务所用，对提高服务学习的质量和效益很有帮助。在这种思路的引导下，出现了将二者结合起来的"社区服务学习"（CSL）概念及其模式。

从学生角度来看，将社区服务与有意学习目标联系起来能给学生学习和成长带来诸多好处。学者们的研究发现，学生服务社会和实践性学习不仅促进了学生的社会意识的发展，也为学生带来了大量的超越校园和课堂的额外教育和课外福利。[1] 比利希（Billig）对服务学习的研究表明，参与服务学习的学生在学习参与度、对学校的态度、考试成绩、解决问题的能力等方面比其他学生表现更好。[2] 当学生参与社区服务，并与具体的学习活动联系起来时，包括小组互动、写作、反思等，这种结合会对学生的学习产生有益的影响：在学习上，参与社区服务和服务学习的学生往往能获得更好的成绩，获得更大的学习收益；反思性活动有利于提高批判性思维技能；通过经历社区服务和有针对性的服务学习，学生既有为社区贡献的荣誉感，也有学习思考带来的获得感；相比传统教室学习，学生能在社区中感受到不一样的乐趣，更能激发学习兴趣。从职业上讲，学生的社区服务有利于学生更好地适应未来的社会就业，从事与社会服务相关的职业，更愿意在工作中做出贡献。从社会生活来讲，罗伯特·克勒斯（Robert Coles）在其重要著作《服务的召唤》中认为，当学生在与他人的关系中思考自己时，道德品质就会得到发展，同样，学生的道德和社会意识在社区服务学习中通过与他人的互动而得到丰富。[3] 因此，社会互动的过程为学生的发展提供了机会。社区服务和服务性学习有利于学生关爱之心和反省意识的发展，从而使学生今后进入社会后更具同情心和爱心。通过鲜活的社区环境，学生感受到了更具体的社会多样性，有利于他们的社会成长。在以问题为导向的服务和学习中，学生会更加关注社会问题解决，愿意为之努力。服务和学习需要在团队中进行某种程度的协调活动，有利于发展领导技能，增强自信心。通过在服务中与他人交往，学生体验责任和贡献的机会更多，

---

[1] Vogelgesang L J, Astin A W, "Comparing the Effects of Community Service and Service-Learning," *Michigan Journal of Community Service Learning*, 2000 (1), pp. 25–34.

[2] Billig S H, "Research on K–12 School-Based Service-Learning: The Evidence Builds," *Phi Delta Kappan*, 2000 (9), pp. 658–664.

[3] Coles R, *The Call of Service*, Houghton Mifflin, 1993, p. 99.

也能获得更多锻炼人际交往技能的机会。还有研究表明，社区服务和服务学习尤其有助于提高弱势学生的参与度和动机。

将社会服务与学习联系起来，被视为培养公民身份的重要途径，是西方国家开展公民教育的重要形式。这种传统有较深的教育哲学依据。美国实用主义哲学家杜威在其经典著作《民主与教育》中指出，教育从根本上与社会紧密相连，社会是人与人的关系，一个民主社会需要一种关系生活，教育必须重视学生在社会关系中对自身对他人造成的影响的理解。杜威教育哲学思想的内涵之一是实践学习和实践教育，主要内容就是教育服务与学习相结合。杜威认为，当学生有机会将他们在课堂上学习的想法付诸实践时，更好的学习就会发生。米德认为个人的自我概念源自他人对个人的反应，没有社会团体或社区的互动背景，个人就不能发展自我意识。杜威、米德等人的理论为学生通过社会服务形成和理解自我、他人、社会、关系等概念提供了思想基础。此外，社区服务以关怀他人为中心，对他人的关爱是一种重要的社会意识，社区服务有利于以社会关爱为导向的自我意识的形成和发展。

具有教育价值的社会服务，对学生公民素质的发展很有帮助。巴蒂斯托尼（Battistoni）把社会服务中培养学生成为"敬业公民"所要求的基本技能归纳为智力理解、沟通和问题解决以及公众的判断力和想象力三个方面。其中智力理解培养学生的认知能力，将理论与应用联系起来，批判性地思考他们对人和社会的经验和假设。沟通和解决问题的能力使学生能够有效地参与社会。公众的判断和想象是一种道德指南针，帮助学生定位自己，重新定位对他人的理解。服务学习还可以通过与社区成员合作开发新的解决方案来鼓励创造力。[①] 这些技能是学生成为"服务型学习者"必备的，有利于学生成长为敬业的公民。不管是敬业的公民，还是合格的公民，抑或是公民中的优秀分子，社会服务教育和学习都是重要的渠道。高校开展的社区服务学习项目应有意识地针对基本公民素养明确目标，搞好服务和教学设计，推动社区服务成为大学生公民教育的创新形式。

对于如何将社区服务和服务学习加以融合，霍利斯（Hollis）通过研究

---

① Battistoni R M, "Service Learning in Political Science: An Introduction," *Ps Political Science & Politics*, 2000 (3), pp. 615 – 616.

提出了相依的要点：① 与社区组织及其工作人员的协作，制定服务项目的初步规划，设定服务目标，确定项目管理要求；教师、学生与社区组织一起审定服务协议，包括服务的目的、内容、形式和其他服务条款；考虑学生在服务任务中的兴趣；学生实施有意义和有益于社区的服务任务；开展与服务项目直接相关的集中阅读、研究讨论等活动；教师组织学生对服务和学习进行批判性反思，鼓励学生关注社会状况，利用社会学原理来构建观察框架；教师关注课堂讨论和反思，提供相应支持；组织反思性评价，鼓励学生综合自己的理解，反思观察力的发展，对学生的经验和观察进行评价，提供反馈信息；教师结合社区组织的反馈意见对服务和学习进行评价。

社区服务与服务学习融合的重点是相关课程的建设，或者说使社区服务课程化，成为一种制度化的学校教育安排。本德尔（Bender）提出了"课程社区参与"（Curricular Community Engagement，CCE）概念。CCE 是指课程、教学、学习、研究和学术以互利合作的方式吸引学术人员、学生和社区服务机构合作推进社区参与，他们共同满足社区需求，深化学生的公民和学术学习，丰富学校的学术。对于许多高校来说，重点是将社区参与和正规学术课程相结合，这被称为社区参与式教学和学习，其重点是所谓的"课程型社区服务学习"（Curricular Community Service-learning，CSL）。在美国，20 世纪 70 年代 CSL 就已经成为高等教育教学系统的一部分，对高校的办学产生了不小的影响。美国高等教育学会（AAHE）将 CSL 描述为一种"高影响力"的教育实践，将其定义为：学生通过积极参与精心组织的服务体验来学习和发展的一种方法，这种服务体验能够满足社区的实际需要，融入学生的学术课程，并通过社区的学习来加强课堂学习。到 20 世纪 90 年代前后，其他西方国家也有了正式的 CSL 教学制度安排。不同的高校有不同的 CSL 实施模式，但也有一些共同的教学思想、方法等要素，这里的关键词主要包括经验教育、行动研究、批判理论、进步教育、成人教育、社会正义教育、公民教育、社会建构主义、社区研究、多元文化教育和本科生科研等。

如何更好地实施 CSL，提高其成效和质量？基于相关的文献，以下要

---

① Hollis S A，"Capturing the Experience: Transforming Community Service into Service Learning," *Teaching Sociology*, 2002 (2), pp. 200 – 213.

点或因素需要重点关注：以学生为中心；选择与课程学习易于联系和融合的服务项目；服务项目具有较为显著的教育性；服务项目与学生技能水平相匹配；服务项目要有真实的社会需求作为基础；服务项目的持续性和强度；服务的多样性；社区合作伙伴参与项目设计；课程设计关注社会公平、社会多样性、社会关爱、可持续发展等社会主题；学生对服务和学习活动进行提前准备；学生和教师对社会服务活动及其经验的反思的数量和质量；教师的系统准备；采用小组讨论、写作、艺术、诗歌等多样化的学习活动形式；学生采用协作性学习、反思性学习、观察学习、社会调查等适宜的学习方法；组建跨学科的学生团队和指导教师团队，促进服务中发现问题的综合性、多样性解决；针对服务项目的特点，灵活选用以问题为导向的教学方法、探究式教学法、团队教学法、案例教学法、行动教学法、角色扮演法、模拟教学法等多样化的教学方法；教师提供全方位但有重点的支持；中途和活动末/课程末的有目的的评估；模糊教学、研究和服务之间的界限；与社区结成具有可持续性的互助关系，获得社区真情实意的支持；与社会组织分享服务项目和教学实施中的关键信息；学校经费和政策支持。

如何评价CSL的质量？阿斯汀（Astin）构建了社会生活的个人、集体以及内部和外部组成的四象限模型。根据这一模型，他提出在CSL质量评估中，要同时考虑CSL中个体和集体的成果，以及内部和外部的成果，进行全面的评估。[①] CSL的质量标准是什么？布丁（Butin）提出了CSL评价的"4R"标准框架，即评估应综合考虑尊重（Respect）、互惠（Reciprocity）、相关性（Relevance）和反思（Reflection）四条标准。其中尊重包括尊重被服务者的环境、观点和生活方式。互惠关系即要照顾到所有相关人员的共同利益，被服务的社区成员应表明服务应该是什么。相关性指社区服务与课程学习内容相关，即服务学习应构成学习课程的一个组成部分，而不是一个附加部分。反思为参与者的体验赋予意义，使服务学习不仅仅是体验。[②]

[①] Astin A W, "Conceptualizing Service-learning Research Using Ken Wilber's Integral Framework," *Michigan Journal of Community Service Learning* [Special Issue], 2000, pp. 98 – 104.

[②] Dan W B, "Of What Use Is It? Multiple Conceptualizations of Service Learning within Education," *Teachers College Record*, 2003 (9), pp. 1674 – 1692.

对 CSL 的质量进行评估，需要秉持系统思想。CSL 是一个较为复杂的系统，从主体上看有教师、学生、社区人员，从活动类型上看有社区服务互动和学习活动，从场所上看有校内和校外以及课内和课外，从时间上看是服务和学习活动的短期与长期安排相结合，从行动看既有个人的行动，也有集体的行动，从结果看既有服务的结果，也有学习的结果，还有教学的结果，等等。这些要素共同构成了 CSL 系统，系统任何一部分的变化都会影响其他部分，因此不能孤立地分析和评价。必须根据 CSL 系统各部分之间的相互依赖、相互作用来开展质量评估。

西方国家提出的社区服务、服务学习、社区服务学习、学术性服务学习等概念和开展的相关实践，为我国高校加强与社会的联系，增强社会服务意识和能力，提升社会服务质量带来了不少启示。当前，教育改革者、政策制定者、教师、学者、企业和公众都越来越关注高校和社会之间的关系，一个共同的想法就是高校与社会能够同频共振，高校的人才培养和科学研究要贴近社会的需求，要为地方经济社会发展提供多样化服务。尤其是人才培养要走校地合作之路，学生要走出课堂走向社会，在社会中学习，在与社会的互动中成长，锻炼劳动技能、实践技能和就业能力，为进入社会更好就业做好准备。党的十九大报告把劳动教育定位为学生全面发展的重要方面。我国的劳动教育概念更强调实践性，对劳动的公民教育价值、道德发展价值、公平、多样性、关爱、民主等社会问题和社会发展的价值较为忽视，这方面可以借鉴 CSL 中"社区""服务"的理念，将劳动教育与高校所在社区联系起来，增强服务意识，更好地发挥劳动教育对学生全面发展的价值。

此外，改革开放以来我国的社会服务行业获得了持续的发展。截至 2018 年，我国城镇常住人口达 8.3 亿，城镇化率达 59.58%，城乡社区不断发展；我国已进入老龄化社会，相应的老龄人口社区服务需求增长迅猛；随着对外开放的进一步扩大和深化，我国出现了不少外籍人士社区或者中外居民混居的社区，带来了相应的社区治理问题。这些因素的共同作用下，社区服务需求越来越强烈，各界对社区服务问题也越来越关注。作为社区和城市的重要和特殊"居民"，高校理应在社区服务提供方面发挥相应的重要而特殊的作用。在这方面，高校也开展了不少社区志愿服务，有些是学校组织的，有些是学生团体自发组织的。这些志愿服务活动一般都重在服务，很少关注其教育价值，更少有有意识组织的、系统的以社区服务为途径和内容的正式教育活动。在这里，西方国家将社区服务与学校教育进行融合的 CSL 模式值得我们借鉴。结合我国高等教育实际，通过开设课程、给予学分认定、制定激励制度等方式，推动传统的师生社区志愿服务课程化和教育化，将学生的假期（寒假和暑假）实践、支教、"三下乡"、社会调查、社区劳动等与社会服务教育联系起来，充分发挥这些服务活动的教育价值。

（三）加强高校智库服务

高水平智库是高等教育质量的显著标志。智库服务是高校在新时代提供高质量、有特色的社会服务的重要途径。近年来，高校推进新型智库建设受到党和国家的高度重视，但总的来说，当前我国高校智库建设还比较滞后，在国家层面和国际上有影响力的智库不多，专业的、高素质的智库人才和团队较匮乏，高质量的、具有战略价值、政策参考价值的研究成果不多，研究报告对重大决策产生影响还有限。高校应充分发挥学科和人才优势，扎实推动智库建设，提升智力服务能力，为国家和区域经济社会发展提供高质量的智力支持。

1. 加强高校智库队伍建设

（1）建设战斗力强的跨学科团队。吸纳校内外有关专家参与，加强跨学科研究团队建设，开展跨学科、交叉学科研究和协同研究。吉本斯（Gibbons）指出，高校传统的知识生产发生在高校内部，高校享有较大程度的自主权，教师分属于不同的学科，各自进行本学科类的知识生产，教师与高校和所在学科为基础与外部机构进行交流，提供咨询建议和决策方案。而在人类进入后现代社会后，知识生产具有显著的多中心性，知识的原则和实践越来越多样化，教师不光在高校内进行知识生产，也在高校外进行知识生产，同时，专业知识也不仅仅被高校、学科及其教师掌控，行业和职业人士不断成为专业知识的拥有者，知识生产同时在学科内和众多学科交叉点、边缘地带进行。① 智库作为特殊的知识生产组织，它们也在这样的知

---

① Gibbons M, et al., *The New Production of Knowledge: The Dynamics of Science and Research in Contemporary Societies*, SAGE, 1994.

识空间运作，它们位于学术、政治、经济、媒体、社会等众多职业的交叉点上。[①] 当今时代的战略研究、重大决策和政策研究所面对的问题越来越复杂，牵涉面越来越广，往往涉及多个学科，多学科、跨学科协同，交叉学科、边缘学科寻求突破越来越成为智库团队运行的重要模式。因此，高校智库应根据学科的综合化发展、交叉发展趋势，针对明确的目标，吸纳多学科专家参与，组建结构合理的研究团队，争取学科突破。

（2）建设结构合理的专家队伍。首先需要确定全职和兼职人员的比例。兼职人员具有较大的灵活性，可以让智库涵盖更广泛的问题。拥有全职人员的智库机构也会利用外部人员提供额外的专业知识。兼职人员在降低成本方面具有优势，机构只给付与课题相关的费用，不用支付像全职人员那样的工资，管理费用也较低。兼职人员也给机构增加了灵活性，智库可以根据需要较为灵活地替换、增加或减少兼职人员，而不会面临全职人员那样的人事关系压力。利用兼职研究人员承担特定研究项目也使智库更容易随着研究议程的变化而变化，随着研究议程的变化，智库的专业知识基础也随之改变。但使用兼职人员也会带来一些问题，如人员不易稳定，不易有效管理，确保质量较为困难等等。高校智库专家大多以校内兼职人员为主，这些教师往往要同时从事教学和其他研究工作，有的还从事行政管理工作，这些事项之间相互竞争，可能会影响智库项目研究。因此，高校智库最好是拥有一定数量的全职人员，在团队中建立较为稳定的人员框架，再配以校内和校外的兼职人员，这样的团队更有效、更持久。但如果一个智库的人员全是像院系那样的全职人员，时间久了，也会带来机构僵化、效率下降的问题。一种折中的做法是对全部或部分全职人员实行流动轮换。制定全职人员入驻的管理办法，如带课题入驻、带团队入驻、带经费入驻等。入驻期满，经考核符合条件的可以进入下一轮任务期，不符合条件的不再入驻，这样可以有效避免人员类似院系有事业编制教师的终身制带来的僵化、流动困难的问题。

（3）增强人员的多样性。高校智库应该以兼容并包、海纳百川的精神吸纳各种学科背景、研究风格、学术气质的人员组成团队。一个在常规的

---

① Medvetz T, *Think Tanks in America: Power, Politics, and the New Forms of Intellectual Engagement*, University of Chicago Press, 2012, p.42.

研究规范中看起来有些出格的人员，可能会向鲶鱼一样激活一个团队，一个智库机构。高校智库大多属于学术型智库，入驻人员大部分是大学教师，有少量的政府部门官员或管理人员、企事业单位人员、媒体人员和其他高校、研究机构的专家。这样的人员结构会带来一些管理上的问题。高校现有的评价体系以学术评价为核心，因此，大部分校内教师会不愿花时间写简短的、面向公共政策的报告、评论、分析性文章，这些成果往往在学术评价中得不到认可，也很难在学术期刊上发表。智库研究需要研究人员用普通大众、政府部门人员、公司人员能够理解的语言而不是特定学科的专业话语来写作；它还要求研究人员对特定政策领域或政策过程感兴趣。因此，高校智库人员队伍建设中，不能只盯着校内教师，要打开智库机构的大门，多向外部招贤纳才，使机构的知识技能结构、经验结构和气质结构更加多样。

（4）加强人员培训。应根据智库的机构定位、发展愿景和目标，确定人员培训目标。智库人员，特别是年轻的工作人员，需要接受国际和国内政治、内外部关系、宣传推广方案、筹资、财务规划和管理、预算和分析、项目实施、项目评估和监控、影响评估、改进措施等方面的培训。根据机构发展的需要和人员的培训需求，确定人员培训的重点和培训内容，根据培训任务的需要选择合适的培训方法和工具。为了实现培训目标，可以采用各种方法和工具，包括讲习班、圆桌会议、辩论、模拟决策过程、现场考察、借调到委托单位进行短期在岗锻炼、参与公众咨询服务、辅导等，加强培养批判性思维和态度、独立研究的态度，提高受训者政策分析和研究的能力。尤其要做好青年教师的培训工作。有些智库队伍以青年教师为主，很多人缺乏智库工作经验，不熟悉政策研究范式，与政府部门和服务对象接触不多，不知道如何将思想转化为行动，对研究方法的理解有限，研究设计的经验缺乏，急需进行专门、系统的培训。

在真实工作环境中，受训人员学习使用实际工具、方法、文件或材料开展实习，担任研究助理，参与团队建设等，能有效增加受训人员的直接经验，提高问题意识和问题解决能力。邀请外部专家参与培训，增加受训者与政府部门和行业企业决策者、商业领袖接触的机会。针对受训者的技能状况，对培训内容进行精心选择，避免学习内容过载，也避免关键内容缺失。研究表明，从信息接收方式来看，学习者的学习方式主要包括视觉学习、听觉学习和动觉学习三种类型,不同的学习者有不同的主导学习方式。[①] 智库人员培训也要认识到受训者以不同的主导方式进行学习提高。智库培训基本是小规模培训,完全有条件对受训者进行个性化的、分类的多样化培训。培训应该是接续的,短期的一次性培训很难有效提高受训者的技能。根据学习者的知识技能发展规模,可以在一个较长的时间段内将培训分为基础阶段、发展阶段、顶峰阶段三个阶段分段实施。

2. 加强高校智库研究管理

(1) 确定机构发展模式。高校智库的运行方式、资金来源等,可以选择的发展模式有多种。高校智库机构要综合考虑所在高校、拟服务的行业或领域、未来的发展趋势、现有的人员和成果基础等多种因素,确定自己的发展定位、愿景和目标,拟定合理的发展规划。高校智库机构需要确定是专门研究一个或几个政策领域,还是试图涵盖广泛的问题领域。各种模型可能会相互冲突,智库必须确保经费保障、人员配备、项目选择、宣传推广等相互一致。

根据研究范围的不同,高校智库发展模式可以分为聚焦型和灯塔型。聚焦型模式下,智库机构的组织结构紧凑,在项目选择上不遍地撒网,只关注自己专业能力范围内的特定项目;注重专业优势和特色的打造;组织经费优先向符合本机构特色的项目倾斜。聚焦化发展的优势在于,它更容易快速建立专业研究声誉,碰到相关问题时,政府部门、企事业单位会自然而然地首先想到向该机构寻求决策咨询服务。该模式的缺陷是如果机构长期耕耘的领域变冷或边缘化,或者资助者、委托方的兴趣下降,机构较难在短时间内变通应对。灯塔型模式关注的面更广,更长远,不固定在某一个或几个领域,具有较大的灵活性,能有效地开展需要学科交叉和综合的较为重大、复杂的项目研究,能够产出带来一系列较大的影响的成果;人员上也更为多样,可能有多个内部团队,团队之间保持松散的关系。灯塔模式的缺陷是,对管理能力、经费的要求比较高,当经费紧张时,机构很难确定优先研究选项;涉及的面广,但精品的产出可能不足;人员较为多样,队伍的整合和和谐氛围的建设可能面临挑战。

---

① Sternberg R J, Grigorenko E L, "Practical Intelligence and Its Development," in Parker J D A (ed.), *The Handbook of Emotional Intelligence: Theory, Development and Application at Home, School, and in the Workplace*, Jossey-Brass, 2000.

高校智库机构发展模式的另一个问题是需要确定智库机构与学校和学校其他机构的关系。实践中,高校智库的归属主要分为两种类型。一种是直属学校型,智库机构成为拥有较大自主权的校级机构。另外一种是隶属院系型,智库机构成为院系级机构。校级智库机构可以从学校层面寻求各种支持,在对外交往中研究人员更有身份感。校级智库机构还可以直接与校外的政府部门、企事业单位和个人开展合作交流活动,争取资源,争取项目。校级智库机构建设的一个问题是学校需要在全校范围内统筹考虑,配备相应的管理干部和人员、场地,提供经费支持,这对学校来说是不小的负担。院系智库机构可以充分利用所在院系的学科和人员,不必另起炉灶,建设困难小,可以在较短的时间内取得成绩。院系智库机构的一个问题是机构隶属于院系,机构人员在开展对外交流时要以院系的名义进行,多少有些影响身份认同,对外争取项目和资源中也会受到院系的制约,自主性较小。而且,院系智库机构的人员、经费等支持力度不如校级机构的大,研究领域也相对固定在本学科范围内,较为僵化,难以承担具有多学科要求的任务。现实中,高校往往同时兼有校级智库机构和院系智库机构。有的还出现了主要依托一两个院系的校级机构。还有的高校与政府机构、行业组织或企事业单位签订合同,合作举办智库机构,智库可能在校外,也有的在校内,机构名义上是学校的非法人二级机构,但拥有更大的经费、人员和管理自主权。

良好的财务管理和筹资能力对智库运行至关重要。高校智库需要有稳定的经费资助来源,这些经费不因高校领导变动、政府部门领导变动等而受影响。高校智库要尽量多争取企业、社会组织和个人捐赠以及对特定研究项目的捐赠。

(2)做好宣传推广工作。即使是最好的研究成果,如果没有为目标受众所关注,其价值会打折扣。机构和成果宣传推广是高校智库管理的重要工作。宣传推广可以更好地发挥研究产品的经济、政策和社会效益,更好地提升机构的知名度,争取更多更好的项目和合作机会。宣传推广工作会花费经费,机构需要根据自身实际制订合理的宣传推广计划、资金预算,配置合理的人力投入。为了做好宣传推广工作,提高机构的知名度,智库人员要不断提高沟通技巧,尤其要加强与大众传媒和公众宣传相关的沟通技能的培训和发展。这些沟通技能与学术交流技能截然不同,高校教师往往欠缺这方面的技能,需要有意识地进行培训和提高。在互联网时代,智库要加强对员工进行现代信息技术和全媒体传播方面的培训,加强传播能力建设,利用微博、微信公众号、抖音等新型传播工具进行宣传推广工作。

高校智库运行中,可以根据机构定位和自身资源状况、业务安排,将部分业务外包。如将成果出版、宣传推广等相对独立的工作外包给专门的机构,这样做可以提高机构的运行效率,也可以提高外部工作的专业化程度。有的研究机构有内部的印刷出版业务,这需要较大的资源配置支持。将该业务外包给专业出版社,出版社可以发挥规模效益,降低成本。商业出版社有专门的出版物营销知识和网络,推广能力更强。但与外部机构签订协议、沟通联络、协调事项等,会花费额外的时间,有可能会影响智库研究的时效性,业务外部也可能给智库机构带来一些声誉上的负面影响。因此,高校智库机构要综合研判是否外包业务,如果要外包,一定要加强管理,保证时效,不能外包之后就甩手不管。

(3) 加强道德规范和行为规范建设。道德规范是智库机构和专家专业身份的基本保障。高校智库机构要树立起诚实、公平、独立、透明的形象,规范地开展研究活动,区别于营利性的咨询公司和个人政策专家。高校智库机构存在于一个由捐助者、项目委托方、国内外同行机构、新闻媒体机构等组成的复杂网络。其中的委托代理关系较为复杂,责任界限容易模糊,行为容易失范,特别需要健全的道德准则规范指导和约束智库机构研究专家和管理人员。道德规范具有一定的抽象性和模糊性,需要行为规范加以补充。行为规范应根据智库机构的具体情况和业内公认的规范体系制定,要能突出本机构的价值理念和优先事项。还可以联合同行机构,或者依托一定的联盟社团,制定共同道德和行为规范。

3. 创新高校智库评价机制

当前,我国高校智库研究评价存在不少问题。与西方国家类似,在"发表或死亡"(publish or pesish)的压力下,人们会更看重研究成果的数量而不是质量。研究发布的调查报告、咨询报告等不被认可为学术成果,而高校智库专家基本都是大学教师,他们面对的是学术型评价,智库研究成果少有发表的渠道,这对他们的职称评审、职业晋升等不利。高校智库要寻找资金支持,有的智库的研究是跟着资金转的,而不是由高质量研究的需求或愿望驱动的。批判性思维在评价指标中未受到足够的重视。

首先,要树立质量第一的评价导向。对智库成果的评价应重在思想质量而不是产出的数量,不应由资金驱动,而应由质量需求驱动。① 实施科学合理的分类评价标准,把解决国家重大需求的实际贡献作为核心标准,完善以贡献和质量为导向的绩效评估办法,建立以政府、企业、社会等用户为主的评价机制。协调推进组织管理、人才培养、资源配置等方面的综合改革,构建有利于智库创新发展的长效机制。

其次,要将研究成果进行分类评价。智库可以提供多种研究产品,基础理论研究智库主要的产品形式为较长的著作和研究报告。但是,长度太长的报告或者是书籍都不利于决策者在较短的时间内进行阅读,知晓关键建议,因此,智库会提交较短的政策分析报告,或者政策建议,以期使决策者在较短的时间内知晓关键建议。一些大型的智库办有期刊,有的还办有多种,这些期刊风格各异。期刊提供简短的、非技术性的文章,智库希望这些文章能影响那些忙碌的决策者。有些智库的杂志在风格和内容上更接近学术期刊,这种期刊会带来较大的经费负担,但会给智库提供更大的学术声望。几乎所有的智库都鼓励研究人员为发行量大的报纸或者浏览量大的网站撰写简短的评论性文章,这对提高智库的可视性是个简单可行的方法。资金压力迫使智库运行采用一些市场化的模式,重视开发具有市场价值的产品形式。针对这些不同的研究成果,评价机构应采用不同的评价方法进行分类评价。

智库评价中常用的方法主要有定量评价、定性评估和专家排名等,每种方法都有优点和局限性。定量评价的主要指标包括学术著作、媒体的引用次数、领导批示的次数等。这些指标的数据相对容易收集,评估成本较低。定性评价由专家小组基于成果获奖、引用以及其他指标进行,结论具有一定的主观性,需要耗费更多的时间。专家排名法即通过收集熟悉智库工作的专家的看法,对智库进行排名,如美国宾夕法尼亚大学发起并实施全球智库报告(Global Go To Think Tank,GGTTT),每年对全球5000多家智库机构进行评级,评级的依据源自数百名学者、记者、智库捐助者和智库工作人员的多级提名和审议意见。GGTTT在世界上的影响力较大,但有

---

① Williamson A, "The Think-tank Model Has Passed Its Use by Date: We Need an Alternative Model for Quality Research to Impact on Evidence-based Policy-making," London School of Economics & Political Science, 2011.

一些批评意见认为该评价对"智库"的定义不明确,信息不透明,专家意见的主观性大,用一套指标体系衡量不同目的、不同类型的智库等。应根据智库评估对象的不同、评估目的的差异选择合适的一种或综合采用多种评价方法。

高校智库是智库的一种,需要针对高校智库的特点研制有针对性的评价方法和指标体系。高校智库也分很多种,从领域看,分为军事战略类、外交和国际关系类、环境保护类、区域与国别研究类、企业发展类、对外开放类、改革研究类、金融类、文化类、旅游类、医学类等等;从属性看,分为政府主导型、高校主导型、社会主导型;从使命看,分为战略研究型、政策研究型、行动咨询型等。任何单一的评价方法都很难对评价对象进行较全面的评价,应加强对高校智库进行主题性评价。如现代智库的公众形象比较重要,这在以往的智库评价中往往被忽视,可以开发专门的指标,集中评价高校智库的公众形象。通过学术引用的情况、媒体(电视、网络、报纸等)报道或提及情况、网络流量、社交媒体粉丝数、链接到智库网站的网站数等指标,收集相关的数据,对高校智库在外部社会中的形象进行相对客观的评价,找出其中的问题,便于智库机构改进宣传推广工作。再如,对高校智库的筹资能力、政策影响力、战略影响力、国际影响力等进行主题性评价。

四 国际交流合作质量发展

国际交流合作是高校在全球化时代新增的一项基本功能,也是高校的一项基本工作,国际交流合作的质量是高等教育质量的重要组成部分。在我国的行政和学术话语中比较常见的高等教育"国际合作与交流""对外开放"大致等同于西方话语体系中的"国际化""跨国化""国际活动"等。高等教育国际化包括个人流动、为课程制定国际标准、机构伙伴关系、教育战略联盟等形式。[①] 本书主要从高校的角度探析国际化与质量的关系、国际化活动的质量发展等。

---

① Krechetnikov K, Pestereva N, Goran R, "Prospects for the Development and Internationalization of Higher Education in Asia," *Journal of Guangzhou Maritime Institute*, 2016(2), pp.94-104.

（一）高等教育国际化的质量意义

国际化作为高等教育的一种普遍现象，往往基于这样的假设：高等教育系统在提高教学、研究和服务的国际维度时，其质量会提升。[①] 有学者专门针对高等教育国际化与质量之间的关系，选取了国际学生、出国留学生、国际化教师、国际研究活动、国际化课程、组织支持等6个国际化变量和学校竞争力、教师竞争力、本科生竞争力、高级培训竞争力、财务稳定性、参与者满意度和机构声誉等7个质量变量对二者的关系进行调查，结果表明高等教育国际化与质量之间存在着积极关系。[②] 高等教育国际化具有质量发展价值，因此，国际化本身已不再是一个目标，而是一种提高教育质量的手段。[③]

高等教育国际化的基础包括政治、经济、学术和社会文化四个方面。人们有意无意地认为，学术的国际化会促进高等教育质量的发展。通过国际化发展教育质量的一种方法是实现教学和研究的国际水准，确保高等教育机构的教育教学质量符合国际标准。达到国际水平也是一个声誉问题，以国际标准为标杆，高校选择迎接国际化的挑战，不断提升国际竞争力，提高其在国际上的知名度和地位。事实上，政府部门和高校经常使用国际学生、出国留学的学生、国际化科研、国际会议等数据作为本国或本地区、本校高等教育质量的证据。

质量价值也成为政府支持高等教育国际化的重要依据。政府部门的决策者认为国际化将提高教育质量，国际化总体上具有正面价值。许多国家和高校的政策将国际化作为提高高等教育质量的手段，而不是目的。例如，20世纪90年代末，拉丁美洲的不少高校将国际化作为提高教育质量战略的一部分。20世纪90年代中期，拉丁美洲国家推行经济改革开放政策，迫切需要开发具有国际竞争力的高层次人力资源，促使政府实施高等教育国际化战略，高校的国际学术活动大幅增长。政府和高校希望采用国际化战略，提

[①] Knight J, "Internationalization of Higher Education: A Conceptual Framework," in Knight J, Wit H de, *Internationalization of Higher Education in the Asia Pacific Countries*, European Association of International Education, 1997.

[②] Jang J Y, "Analysis of the Relationship between Internationalization and the Quality of Higher Education," *Dissertations & Theses-Gradworks*, 2009 (9), pp. 39–48.

[③] Jibeen T, Khan M A, "Internationalization of Higher Education: Potential Benefits and Costs," *International Journal of Evaluation & Research in Education*, 2015 (4), p.196.

高高等教育质量、学术声誉和高校声望以及国家层面的高等教育竞争优势。

不仅是发展中国家的高校，部分发达国家的高校也希望推行国际化战略，促进教育教学的质量创新与发展。泰勒（Taylor）比较了加拿大不列颠哥伦比亚大学、美国芝加哥大学、瑞典乌普萨拉大学和澳大利亚西部大学四所不同国家的大学在国际化方面的策略和态度及其与质量的关系。例如，加拿大不列颠哥伦比亚大学将国际化视为提高质量、为教学和研究提供基准、加强学校核心使命所必需的基本过程。[1] 同样，澳大利亚西部大学声称以最高的国际标准进行教学、研究和服务，以实现学术国际卓越。此外，美国芝加哥大学认为，招收高质量的国际学生有助于学校的学术实力和活力，并从长远来看，有助于学校的国际声誉。这三个机构都认为国际化是提高质量教育的一种手段。

（二）国际高等教育的质量发展

通过高等教育国际化促进高等教育质量提升的前提是，国际高等教育本身应当是高质量的。[2] 如果把国际高等教育作为高等教育的一种特殊的形态，它也有保障和提升质量的问题。

不少国家和地区都很重视国际高等教育的质量提升。以日本为例，日本政府在扩大国际教育规模的同时，注意提高国际教育的质量和水平。日本政府于1983年制订了"2000年10万人"计划，旨在通过在2000年之前招收10万名国际大学生，促进高校和国家高等教育的国际化。该计划的重点是提高教育和研究质量，向全球标准看齐，向国际学生提供奖学金和学费减免，增加日语培训机会，鼓励日本学生出国留学。在扩大国际教育规模的同时，日本开始逐渐重视国际教育的质量。2001年，政府制订了"全球30"计划，旨在将30所大学建设成为世界一流大学。此外，2008年，日本政府制定了到2020年吸引30万名国际大学生的目标。2015年，日本文部省将大学划分为世界一流教学与研究型大学、特殊领域的世界一流教学与研究型大学和为促进当地经济振兴的大学三类，并分别评选出前两类大学16所和15所共计31所，第三类大学55所。

---

[1] Taylor J, "Toward a Strategy for Internationalisation: Lessons and Practice from Four Universities," *Journal of Studies in International Education*, 2004（2）, pp. 149 – 171.

[2] Smith A, "Quality and International Higher Education," *EAIE Newsletter*, 1994, pp. 13 – 17.

1. 跨国高等教育的质量发展

高等教育国际化的质量发展中，最棘手的是跨国高等教育的质量保障和提升。相比在地化的高等教育的国际化，跨国高等教育的质量问题往往涉及双方甚至是多方，跨国高等教育的提供者还面临距离遥远、难以掌控的问题。因此，关于高等教育国际化的质量发展的研究主要集中在跨国高等教育的质量保障上。

跨国高等教育（transnational higher education）和跨境高等教育（cross-border higher education）两个概念经常交换使用。2005 年，联合国教科文组织（UNESCO）发布了专门的《跨国教育提供质量指南》，将跨境高等教育定义为"高等教育的教师、学生、项目、机构/提供者或课程材料跨越国家管辖边界的活动"。2006 年，联合国教科文组织和亚太质量联盟（APQN）发布《管理跨境教育质量》手册，将跨境教育定义为"在一个国家提供源自另一个国家的全部或部分教育"。[1]

20 世纪 90 年代中期，高等教育进入 WTO《服务贸易总协定》（GATS）的框架中，被认可为一种服务性商品，可以根据规则进行国际贸易。高等教育服务跨国贸易背后的推力有经济利益激励、高等教育能力建设、开发人力资源、吸引优秀学生、促进国际了解等。

跨国高等教育的形式主要有：第一，建立高等教育机构的分校区；第二，与当地合作伙伴合作，由提供国机构控制大部分课程设计和课程交付；第三，与当地合作伙伴合作，课程设计来自提供国机构，但课程交付是共享的；第四，课程交付主要委托给当地合作伙伴；第五，由文凭颁授机构授权当地机构设计和教授课程；第六，一国的机构通过使用印刷材料和/或电子交付，向另一国的教育服务接收者进行纯远程交付。[2]

澳大利亚高校自 20 世纪 80 年代初就开始实施跨国高等教育，但当时很少关注跨国教育的质量发展问题。国际教育和培训是澳大利亚第四大出口行业，也是澳大利亚最大的服务业，2012 年收入高达 150 亿美元，其中国际高等教育占总收入的 66%。在国际高等教育中，有 22% 的高等教育提供

---

[1] Submission O, "UNESCO – APQN Toolkit: Regulating the Quality of Cross-Border Education," *Online Submission*, 2006 (9), p.78.

[2] Submission O, "UNESCO – APQN Toolkit: Regulating the Quality of Cross-Border Education," *Online Submission*, 2006 (9), p.78.

者在海外提供教育，大多数是高等教育。预计到2025年，澳大利亚跨境高等教育规模将增长到超过43万名学生。[①] 经过几十年的发展，澳大利亚的跨国高等教育体系已经非常成熟，形成了可持续的运行模式、质量保障框架，有专门的机构来管理整个高等教育跨境合作事务及其质量问题。

有多种因素影响跨国高等教育的质量。在国家层面，一个国家的整体高等教育质量保障体系是否涵盖跨国高等教育质量，是一个非常重要的影响因素。几乎每个国家都建立了高等教育质量保障体系，但绝大部分是针对国内教育的，很少有针对跨境教育质量的。学生和消费者信息是否充分是另一个国家层面的影响因素。如果信息不充分，学生选择学习课程的原因可能与课程教学的质量无关。当本国教育市场缺乏清晰和准确的信息，当消费者缺乏相关的指导时，国外低质量的跨国教育就会有机可乘。

高校层面的影响因素主要有以下几点。第一，高校对跨境教育的了解情况。跨境教育是一种全新的教育形式，需要特别的规划和考虑，高校需要充分认识所涉及问题的复杂性，如对当地教育环境、当地学生的需求、当地教师的质量、其他支持等进行充分的了解。第二，质量保障制度是否健全。高校必须高度重视制度建设，建立健全跨国教育质量保障体系。即使已经拥有较为健全的质量保障体系，如何确保体系的实施也是一个问题。第三，对当地教育系统的理解情况。对接收机构所在国家和所在地的情况如果不了解，可能导致错误的决策，影响跨国教育的质量。第四，当地资源的情况。主要由当地合作机构负责项目实施时，项目的运转和质量对当地机构的资源依赖较大，如当地工作人员和图书馆支持。如果当地支持性资源缺乏，就会影响项目实施质量。第五，对合作机构的依赖度。如果过度依赖当地合作机构，而后者又缺乏办学经验时，就会对跨境交付教育服务的质量带来负面影响。如果选择商业机构作为合作伙伴，商业机构往往更重视商业导向，这可能会带来质量风险。第六，机构间的合作质量。与合作机构的合作如果不充分，存在矛盾冲突，会打击双方的信心和信任，影响项目的持续性和质量。第七，项目管理能力。跨国教育服务的提供方必须通过各种方式对跨国教育项目进行连续、有效的管理，对其质

---

① TEQSA, "Quality Assurance of Cross Border Higher Education," QACHE Country Report-Australia, 2014, pp. 4 – 5.

量进行有效的监控,如果治理结构不充分,管理能力跟不上,也会影响项目质量。

以上因素带来的负面影响会造成一系列的质量问题。第一类是在跨国教育项目自身的质量方面,可能会带来以下问题:课程标准较低,如内容减少,学生选择较少;较低的入学和毕业要求;教学资源不足,质量不佳,如使用不合格或缺乏经验的员工,使用质量差或不适合的学习材料,图书馆、实验室资源不足等;不良的教学方法和技术,不恰当的教学模式;不符合学生需求、监控不到位的教育服务交付模式。第二类问题是有关跨国教育项目的信息和所提供信息的质量,主要包括:关于项目的地位性质、类型、资费、就业机会、国际声誉等方面的误导性信息和虚假声明;关于课程内容、教学、资源、人员配备等项目资源的虚假或夸大的信息等。第三类问题是财务问题,包括拖欠费用、因提供者财务困难而部分停止项目或完全取消项目合作。

针对这些影响因素和质量问题,跨国教育的提供方和接收方要共同努力加以应对。教育服务的接收国需要认识到,如果不对跨国教育项目进行有效的监管,可能对自己的文化和教育主权造成不利影响。发展中国家尤其要注意这一点。根据斯特拉(Stella)的研究,发达国家的机构会利用自身的优势地位和发展中国家急于引进资源谋求发展的迫切心情,签订对自身有利的项目协议,很多项目的运行会给接收国带来不利影响,项目所在的地区、高校、项目培养的人才并不能很好地参与全球服务贸易体系。[1] 接收国还要认识到,跨境教育有不同的监管模式,所在国政府和高校应采取最符合本国国情和学校校情的模式。接收国的监管框架应当重点关注有效维护教育和文化主权,在此前提下开展项目合作;政府要能够监管和保障跨境教育的质量及其对国内高等教育系统的影响;政府要能够监管项目的运行;政府要能够收集和应用市场信息和项目运行的质量信息,保证项目基本的透明度;提供国的高等教育质量保障标准与本国高等教育质量保障标准的等效性和可比性;要帮助政府向学生和其他利益相关者提供信息。跨国教育的提供方则应重点关注本国高等教育系统的声誉、学历资格框架、

---

[1] Stella A, "Quality Assurance of Cross-border Higher Education," *Quality in Higher Education*, 2006 (3), pp. 257 – 276.

资格认证等；跨国教育项目与国内其他高等教育项目的关系，对国内高校的影响，对国内学生获得的学历学位的影响；政策和理念；接收国的高等教育外部质量保障制度、认证制度；国际声誉等。

2. 推进高等教育国际化改革创新

提高高等教育国际化的质量，需要以问题为导向，抓住高等教育国际化中的痛点、短板进行有针对性的改革创新，综合施策。

（1）抓好顶层设计。重视国际高等教育的战略规划，做好顶层设计，明确愿景，明确近期、中期和远期的战略目标，做到方向正确、明确。这是提高质量的最基本的保障。

（2）推进学生的"全球性学习"。国际化教育的起点和终点都是学生的学习和发展。"全球性学习"强调跨文化敏感性、跨文化能力、跨文化成熟度（intercultural maturity）、全球公民等关键词。拉里（Larry）强调反映全球和整体人类发展的"全球视角"的培养的重要性。[1] 不管使用什么术语，都要使学生成为关注的核心。高校和教师需要在校园内外创造条件，支持学生进行"全球性学习"，促进学生国际素养的发展。

（3）提高教师的跨国教学能力。许多高校通过跨国教育推动国际化水平。跨国教育的主要表现形式是建分校或实施合作项目。在分校模式下，教师从一国到另一国教学，这就是所谓的跨国教学。[2] 跨国教学对主办学校和教师都是巨大的挑战。教师必须进行充分的准备，如要接受正规的跨文化教学培训。全球跨国教育联盟（GATE）制定有教师教学标准，规定跨国教师必须具备适当的专业知识和跨文化能力，才能进行跨国教学。迪尔多夫（Deardorff）将跨文化能力定义为一个人在跨文化环境中根据其跨文化态度、知识和理解以及技能进行有效和适当互动的能力。[3] 跨文化能力的培养是一个动态的过程，涉及对特定文化背景的认识、对文化差异的理解，以及采取互动策略。跨文化能力意味着有能力对其他文化体系保持敏感，有

---

[1] Larry A B, "Internationalization in Higher Education: Four Issues to Consider," *Journal of College and Character*, 2009（6），pp. 1 – 7.

[2] Smith K, "Transnational Teaching Experiences: An under-Explored Territory for Transformative Professional Development," *International Journal for Academic Development*, 2009（2），pp. 111 – 122.

[3] Deardorff D K, "Identification and Assessment of Intercultural Competence as a Student Outcome of Internationalization," *Journal of Studies in International Education*, 2006（3），pp. 241 – 266.

能力接近文化上的"其他人",而不会感到不安全或受到威胁。跨文化能力包括态度、知识和理解以及技能三个要素。态度包括重视和对其他文化的开放态度;对不同文化有积极的看法;有动机了解其他文化,并抵制种族中心主义行为。知识和理解包括具有文化自我意识;获取特定于文化的信息;发展语言知识。技能包括参与批判性自我反思以及跨文化交流的能力。态度、知识、理解和技能共同发挥作用。

(4)为国际学生的学习提供支持。国际学生到一种新的文化和环境中学习,会面临各种挑战。刚开始,他们往往有着较大的文化恐惧感和压力,伴随着担忧和焦虑情绪。尽管他们经常通过电子邮件、短信和电话与家人和朋友交流,但他们仍会想家。国际学生就学初期的学习和其他活动参与度往往不高。除了适应新的文化,国际学生还需要适应与其学习相关的新期望和挑战。即使国际学生在本国取得了学业上的成功,他们也很容易对新环境下的学业能力降低信心,信心的降低可能源于语言上的困难、新的教学方法等,文化差异也可能会降低国际学生的学习自信心。西方学生普遍不适应东方以教授为主、突出教师权威、讲求课堂井井有条的教学文化。而东方学生则对西方鼓励学生提问、允许学生挑战老师等教学文化较难适应。教师应提供支持性的课堂环境,了解国际学生的困难和障碍,鼓励国际学生多参与,多交流,提供积极反馈。教师应具有较强的文化敏感性,了解课堂上的各种文化,避免对学生造成文化不平等的感觉,让学生平等参与,避免将学习环境向宿主文化和学生倾斜,忽略一部分学生。①

(5)教师需要增加课堂的吸引力,消除威胁感。提供时间让学生相互了解,并促进学生和教师之间的正式和非正式互动,开展学生之间和学生与教师之间的"破冰"行动,了解每个学生的喜好,学习彼此独特的东西,增强课堂内外的联系。鼓励国际学生与东道国学生交流,为双方学生提供增强跨文化意识的机会。教师应在正常上课时间以外尽量抽出时间与国际学生互动,允许学生根据自己的文化规范进行交流,进行积极的倾听,表达关心之情。

(6)可实施学伴项目。东道国学生与国际学生结伴学习,共同参加学

---

① Eaves M,"Learning Styles Technology and Supporting Overseas Learners," *Multicultural Education & Technology Journal*,2009(3),pp.61-73.

校组织的各种活动,这对双方学生都有好处。[①] 东道国学生可以帮助国际学生熟悉校园资源,协助辅导,为国际学生提供其他支持。国际学生则可以帮助东道国学生了解外国文化、增加跨文化知识、学习外语。但是学伴项目应当周密设计,稳妥实施,不要带来文化冲突和安全问题。国际学生与学校教师的关系对他们适应环境和学习至关重要。

(7) 帮助学生克服语言障碍。语言障碍不仅会影响学生的学习能力,还会降低学生的信心。语言是影响国际学生学习生活体验的关键因素,对学生的文化适应至关重要。随着国际学生开始熟练地使用东道国语言,提升语言交流能力,慢慢理解语言背后的文化,他们逐渐融入一种新文化。在学生面临较大的语言挑战的阶段,教师应利用课堂技术来减轻语言障碍的影响,增加学生之间的互动。如教师可以放慢语速,避免使用不容易理解的俚语和隐喻,如果要使用隐喻或俚语,应确定学生能听懂,并花时间解释。教师应尽量多花时间向国际学生解释专业术语。教师应尽量缩短单向讲授的时间,以免国际学生产生语言疲劳,影响对话语内容的理解,尽量采用有利于学生参与的教学方法,增加国际学生使用东道国语言进行表达、交流的机会。教师还应通过丰富的肢体语言、提供比较新的纸质材料、音视频材料来帮助学生克服语言障碍,尽快进入正常的学习轨道。

(8) 增加课堂讨论。课堂讨论会促使学生进行批判性思考,产生新的想法,对主题进行仔细审视。但由于文化差异和语言障碍,有的国际学生不太愿意参与课堂讨论。一些学生通过口头交流充分表达自己的感受和想法有困难,产生为难情绪。而很少发言的国际学生往往会给人缺乏知识、勇气、不自信、自我孤立等印象,不利于别人对他们建立信任感,同时会造成一种文化差异感,从而给他们的人际交往带来负面影响,进入一种恶性循环。教师需要利用各种技术和策略促进国际化课堂上的有效讨论,可多开展小组讨论。较小的群体给学生带来的威胁感较小,学生的自如感更强,更容易产生有意义的讨论。应提前向学生提供讨论主题,让他们进行充分的准备,这也有利于减少焦虑、鼓励参与。教师应对学生的讨论提供及时的支持和反馈信息,在讨论结束后应进行总结和评价,既要指出其中

---

① Crose B, "Internationalization of the Higher Education Classroom: Strategies to Facilitate Intercultural Learning and Academic Success," *International Journal of Teaching & Learning in Higher Education*, 2011 (23), pp. 388 – 395.

的问题,也要鼓励学生更多的发言,尽量进行积极评价。

(9) 开展小组活动。国际化课堂中的小组活动在促进学习以及文化理解和欣赏方面起着重要作用。小组活动允许探索不同的观点,促进积极学习,鼓励学生之间进行更多对话,但小组活动也会存在一些问题。语言障碍仍然是其中的一个挑战,会阻碍有效的互动,这可能导致活动效果与预期的学习效果不一致。因此,跨文化因素仍然是小组活动在设计和实施中需要重点关注的问题。由于对小组成员角色的理解和期待存在差异,导致小组成员需要额外的时间来适应其他成员,定义角色和责任。尽管如此,小组活动仍会促进学生想办法解决问题。克服各种短期困难后,坚持开展小组活动,必然会促进学生的学习,提高他们的跨文化交际能力。小组活动的设计既要对学生进行任务分工,分担责任,也要兼顾协作性,以便学生在整个活动中相互鼓励和支持。研究表明,学生更愿意与自己熟悉的人在一起。教师在分配小组成员时,要突出成员的多样性、互补性,增加文化差异。成员差异较大的小组可能需要较多的时间进行熟悉和磨合,但在增加学生的跨文化知识和锻炼跨文化技能上的作用更大。活动开始前教师要向学生介绍小组活动,使学生了解活动的预期结果规范、要点等,同时提出时间要求,让学生在开始正式的小组活动之前有机会相互熟悉。通过这些非正式的小组活动,学生们彼此了解,开始在小组内塑造一个独特的交流环境。

(10) 为国际化教育提供充分的经费、图书资料、场地、设施设备保障。这是提高质量的物质保障。为国际学生、外籍教师、海外专家创造各种支持性的条件,打造适宜的校园环境。充分利用先进的教育教学技术手段促进国际人才培养和国际学术研究活动的开展。加强管理机构和管理队伍建设,建立健全管理制度体系,增强管理能力,为教育教学国际化提供管理保障。

3. 加强高等国际教育的外部质量保障

高等国际教育的外部质量保障方法主要有以下几种。第一,建立行为守则。如英国制定有国际学生的招聘、营销活动、信息、入学程序、福利支持各种活动的守则。[1] 英国国际教育委员会(UK Council for International

---

[1] Bruch T, Barty A, "Internationalizing British Higher Education: Students and Institutions," in *The Globalization of Higher Education*, edited by Scott P, Buckingham: Open University Press & SRHE, 1998, pp. 18 – 31.

Education）等组织和协会为其成员机构制定了国际教育的准则和建议，规范其国际教育活动。第二，由政府部门亲自或委托专业机构进行定期的质量审计，定期对国际教育项目进行质量审计，根据质量审计的结果安排后续的质量保障活动。如 1994 年，荷兰高等教育监察局审查了高等教育机构国际化政策及其实施的质量。第三，使用第三方机构进行质量认证，一般包括自我评估、同行评审、实地考察和公布认证结果四个阶段。第四，使用区域性的或国际机构制定的获得广泛认可的质量保障标准和框架来对国际教育项目进行评估。

如从 1995 年起，OECD 高等教育机构管理协会和学术合作协会共同实施国际质量审查程序，基于高等教育机构的自我评估和同行评审双重质量评估方法，评估高等教育机构的国际化活动和政策的质量。

加勒比共同体和共同市场（CARICOM）建立了一个加勒比地区区域性教育认证机制，指导区域内各国政府制定各自的国家教育质量评价和保障机制。

在南美地区，巴西、阿根廷、乌拉圭、巴拉圭、智利、玻利维亚等 6 个南方共同市场（MerCOSUR）国家达成协议，在高等教育质量评估和认证中进行合作，在共同评价的基础上相互认可对方的学历学位。

在欧洲地区，欧盟于 2000 年成立欧洲高等教育质量保障机构网络（ENQA），对欧盟国家的高等教育质量进行相对统一的评鉴和保障。2005 年的《卑尔根公报》中，ENQA 公布了《欧洲高等教育质量保障标准与准则》，45 国教育部长共同提出建立"欧洲质量保障机构登记局"（ERQAA），对评估机构进行评估的元评估。与 ENQA 并存的还有其他的质量保障机构网络，如中央和东欧高等教育质量保障机构网络（CEEN）、北欧高等教育质保障网络（NQAE）、欧洲高等教育认证联盟（ECAHE）等。这些区域性协议共同为欧洲国家间的高等教育合作与交流提供质量保障标准和工具。

成立于 2003 年的亚太教育质量保障组织（APQN），致力于"提高亚太地区高等教育质量和"打破教育质量的地区界限"。[①] 经过 16 年的发展，APQN 拥有来自 41 个国家和地区的 222 名成员机构，是亚太地区最大、最具影响力的国际高等教育组织。APQN 制定发布了《亚太地区高等教育质量

---

① "About Asia Pacific Quality Network," https://www.apqn.org/apqn/about-asia-pacific-quality-network-apqn，最后访问日期：2018 年 8 月 10 日。

保证原则》，在完善质量保障机制、交流理论和实践经验、促进实质性合作、建立咨询机构、审查亚太质量登记册（APQR）和亚太质量标签（APQL）等方面发挥了至关重要的作用。2012 年的 APQN 大会决定建立亚太质量登记系统（Asia-Pacific Quality Register，APQR）。APQR 是对外部质量保障机构进行评估和等级注册的一个系统，APQR 的等级评审有独立的同行专家进行。2012 年 6 月，APQR 对斯里兰卡质量保障和认证委员会进行了试点评估。2015 年 6 月，APQR 对斐济高等教育委员会进行了第一次正式审查。2014 年 1 月，APQN 正式实施"高等教育国际化区域/国际认证 APQN 质量标签项目。项目的目标是通过评估和颁发"亚太质量标签"（APQN Quality Label），支持、发展、改进和提高亚太地区高等教育机构和项目的国际卓越性。

又如，欧洲热带医学教育协会 1996 年建立了欧洲国际卫生教育网络，2003 年，TropEd 在德国注册为协会。自 2005 年以来，TropEd 吸纳来自亚洲、非洲和拉丁美洲的高等教育机构加入，扩大为全球卫生教育机构网络，是世界上最大的国际卫生硕士教育机构网络。TropEd 促进专业人员的流动、学科经验交流，制定教育和培训共同标准，旨在改善对处境不利人口的卫生服务管理。TropEd 为国际卫生硕士教育制定了共同框架，会员机构根据共同框架开展教学，颁发学位。共同框架明确了国家认证国际卫生硕士学位的共同最低学术和质量保证结构、内容和标准，即"TropEd MIH"。该标准与欧洲学分转换系统（ECTS）硕士学位的欧洲学分（EC）标准一致。学生进入国际卫生硕士项目，并完成核心课程的学习，可获得相当于 20 个欧洲学分，提供课程的机构被称为 home institutions。home institutions 为学生在整个课程的学习提供辅导支持，直到授予硕士学位。home institutions 可以推荐学生到其他国家的 TropEd 会员学校，进行高级模块课程的学习，最多可以获得 10 个 ECT。[1]

此外，还出现了一些全球性的质量保障框架。如全球跨国教育联盟（The Global Alliance for Transnational Education，GATE）于 1995 年制定了关于跨国教育的基本原则。GATE 由位于华盛顿的国际教育质量保证中心于

---

[1] Zwanikken P A C, Peterhans B, Dardis L, et al., "Quality Assurance in Transnational Higher Education: A Case Study of the Trop Ed Network," *BMC Medical Education*, 2013 (13), p. 3.

1995 年发起成立。GATE 的重要活动是对跨国高等教育项目进行认证，认证的主要目的是保护消费者权益、促进项目的质量提升。认证程序与美国的专业和机构认证类似，先由有关机构提交项目自评报告，然后由专家小组审查书面材料，开展实地考察，最后得出认证结论，提交认证报告。其中包括对机构的质量改进建议。GATE 开展的跨国教育认证在澳大利亚、新西兰、英国、美国、加拿大等世界主要国际教育服务出口国中比较受认可，其影响力逐渐扩展到其他国家。联合国教科文组织和欧洲理事会于 2001 年共同制定了高等教育质量保障的"良好实践准则"。联合国教科文组织和亚太经合组织制定了《跨国高等教育质量保证指南》。[①] 世界医学教育联盟（WFME）制定了研究生医学教育认证指南以及全球医学教育质量改进标准，促进各国研究生医学教育标准的统一和发展，促进有能力的国家根据统一的标准培训其他国家的医生。[②] 成立于 1991 年的国际高等教育质量保障机构网络（INQAAHE）从最初的 8 个成员，发展到拥有超过 300 个成员机构，其宗旨是"提供一个讨论超越国家或地区边界的全球问题的论坛，成员有机会从其他机构的成功和失败中进行学习，从而为质量保障的专业发展奠定基础"。[③] 这些国际化质量框架能够对高等教育的跨国交流活动进行指导和规范，但并不具有强制性。

总体来说，这些国际教育质量保障方法、工具和制度较为零散，相对孤立，与国家和高校的教育质量保障体系关系不大。高等教育国际化与质量保障是两个独立的活动领域，二者的交融性不够。不少国家经常把国内的质量保障体系稍加调整后用于国际教育。如即使是国际教育异常发达的美国，认证机构在处理跨国教育时，通常也依赖现有的认证标准和高校的内部质量保障程序。[④] 从长远来看，对国际教育的质量保障不应孤立，应纳入国家和高校的总体质量保障体系。国家和高校的教育质量保障程序必须涵盖国际教育，实行一体化评估。质量保障体系在理念上需要超越国内导

---

① UNESCO, *Guidelines for Quality Provision of Cross-border Education*, United Nations Educational, Cultural and Scientific Organization, 2005.
② World Federation of Medical Education, *Postgraduate Medical Education: WFME Global Standards for Quality Improvement*, University of Copenhagen, 2003.
③ "Mission and Values," https://www.inqaahe.org/presentation, 最后访问日期：2018 年 4 月 8 日。
④ El-Khawas E, "Quality Assurance in Higher Education: Recent Progress; Challenges Ahead," Paper Presented at the 1998 UNESCO World Conference on Higher Education, Paris, 1998.

向思维，选择以国内为基础、面向国际的创新模式。现代大学，除了某些特殊类型的高校外，完全不进行国际交流与合作的几乎不存在。高校的质量保障机制也需要得到扩展，增加国际维度，对接学校的国际交流合作需求。

高等教育质量保障方法和手段的交流学习成为高等教育国际化的一个特异的现象。各国都认识到，国际高等教育市场变得更具竞争性和多样化，在日益复杂的市场中，质量将成为高校、学生、雇主等决策的决定性标准。在质量管理和发展方面的好的系统、经验和做法成为各国竞相学习的对象。如美国历史较为悠久的高等教育认证制度就被亚洲、太平洋、拉丁美洲、东欧的许多国家"借用"和复制。这里面各国提升本国高等教育质量的急迫性可以理解，但质量保障体系自身的国际化是一个比较复杂的问题。对他国经验的学习应当稳妥慎重，立足本国实际，在此基础上保持开放的态度，积极学习借鉴他国。有学者指出，认证制度"历史性嵌入"美国教育体系和文化中，如它建立在国家和第三方机构之间非常微妙的权力平衡基础上，因此，只有非常小心，它才能适应其他情况。[1] 还有学者指出，美国最初的认证其实不是质量保障模式，而是机构认可的过程，只是在后来，认证体系才发展为重点关注质量改进。[2] 与全球化的影响一样，高等教育国际化既有好处，也有潜在的风险。各国之间存在着历史和文化差异，由此带来了高等教育质量保障模式的差异。一个国家的模式不一定适合另一个国家的学术环境。哈曼（Harman）强调，在借鉴国际质量保障经验的过程中，重要的是选择能够融入国家文化和国家学术体系特点的要素。发展中国家如果不加区别地引进发达国家的质量保障模式，可能会带来文化自我殖民或产生"文化依赖"的风险。[3] 当然，在全球不同的高等教育体系中，学术质量保障也有一些共同的特点。随着网络、学术期刊、会议、国际组织等渠道的推动，促进各国间的理解、思想交流和方法与模式的融合，高等教育质量保障的国际传播正在迅速发展。

---

[1] Wolff R A, "The Accreditation of Higher Education Institutions in the United States," *Higher Education in Europe*, 1993 (3), pp. 91 – 99.

[2] Damme D V, "Internationalization and Quality Assurance: Towards Worldwide Accreditation?" *European Journal for Education Law and Policy*, 2000 (1), pp. 1 – 20.

[3] Harman G, "The Management of Quality Assurance: A Review of International Practice," *Higher Education Quarterly*, 1998 (4), pp. 345 – 364.

高等教育国际化的评价方法主要有定量评价法和定性评价法。定量方法通过定量指标对高校的国际化程度进行比较。例如，霍恩（Horn）、亨德尔（Hendel）和弗赖伊（Fry）在他们的研究中使用了学生特征、教师和学者特征、研究和赠款、课程、机构特征等 19 个量化指标来评估美国研究型大学的国际维度。每个指标的数据都是从各种资源中收集的，如机构网站、综合高等教育数据系统、政府部门等。[①]

许多定量评估研究也利用调查方法来收集数据。美国教育理事会（ACE）2005 年调查了美国 23 所院校对国际化的承诺程度以及促进国际化所采用的战略，调查围绕高校国际活动的范围、为教职工和学生支持国际活动所提供的资金、高校对国际化的承诺等问题，对调查数据进行分析，得出每所高校的国际化得分或"国际化指数"，借助国际化指数将高校与类似高校进行比较。

定性评价方法主要用于高校的自我改进，而不是与其他高校进行量化比较。采用定性方法评估高校国际化的结果通常是保密的。[②] 英国的 UKCO-SA、加拿大的 CBIE、澳大利亚的 AVCC、美国的 NAFSA 等都在高等教育国际化评估中开展各具特色的定性评估。全球跨国教育联盟（GATE）设计的跨国教育质量评估、全面质量管理、ISO9000 指南、基准测试、国际质量评审程序（IQRP）等都是常用的定性和或定量相结合的综合性评估工具。如 IQRP 采用了自我评估和外部同行评审，重点关注高校所述的国际化政策、将国际化纳入整个学校体系的情况以及将国际化作为全校的"关键主题"的情况。

奈特（Knight）将高等教育国际化定义为一个过程。[③] 英文 Internationalisation 突出了国际化的过程性，而作为结果的国际化英文为 Internationality，即国际性，突出国际化的地位或状态。因此，对其评价就不能仅仅是快照式的总结性评价，只关注结果，更应该同时关注其过程，通过一系列指标，

---

① Horn, Aaron S, et al., "Ranking the International Dimension of Top Research Universities in the United States," *Journal of Studies in International Education*, 2007（3-4）, pp. 330-358.

② De Wit H, *Internationalization of Higher Education in the United States of America and Europe: A Historical, Comparative, and Conceptual Analysis*, Greenwood Press, 2002.

③ Knight J, "Internationalization of Higher Education: A Conceptual Framework," in Knight J, Wit H de, *Internationalization of Higher Education in the Asia Pacific countries*, Amsterdam: European Association of International Education, 1997.

既对评估点之前的阶段进行分析刻画，也对评估点之后的未来发展做出科学的预测。从质量提升的角度看，应更加重视国际化作为过程的形成性评价或纵向评价。

事实上，各个高校高等教育国际化评估的目的多种多样，需求和兴趣点不同，工具和方法也应不同，并没有一刀切的方法。此外，与不同工具相关的实施成本差异很大，必须在设计评估方案的时候予以考虑。在开展高等教育国际化评估之前，最重要的一点是要知道高校最想搞清楚的问题是什么，最关注国际化的什么问题。

第八章 质量发展的方法

高等教育由外延式速度型规模型发展阶段转向内涵式高质量发展阶段,意味着其发展方式、结构体系、发展动力等的深层次变革,这带来了严峻的挑战,需要用科学的思维加以应对,需要学习和掌握全面质量学习方法、质量改进团队方法、动态系统方法等较为科学的高等教育质量发展方法。

一 全面质量学习方法

斯特金(Sitkin)等人提出了全面质量学习(Total Quality Learning,TQL)概念,认为全面质量学习是对全面质量管理概念的发展,强调质量管理的学习维度和发展维度,更加强调质量管理的动态性。[1] 全面质量学习适用于包含创新、不确定性活动的环境,适用于开放系统,是实验导向而非控制导向的,能容忍错误;探索新需求或新问题;开发新的技能和资源,提高学习和适应性。高校围绕全面质量,建设全面质量的环境,以建设质量型大学(quality university)为目标,建设学习型大学(learning university)、主动型大学(proactive university)、常新型大学和知识型大学。

(一)学习型大学

正如圣吉(Senge)所定义的那样,学习型组织形成了一种结构和系统,"人们不断扩大自己的能力,创造出他们真正渴望的结果,在那里培育出新的、广泛的思维模式,在那里集体的愿望被释放,在那里人们集中在一起学习"。"未来真正优秀的组织将是那些发现如何利用人们的承诺和在

---

[1] Sitkin S B, Sutcliffe K M, "Distinguishing Contral from Learning in Total Quality Management: A Contigency Perspectie," *Academy of Management Review*, 1994 (3), pp. 537 – 564.

各个层次学习能力的组织。"①

学习型大学需要学校领导、教师、管理者和学生进行以系统思维为指导进行系统的学习转变,重塑每个学习者的心智模式,也从而重塑整个学校的心智模式。在学习型组织中,学习者需要理解心智模式在收集信息、做出判断以及确定如何最好地完成事情方面的价值。"心智模式既是世界的窗户,又是使世界聚焦的透镜。"② 心智模式是影响行为的心理模型。重塑心智模式鼓励创造力,帮助学习者从过去的经验中学习。

学习型大学的构建,关键在于教师和学生在课内课外成为高质量的学习者,开展创新型的学习活动,从内至外、从下至上推动学习型大学的建设。

1. 建设学习共同体

学习型大学是一个大型的学习型社区,内含各种相互联系、有机交融的学习型小组、学习型课堂、学习型院系和学习型机构。每一个教师和学生都是一个节点,联系大小、层次和类型不一的学习型组织,他们属于某个学习型组织,但并不由这个组织独占,同时属于其他的组织。这些组织可以是正式的,也可以是非正式的、虚拟的。这种人人互联互通的立体网络连接,为组织在信息时代创生知识和意义奠定了重要的基础。学习共同体是知识型组织的理想形态。在学习共同体中,学习者之间围绕知识建构与意义协商搭建学习平台,培养人际关系,重视心理相容与沟通,充分发挥群体动力的正面学习价值。共同愿景、分工与合作、合作性与自主性的统一、共同商量、利益共享是学习共同体的基本要求。学习者个性十足的个人愿景相互汇聚、碰撞,形成来源于个人愿景而又高于个人愿景的组织共同愿景,它成为大家发自内心想要争取、追求的,它使不同个性的学习者聚在一起,朝着共同的目标前进。学习共同体建立在共同价值观基础上,共享的价值体系是共同愿景的内核。价值体系可以通过讲故事、寓言和个人经历来分享、培养。要改变组织的文化,就必须改变所讲的故事。组织还要创造属于自己的"神话"、典礼、仪式,创造属于自己的故事,也就是在创造组织的共享价值体系。教师和学生之间、学生和学生之间不断沟通、

---

① Senge P M, *The Fifth Discipline: The Art & Practice of the Learning Organization*, Bantam Doubleday Dell Publishing Group, 1990, p. 3.
② Bolman L G, Deal T E, *Reframing Organizations*, Jossey-Bass, 1997.

交流,分享学习资源,共同完成学习任务,形成相互影响、相互促进的人际联系。培养人际联系尤其是心理联系至关重要。建构主义认为,学习就是经由他人、与他人协商得来的。学习本质上是社会活动,是学习者对作为竞争对手或合作者的他人进行互动,他人约束或支持学习过程,对学习进程和结果产生深刻影响。在学习共同体中,学习者间结成支持性的人际联系,学习者获得组织归属感、安全感和保障感,使得学习更富活力。在学习共同体中,良好的心理联系支持学习者攻坚克难,增强学习毅力、持续性,使学习者获得依靠感,获得额外的力量感,而创造性的学习往往是以长期坚持积累和短时灵光一闪为特征的,也就说,稳固的人际联系有利于促进顿悟式学习的生产。

2. 培养自我意识

所有的学习过程都包含了自我意识的成长。根据帕默(Palmer)的观点,"良好的教学需要自我认识,这是一个隐藏在普通视野中的秘密"。[1] 自我意识是自我认知的产物。自我认知是元认知的重要组成部分,自我认知是所有知识的开始。教师必须"发现"自己,认识自己心中的另一个"教师",然后才能理解学生心中的"教师",也才能进行真正的教学。学习型组织由学习型个人组成,学习型的个人是"在任何地方、任何时候、从每个人身上和与每个人在一起都能看到学习机会的个人"。[2] 这是学习的自我意识,是提高知识和能力的自我意识。教师可以通过组织讨论、自我介绍、自我反思、自我评估等方式,帮助学生了解自己的知识、技能、价值观、优势智力因素、学习短板、学习风格、性格类型等,画一个三维的自画像;还要帮助学生了解学习中的自我、生活中的自我、校园外的自我、过去的自我、现在的自我、未来的自我、别人眼中的自我、现实的自我与理想的自我、本我、自我与超我,认识一个全息的自我。随着学生更好地了解自己,他们也能够更好地了解周围的其他人。教师还可以帮助学生写出自己的使命宣言,使命宣言是自我意识的集中体现,是指导学习者行为和决策的精神原则。自我宣言的拟写,还能帮助学生理解自己在学习中、在班级

---

[1] Palmer P J, *The Courage to Teach: Exploring the Inner Landscape of a Teacher's Life*, Jossey-Bass, 1998, p. 3.

[2] Ramsey V J, "Learning Journals and Learning Communities," *Journal of Management Education*, 2002 (4), p. 388.

中的任务和责任，增强使命感。教师和学生都应当经常问自己：我怎样才能提高我的表现？通过对自己的学习过程和结果进行反思，认识改进的空间，学生可以进一步增强学习的自我意识。

3. 开展对话型学习

学习依赖于公开分享思想。学习型组织的学习是学习共同体的学习，对话是最重要的学习方式。信任和尊重是对话的前提，人们愿意分享他们的恐惧、担忧和假设时，表明彼此之间具有信任，公开、诚实地交流表明彼此之间的尊重。随着信任的增长，一个更有利于学习的氛围被创造出来。教师应将学生视为独立的成年人加以尊重和信任，教师对学生的信任和尊重也有利于学生之间的相互信任。对话应当是健康的、积极的、有建设性的和创新型的，积极的倾听、深思熟虑的提问、反思性评价等是创新型对话的基本特征。创新型对话是意义生成最多的对话，自然也就是最丰产的学习。健康的和积极的对话要求学生保持乐观心态，关注事物的积极面，通过正面的交流催生阳光型的学习。建设性对话以问题为导向，通过问题解决方案的探求，学生从中寻找事物的出路，不管问题最后有没有真正解决，建设性对话的过程足够丰富，就会触发建设性的学习。所有的对话都要求诚实和开放。对话还应尽量有深度，对话的深度越高，越有利于到达心灵的深处，达到知识结构的深部，离真理、道德、美好也就越近，就越有可能产生撞击灵魂的深度学习。

4. 推动创造性学习

学习型大学是创新型大学，创新是其灵魂。创造性学习包含外在的结果或者源自学习本身的独特性，创造是人的内在需求，追求创新需要有对人类福祉的内在承诺，学习者的全面发展需要通过创新不断超越自我。创新之所以困难是因为存在影响创新的"结构性冲突"：一种力量是创造性张力，将学习者拉向创新的目标，另一种关于"无能为力或不配"的观念将学习者拉离创新的愿望。学习者很容易为后者所支配，希望摆脱不想要的、不利的局面，而不是关注创造想要的。最根本的是要改变学习者的深层观念，自我反思有利于改变深层观念。教师和学生都需要加强反思，提高反思能力。学习者要探析自己"声称的理论"（我们所说的）与自己"实行的理论"（背后隐藏的理论）之间的区别，要明确说出以前只在心里说的话，通过反省认知和他人的帮助，暴露隐藏的假设。加强对行动的反思，在行动中思考行动，在做中学。打破自我中心论，用生态学观念，把自己看成系统的一部分，以去自我中心主义的观点描述系统。走出自我，走进系统，为创新解开约束，创造空间。

5. 用联系的眼光看事物

学习从根本上讲就是建立和维持联系。新的神经网络的建立意味着新知识的获得和新技能的形成，这是学习的神经生物学上的联系；将概念、命题、思想和意义进行联系是心理上的联系；将过去和现在以及将来、一般性和上下文、思考和行动进行联系是个人经验上的联系；将内在思想和外部环境、自我和他人相联系是社会上的联系。联系是学习共同体的黏合剂。在学习共同体中，将个体与群体、个人利益与群体利益、个人愿景与共同愿景相联系是学习共同体得以维系的基本要求。通过联系，学习者将小块的知识联结成大块的知识，将散乱的知识凝结成结构化的知识，推进认知结构的优化和升级，随着联系的内容和范围越来越大，联系的技能越来越熟练，学习者的知识拼图也越来越大。到一定的阶段，学习者能够跳出固有的联系，站上更高的层次建立新的联系，有能力"鸟瞰"自己的知识拼图，就会发现其中的颜色、层次、结构方面的缺陷，就会催生再往上走的愿望，新的更具结合能力、视野更广的联系随之建立，学习者从而不断扩大自己的视野，提高自己的视角，学习的广度和深度由此得到提升。

（二）主动型大学

学习型高校是积极主动的高校。大学要成为质量型机构，那么，正如联合国教科文组织所说，则大学必须加强学习和变革，成为主动型大学。[①]积极主动的大学具有主动性、高效性、实效性和卓越性。

主动型大学是提供高质量教育的地方，对学生进行积极的教育和准备，使他们能够更高效、更有效地履行广泛的公民和职业活动，包括最多样、最新和最专业的活动。主动型大学公平对待每一个学生，积极实施促进社会公平的课程计划和活动。主动型大学是一个全面发展的社区，其任务是搜索、创造和传播知识，促进科学进步，参与创新和技术发展。主动型大

---

① Guzman A B D, Torres J R, "The University of Santo Tomas Viewed from the Lens of Total Quality Management: Implications to Total Quality Education," *Asia Pacific Education Review*, 2004 (1), pp. 88–99.

学为学生创建一个以质量和知识为前提的学习环境，向未来的毕业生传递坚持不懈地寻求知识的承诺，增强他们的责任感，使教育成为社会发展的工具。主动型大学是一个促进知识更新和持续改进的地方。主动型大学鼓励和积极支持与工业和服务部门合作，共同促进地区和国家经济发展。主动型大学珍视批判性思维，鼓励教师和学生分析和讨论地方、区域、国家和国际问题及其解决办法，鼓励个人积极参与与社会、文化和精神进步有关的讨论。主动型大学是一个政府和其他机构能够寻找可靠信息的地方，这些信息是政府和机构决策以及鼓励公众参与决策所必需的。主动型大学是一个学术社区，其成员遵循学术自由的原则，致力于探索真理，致力于促进和捍卫民主、社会正义和宽容，并参与社区和世界，对参与文化发展的个人进行教育和培训。主动型大学是能够适应当代生活的节奏和地区、国家的不同特点的大学。

（三）常新型大学

传统大学是相对静态的大学，组织更新不受重视，更不被鼓励。而在质量学习的视角下，组织的固化是质量发展的障碍因素，大学要成为质量组织，就必须进行必要的组织更新。"组织更新"（Organization Renewal）是指一个组织不断改变自身的能力，是组织生存的必要条件。[1] 组织更新是一个协调组织稳定和变化的需要的过程。组织学习是实现组织更新过程的主要手段之一。组织更新存在着不同的策略，如精简规模、业务流程再造、重组、流程创新、学习小组、转型、时间调整、工作调整、协同发展等。组织更新是"学习经济"中组织所面临的巨大挑战之一。[2] 在动态的环境下，组织必须超越成本效率的方法，寻求灵活性、创造性、创新性、客户满意度和新信息技术的开发，并将自身定位于对更复杂的变化做出快速反应的组织。

组织更新是大学应对环境挑战的需要。大学的生存发展取决于它对其环境的响应能力。高校的发展环境是动态的，充满不确定性和潜在威胁。

---

[1] Teece D J, Pisano G, Shuen A, "Dynamic Capabilities and Strategic Management," *Strategic Management Journal*, 1997 (7), pp. 509 – 533.

[2] Bengt-åke Lundvall, Björn Johnson, "The Learning Economy," *Industry & Innovation*, 1994 (2), pp. 23 – 42.

现代高校为了适应环境变化，构建起了一个由专业管理人员、专业管理机构组成的内部治理体系。在组织学习中，大学高层领导和职能部门需要承担监控学校的环境接口、确定适当的环境适应策略、开发有效的环境压力缓冲机制的职责。学校领导既要关注环境资源，又要关注资源关系，还要关注资源的管理以及学校与其环境之间的资源关系的管理。公立大学需要努力培育新的资源，减少对单一的国家财政经费的依赖性。

组织更新是大学满足不断变化的外部环境的需要。学术消费主义的兴起是二战后高等教育的重大现象。[①] 在某种程度上，中国高等教育已经进入买方市场阶段，教育消费者的权利不断得到认可和强化，高等教育的市场模式有助于其作为一个重要的潜力巨大的现代服务行业具有的合法性。纳税人、毕业生、用人机构和个人、研究资助者、学生、政府都是重要的教育消费者，都各有其独特的教育产品和服务需求及相应的教育利益。当代教育消费者的特征是知情选择的意识和能力较强、教育需求趋向优质化、教育需求随着时间的变化而发展变化、教育需求的多样化等。同时，教育消费者的偏好和满意度被提升到新的高度。在教育需求和消费者利益成为关键词的背景和趋势下，大学需要及时更新其内部组织机构，更新学术服务的方式方法，更新学习支持系统。学术消费主义有其不可避免的弊端，但对环境需求的满足能力的强调必然是个大趋势，不以人的意志为转移。因此，主动对接外部需求，通过组织学习、组织更新不断提升教育需求满足能力，是新时代大学迈向质量大学的必然选择。

组织更新是大学跟上知识发展节奏的需要。"学习经济"存在的基础是"知识经济"。在知识经济社会，知识的使用价值、交换价值不断增加，这已经成为后工业社会的核心特征。大学作为知识型组织，需要根据知识的交换价值和使用价值的增值，对教学科目和学术人员进行重组。[②] 不但知识的价值不断增值，知识的形态和内容也在不断增值，这更多是由日益活跃的知识创新和创意驱动的。我国实施的创新驱动发展战略，以及近年来不断涌现的创新活动和创意产业，重要目的之一就是知识的创造和传播及其

[①] Gumport P J, "Academic Restructuring: Organizational Change and Institutional Imperatives," *Higher Education*, 2000 (39), pp. 67–91.

[②] Gumport P J, "Academic Restructuring: Organizational Change and Institutional Imperatives," *Higher Education*, 2000 (39), pp. 67–91.

市场价值的不断增长。大学是开展"双创"教育的主力军,是知识创新的重要基地。在知识发展的视角下,大学需要被理解为一个知识处理系统,知识应被视为学术工作和学术工作者的核心。大学要扮演好知识创新的角色,有效发挥作用,就必须因应知识的发展创新而持续推动内部组织机构的更新。

(四) 知识型大学

知识型大学是以汇聚知识资源、依靠知识创新能力和优势获取组织竞争优势、拓展生存空间、争取发展前景的高校形态。知识型大学是我国实施创新驱动战略、科教兴国战略、人才强国战略和建设质量强国的重要组织基础。高校面临着创新性、响应性、主动性和代表性的挑战。从战略的角度来看,高校可以利用其知识创新能力,使自己与其他高校区别开来,创造独特的竞争优势,证明其教育产品和服务对用人单位和其他利益相关者具有相关性、价值和影响。

知识管理是推动知识型大学建设的关键。德·雅尼特(De Jarnett)将知识管理定义为包括知识创造、知识解释、知识传播、知识使用以及知识保留和提炼的系统性工作。[1] 布鲁金(Brooking)认为,知识管理是一种涉及以人力为中心的资产管理战略和策略活动。[2] 昆塔斯(Quintas)等人提出知识管理是一个批判性管理知识的过程,组织识别和利用知识资产,并开发新的机会,满足组织的需要。[3]

从过程的角度来看,知识管理包括知识存储与检索、知识获取、知识创造、知识转移和知识应用。知识获取不仅涉及对有用信息的存储,还涉及对信息的评估、共享和解释。组织应建立处理信息的质量和有用性的机制和有用信息的访问、分享机制。针对显性知识与隐性知识的不同,知识的转移有编码和个性化两种策略。编码模式依赖于使用知识数据库,将学习者与可重复使用的编码知识联系起来。知识转移的个性化模式更多地依

---

[1] De Jarnett L, "Knowledge the Latest Thing: Information Strategy," *The Executives Journal*, 1999 (2), pp. 3 – 5.

[2] Brooking A, "Capturing Knowledge within the Organization," in *Corporate Memory: Strategies for Knowledge Management*, London: International Thomson Business Press, 1999, pp. 61 – 75.

[3] Quintas P, Lefrere P, Jones G, "Knowledge Management: A Strategic Agenda," *Long Range Planning*, 1997 (3), pp. 385 – 391.

赖于个人之间的直接互动，学习通过与专家、同行和其他人的直接互动进行。[①] 知识应用与组织创新有密切联系。黑格（Hage）指出，组织创新可以定义为组织采用新的想法或行为。[②] 贝茨（Bates）和卡索内（Khasawneh）认为创新等同于新知识和新实践模式的采用和应用。[③] 创新还包括组织开发新的和更好的产品、服务和工作流程或程序时采用或创建新想法并实施这些想法的能力。知识应用与组织创新有相似的模式，如将隐性知识转化为显性知识，并利用相似的工具，如采用经验群体、质量圈等。具有创新能力的组织有能力将员工的知识和想法转化为产品和服务，以满足客户的需求。创新可以是新产品、新服务、新技术，也可以是新的管理实践。

对于高校来说，学术研究围绕知识创造进行；教学活动对教师来说是知识的转移，对学生来说是知识的获取；社会服务重在知识的应用，也包括知识的转移；图书资料和信息服务则主要属于知识存储与检索、行政和后勤支持主要是知识的应用。高校对知识的创造、应用、获取、转移都应以创新为导向，强调组织创新，争取教育产品、服务、教育教学模式和管理模式能有创新性的发展。

知识管理为高校提供了积累知识、提高创新能力和展示价值的手段。高校本就是围绕一定的系统性知识进行建构的，是同时兼顾知识的传授（育人）和知识的发现与创新（学术研究）和知识的服务（社会服务）于一体的组织。而科研院所和知识服务型组织则不具有这种知识的综合性。作为开展综合性知识活动的组织，高校有必要对自己的核心资产——知识资源进行专门的、系统的管理和发展。知识管理是高校有效管理知识资源的一个完整的业务功能和解决方案。

高校是一个独特的知识资源和能力组合，高校知识管理的首要任务是通过现有资源和能力的优化部署，最大限度地提高资源价值，同时为未来发展奠定知识资源基础。如上文所述，高校应当成为学习型组织，而高校

[①] Hansen D E, "Knowledge Transfer in Online Learning Environments," *Journal of Marketing Education*, 2008（2）, pp. 93-105.

[②] Hage J T, "Organizational Innovation and Organizational Change," *Annual Review of Sociology*, 1999（25）, pp. 597-622.

[③] Bates R, Khasawneh S, "Organizational Learning Culture, Learning Transfer Climate and Perceived Innovation in Jordanian Organizations," *International Journal of Training & Development*, 2010（2）, pp. 96-109.

推进组织学习的目的应当是最大化学校的知识库。高校进行知识管理的目的则包括最大化知识库（包括积累知识和创造知识）和应用知识。学习是获取知识的过程，反过来说，知识是通过学习来发展的。[①] 一个组织如果不能不断地学习、获取和创造新的知识，就无法保持竞争优势。组织学习是组织对信息的有效处理、解释和响应，知识的每一个方面都有相应的组织学习活动来支持它，组织应通过丰富的创造、分享和使用知识的活动来推动学习进步。组织学习使组织成员获得知识和发展技能，高校的知识管理系统要有利于推动学习型组织的建设。

如果组织文化具有支持知识交流和学习的环境，那么组织的知识管理活动将更加有效。在组织学习中，合适的组织文化和环境是组织实施知识管理的关键因素。文化的本质是价值观、信仰和假设，随着这些价值观、信仰和假设不断被学习、共享，它们逐渐被视为理所当然，沉淀到文化体系中。高校应当建立支持学习的思想、价值观和信仰体系，为知识管理活动提供行为规范。在高校的组织学习中，支持性文化可以帮助教职员工和学生获取信息、分享学习经验，相互之间提供反馈意见、认可和精神激励。

学习策略对知识管理也有重要影响，不同的学习策略会带来不同的知识结果。高校应实施支持教职员工和学生等成员间共享知识、协作学习并建立信赖关系的组织学习策略。共享型学习策略有利于组织中知识的创造和扩大组织的知识库。在一个组织中，知识不仅存储在个人身上，而且也存储在组织内部。当组织成员愿意合作学习、分享知识时，组织中的知识创造过程就会得到推动。高校实施分享型学习策略，其实也是一种知识创造策略。当教师和学生对学校知识库都乐于投入，愿意分享，知识库的知识基因就会多样，多样的知识基因不断作用、分化组合，就会产生新的"杂交"知识，知识的化合作用带动着新知识的产生，新知识的产生又激励着教师和学生进一步向知识库分享和贡献。因此，高校知识管理的主要策略之一是创造成员之间、成员与学校整体之间互动的学习环境，加强彼此的知识基础，扩大学校的知识库，带动学校知识创造。

技术和组织学习过程的结合可以促进知识管理。在信息化时代，高校

---

① Loermans J, "Synergizing the Learning Organization and Knowledge Management," *Journal of Knowledge Management*, 2002 (3), pp. 285 – 294.

知识管理需要一个现代信息技术支撑的知识管理信息系统提供支持。通过这个系统,学校成员之间、成员与机构之间、机构与机构之间共享知识和信息,并变得更具创新性。

高校仅拥有知识作为其资源是不够的。知识既可以成为高校发展的资本,也可能成为高校发展的负担。如果高校将拥有的学科和专业性知识作为一种稀有的财富而珍藏起来,不与丰富的实践需求、与外部需求对接,不实现其价值潜力,这样的知识导向只能给学校发展带来负面影响。正如历史上的传统大学,建有有形或无形的围墙,刻意与社会保持距离,执着于追求知识的高深性和纯粹性,对社会的发展贡献不大,这样的大学曾饱受诟病。高校的知识管理系统应强调知识的创新性应用和知识的创造、开发。在知识型社会,高校在知识的应用和创新中应起好带头带动作用。人才培养中的创新教育应受到足够的重视。科研活动更应当以创新为导向。除基础理论研究外,高校尤其是应用型高校,应加强对接社会需求的应用型研究,推动知识的创新型应用。

二　质量改进团队法

(一) 质量改进团队

质量改进团队是组织中围绕组织的发展战略、目标和工作中存在的问题,以提高质量、降低成本、提高效益和人的素质为目的组织起来的,运用质量发展的理论和方法开展活动的小组。

质量改进团队的特点有:第一,自主性,员工自愿参与,实行自主管理、自我教育、自我提高、相互启发;第二,群众性,人人参与,献计献策,充分发挥群众优势,组内平等,相互尊重,提倡自我实现;第三,民主性,小组是一种民主管理的形式,在活动中发扬民主,各抒己见,集思广益,各显其能,实现共同目标。

质量改进团队一般由5—11人构成,成员通常来自同一工作职能的同一部门,也可包括其他部门成员。组长是团队的核心人物,要有娴熟的专业技能,还要有一定的组织和领导能力。组长要在活动中起到引导和必要的约束作用。

高校可以利用多学科和专业人才资源富集的优势建立质量改进团队，推进学校的质量发展。使用团队进行质量改进可以追溯到 20 世纪 30 年代，工业质量专家如朱兰的质量小组。质量改进团队通常由数人组成，每个成员都具有自己的知识或技能优势，彼此优势互补，协同攻关。质量改进小组往往围绕具体的质量改进项目或任务开展工作，可以是正式的组织，也可以是非正式组织，可以跨部门，也可以由部门内部成员组成。

质量改进团队中的重要任务是形成质量改进方案，构建质量改进模型，以供学校较大范围内的人员使用，改进工作质量。质量改进模型提供了一个路线图，帮助团队成员深入探索正在研究的质量工作的内容和流程，让关键员工参与进来，并依靠科学的方法来指导决策。[1] 除了指导改进工作外，质量改进模型还建立共同的词汇表和方法包，供相关人员使用。

建立和实施质量改进模型分为前后相继的四个步骤。[2] 第一，项目定义和组织：列出和优选问题；定义质量改进项目。第二，诊断之旅：分析质量问题的症状；推测原因；验证所推测的原因；识别深层原因。第三，补救之旅：考虑可选择的解决办法；设计解决办法和控制方案；应对变革阻力；实施解决办法和控制方案。第四，获得结果：检查质量改进绩效；建立监控系统。

（二）质量改进项目方法

质量改进模型会针对质量改进项目选用相关的质量改进方法。这些方法一般都源自工业和商业领域，有较长的发展和使用历史，相对比较成熟，在医疗卫生、法律服务、教育培训等领域也都有较多的应用。如质量项目和目标的确定可以用关键成功因素法。

抓住主要矛盾是质量发展的重要方法论。全面质量管理的一个挑战是它涉及组织内外的方方面面，管理者容易迷失在大大小小的质量因素中而不得要领。在质量管理中，很多事情都可能吸引主体的注意力，但对质量具有重要价值的事情才值得花费时间和精力。全面质量管理方法成功的前提是要先搞清楚质量对象的关键点，这些关键点就是关键成功因素（Critical

---

[1] Plsek P E, "Quality Improvement Models," *Quality Management in Health Care*, 1993 (2), pp. 69 – 81.

[2] Plsek P E, Onnias A, Early J, *Quality Improvement Tools*, Juran Institute, 1989.

Success Factors，CSF）。关键成功因素能让人在正确的对象上开展工作，并朝着同一个目标攀登。[1] 关键成功因素概念由威廉·泽尼（William Zani）教授于 1970 年提出。保罗·肖恩梅克尔（Paul J. H. Schoenmmaker）将关键成功因素定义为某个产业中，某些活动、资源与能力对成功的影响超过其他的活动、资源与能力，这就是关键成功因素。[2] 关键成功因素就是能够确保组织生存、成长、强大、竞争的少数影响因素，它们存在于少数几个领域中，在这些领域中，事物必须朝着正确的方向发展才能使组织成功，而且组织在这些领域的成果必须足够充分。1980 年，麻省理工学院洛克（Rockart）教授把关键成功因素组织运用到管理信息系统的战略规划中，认为一个组织的信息需求是由少数的几个关键成功因素决定的，关键成功因素是帮助组织达到一定的目标所不可缺少的业务、技术、资金以及人力因素，是由工业、企业、管理者和外部环境因素所形成的，高层管理人员尤其应当将目光聚焦在关键成功因素。组织在确定关键成功因素后，应将这些因素体现在质量战略、质量方针、质量制度等质量发展顶层设计中，并通过组织运行把这些因素的潜在价值体现出来。

通过关键成功因素开展组织管理、提升组织质量的方法称为关键成功因素法。关键成功因素法是组织根据机构整体目标，识别机构的关键成功因素与核心竞争力，以及这些因素的性能指标，然后，根据这些因素为组织发掘新的机遇，确定组织分配资源的优先级别。关键成功因素法的特点是能抓住主要矛盾，使得目标识别突出重点，抓住主次。关键成功因素法的基本步骤包括确定组织的战略目标；识别组织的所有成功因素；确定组织的关键成功因素；制定各关键成功因素的绩效指标和标准。

质量过程的描述和优化有流程图、系统图、PDPC 法（过程决策程序图法）、因果分析图、标杆瞄准法等多种工具可用。流程图以图形方式描述工作过程中的步骤顺序。在高等教育中，流程图可以体现招生的流程、教学管理的流程、学习评估的流程、学习服务的流程、科研项目管理流程等。通过流程图，质量改进团队记录活动的顺序，发现多余的步骤、浪费的工

---

[1] Susan D, "Make Sure Your Employees' Emotional Needs Are Met," *Harvard Business Review Digital Articles*, 2014（07），p. 2.
[2] 中国 IT 治理研究中心：《关键成功因素的内涵包括哪些方面》, http://www.itgov.org.cn/Item/3068.Aspx，最后访问日期：2018 年 7 月 20 日。

作和不必要的复杂性。在这种情况下，质量改进可以是一个简单的常识问题。

系统图也叫树图，为达到目的，需要选择手段，上一个目的又与下一个手段相联系，这种目的和手段相互联系起来逐级展开的图形就叫系统图。它可系统分析问题的原因并确定解决问题的方法。

过程决策程序图法即为了完成某个任务或达到某个目标，在制订行动计划或进行方案设计时，预测可能出现的障碍和结果，并相应地提出多种应变计划的一种方法。该法不是从局部，而是从全局、整体掌握系统的状态，因而可作全局性判断。

因果分析图也叫特性要因图、鱼骨图，指对原因—结果、目的—手段等关系复杂而相互纠缠的问题，在逻辑上用箭头把各要素间的因果关系连接起来，从而找出主要因素和项目的方法。使用因果分析图，可以防止质量改进小组陷入思考障碍，是解决问题的好工具。在质量问题思考中常见的思考障碍包括自我限制、想原因与作判断同时进行、思考与记忆互相干扰、想原因与想对策混杂、未系统化而无法专注等。特性要因图帮助质量改进小组深入掌握问题的因果，并彻底的分析原因。小组成员的联想力互动激发各自的想象，互相讨论，使小组成员对问题原因的看法趋于一致。因果分析图制作的重点应放在"为什么"而不是解决问题。为了确保全面的思考，因果分析通常综合考虑人、设备、物资、信息、方法、测量、环境等各种基本因素的关系。

标杆瞄准法重在过程改进，也称水平比较或标杆管理。标杆是指经营绩效被视为业界典范的组织。标杆瞄准法的基本思想是寻找一个标杆组织，研究其各个先进指标和成功要素，向其对标学习，发现并解决组织自身的问题，最终赶上和超越它。标杆比较有三种类型。第一种是内部标杆比较：在组织内部、部门之间、现场之间进行比较。第二种是竞争性标杆比较：将本组织的绩效水平与竞争对手进行比较，与同业最佳组织进行比较。第三种是一般性标杆比较：是对所有行业而言的一种标杆比较，找到改进的机会。

标杆瞄准是高校向行业内的优秀院校和其他机构学习和提高的行之有效的好方法。有效的质量发展应当知己知彼，对兄弟院校的最佳办学模式进行分析，或对其他行业中运用相同或相似流程的先进组织进行分析，通过与最强竞争对手或公认的行业领先者进行对照，高校可以对本校的教育产品和服务以及发展方式进行衡量，对自己的不足进行改进。标杆高校或其他组织不仅提供了比较标准，也提供了自我评价并进行改进的途径，实质上是质量持续改进的一种方法。标杆瞄准从标准化的比较测量开始，深入地了解为什么两个组织看似相似的过程之间存在如此大的表现差异。标杆瞄准并不是简单比较组织之间的绩效指标，更重要的是要分析标杆组织比本组织和其他组织表现更好的深层次原因。知道为什么事情会更好是改善自己的关键。深层次原因的发现可以通过多种方法，但实地考察往往是比较可靠的。花时间去细致观察标杆组织的运行、管理的细节，获取丰富的一手资料，客观记录，再结合更多的材料系统分析，但实地考察需要花费较高的时间成本。高校之间可以通过行业学会、联盟组织等，集中收集成员单位的绩效信息，进行大数据分析，筛选最佳实践，并总结背后的原因，提出高校改进质量的建议。这种方法可以节约时间成本。但收集的数据的可靠性往往不能从根本上得到保证，也不能获取丰富的细节性信息。

数据收集和分析是原因分析和提出对策的基础。数据收集从一个特定问题的表述开始，如教授给本科生授课的比例是多少？平均每周授课时数有多少？在形成特定的问题之后，质量改进团队通常使用简单的检查表、数据表、访谈、问卷等来收集数据。检查表是一种用于收集数据的表单，通过它可以直接从表单中分析数据。数据表是记录数据的一种形式，需要对其进行额外的处理。数据收集自然会导致数据分析，数据分析的目的是为建设性的质量变化服务，这种分析必须足够简单，以便工作过程中的每个人都能理解。再使用计算统计方法，如方差分析和t检验等，但简单的图形分析方法是首选，因为该分析方法直观，易于理解。因此，从方便理解的角度看，条形图、柱状图、折线图、散点图等简单图形分析工具可以成为高等质量改进项目中数据分析的主要工具。

工作协调是质量改进模型的重要内容。工作协作对质量改进非常关键，广泛的员工参与和跨越传统边界的合作是质量改进的关键原则。高校办学是一个相互依赖的资源系统，其基本功能的运行状况主要取决于学校成员和部门彼此之间的沟通协作程度。找到工作协作问题的解决方案，可以采用头脑风暴法、名义小组法、焦点群组法、冲突解决法等方法。

头脑风暴法又称脑力激励法，可以有效识别问题的可能解决办法和潜在的质量改进机会,一般用在分析讨论会议中。讨论中的原则包括不批评和反对他人的意见;尽情地想象,自由地发言,真正做到知无不言、言无不尽;提出的观点越多越好;与别人的意见相结合,不断启发和改进自己的想法;对任何人的想法包括相反意见都要如实记录,一是获得全面的信息,二是给个人以重视感,从心理上感召他人多发表意见。

名义小组法是一种定性分析方法。当质量改进小组面对信息不完全的问题时、当质量问题与小组成员的主观意愿关系密切时、当质量问题十分复杂时、当质量改进小组对问题的性质不完全了解时、当小组成员意见分歧严重时,可采用名义小组法。在使用该方法时,小组成员互不通气,也不在一起讨论,这时候的小组只是名义上的,这样可以有效激发每个成员的创造力和想象力,同时避免负面的群体思维。名义小组法的一般步骤是针对需要解决或要决策的问题,每个小组成员进行资料收集、独立分析、思考,每个成员尽可能把自己的备选方案和意见写下来,然后让小组成员逐一陈述自己的方案和意见。在此基础上,由小组成员对提出的全部备选方案进行排序或投票,根据排序或投票结果,得出首选或前几位的方案。

焦点小组法(Focus Group)即由质量改进小组成员针对需要分析研究的质量问题,精心挑选被调查者组成临时小组,对他们进行半结构化的座谈,通过座谈获取对问题有用的较为深入的信息。小组成员的挑选要尽量考虑多样性,临时小组成员针对主持人的问题,进行自由讨论,讨论中经常会涌现出一些意想不到的观点或发现。作为主持人的质量改进小组成员的职责是充当主持人,组织讨论,营造活跃的气氛,调动大家积极发言,但主持人自己不能参与讨论,发表观点,或者说诱导性的话,这些做法都会影响结果的真实性。

冲突解决法即质量改进小组在进行质量问题分析和决策时面临较为严重的意见冲突时的应对方法,包括一系列基本的冲突应对办法。一是协商解决,由相对中立、未陷入意见冲突中的小组成员充当主持人,组织冲突双方直面问题,公开对话,双方一起积极交流意见,心平气和地重新分析问题,充分表达观点,耐心听取对方的观点,最后得出一个双方认可的方案。二是合作解决,当小组成员意见不一,暂时没有得出一个多数人同意的意见时,可以多组织几次讨论,每个成员都可试图说服别人,摆事实、讲道理,接下来从外部邀请第三方人员充当主持人,综合考虑不同的观点和意见，引导各方达成一致意见。三是妥协解决，小组成员协商并且寻找一种能够使冲突各方都有一定程度满意、但允许大家保留意见、大家各让一步的解决方案。四是包容解决，为了不影响整体工作进度，在面临不影响大局的细节问题时，小组成员求同存异，淡化不一致的一面，以包容的心态寻求一致，先把工作做完，可以先搁置问题寻求其他时间处理意见冲突。当冲突比较大、影响士气、信任甚至严重影响整个质量改进小组的存在时，可以果断先搁置争议，跳出冲突，大家都选择从冲突的问题中后撤一步，以缓解事态的进一步恶化。在这些方法中，协商解决是相对比较好的。

过程重新设计也是质量改进模型的重要内容，过程重新设计首先是质量改进小组根据顾客需求分析定义新流程的目标。接下来使用上文所述的关键成功因素法、焦点群组等方法对工作流程进行重新设计，构建理想工作过程流程图。流程图的关键是解决个人和部门之间的内部交接，这些地方经常是流程故障的根源。接下来，质量改进小组使用故障验证和效果分析等技术，逐步检查验证理想的工作过程流程图。最后，质量改进小组调整优化工作过程流程图，确立质量测量和控制机制。

三　动态系统方法

（一）高等教育质量作为动态系统

"万物皆为一系统。" 20 世纪 30 年代，一般系统论创始人贝塔朗菲首次提出"相互作用的诸要素的综合体就是系统"。20 世纪 60 年代，我国著名科学家钱学森说，"把极其复杂的研究对象称为系统，即相互作用和相互依赖的若干组成部分结合成具有特定功能的有机整体，而且这个'系统'本身又是它所从属的更大系统的组成部分"。国际标准组织（ISO）将系统定义为"相互关联或相互作用的一组要素"。组织作为人造系统具有集合性、环境适应性等系统特性。

系统具有以下特性：系统是由许多部分组成的整体；每一个系统单元都有明确的目的；系统的每个部分都将对系统的目的做出贡献，但任何部分单独无法实现系统的目的；尽管系统的每一部分有其本身的目的，但它们靠合作来影响整个系统，系统各部分之间具有相互依赖性，依赖性越强，就越需要交流和合作；人们可以从部分如何配合系统来了解该部分，但无法从每一个部分来了解该系统；分析部分之间的互动有助于了解系统的运作，但要了解系统则必须求助于更大的系统；先了解系统的目的、互动和依赖关系才能了解系统，分析工作需要观察的部分，综合工作必须查看整体；组织既是一个复杂的社会系统，又是一个技术系统。

动态系统理论（Dynamic Systems Theory）是数学的一个分支，最初是关于非常简单的系统的，例如双摆中的两个耦合变量。尽管这样一个系统只有两个相互作用的变量，但系统的轨迹是复杂的，后来应用于复杂的系统，如一个社会或一个人，其中有无数的变量；如学习者是一组相互作用的变量组成的复杂系统。动态系统就是随变量相互耦合变化而变化的复杂系统。

动态系统的特点是所谓的完全互联性（Complete Connectedness）：所有变量都是相互关联的，一个变量变化将对系统所有其他变量产生影响。因此，在许多复杂的系统中，随着时间的推移，系统发展的结果不能被精确地计算出来，是因为交互作用的变量随着时间和这些交互作用的结果而不断变化。动态系统是嵌套的，每个系统总是另一个系统的一部分。随着时间的推移，动态子系统停留在特定的状态，即所谓的吸引状态（Atractor States）。不受欢迎的状态称为排斥状态（Repeller States）。吸引状态是暂时的而不是固定的，主要取决于吸引的强度。[1]

动态系统的发展高度依赖于它们的初始状态。从长远来看，初始的微小差异可能会产生巨大的后果，这就是所谓的蝴蝶效应。与此相关的是非线性的概念，即系统的初始扰动的大小和长期影响之间存在非线性关系。一些微小的变化可能会导致巨大的影响，而主要的扰动可能会被系统吸收而没有太大的变化，对初始条件的敏感性可能取决于一个或多个关键变量。当系统处于混沌状态时，初始条件往往变得特别相关。

无论其初始状态如何，系统都在不断变化，它们通过与环境的互动和内部的自我重组而发展。系统要素间的相互作用是非线性的，与时间有关。这种相互作用具有创造模式的内在倾向。因为系统不断地在变化，这使得

---

[1] De Bot K, Lowie W, Verspoor M, "A Dynamic Systems Theory Approach to Second Language Acquisition," *Bilingualism: Language and Cognition*, 2007 (1), p.8.

它们对给定时间点的特定输入和其他时间点的某些输入敏感。系统的发展依赖于资源，当系统没有额外的物质、能量和信息输入时，系统就将趋于静止。

高校是一个动态系统。高校内部各因素相互作用，共同促进目标的实现，这其中的要素、过程、职能、活动随着时间的变化而动态发展的总和就是动态系统。系统中的所有元素是相互关联、共同作用的。系统各部分之间的相互依赖越高，就越需要各要素之间的沟通与合作，整体性的发展也越重要。高校作为一个动态系统必须进行物质、能量和信息的交换，加以发展。

高等教育质量发展也是动态系统。如果说"全面质量管理"注意到了质量发展的全面性的话，动态系统的方法则注意到了质量发展各个要素、点、面之间的联系，还注意到了质量发展的动态性，这就是高等教育质量发展的动态系统方法论和工具。

高等教育质量是变化的、波动的，不是静止不变的。高等教育质量受到一系列主客观因素的影响不停地变化着，这就是教育质量的变异性，也称为质量波动性。传统模式下，教育"产品"尤其学生的质量主要被定义为所培养学生的素养与教育目标尤其是"人才规格"的对比的情况。在动态系统观下，高等教育质量被辩证地看成受一系列因素的影响、不停变化着的。

在动态系统理论下，质量的动态发展是更高层次的质量管理。高等教育质量发展动态系统以开放性复杂动态系统理论为依据，把高等教育质量相关的系统内部各要素、结构、过程，以及系统外的其他关联因素放到一起动态地分析，即把高等教育质量放在一个网络中，是对传统的"内部""外部"或"宏观""微观"等单一或二元分析模式的发展。

（二）质量发展动态系统方法

高等教育质量发展采用动态系统方法，就是要把高等教育质量体系作为一个动态的大系统，对系统的各个过程加以识别、理解和管理，以实现质量方针和质量目标。

1. 系统分析方法

对各种质量因素进行系统分析是构建质量发展系统的基础性工作。影响高等教育质量的因素称为质量因素。质量因素包括偶然因素和异常因素。偶然因素对高等教育质量的影响微小，但始终存在，学生间、学校间偶然因素的影响是不同的，偶然因素难以去除。偶然因素对教育质量的影响是微小的，同时又是不可避免的，因此对于偶然因素可以忽略。异常因素对高等教育质量的影响较大，它由某种原因产生，并不始终存在，它在技术上和经济上都是可以去除的。异常因素引起的教育质量的波动过大，应加以注意，想办法排除。

系统分析方法即运用科学的工具和方法，对系统的目的、功能、环境、费用、效益等进行充分的调查研究，通过数据处理和模型化方法，发现问题，得出结论，为优选决策提供依据。根据分析的对象不同，分析的问题不同，系统分析的具体方法也不同。系统分析方法总的分为定性方法、定量方法、综合方法三大类。定量方法适用于系统结构清楚、信息准确、可建立相应的数学模型等情况，常用的定量系统分析方法包括如成本效益分析法、量本利分析法等。[①] 定性系统分析方法包括目标手段分析法、KJ法、CATWOE分析方法等。常用的系统综合分析法有排队打分法、两两比较法、连环比率法等。

成本效益分析是通过比较项目的全部成本和效益来评估项目价值的一种方法，常用于评估需要量化社会效益的公共事业项目的价值，因此适用于高等教育领域。高校不仅需要想方设法提高教育质量，提升竞争力，提高学术效益和社会效益，而且还要加强办学成本控制，提高经济效益。也就是说，高校需要在"开源"的同时，注意"节流"。其基本原理是针对某项高等教育目标，提出若干实现该目标的方案，运用一定的技术方法，计算出每种方案的成本和收益，通过比较方法，并依据一定的原则，选择出最优的决策方案。其基本步骤为确定某一高等教育项目可以达到的目标；对实现目标的各种方案进行设计和调查，计算相应的成本和效益；根据计算结果选择成本效益最优方案。

量本利分析法全称为产量成本利润分析或盈亏平衡分析，是通过分析企业的生产成本、销售利润和产品数量的关系，计算出组织的盈亏平衡点，帮助企业寻找降低成本、增加利润的方法。虽然量本利分析法主要适用于

---

① 孙东川、林福永：《系统工程引论》，清华大学出版社，2004。

企业，但高校在后勤管理中完全可以借鉴盈亏平衡分析的模式，尽量提高管理效率。

目标手段分析法就是将要达到的目标和所需要的手段按照系统展开，将需要达到的问题的目标状态分成若干子目标，通过实现一系列的子目标最终达到总目标。其基本步骤为比较初始状态和目标状态，提出一个子目标；找出完成该子目标的方法；实现该子目标；提出新的子目标。目标手段分析法是一种不断减少当前状态与目标状态之间的差距而逐步前进的策略。高等教育质量发展也是一种实现子目标、提出新目标、实现新目标从而不断得到提升的持续不断的过程。高等教育质量发展是一种较为复杂的过程，很难一次性达到总目标，有时候还有不少困难或障碍，进展与目标间的差异很难消除，这时应引入困难较小的差异或暂时扩大某种差异，以利消除较困难的差异。这实际上也是一种障碍排除法，子目标其实就是子障碍。一个个子目标被实现的过程，也就是一个个子障碍被排除的过程。

KJ 法由日本学者 Kauakida Jir 提出，是把大量收集到的针对某一特定主题的事实、意见或构思等语言资料，根据它们的相近性进行分类综合的一种方法。① 其原理是将不同的信息做成卡片，根据这些卡片的内在相互关系（亲和性）加以归纳整理合并，最终找出解决问题新途径的方法。收集语言资料的方法包括直接观察法、文献调查法、会面调查法、个人思考法，包括回忆法、内省法、个人头脑风暴法等。可以采用绘图的方式，利用资料间的内在关系作成亲和图，直观地展示资料间的紧密程度，帮助找到所要解决的问题和解决问题的办法。可以利用这种方法收集专家学者对于某个高等教育质量发展问题的意见建议，把专家们的不同意见、想法和经验原原本本地收集起来，并根据这些资料间的亲近关系予以归类整理，从中发现问题的解决方法。这种方法有利于打破问题现状，进行创造性思维，发现问题的症结，促进问题解决。KJ 法适用于时间较长、不容易解决而非解决不可的问题。

CATWOE 分析方法是 20 世纪 60 年代系统工程教授彼得·切克兰德提出的一种软系统方法，主要内容是在定义问题之前首先要识别出所有和问题相关的因素，通过观察人和系统是如何影响形势的发展，识别出需要解

---

① 戴菲、章俊华：《规划设计学中的调查方法 7——KJ 法》，《中国园林》2009 年第 5 期。

决的关键问题。① 观察的主要因素有六个方面：C 代表的客户、A 代表的行动者、T 代表的转变过程、W 代表的世界观、O 代表的拥有者、E 代表环境限制。从这六个因素或角度考虑问题，决策者的思考就会打开，不仅仅限于问题本身。该方法的基本步骤为定义所考虑的问题，对当前的形势进行描述；从 CATWOE 六个方面想出尽可能多的看法；分析 CATWOE 问题的答案；列出具体问题，着手解决问题。在高等教育质量发展中，我们经常会碰到一些比较新的问题或不熟悉的问题，CATWOE 是一种结构化的思维方式，能有效扩展我们对质量问题的看法，可以从多个角度看到问题的本质。

打分排队法最初是国际货币基金组织用于评价各个国家竞争能力大小的一种方法，主要用于国家竞争力评价排序，后用于对企业的综合评价排序。基本步骤为将所有评价单位的各单项评价指标值根据优劣排队；根据评价单位指标值计算各单项得分；根据各单项得分加权求出总得分；根据总分的多少对评价单位进行排序。该方法不仅适用于数值型变量，也适用于等级变量，因此适用于综合性评价问题，简便易于理解，便于操作。高等教育质量问题基本上都属于综合性问题，其分析评价可以采用打分排队法，找出评价单位之间的相对位置。

两两比较法就是将所有评价单位列在一起，两两配对比较，其价值较高者可得 1 分，反之得 0 分，将各评价单位所得分数相加，按分数高低将所有评价单位排序。利用该办法可以较为简便地得到各个变量间的排序，以利于决策。其核心内容有两项，一是准确列出评价要素，这是最重要的一项，二是进行循环比较。② 这种方法不需要对评价单位做定量打分，模糊其难以量化的一些属性，尤其适合于差别不大、属性很难量化的评价对象排序。高等教育中也有不少类似的情况，如评优评先中对同一个教研室或院系的教师进行排序推荐。

连环比率法即按指标排列顺序，通过连环比较的方法确定比率，然后再将各指标的比率转换为相对于基准指标的比率，从而确定权重。

2. 系统工程方法

系统工程方法是组织管理系统规划、研究、设计和使用的方法，是一

---

① Birgitta Bergvail-Kareborn etc., "Basic Principles of SSM Modeling: An Examination of CATWOE from a Soft Perspective," *Systemic Practice and Action Research*, 2004 (2), pp. 55 – 73.

② 陈刚：《两两比较排序法》，《经营管理者》2005 年第 5 期。

种对所有系统都具有普遍意义的科学方法。它要求按照系统的思想和观点来分析和处理组织管理所涉及的问题。[①] 系统工程方法把要决策的问题进行归类，确定问题边界，强调问题之间和内部因素之间的联系和整体性，针对主要问题、主要情况和全过程，运用有效工具进行全面的分析和处理。

高等教育系统需要建立一个动态质量发展系统，以最有效的途径实现质量发展目标。为达到目标，高校需要通过系统工程方法设计或策划各项措施和步骤，配置资源，形成一个完整的质量发展方案。

高等教育质量发展的系统工程方法具有综合性，在解决实际问题中所采用的方法方式多样，但一般来说主要有逻辑思维过程总体设计方法、综合研究方法、系统模型方法、价值评定法、系统控制方法等。这些方法相互关联，构成一个整体，共同服务于高等教育质量发展系统整体优化。

1969 年，美国学者霍尔提出了一个包括时间维、逻辑维和知识维的三维结构模型。其中时间维按时间顺序分为规划、拟订方案、系统研究、生产、安装、运转、更新等七个步骤；逻辑维按思维程序分为明确问题、设计系统目标、系统综合、系统分析、系统优化、决策、实施等七个步骤；知识维包括完成系统工程的各个阶段、步骤所需的专业知识。在高校教育质量发展中，明确问题是逻辑思维的第一步。明确问题就是高校对办学中的质量问题做到心中有数，多侧面、多角度对问题进行了解的过程。第二步是设计系统目标。对总目标、分目标和具体目标构成的目标体系也就是指标体系及其量化指标进行设计。要注意突出主要目标，不能面面俱到；要把决策者关心的综合性目标列出来，帮助决策者获得决策支持信息，增强目标的实用性。第三步是系统综合。即根据系统目标要求，综合加工信息，形成系统概念，这是一种创造性的工作，不是具体设计。第四步是系统分析，具体包括质量系统的环境分析、质量方案的可行性分析、教育活动分析等。第五步是系统优化。可以借助数学模型实现质量系统的优化，还应进行质量发展的多方案综合评定，形成推荐方案供质量决策参考。第六步是决策。决策者对质量发展推荐方案独立进行决策。最后是实施。将质量发展决策方案付诸实施。逻辑思维系统设计可借助框图形式直观地展

[①] 徐俊：《系统工程方法及其在国家可持续发展实验区评价中的应用》，《科技进步与对策》2006 年第 1 期。

示，把质量发展系统逻辑思维的步骤、方法、有关概念等有机地综合到一张纸上。

综合研究法就是借助多学科优势对高等教育质量系统进行综合性分析研究。综合研究比较复杂，必须按照一定的组织程序进行组织、协调、有序地开展研究。构造系统模型是系统工程的核心工作，在综合研究中，各个学科背景的专家在构造系统模型中密切配合，相互协同，共同推进研究工作。综合研究重在综合，因此高等教育质量工作的局部要服从系统的整体、专家个人要服从团队整体；要突出专家之间的知识互补和信息、成果共享。

系统模型是反映客观真实系统的模仿产物。系统模型分为数学模型、图解模型、结构模型等。数学模型就是应用数学符号和运算关系，来反映系统的结构和过程。图解模型指应用各种书面文字和符号来表现系统要素之间的相互关系，如作业流程图、环形图、线条图等都属于图解模型，图解模型主要用于定性分析。结构模型即应用关系符号和各种连线，来反映系统中各个要素的层次和相互关系。结构模型也主要用于定性分析。建立高等教育质量发展的系统模型，主要有以下步骤：第一步是问题分析，在系统综合的基础上，对质量对象所处的环境、系统的功能和目标进行分析；第二步是选择模型，在问题分析的基础上，选择上文所述的合适的模型来模拟真实的教育质量系统的运行过程；第三步是模型检验，通过各种工具对模型进行检验，根据评估信息进行必要的调整和完善。

系统模型的具体建立方法有多种，如脚本法、专家调查法、关联树法、解释结构模型、凯恩仿真模型、系统动力学等。① 其中解释结构模型法（Interpretative Structural Modeling，ISM）的重点是把复杂的系统分解为若干要素，辅以实践经验和计算机技术，最终将系统构造成一个多级递阶的结构模型，解释结构模型法可以将模糊不清的思想转化为直观的模型。解释结构模型法主要适用于变量众多、关系复杂而结构不清晰的系统分析、方案排序等，比较适合高等教育质量问题的系统分析。

实施解释结构模型法的基本步骤如下。第一，组成解释小组，小组成员一般在 10 人左右，小组成员对所要解决的问题都要关心，小组成员尽量

---

① 汪应络：《系统工程理论、方法与应用》，高等教育出版社，2002。

多样化，以获取多样化的观点。第二，明确需要解释的问题，对问题的界定需要获得全体小组成员的认可，以文字形式进行描述。第三，选择构成系统的要素，充分发挥各小组成员的经验，开动脑筋，每个小组成员分别把各自想到的问题要素写到纸上，由工作人员进行整理汇总。解释小组以汇总材料为基础开展充分的讨论、分析，提出构成系统要素的方案。经过多次讨论，小组成员形成共识，得到一个较为合理的系统要素方案。第四，根据系统要素方案构思模型。第五，建立结构模型。第六，建立解释结构模型。

价值评价法即对质量活动方案做出价值评定，给出优劣顺序，为质量决策提供依据。价值评价的难点是对质量发展的多目标问题进行综合性评价。由于目标众多，目标之间就存在对抗或不同步，如高校追求大的规模和高的教学水平，这往往很难同时办到。各个目标的标准往往不一样，不具有可比性，要找到一个方案满足所有的目标非常困难。多目标选优的基本方法是把不可比较的目标分解成单一的规格化的目标，然后从中选优。规格化即将目标所含的价值要素，如"有用性""重要性""严密性"等采用评分的方法加以模糊量化，是人们处理复杂问题的实用的评价工具。体育比赛中的不少比赛项目如跳水、艺术体操等的评价就是用这种规格化方法化解价值评价中的主观性难题。虽然每个评委的评分都具有主观性，但由于是根据事先制定的评分规则进行评价的，所以能够得到认可和接受。高等教育质量的评价也是一样的道理，其评价也是多目标系统选优，可以参照规格化方法实现价值评定的去争议化。高等教育质量对象的单目标评价方法有经验评分法和相对系数评分法，其中经验评分法包括模糊评分法和0、1累加评分法。模糊评分法即专家依靠自己的经验，对重要性、稳定性等模糊目标进行模糊量化评分，从中选优。0、1累加评分法也用于模糊目标评价，对方案的重要性进行两两对比，重要的记1分，不重要的记0分，然后根据分数累加得出方案排序。基本的多目标评价方法有直接求和法、算术平均值法、几何平均值法、加权法等。直接求和法即每个方案对应几个目标的评分累加起来，根据累加得分得出方案排序。算术平均值法即将每个方案对应几个目标累加起来求平均值，根据平均值大小得出方案排序。几何平均值法即将每个方案对应几个目标的得分进行联乘和开方得出每个方案的综合得分，据此得出方案排序。加权法即应用权重系数来反映评价者对高等教育质量发展不同目标的重视程度,体现评价者的意志和愿望。

系统控制是使系统能够按照预期目标运行所采取的一系列监督、纠正措施的总和。系统控制的目的是保证系统的整体最优化,对高等教育质量系统而言,其控制分为外部控制和内部控制。内部控制是在构建系统时就设计好系统的结构和功能的,以保证系统运行的整体协调。外部控制则主要依据对高等教育质量系统的运行状态和环境状态的观察而采取各种纠正措施,以保证系统整体的优化运行。系统控制包括控制对象、控制目标和控制措施三个基本要素。控制对象可以是系统整体,也可以是系统局部。系统控制通过信息进行联系、反馈。系统信息反馈分为事前控制的前馈、事后控制的后馈。其中前馈在高等教育质量系统控制中占有重要地位,必须随时收集环境信息的变化,及时调整行动策略,适应质量生存和竞争的需要。在高等教育质量系统控制中,教师、学生作为基本的系统要素具有情感维度、价值维度、道德维度和个性、人格等非智力因素差异以及认知结构的智力因素差异,这些因素普遍难以控制;高校的教育教学质量受高校的内部和外部多种因素的影响,质量的稳定性和质量提升的不可控性一直存在;教育教学质量的控制措施有课时、作息时间等时间控制,教材、培养方案等内容控制,考试、评优等评价控制,处分、开除等纪律控制,存在一定的随机性;教育系统对控制措施的响应比较慢,系统响应的时滞比较大,往往出现控制的反效应;控制的前提条件是准确及时的信息反馈,而我国高等教育的信息监测系统和从业者的信息素质还不尽如人意,还不能很好地满足科学的系统控制的要求。所有这些都是需要改进提高的系统性工作。

3. 系统管理方法

系统管理方法是一类管理方法,指运用系统科学的思想建立和管理系统的一种现代管理方法。[①] 系统管理方法具体指将重要管理对象作为系统,并通过对系统科学的理论、网络信息技术以及统筹法等数学方式进行利用,再借助计算机信息系统等管理工具,开展各项相关管理活动的一系列科学管理方式集成,是现代社会先进科学技术应用于管理学中的新科学方式。[②]

[①] 顾明远:《教育大辞典》,上海教育出版社,1998。
[②] 李瑞金:《基于系统管理方法的高校图书馆资源共享问题探索》,《图书情报导刊》2015年第21期。

系统管理方法主要包括系统管理的最优化技术、模型化技术、预测技术、决策技术以及综合评价技术等。

最优化方法，是指解决最优化问题的方法。所谓最优化问题，指在某些约束条件下，决定某些可选择的变量应该取何值，使所选定的目标函数达到最优的问题。即运用最新科技手段和处理方法，使系统达到总体最优，从而为系统提出设计、施工、管理、运行的最优方案。[1] 最优化方法主要运用数学方法研究各种系统的优化途径及方案，为决策者提供科学决策的依据。[2]

应用最优化方法解决实际问题的基本步骤为：第一，提出最优化问题，收集有关数据和资料；第二，建立最优化问题的数学模型，确定变量，列出目标函数和约束条件；第三，分析模型，选择合适的最优化方法；第四，求解，可借助计算机程序进行；第五，最优解的检验和实施。这些相互支持和相互制约，往往重复交叉进行。[3] 最优化方法包括解析法、直接法、数值计算法等。直接法即采用直接搜索的方法经过若干次迭代搜索到最优点，对于一维搜索，主要用消去法或多项式插值法，对于多维搜索问题主要应用爬山法。数值计算法以梯度法为基础，是一种解析与数值计算相结合的方法。其他方法如网络最优化方法等。[4] 这些方法一样适用于高等教育质量发展的系统决策和管理，可根据高等教育质量问题的类型、属性等选择使用合适的最优化方法。其中解析法适用于目标函数和约束条件有明显的解析表达式的情况。

在动态系统中，过程优化是系统优化的关键。过程即使用资源将输入转化为输出的活动，活动即能够完成从输入到输出之间的转换的一系列工作。高校中的一系列活动构成了过程，过程有不同的形式，它可以由工作或任务内的一些小步骤组成，也可以是复杂的跨职能的业务流程。过程分为大过程、主过程和分过程。大过程是高校的框架性过程，主过程是构成大过程的主要过程，是高校的中坚过程，分过程是构成主过程的基本分支

---

[1] 邓伟志：《社会学辞典》，上海辞书出版社，2009。
[2] 陈宇：《基于物流配送路径优化问题的最优化方法研究》，《今日南国旬刊》2008年第12期。
[3] 何增有、徐晓飞、邓胜春：《数据挖掘与最优化结合的理论方法体系与问题求解模型》，《高技术通讯》2005年第11期。
[4] 张立卫：《最优化方法》，科学出版社，2010。

过程。大过程、主过程和分过程相互联系，在高校的运行中呈现错综复杂、交叉的关系，构成了高校活动的立体过程网络。

高校作为一种教育组织，过程性特征极为明显。它必须要实现一定的教育目标，而实现教育目标的过程有许多环节，如招生、分班、上课、批改作业、期末测试等，其中的每一个环节，都要相应进行仔细的分析和精心的准备。

传统上，我们大多从职能的视角分析组织结构，开展质量管理活动。职能以专业分工为前提。过分强调职能，会带来条块分割、沟通和协调不畅的典型科层制组织障碍。在动态系统视角下，我们应树立系统流程理念，从流程的视角开展高校质量发展工作。流程的观念也即活动序列、过程链、跨职能活动的观念。对办学过程中影响教育产品和服务质量的各类因素进行分析，找出主导性因素，调查这些因素与教育产品和服务质量之间的关系，建立过程因素的管理标准，根据标准要求开展过程质量控制活动。

从流程的角度看，很多教育教学质量问题都更容易理解。教育产品和服务的质量产生在办学过程中，体现在办学成果中，教育教学质量的生成的各个阶段都可能存在差异、波动，这些差异和波动的叠加，导致了教育产品和服务的质量问题。这些波动主要有以下几种。第一，人员的差异。教师、教辅人员、管理人员具有不同的价值观、理念、阅历、教育背景、知识结构、天赋、个性心理特征、工作技能，这将导致人员在工作过程中的差异。即使是同一个人在不同的时间、情景下的工作水平也有差异。第二，学生的差异。学生可以被看作教育过程的输入因素之一。同一届学生、同一个专业和同一个班级、同一个宿舍的学生在知识结构、能力、兴趣爱好、心理和生理特征等方面都存在差异，这种输入的差异会影响到教育过程的质量。而且学生也是学习活动的主体，他们在教学中与教师、其他人员和环境互动，这种活动主体的差异同样会影响到过程质量。第三，教学设备的差异。同样的教学设备，不同的人使用，其功能的发挥状况会有差异。第四，方法的差异。在教育教学过程中，不同的人喜欢使用不同的方法，同一个人在不同的时间所使用的方法也会有差异。第五，环境的差异。校园环境、教室的物理环境和心理环境在不同的时间会有差异。第六，测量的差异。教育教学的测量和评价的差异始终存在波动，尤其是评价的变动性较大，不同的评价主体，其评价都带有或多或少的主观性。

优化高校系统过程，目的是提升过程能力。过程能力泛指过程的再生能力，即在过程周期里重复其成果的能力。过程能力直接决定过程结果，过程能力保持稳定，过程结果才可能保持一致。需要对过程能力进行调查、测试和分析，找到影响过程能力的主导因素，通过改进教育模式、改进技术手段、提高教学水平、改善教学环境、制定有效的学术规程、严格工作纪律等，来提高过程能力。投入过程的资源越多越好，过程表现出来的能力就越大。资源包括设施、人等，都存在不稳定问题，如教师将情绪带到教学过程中，会影响教学过程的稳定性，这样的教师多了，就会出现教学过程变异。

人力资源的合理配置和使用对过程能力比较重要。与过程能力有关的人包括过程中的人和过程外的人。过程中的人是过程的执行者，过程外的是过程的制造者和改造者。在大多数情况下，过程的制造者与过程的执行者是不同的人。在制定过程时是人的能力决定过程能力，在执行过程时是过程能力决定人的能力。因此，当让一个有能力的人去制定过程，而让一个能力不足的人去执行过程时，过程执行者便能做出超出其能力的事情来。因为过程中的方法是有能力的，过程制定者将方法固化在过程中，只要执行者能够理解，方法在实施过程中就能将能力赋予执行者。[①]

高校办学优化过程，要以教育消费者的需要为导向；关注影响教育消费者满意的关键过程；明确每一个关键过程的管理责任；在职能部门之外，针对质量改进项目，组建跨职能工作团队负责特定质量改进项目；实行过程质量控制。

高校办学过程优化的基本程序包括在系统调研的基础上，确定过程优化点；进行过程能力分析；对过程加以控制，确保过程处于受控状态，使教育质量波动处于可接受水平；对于过程能力不符合要求的过程，进行过程变异分析，找出变异源，对变异源进行分析，找出原因；对办学过程进行优化，减少过程变异，提高过程能力，最终使过程能力达到要求，稳定和提高过程质量。

动态系统的过程因素相互依赖，前一个过程的质量对后一个过程的质量有很大的影响。因此，质量问题应从前面的过程开始抓，从源头抓，以

[①] 苏秦：《现代质量管理学》，清华大学出版社，2005。

预防为主，才能从根本上解决问题。要对影响顾客满意度和学校发展目标的重要活动进行管理，这些重要活动主要指跨部门的活动，它由人、财、物、信息构成。教育产品和服务是由各职能部门和院系按照一定的流程通力合作生产的，但职能部门往往只关注本部门的目标而非整个学校目标，这容易导致部门间的职能分界处出现问题。低质量的流程管理会消耗学校的资源，学校要注意选取关键流程，成立流程管理团队，确立流程管理目标。产品或服务的规划过程与执行过程也相互影响，规划的质量需要执行加以检验，执行过程的反馈会让规划过程更好。规划的结果往往表现为组织运行的文件、制度。在高等教育中，高校的通病之一是教育发展规划不错，从年度计划、五年规划到长期规划，还有各种专项规划、专项行动计划等，但各个院系和部门对规划往往执行不到位，影响教育教学质量。

根据前后过程的依赖关系，高等教育质量问题应以预防为主。首先要深入了解整个系统过程，清楚主要过程、过程的主要矛盾、哪些事是必须事先预防的，找出每个可能发生问题的地方。预防不同于纠正和纠正措施，事后控制不如事中控制，事中控制不如事前控制，预防的成本远远低于问题发生后解决问题付出的成本。预防质量问题的方法有很多，如统计质量控制、质量系统完善、零缺陷质量文化的建立、相关可靠度测试等。如统计质量控制的方法是，对所有的变量进行定义，设定控制线，然后测量变量的实际值，实际值只要超过控制线，就必须加以矫正。如果变量指标都控制在预定的范围内，则结果应当是和预定的要求相符的。

高等教育质量系统管理是应用以上基本方法，开展质量调查、制定质量战略、制定质量计划、建立质量体系、运行质量体系等活动步骤的系统化质量发展活动。

（1）开展质量调查。指以高等教育质量发展活动为主要对象，以调查、分析和改善高校内部的质量发展为主要内容的活动。包括教育教学质量现状的调查和分析；高校的质量方针、质量目标、质量计划及其执行情况的调查和分析；高校内部的质量管理组织及其活动状态分析；质量教育培训及其效果的调查分析；不合格教育、低质量教育、教育事故、教育质量问题的调查与分析；质量保障体系建立健全状况的调查与分析；质量发展的方法手段的调查与分析；质量信息的收集、传递和使用状况调查分析；教育质量标准化工作的状况调查分析等。需要对高校教育质量形成过程的各阶段、各环节的状况,个部门所承担的职责及完成情况,相互之间的协调关系及存在的问题等,广泛收集资料,进行对比分析。现状调查的主要问题包括:第一,学校的教育消费者有哪些?他们的要求是什么?他们对本校的满意度如何?为提供满足这些消费者要求的教育产品,增强消费者满意度的主要问题是什么?第二,学校总的宗旨和方向是什么?对质量工作的要求是什么?第三,学校的教育教学特点是什么?在教育产品上所追求的目标是什么?教育产品的质量水平如何?所预期的教育产品的质量水平如何?第四,学校的教育产品和服务有哪些要求,必须符合哪些法律、法规的要求,有何特点?有何问题?第五,学校存在哪些质量问题?产生的原因是什么?消费者有什么抱怨、投诉?需要采取什么措施?第六,学校办学过程、运行体系存在什么重大问题?需要如何改进完善?在满足消费者要求、提高满意度方面有哪些需要承诺?第七,学校教职员工的质量意识、顾客意识、服务意识如何?积极性如何?学校的质量文化建设如何?

(2) 制定质量战略。对高校的使命、愿景、指导原则进行思考并达成共识,对发展环境进行评估,确定发展战略,拟定战略目标。其中使命陈述对高校提供的教育产品和服务进行定义,使命设定了高校战略选择的界限,是高校决策的前提。愿景描述了高校在未来的定位以及发展状态或模式,概括了未来的目标和核心价值观;愿景是对高校战略的基本特征的清晰表述;愿景应当与教育需求相联系,并表达出实现使命的总的战略。制定质量战略,需要对高校内外部环境中的关键因素进行评估;这种环境评估常常采用SWOT分析技术,它有助于识别学校质量战略必须聚焦的关键成功因素。

(3) 制定质量计划。即根据质量调查确定的质量战略,确定高校的质量目标,策划达到目标的条件和过程。体现为各种质量文件,如高校的质量发展战略规划、年度质量计划、教学质量、科研质量、社会服务质量等专项质量规划等。制定质量计划的过程也就是进行质量策划的过程,质量策划的目的是制定质量目标并规定必要的运行过程相关资源,质量策划的结果是形成质量计划。质量策划的基本步骤是首先制定质量方针,根据质量方针设定质量目标,根据质量目标确定工作内容(措施)、职责和权限,然后确定程序和要求,最后付诸实施。质量策划是一种高层次的智力活动,一般应由高校领导牵头组织开展,由相关的管理部门和人员参与,召开会议,共同完成质量策划任务。质量策划的内容包括:第一,设定质量目标;第二,确定达到质量目标的途径;第三,确定相关的职责和权限,即明确相关机构的质量职责和权限,这是质量策划的重点和难点;第四,确定所需的其他资源,包括人员、设施、材料、信息、经费、环境等;第五,确定实现质量目标的方法和工具;第六,确定其他的事项如质量目标完成时间、考核方法、评价绩效指标、奖励办法等。

(4)建立质量体系。质量体系即为实施质量发展所需要的组织结构、程序、过程和资源。建立质量体系的步骤如下。第一,明确质量方针和质量目标,质量方针是高校发布的质量宗旨,是组织开展质量活动的纲要。质量目标在质量方针的框架内制定,是高校各职能和层次上所要完成的主要任务,质量目标应该是可以测量的。第二,质量过程识别,识别高校质量发展的全过程,尤其是关键过程。根据过程的不同,一个过程可以包含多个纵向过程,还可能涉及多个横向过程,当逐个或同时完成这些过程后,才能完成一个全过程。第三,配置组织结构及资源,高校的组织结构即各要素相互联系、相互作用的方式,它表现为组织结构、职责和权限结构。根据组织结构配置人力资源、物质资源和工作环境。第四,建立质量文件,将高校的质量体系文件化,以明确意义,统一行动。根据本校的规模、活动类型、过程和相互作用的复杂程度,编写操作性强、适合本校的质量体系文件。质量文件包括质量手册、程序性文件、作业指导书、质量记录、表格、报告等层次和形式。

(5)运行质量体系。根据国家和地方的有关法律、法规、政策以及高校制定的各级各类质量体系文件运行质量体系。质量体系在运行之前要对教职员工进行动员培训和试运行。试运行后要对质量体系进行评估,根据评估的结果对质量文件进行必要自己修订,对质量体系进行调整优化。接下来就正式运行质量体系。质量体系的持续有效运行需要学校领导重视,要有分管领导直接抓;学校全体人员的积极参与;严格遵循质量文件并有完整记录;所有影响教育质量的因素都处于受控状态;快捷高效的信息反馈机制,质量体系一旦出现问题,能迅速反馈、及时处理;适时开展评估活动,持续改进。

第九章 质量发展的制度

我们需要对我国高等教育的法律法规、政府政策、高校制度等构成的正式质量制度进行与时俱进的建设和发展,同时对质量隐喻、质量意识形态、质量情感与道德、质量文化等非正式质量制度进行有意识的建设和发展,构建起较完善的制度体系,为我国高等教育质量发展提供合理、系统的制度规范和保障。

一 质量发展制度的内涵

制度是存在于组织中的用于调整人们的权利-义务关系的规范体系。制度是质量发展的基本条件,制度是一组行为规则。对一个国家、区域、行业、组织的质量发展最大的保障因素就是制度,因为制度决定了人们对质量行为的选择,一个严格的质量管理制度,可以促使生产者用更高标准来生产产品。一个缺乏有效监管、行为处于失控状态的组织,会导致生产者生产伪劣产品。制度具有规范作用,是组织的质量治理从人治向规范化管理的重要措施。

质量发展必须注重制度建设。从某种意义上说,质量问题不仅是技术和管理问题,更是法治和诚信道德问题。发展高等教育质量,从"硬"的方面看,必须强化高等教育法治,落实责任,加强教育,全面提高高等教育的质量治理水平。这就要加强高等教育质量法治建设,健全质量法律法规,坚持运用法律手段解决高等教育质量发展中的突出矛盾和问题,依法打击高等教育质量违法行为。发展高等教育质量,从"软"的方面看,需要推进质量诚信体系建设。诚信是道德的范畴,守法是法治的范畴。推进高等教育质量发展,必须加强质量诚信和质量法治的建设,把道德引导和法治约束结合起来,把软制度与硬制度结合起来。

高等教育质量发展制度是用于调整人们在高等教育质量发展中的权利-

义务关系、起保证作用的规范体系。

　　高等教育质量发展行为需要用制度加以规范和保障。对国家来说，质量发展制度是规范高等教育行业运行行为、保证运行秩序的基本手段。对高校来说，质量发展制度是规范学校成员教育行为和管理行为的基本手段，有效运行的制度使学校成员养成良好的行为习惯。加强质量制度建设，对高等教育行业来说关键是要加强教育法治建设，形成依法治教的体制机制；对高校来说，关键是要建立健全内部质量治理体系，严格程序，创新制度，既着眼于对学校成员行为的预防纠偏，也着眼于良好行为习惯的养成，推动部门和人员的自我管理。

　　要通过质量发展领导体制、管理机构和管理制度的建设，形成质量发展的长效机制。机制是制度体系的构造、功能及其相互关系，它使制度体系具有长期稳定运行的动力。高等教育质量发展机制包括供需机制、竞争机制、信息机制、法律机制、诚信机制等。

　　（1）供需机制。数量是质量的先决条件，只有在产品数量供给能满足人们数量需求的基础上，产品质量才有提高的可能性。在满足数量之后，人们对产品质量的要求越来越高。我国的高等教育市场是一个准市场体系，供需机制能一定程度上调节高等教育生产与消费的方向和规模，影响高等教育生产结构和消费结构的变化。当前，人民对优质高等教育的需求已经成为追求美好生活的一部分，以高等教育的质量、特色、多样性、公平等为特征的内涵式发展模式已经成为更好地满足人民群众教育需求的必然选择。高等教育发展需要尊重供需机制，用好供需机制，既推动高等教育供给侧结构性改革，又想办法调动多样化的教育需求，共同推动高等教育质量提升。

　　（2）竞争机制。竞争机制在一定程度上影响着质量发展。竞争机制是促进组织提升质量的压力机制，是一种组织间的择优机制。竞争机制也是平衡产品供需的协调机制，对消费者来说是一种合理满足质量需求的选择机制。竞争机制对供需机制具有保障作用，竞争促使组织提供价格更低、质量更好的产品。从信息传递的角度看，竞争机制有助于降低信息不对称下的激励不足问题。竞争机制使组织的质量供给行为受到有效的激励和约束。高等教育系统应当适度引入市场竞争机制，激发高校提升质量和办学效率的积极性。高校则不应惧怕竞争，应主动迎接竞争，既主动参与外部竞争，又建立健全内部竞争体系，激发办学质量发展潜力。

（3）信息机制。由于高等教育活动和产品具有较大的模糊性，高等教育质量也具有较大的模糊性、隐蔽性，难以描述，高校作为办学者在教育质量信息占有上往往处于有利地位，而消费者往往处于弱势地位。如果二者差距太大，形成严重的信息不对称，会导致高等教育的供需机制和竞争机制发生扭曲，高等教育市场会出现逆向选择问题，影响高等教育的可持续发展。因此，要努力完善高等教育质量信息传递机制，建立供需双方的质量信息保障机制，减少供需双方质量信息的不对称程度。一是建立教育质量保证机制，由政府对教育质量进行担保，保护教育消费者的权益，同时高校建立教育质量自我保证机制，主动向消费者提供质量信息，做出质量承诺。二是建立质量声誉机制，质量声誉可以理解为有质量信息优势的一方为了获得收益而向没有私人信息的利益相关者所做的一种承诺。质量声誉有助于约束高校的机会主义行为，减少因供需双方质量信息不对称带来的交易不确定性，改善双方的信任关系。三是建立第三方质量评价机制。由没有利害关系的第三方通过质量评价、认证等向消费者提供教育质量信息，降低消费者对教育质量信息的搜寻成本。这也相当于一种第三方质量担保机制。四是建立信息披露机制，通过立法和行政手段保证高校向外界适当披露办学信息。同时高校主动通过网络媒介、广告等向外界披露办学信息，吸引消费者，提升消费者满意度，提升机构声誉。五是建立信息甄别机制，质量信息甄别是指处于质量信息劣势的一方采取行动来获取和分析质量信息，或诱使拥有质量信息的一方揭示其私人信息的过程。[①] 质量信息甄别与质量信号传递是质量信息机制的两个方面。质量信号传递是从质量信息供给的角度说的，质量信息甄别是从质量需求的角度说的。消费者进行质量信息甄别的途径主要包括质量供给方的声誉、第三方评价、广告等。质量供给方的声誉包括市场口碑、历史记录等。高等教育消费者需要有意识地增强信息甄别意识和能力，做出合理教育选择。

（4）法律机制。法律制度是高等教育质量的托底制度、强制制度。加强法律机制建设，提高高等教育法治水平，是高等教育可持续、规范、稳定发展的必然要求。一是法律建设机制。主要是高等教育立法机制和法律

---

① 李志德：《市场机制与产品质量发展：理论与实证研究》，暨南大学出版社，2015，第113页。

调整机制，即所谓的法律法规的废改立，主要关注法律内容体系的完备，结成协调一致的立法体系和法律体系，保障高等教育质量发展有法可依，有好的法律可以遵循。二是法律运行机制。主要指法律对其作用对象实施影响、实现其调整功能的运作原理和运作方式。法律运行即所谓的司法活动，保证有法必依、违法必究。通过高等教育法律法规的实际使用、运行，保障高等教育法律，实现高等教育法治目标。

（5）诚信机制。有学者将"质量诚信"或"质量信用"称为"零元质量"或"道德质量"，认为质量就是使产品符合道德规范。诚信一旦成为一种气候，拥有自己的生长和作用机制，就将发挥强硬的法律制度所不能发挥的独特作用，弥补、支撑法律制度。以道德精神为灵魂的组织质量文化和社会质量文化建设是提升零元质量水平的基础；落实社会责任是组织自我提升零元质量水平的重要手段。① 诚信是柔性制度，是自律机制，是较高层次的行为调节机制。建立质量诚信机制是优化高等教育资源配置、减少教育质量发展成本的需要，更是高等教育内涵发展、提升质量的需要。通过诚信机制建设，推动建立诚实守信的质量文化，用道德的力量促进高等教育发展。高校通过诚信机制建设，树立良好的组织形象，提升社会声誉，使诚信办教育成为自己的名片、软实力。

二　正式制度

正式制度是成文的规定，包括国家、地方和组织的法律法规、政策、规章、契约等等，用强制力保证实施。

（一）法律法规

质量法治是质量发展的最根本保障。高等教育质量发展需要相关人员树立质量法治理念，用法律法规解决质量发展中的矛盾和问题，健全质量法律法规，依法行政，完善质量法治监督机制，落实执法责任，加强教育质量法治宣传，营造学法、用法、守法的良好氛围。

---

① 宋明顺、朱婷婷、戚彬芳：《四元质量：联结微观质量与宏观质量的中观质量》，《宏观质量研究》2014年第4期。

法律法规对质量行为具有强制规范性。高等教育市场机制存在失灵的可能，需要法律法规对高校的市场化办学行为予以强制性规范。市场竞争具有天然的逐利性，会导致行为主体为了利益而不惜影响质量。市场竞争带有一定的自发性和盲目性，这种盲目性会导致市场主体选择尽可能低的标准，这就需要政府强制性地通过法律法规约束高校的质量行为。同时，高校作为教育产品的提供者和教育产品的消费者产生质量纠纷时，二者的力量不对等，高校拥有足够的资源和集体行为能力，而消费者很多时候是个体，在对高校的申诉、诉讼、维权中势单力薄，合法权益不容易得到保护，相关的法律法规的存在，从根本上保障了教育消费者的权益。当然，这种保障是公平的，合法办学的高校同样会得到合法权益不受侵害的法治保障。我国与高等教育质量相关的法律法规由以下几个层次组成。

第一，宪法。宪法是国家的根本大法，具有最高的法律地位和法律效力，是其他法律的基础和依据。宪法对国家制度和社会制度的最基本原则、公民的基本权利和义务、国家机构的组织及其运作的原则等进行规定。我国宪法与质量有关的内容为：第二条规定："人民依照法律规定，通过各种途径和形式，管理国家事务，管理经济和文化事业，管理社会事务。"第十四条规定："国家通过提高劳动者的积极性和技术水平，推广先进的科学技术，完善经济管理体制和企业经营管理制度，实行各种形式的社会主义责任制，改进劳动组织，以不断提高劳动生产率和经济效益，发展社会生产力。"第二十七条规定："一切国家机关实行精简的原则，实行工作责任制，实行工作人员的培训和考核制度，不断提高工作质量和工作效率，反对官僚主义。"第八十九条、第一百零七条对国务院及地方人民政府领导、管理经济和社会工作进行了原则规定。

第二，相关法律。1993年，全国人民代表大会通过了《中华人民共和国产品质量法》，2000年修正。产品质量法规定，生产者、销售者应当建立健全内部产品质量管理制度，严格实施岗位质量规范、质量责任以及相应的考核办法，还规定国家鼓励推行科学的质量管理方法，标志着我国质量管理工作走上了法治化道路。产品质量法同样适用于高等教育产品和服务。此外，《中华人民共和国高等教育法》（2018年修正）第七条规定"推进高等教育体制改革和高等教育教学改革，优化高等教育结构和资源配置，提高高等教育的质量和效益"；第三十一条规定高校要"保证教育教学质量达到国家规定的标准"；第四十四条规定"高等学校应当建立本学校办学水平、教育质量的评价制度，及时公开相关信息，接受社会监督。教育行政部门负责组织专家或者委托第三方专业机构对高等学校的办学水平、效益和教育质量进行评估。评估结果应当向社会公开"。

此外，《中华人民共和国消费者权益保护法》《中华人民共和国商标法》《中华人民共和国标准化法》《中华人民共和国合同法》《中华人民共和国反不正当竞争法》等对产品和服务质量消费者权益保护、竞争、商标、标准等进行了规定，也适用于高等教育产品和服务质量。此外，《中华人民共和国教育法》《中华人民共和国民办教育促进法》《中华人民共和国职业教育法》《中华人民共和国教师法》《中华人民共和国学位条例》等法律也是我国高等教育质量发展的重要法律依据。

第三，司法解释。在上述正式法律发挥作用的同时，考虑到我国法律变更困难等因素，最高人民法院和最高人民检察院结合实际发生的新情况，陆续发布了一些关于质量的司法解释，这些司法解释对于高等教育质量监管具有普遍的指导意义。

第四，行政法规。行政法规是国务院颁布的条例、办法、实施细则、规定等，效力次于法律、高于部门规章和地方法规。1983年，国务院发布《质量管理小组暂行条例》，对组织的质量管理小组活动进行规范。1985年，国务院批复国家标准局发布了《产品质量监督暂行办法》，从此，国家开始实施产品质量监督检查制度。1990年，国务院发布《中华人民共和国标准化法实施条例》。2003年，国务院出台了《中华人民共和国认证认可条例》，对我国质量认证认可工作提出了统一规范要求。此外，《国务院关于贯彻实施〈中华人民共和国教师法〉若干问题的通知》《中华人民共和国民办教育促进法实施条例》《中华人民共和国中外合作办学条例》《教师资格条例》《教学成果奖励条例》《高等教育自学考试暂行条例》《普通高等学校设置暂行条例》《中华人民共和国学位条例暂行实施办法》等法规分别为教师质量、民办高校质量、中外合作办学质量、教学成果质量、成人高等教育质量、学历学位质量保障等提供了法律依据。

第五，部门规章。部门规章是国务院所属的各部、委员会根据法律和行政法规制定的规范性文件。国家质检总局发布的《产品质量国家监督抽查管理办法》《中国名牌产品管理办法》《产品免于质量监督检查管理办法》，国家质量技术监督局发布的《采用国际标准管理办法》、国家技术监督局发布的《产品质量申诉处理办法》，国家经委发布的《国家监督抽查产品质量的若干规定》，国家质检总局和国家标准化管理委员会联合发布的《卓越绩效评价准则》等部门规章对产品质量的相关规定也适用于高等教育产品。此外，教育部发布的《普通高等学校学生管理规定》《普通高等教育学历证书管理暂行规定》《教育行政处罚暂行实施办法》等也涉及高等教育质量管理。

第六，地方性法规和地方政府规章。部分地方政府发布的质量监管方面的法规和规章，如《重庆市产品质量监督管理条例》，适用于所在地区的高等教育质量监管。

第七，规范性文件。国务院、部委联合、地方各类质量管理规范性文件有几百个，如1992年，国务院召开了第一次全国质量工作会议，发布了《关于进一步加强质量工作的决定》。1999年，国务院召开了第二次全国质量工作会议，会后发布了《国务院关于进一步加强产品质量工作若干问题的决定》，指出在经济结构调整的关键时期，质量工作是主攻方向，要求各地区、各部门和各企业充分认识加强质量工作的重要性和紧迫性，增强做好质量工作、提高产品质量的使命感和责任感，牢固树立"质量第一""以质取胜"的观念。1996年，国务院发布了《质量振兴纲要》，明确指出质量是经济发展的战略问题，是我国第一次从国家战略规划的层面全面部署质量工作，意义重大深远。2012年，国务院发布了《质量发展纲要（2011—2020年）》，指出质量发展是兴国之道、强国之策。质量反映一个国家的综合实力，是企业和产业核心竞争力的体现，也是国家文明程度的体现；既是科技创新、资源配置、劳动者素质等因素的集成，又是法治环境、文化教育、诚信建设等方面的综合反映。质量问题是经济社会发展的战略问题，关系可持续发展，关系人民群众切身利益，关系国家形象。"纲要"规划了我国质量发展蓝图，明确了我国质量工作的指导思想、工作方针、目标任务和重点措施，对于促进质量发展和科学发展意义重大。这些规范性文件也对高等教育质量发展具有规范和指导作用。

总的来说，我国高等教育质量法治取得了不小的进展，但仍存在一些比较突出的问题。"我国整体教育法的发展还相对落后，高等教育质量保证体系的法律保障问题几乎成为我国教育法典中的空白与遗缺。"① "我国《教育法》和《高等教育法》中，目前只有关于教育质量评价方面的规定，还没有条文专门明确阐述高等教育质量保证体系建设的内容，更没有高等教育质量保证体系方面的专门法规。"② 一是涉及高等教育质量的法律法规层次多，关系较为复杂，存在监管主体不明确、界限不清、多头管理、相互推诿等现象。二是法律条文修改或更新周期长。而我国高等教育发展快速，新事物不断出现，质量法律的环境已经发生了很大的变化，使得法律条文不能指导现实实践，影响了质量监管工作的开展。三是质量立法滞后于产品质量监管的实践。如对慕课、微课、境外办学、对外教育援助等，如何监管其质量，应有新的法律出台，或对有关法律法规进行完善。四是教育行政部门与司法部门的理解步调不一。高等教育质量的法律控制系统包括高等教育质量再监督系统、高等教育质量责任追究系统（违宪责任、民事法律责任、行政法律责任、刑事法律责任）、高等教育质量责任救济系统（行政诉讼救济、民事诉讼救济、刑事诉讼救济、诉讼外救济）等，③ 每一个分系统都还有不少欠账需要尽快补上。

加强高等教育质量发展法律建设，发达国家的一些经验值得借鉴。利用立法手段来促进高等教育质量管理和提升，是二战以来各国高等教育发展的一个重要经验。

德国对质量保障作为一个高等教育政策目标的讨论开始于德国统一后。1994—1995年，德国大学校长会议和德国教育和文化部常务会议一起发起了两个质量保障计划来提高高校的组织形象，其中包括可以测量绩效的指标的使用。主要目标是通过教学报告/评估、内部评估、现场走访、评估报告、后续走访等，促进高校发展。计划实施后，德国北部大学联合会、德国中部评估处、莱茵河—威斯特伐利亚北评估处等质量保障机构先后建立，由一家非营利机构管理的德国大学质量评估网站也建立起来了，在贝塔斯曼基金会的资助下成立了高等教育发展中心，1999年设立了专业认证委员（Akkreditierungsrat）负责专业认证机构（Akkreditierungsagenturen）的资格

---

① 马健生等：《高等教育质量保证体系的国际比较研究》，北京师范大学出版社，2014，第495页。
② 季平：《求真务实，努力构建高等教育质量保障体系》，《中国高等教育》2010年第10期。
③ 牟延林、吴安新、李琦：《高等教育质量法律控制系统研究》，中国经济出版社，2006。

认证[1]，更重要的是，质量保障成为1998年联邦《高等教育结构法》的一个主要内容。2002年再次修订的《高等教育结构法》进一步提升了高等教育质量保障的分量。

奥地利政府对高等教育质量保障集中的政策讨论开始于20世纪90年代。与欧洲大陆的趋势一致，奥地利对质量保障的政策讨论主要集中在提升公共财政资源的使用效率和效益（即问责），同时关注放松政府对大学控制（即办学自主权）。1993年，奥地利议会修订了关于大学组织的立法，新的法律（UOG93）规定对大学教学和科研进行评估，同时给予更多的机构自治权。质量是奥地利高等教育法律授权改革的一个核心要素。高等教育评估的重点是高校教学，核心是对有问题和无效的教育行为增加问责，促进高校提高教育质量。为了加强质量评估，UOG93规定高校的教学院长和副院长要负责院系的教学评估的管理工作。1997年，UOG93增加了一个条款，对教学和科研质量评估工具进行了明确规定，规定评估结果用于职称评审、人员聘用以及职业规划和人力资源管理。

1985年，荷兰政府颁布政策性文件《高等教育：自治与质量》，提出"以质量换自治"的口号，强调质量和质量评价是高校自身的责任，构建正规的质量监控体系是高等学校实现"自我调节"转轨的重要条件。[2] 2002年，荷兰议会通过了《高等教育与研究法案》，要求对普通大学和高等职业教育学院提供的学位课程按照教育、文化和科学部制定的一套标准进行认证。[3]

美国20世纪80年代制定了《质量提高促进法》。美国高等教育具有强烈的法治意识，尊崇质量规范。一个表现是美国高校的规范和标准意识强，守法办学意识强。美国非常重视高等教育标准的制定和标准的体系化工作，重视标准的使用。高校讲究责权明晰，追求效益和准确性，推崇并重视指标、额度、数量，并对这些进行规划。美国有较为完善的质量法规，国家对质量和质量管理的干预主要通过法律手段进行。

联邦法律是保障隐私权、知识产权、学术自由权、教育机会公平、个人的安全和尊严等重要价值在高校中得到践行的重要机制。高校注重培养

---

[1] 徐理勤：《博洛尼亚进程中的德国高等教育改革及其启示》，《德国研究》2008年第3期。
[2] 严芳：《荷兰高等教育外部质量保障新机制探析》，《高教发展与评估》2006年第1期。
[3] 马健生等：《高等教育质量保证体系的国际比较研究》，北京师范大学出版社，2014，第330—331页。

对联邦法律的"合规文化"(culture of compliance)。如联邦法律《校园安全法》关于校园犯罪警示的要求，高校不会当成负担，往往会向师生宣传校园安全的重要知识和信息。

高校会以"联邦法律合规"(federal legal compliance)为目的举办在校园中适用的联邦法律的系列学习宣传活动，如年度法律合规报告、定期的校园法律研讨会、有关联邦法律的科研立项等，学习的法律除了《校园安全法》，还包括《家庭教育权和隐私法案》，学生纪律立法《美国残疾人法案》《移民法案》《环境法案》《版权法案》《商标和专利法案》《性骚扰法案》《就业法案》《公平机会法案》《学生行为法案》《税法》《计算机使用法案》等。美国天主教大学咨询办公室从1996年开始收集联邦高等教育法律信息，并通过"天主教网络大学"提供法律咨询服务。2002年，美国教育委员会与天主教大学咨询办公室一起创办了"校园法律信息中心"(CLIC)网站，向更广的高等教育社区提供法律信息服务。CLIC的目的是帮助美国高校理解和遵从高等教育联邦法律。

相比其他服务行业，联邦政府对高等教育的立法相对较多，主要包括以下类别：一是所有适用于雇主（用人单位）的法律，如《美国残疾人法案》《聘雇合法性核查（Ⅰ-9）》《健康保险携带和责任法案》《残疾人教育促进法案》《平权法案》等；二是与大部分美国其他行业一样，高校受到关于环境保护的法律的管控；三是受到《千禧年数字版权法案》的管控，高校的图书馆、出版物和课程材料受到著作权法案规范；四是科研活动受到包括人文学科研究法律、实验动物法律、出口管理法律、技术转移法律、科研机密法律、合同和专利法律等管控；五是高校财务活动受到包括《金融服务现代化法案》等管控；六是受到慈善捐赠法律、税收法律等规范；七是一些专门针对高等教育的法律，如针对学生和教师的移民条例，美国综合高等教育数据系统（IPEDs）下的综合财务援助和学生信息报告法案，《家庭教育权和隐私权法案》下的学生记录的规定，《教育法第九篇修正案》(TitleIX)，《性侵犯幸存者权利法案》《公平竞争法案》等。

美国高等教育法治有一些做法值得学习。第一，高等教育社团和高校将协作推动高校法律合规。如美国天主教大学（CUA）咨询办公室、美国高校教育信息化协会（EDUCAUSE）、美国教育协会（ACE）、全国独立学院和大学协会（NAICU）、全国大学商业官员协会（NACUBO）、国际教育工作者协会（NAFSA）、全国学院和大学律师协会（NBACU）等帮助高校准备联邦法律合规材料。第二，政府部门与高校合作。如联邦教育部家庭政策合规办公室（FPCO）致力于与立法机构一起促进学生记录隐私和安全的保护，在高校开展《家庭教育权利和隐私权法案》等法律培训，受到高校的普遍欢迎。第三，政府机构和高校间密切沟通。政府机构会开展高校守法调研，收集高校的意见建议，发布高校执行法律的有关报告，分析问题，总结经验，如环境保护署2006年发布了《学院和大学政策分析：设备的定义》，报告审视了各种环境法律法规中的设备的定义，分析这些定义如何影响高校，并提供了经过修正的设备的定义，以促进环境法律法规的执行。同时，高校也会主动向政府部门和立法机构反映法律实施中的有关问题，如高校向劳工部反映人员招聘中执行工作许可证（EAD）与劳工证有关规定的困惑，劳工部通过调研，通过立法程序对有关规定进行了调整。第四，明确一些法律法规是否适用于高等教育。如1999年颁布的《金融服务现代化法案》下的金融安全的规定并不适用于高校，虽然高校也提供学术贷款服务；2002年的《消费者信息保护标准》明确涵盖教育机构。

但是，美国适用于高等教育的联邦法律法规越来越多，超过了200项，还在继续增加，这些法律种类繁多、内容复杂，如何准确理解和严格遵守这些法律、向有关部门提交合规材料成为高校的一项很重的负担，除少数有实力的高校聘请法律专业人员提供专家咨询，一般的高校缺乏法律专家支持。

澳大利亚联邦政府1991年发布了《高等教育：九十年代的质量和多样化》的报告，反思高等教育管理制度上的缺陷，寻求质量保证的方法，提出设立一系列综合性质量保证制度，并为政府拨款提供依据，以提升高等教育教学和科研的质量。[①] 2011年，澳大利亚联邦政府颁布了《高等教育质量与标准署法》，设立统一的高等教育质量与标准署（TEQSA），对全国高校进行质量监管。

澳大利亚高等教育质量法律的一个显著特点是对质量标准的规定非常详细、明确，具有很强的操作性。高等教育质量监管的依据是《高等教育标准框架》。标准框架包括教育机构标准、学历资格标准、教学标准、信息

---

① 范富格特：《国际高等教育政策比较研究》，王承绪译，浙江教育出版社，2001，第100—101页。

标准和研究标准五个部分,其中教育机构标准又分为机构注册标准、机构分类标准和课程认证标准。如高校要注册为"澳大利亚大学",需要满足《高等教育提供者注册标准》关于大学的标准:(1)提供者身份:高等教育提供者对自己提供的高等教育负责;(2)财务能力和保障:高等教育提供者的财务资源和财务管理能力可以确保其提供的高等教育服务能达到《高等教育提供者注册标准》的要求;(3)组织和学术治理:高等教育提供者运行要有合理的组织和学术治理结构支撑;(4)学术质量与诚信:高等教育提供者在其高等教育运行中保持学术质量和诚信;(5)管理和人力资源:高等教育提供者的高等教育活动管理得当,并有适合的人力资源;(6)对学生的责任:高等教育明确和满足对学生的责任,包括提供信息、支持和公平的待遇;(7)物质的和电子的资源和设施:高等教育提供者的物质的和电子的资源和设施要能确保其实现国内外的高等教育目标。

高校要在类型上归属于"澳大利亚大学",需要满足《高等教育提供者分类标准》关于大学的标准:高等教育提供者提供本科和研究生学习专业,这些专业的学科领域要满足《学历资格标准》的要求,研究型硕士学位和研究型博士学位专业至少要涵盖3个学科领域;高等教育提供者在过去5年内被授权自我认证85%以上的课程,其中包括至少3个学科领域的研究型硕士学位和研究型博士学位专业;高等教育提供者要在研究型硕士学位和研究型博士学位所在的学科领域中开展能创造新知识和产生原创性贡献的科研活动;高等教育提供者要证明其教师、研究人员、课程设计者和评估者都致力于系统的知识提升和传播使命;高等教育提供者要证明其所设学习专业的所有领域的教与学都有持续的学问与知识的支持;高等教育提供者能识别和实施优秀的学生教与学的经验,包括那些有可能在全国广泛传播的经验;高等教育提供者提供广泛的学生服务,包括提供学生学术和学习支持,以及提供与所有开设专业有关的学生学习资源;高等教育提供者要证明自己积极参与了所在社区和地区的建设与发展,在其办学活动中积极履行自己的社会责任;高等教育提供者建立了系统完善的内部质量保障制度与机制,维护学术标准,维持学术的纯洁性;高等教育提供者申请登记注册获得了联邦、州或地方政府的支持。

高校要获得自我认证权,需要满足以下标准。(1)被注册为"澳大利亚大学"类型的高等教育提供者,根据《高等教育质量与标准署法》被授予自我认证所设每一门课程的权力。(2) 被注册为"澳大利亚大学学院"(Australian University College) 类型的高等教育提供者,根据《高等教育质量与标准署法》被授予自我认证所设每一门课程的权力。(3) 被注册为"澳大利亚专业大学"(Australian University of Specialisation) 类型的高等教育提供者,TEQSA 可以授予其课程自我认证权,但只能对一至二个学科领域的课程进行自我认证。(4) 被注册为"高等教育提供者"、"海外大学"(Overseas University) 和"海外专业大学"(Overseas University of Specialisation) 的高等教育提供者,TEQSA 可以授予其一个或多个高等教育文凭层次中的一个或多个学科领域中的课程自我认证权,但需要满足以下标准。第一,高等教育提供者在最近的 TEQSA 或获得认可的认证机构进行的课程认证中,没有突出的问题;没有严重的投诉;TEQSA、外部专业组织或政府机构对其高等教育办学活动进行的评估、审查或审议中,没有发现重大的合规问题。第二,高等教育提供者有高度有效的学术治理程序和充分的内部能力来监督和促进其高等教育课程。第三,高等教育提供者有关于学习课程的持续的学识和学问,为课程的教与学提供了基础。第四,高等教育提供者有良好开设课程、建设成熟的课程质量保障内部程序、维护学术标准和学术诚信的记录。第五,该课程至少有三届毕业生,有有效的证据显示学生课程成绩良好。第六,如果需要,高等教育提供者获得和维持有适当的专业认证。

获得自我认证权的高等教育提供者要在《高等教育质量与标准署法》下,确保其自我认证的课程与《课程认证标准》一致,在其自我认证中,要遵守《课程认证标准》中所列的具体标准。高等教育文凭所设课程要通过高校的自我认证,需要达到以下 6 项标准:第一,课程设计得当,满足《学历资格标准》;第二,课程资源和信息充分;第三,恰当的招生标准;第四,高质量的教与学;第五,有效的评估,取得了期待的学生学习成果;第六,管理好课程监控、评估、更新和终止。

根据《澳大利亚学历资格框架》(AQF),澳大利亚学历资格共分中小学、职业技术教育和高等教育 3 个类别 10 个等级,其中 5—10 级为高等教育学历资格,5 级:文凭课程;6 级:高阶文凭课程、副学士学位;7 级:学士学位;8 级:荣誉学士学位、毕业证书、毕业文凭;9 级:研究型硕士学位、课程型硕士学位、扩展型硕士学位;10 级:博士学位。

这6个等级11种文凭需要满足《学历资格标准》才能颁授。(1) 高等教育提供者要保证 AQF 5—10 级文凭要满足 AQF 相应的学历资格层次标准和类型标准。(2) 高等教育提供者根据《AQF学历资格颁发政策》的规定使用规范性用语颁发文凭；不能在提供给学生的相关证明材料或广告宣传中以书面、口头或电子信息的形式将"扩展型硕士学位"称为"博士学位"。(3) 高等教育提供者颁发 AQF 5—10 级文凭之外的文凭，要做到：第一，要证明有行业、专业、社区或学生需要该文凭；第二，要说明文凭所依据的教育理论；第三，对文凭的描述要参照 AQF 关于知识、技能、知识技能应用、一般学习结果等学习结果的术语；第四，文凭的名称要恰当，不使用 AQF 文凭专门用语。

（二）政府政策

法律法规需要一系列政策的实施加以具体化。改革开放以来，我国政府出台了一系列提高高等教育质量的政策，收到了很好的政策效果。如1994年，国家教委组织实施"高等教育面向21世纪教学内容和课程体系改革计划"；2000年，教育部组织实施"新世纪高等教育教学改革工程"；2004年，国务院批转《教育部2003—2007年教育振兴行动计划》，其中包含"高等学校教学质量与教学改革工程"，推出"精品课程"项目、"教学名师奖"项目、大学英语教学改革项目和高等学校教学评估项目；2007年，教育部、财政部印发《关于实施"高等学校本科教学教学质量与教学改革工程"的意见》，实施"高等学校本科教学质量与教学改革工程"，即"质量工程"，推出6个方面17个建设项目；2010年，中共中央、国务院印发《国家中长期教育改革和发展规划纲要（2010—2020年)》，提出"提高质量是高等教育发展的核心任务，是建设高等教育强国的基本要求"；2011年，教育部、财政部印发《关于"十二五"期间实施"高等学校本科教学质量与教学改革工程"的意见》，实施"本科教学工程"，至今经历了中央集中管理阶段（2011—2013年）、过渡阶段（2014—2017年）和常态化建设阶段（2017年之后)①，2018年1月30日教育部正式发布"普通高等学

---

① 袁海军：《高等教育质量工程：回顾与反思——兼论"国标"的再标准化问题》，《现代教育科学》2019年第1期。

校本科专业类教学质量国家标准",还推出了一流课程建设"双万计划"、"六卓越一拔尖"人才培养计划 2.0 版、专业质量三级认证与排名试点工作等项目。

除了这些与高等教育质量发展直接相关的政策外,国家有关部门还出台了一些相关的政策,如财政部和教育部实施的"中央财政支持地方高校发展专项资金"项目、教育部组织实施的"中西部高校基础能力建设工程"等,也都对提升我国高等教育质量起到了重要的促进作用。政府政策的执行应当围绕新时代高等教育质量发展的重点和难点。

1. 以政府质量奖带动高校质量发展

在国家层面,世界上已有 88 个国家和地区设立了国家质量奖[1],以此来激励企业和其他组织追求卓越质量经营模式。著名的国家质量奖包括美国马科姆·波多里奇国家质量奖、欧洲质量奖、日本戴明品质奖、加拿大卓越经营奖、澳大利亚卓越经营奖等。其中最知名的奖项是美国马科姆·波多里奇国家质量奖、欧洲质量奖、日本戴明品质奖。这些奖项涵盖各类企业和其他组织,包括教育机构。波多里奇国家质量奖评选对象包括制造业企业或其子公司、服务业企业或其子公司、小企业、教育和医疗卫生机构等四类组织。欧洲质量奖除了对大型组织和企业、公司运营部门、中小企业进行奖励外,还对公共组织进行奖励,高等教育机构可以在这一类别中进行评审。加拿大全国质量协会(NQI)是一个非营利性机构,其宗旨是促进和支持加拿大所有的企业、政府、教育和医疗领域的机构的质量驱动的创新,其主持的加拿大卓越经营奖的评价准则分别用于评价企业组织、公共领域机构和医疗机构。澳大利亚卓越经营奖涵盖了公共机构。

2001 年,中国质量协会设立"全国质量奖",原名"全国质量管理奖",属于民间奖,是对实施卓越绩效模式并取得显著质量、经济、社会效益的组织授予的在质量方面的最高荣誉,每年评选一次。评奖依据为《卓越绩效评价准则》GB/T19580-2012 国家标准。2010 年,全国质量奖设置"卓越项目奖",以表彰运用卓越绩效模式在质量管理、技术创新等方面取得突出成效的重点工程和项目。全国质量奖的评审范围为工业、工程建筑、交通运输、邮电通信及商业、贸易、旅游等行业的国有、股份、

---

[1] 刘平均:《质量发展纲要(2011—2020 年)学习问答》,中国质检出版社,2012,第 160 页。

集体、私营和中外合资及独资企业，教育机构、医疗机构、文化机构等不在其中。

2012年，国家正式设立"中国质量奖"，2015年，国家质检总局发布《中国质量奖管理办法》。"中国质量奖"是我国在质量领域的最高荣誉，分为中国质量奖和中国质量奖提名奖两个奖项，每两年评选一次，旨在表彰在质量管理模式、管理方法和管理制度领域取得重大创新成就的组织和为推进质量管理理论、方法和措施创新做出突出贡献的个人，由国家质检总局负责组织实施。评奖依据为中国质量奖评审规则和中国质量奖评审要点。评选范围涵盖制造业、服务业、工程建设行业、国防工业、武器装备研发制造维修设计单位、一线班组、一线技术工人7大领域，教育机构可以申报中国质量奖。2015年9月，国家质检总局发布《中国质量奖管理办法》，对中国质量奖评审进行规范。设立国家质量奖能极大地增强组织的质量责任感和勇于竞争的信心，还能起到极大的示范和带动作用，激励组织在质量上追求卓越，促进国家质量水平的整体提高。

教育机构申报中国质量奖的内容包括有六个方面。（1）组织简介，包括组织基本情况：包括成立时间、所属行业、涉及主要领域、业务范围、员工数量等；组织管理情况：包括管理体系、制度、模式，组织员工整体状况，组织质量管理所坚持的理念；组织运营情况：包括教学情况、科研情况、管理情况、创新情况、社会认知情况、运营绩效情况等，可提供相关统计数据，如年学生数量、教师数量、升学率、学生成绩统计数据等；组织获奖情况：包括学校及员工获得奖励情况以及其他奖励情况等。（2）质量水平，组织在教学质量、服务质量、学生安全、学校管理等方面的具体表现和总结。（3）创新能力，组织在管理创新、理念创新、业务创新、技术创新和创新价值等方面的具体情况和总结。（4）文化理念，详细阐述组织在多年运营过程中形成的优良管理文化（如认真严谨、追求卓越等）和发展理念（如以人为本、安全第一等），组织的文化理念在行业、社会得到认可的情况。（5）经营绩效，组织的财务收支及经费使用情况、提升学生综合素质情况、推广先进的教育理念方法和制度、带动本地区教育整体水平提升等方面的具体情况和总结。（6）组织质量管理制度、模式、方法总结。第一，组织质量管理制度、方法、模式简介，包括内容描述、理论基础等，可以是涵盖组织整体的质量管理体系，也可以是局部的质量管理方法；第二，举例说明组织在质量管理制度、方法、模式实践中对提升质量、改进管理发挥的作用和起到的效果，所举案例要有典型性，要尽可能详细说明；第三，与同行业其他组织相比较，本组织质量管理制度、方法、模式的先进性、独特性、可推广性。

第三届中国质量奖评选中，重庆市九龙坡区谢家湾小学校成为10个获奖机构中唯一的教育机构类获奖单位，另有6个教育机构获得提名奖。

同时，我国很多地方政府也设立了质量奖。截至2016年，我国已有28个省（区、市），超过1000个市（地、州）设立政府质量奖。[①]

此外，美国和不少欧洲国家还建立了专门的教育质量奖。在中国，不少地方政府设有教育质量奖或教育教学质量奖、市长教育质量奖，评选对象为中小学校、幼儿园和个人，高等教育领域尚无专门的政府性质量奖。配合"双一流"建设、高等教育强国建设和教育现代化，建议由中央政府出面设立国家教育质量奖，以此激励和示范带动包括高校在内的各级各类教育机构推进教育教学改革，促进质量提升。

2. 建立健全高校绩效问责制

自20世纪90年代以来，问责制的概念在包括高等教育在内的公共服务领域得到了应用，当时问责制是作为外部质量过程的一个主要目标。跨文化发展研究协会（IDRA）将教育中的问责制定义为保证所有教育利益相关者承担责任并坚持自己，对每个学习者负责，使他们能够充分获得优质教育、合格教师、具有挑战性的课程、充分的学习机会、充分的学习支持，以使他们在学业和其他方面取得优异的成绩。[②] 大学和学生、社区、政府等所有高等教育利益相关方都对教育质量承担责任。高等教育问责指高校对学生、公众、政府、高校自身等利益相关者的教育管理、绩效、行为、教育质量等方面所负的责任。[③] 高校绩效、教育能力的提高、教育质量的保证、教育的可持续性、响应能力成为高校问责制的主要目标。

伯克（Burke）将问责分为向上问责、向下问责、内部问责和外部问责

[①] 《专家热议中国质量奖的重要意义》，http://www.cqn.com.cn/news/zggmsb/diyi/1134413.html，最后访问日期：2018年6月12日。

[②] "Intercultural Development Research Association," IDRA Newsletter, 2004, http://www.idra.org/Newslttr/2002/May/Bradley.htm，最后访问日期：2017年8月25日。

[③] Al Kadri H, "Higher Education Accountability Performance in Padang State University," *Journal of Education & Practice*, 2015（2），pp.77-87.

四种类型。① 向上问责代表了传统的上级对下级进行的问责,包括程序性、科层性、法律性或垂直问责制。向下问责指管理者对自己的决策向下级负责,在高等教育中指学院式问责。向内问责一般指代理者向专业标准或职业道德标准负责,通常出现在专业人员主导的组织中,如高校,这里实际上是由专业人员所实施的问责。外部问责指代理者对客户、利益相关者、外部支持和社会做出回应,其中包括市场责任和政治责任。在问责制中,主体分为代理人、委托人和受益人三类。高校是代理人,而社会承担双重角色,既是委托人,也是受益人。受益者通常是公众,尤其是学生、就业机构、政府和其他社会组织。在大学中,管理者是代理人,执行从校长到学生和其他主体的授权。

高校的组成部分可分为三个层次:第一,以学习为核心部分(以学习过程为核心部分);第二,重要组成部分(基本要素部分),包括课程、教师、学习设施、资助、研究等;第三,支持部分(管理、领导)。高校绩效问责的内容包括了这些内容,具体如下。(1)学习,学习过程是教育机构特别是教师应认真准备的有意活动。(2)课程,课程是教学计划和一个包含要实现的目标、要呈现的材料、教学活动、教学工具和教学时间表的系统。作为一个系统,课程是学校组织系统的一部分,它涉及课程政策、组织结构和程序制定、实施、评估和完善。(3)教师,教师是专业的教育工作者和学术人员,主要任务是教学、研究和社区服务。(4)教学设施,要能满足学生和教师的需求,是实现课程目标的必备条件。(5)资金。(6)研究,研究是高校提供教育的主要特征,是知识创新的主要途径,使学习过程更具动态性和适应性。(7)管理,管理是良好大学治理的相关活动。(8)领导,领导是高等教育机构中的一个重要因素,它可以移动、修正、指导和协调机构内的各个组成部分,从而有效地运行不同的组成部分。②

英国、美国等国家实施的政府性问责制中,绩效拨款制是重要的内容。绩效拨款制的做法是使用一个明确规定的公式,将政府资金与学校绩效挂钩,指标包括毕业率、就业率、学生成绩等。在美国,1979年田纳西州首

---

① Burke J C, *Associate. Achieving Accountability in Higher Education: Balancing Public, Academic, and Market Demands*, Jossey-Bass, 2004.
② Bober M J, "The Challenges of Instructional Accountability," *Tech Trends*, 2004 (4), pp. 48 – 51.

先实施绩效拨款制,到 20 世纪 90 年代,越来越多的州实施绩效拨款制。科罗拉多州、伊利诺伊州和密歇根州 2011 年采用绩效拨款制。奥巴马政府大力支持绩效拨款制。

绩效问责制的设计中,绩效指标是关键。高等教育是一个高度复杂的系统,要提高教育质量,最好的方法是改进教育系统的信息,尤其是要定义和评估真正重要和我们关心的结果,并将评估结果反馈给责任单位。绩效指标通常被定义为"固定间隔收集来追踪一个系统的绩效的信息单位"。英国的高等教育绩效指标包括高等教育参与度指标、学生进步、教育结果等。当然,绩效指标需要用于问责目的,也要用于质量改进目的,对绩效指标的使用要想更有成效,要围绕相关的理论、技术、社会和政治问题,改进绩效指标体系,平衡绩效指标的问责和改进目的,建立合理的指标使用框架。

绩效问责制是我国高等教育实施"放管服"改革,政府简政放权、放管结合、优化服务、高校行使办学自主权的重要配套性政策。中央财政通过"双一流"建设项目、其他重大项目等向高校拨付了大量的财政经费,地方政府投入也很大。立足我国高等教育的实际,学习借鉴国外的有价值的经验,研究制定和稳妥实施具有中国特色的高校绩效问责制,是新时代我国高等教育质量发展需要考虑的一个政策议题。

3. 建立弱势高校质量发展激励制度

新建本科院校、高职院校、民办高校以及西部地区、民族地区和其他落后地区高校是我国高等教育事业的不可或缺的主体,为推动我国高等教育的发展发挥了不可替代的作用。相对来说,这些高校因发展时间、类型、地理位置等往往处于资源、信息获取和政策支持中的弱势地位,这些高校往往办学条件较差,人员素质有待提高,学校质量保证能力有限。通过有针对性的激励性政策提高这些高校的质量管理水平、保障质量水平、促进学校整体改革创新、提质增效,具有全局性意义。

激励政策可考虑以下几点。第一,发挥重点大学的引领带动作用。发挥实力强的重点大学的带动作用,鼓励制定大学联盟标准,带动联盟内成员的教育教学创新和品牌创建,带动薄弱高校实施教育教学改革和管理创新,提升服务能力,增强质量竞争力。第二,创新薄弱高校质量发展激励措施。建立国家和地方政府高等教育质量奖励制度,对质量管理先进、成绩显著的高校和个人给予保障奖励，树立先进典型。激励薄弱高校重质量、讲诚信、树品牌、建特色。第三，设立薄弱学校发展专项资金，支持薄弱高校发展、改革、创新。我国已经设立了央地共建专项资金和西部高校基础能力建立专项资金，建立了沿海高校对口支持中西部高校发展的制度，但还需要加大力度，持续实施。第四，建立质量提升服务平台，完善对薄弱高校信息咨询、条件支持等共同服务和社会服务体系，实现质量提升和赶超。

4. 外部质量审核制度

由专门机构代表政府对高校进行定期、正式的外部质量审查，是新时代我国高等教育质量制度建设的议题之一。重点是审查高校的内部质量保证和质量改进政策和过程，并公开评估和报告。通过外部审查总结推广高校的良好做法，并就如何改进质量和标准管理提出建议。采用同行评审流程，成员主要由其他机构的学术人员组成，现场访问高校。可试行聘请国际专家，所有评审员必须在参加评审前参加培训，高校提供自评报告。精心组织现场考察，审查小组会见管理人员、学术人员、学生、用人单位代表等。访问结束时，审查小组对该高校是否符合国家标准和质量管理的期望以及所提供信息的可靠性做出判断。评审应以学生为重点。审查小组审查与学生直接相关的一系列事项，包括提供给他们的信息的准确性；促进和支持他们学习的方式；他们对教学质量提供反馈的方式；他们提出投诉或学术呼吁的方式；以及他们参与内部审查的情况等。学生代表也积极参与评审过程的各个阶段。评审结束提交评审报告，作出评审结论，总结好的做法，提出改进意见建议。审查过程中发布的文件是针对正在审查的高校的，因此往往是技术性的。为了满足公众的信息需求，可以为一般观众制作报告的摘要。

5. 外部机构参与高校质量发展

教育资助机构可以对所资助的高校进行质量评估，根据评估结果决定后续资助或调整资助计划，对高校的发展提出意见建议。资助机构也可以参考其他机构所进行的质量评估。高等教育行业协会应该将发挥提高高校办学质量作为重要功能，支持高校向学生提供最好的学习经历，与政府管理机构紧密协作，可以作为中介机构认证高校的专业和课程，为各个学科发展提供框架性支持，支持高校的战略变革，在高校中分析成功经验，制定适用于所有教师的专业标准框架等。

(三) 高校正式制度

1. 高校正式质量制度的目的和原则

高校要通过质量制度建设，使自己的质量管理活动规范化、标准化。在高校内部健全质量规章制度，规范员工的质量行为，统一学校成员的质量意识和标准，形成完善的质量制度体系，为质量管理体系的运转提供支撑。质量管理体系是一套相互关联或相互作用的要素，高校用来指导和控制如何实施质量政策和实现质量目标。[①] 质量管理体系反过来推动着质量制度体系的实施和发展。

制度目标。一是学术标准。体现在三个方面：第一，课程和所颁授学历学位的水平；第二，课程和课程的内容；第三，实现课程和专业学习成果目标的程度。二是优质的学习体验。体现在：第一，有效的教和学的方法；第二，旨在培养学生所需水平的知识、理解或能力的有趣的相关课程；第三，专业及各个组成部分的管理；第四，学术支持部门和管理机构对学生和教师的支持。三是学生成功的机会。体现在正式评估和学生进步；学生在学习期间的个人满意度；毕业生在完成学业后获得就业的机会等。

制度原则。(1) 全员责任制。所有教职员工作为个人，通过其院系或部门，都对确保和提高质量负有责任。学生通过各种渠道也对质量负有责任。(2) 有效沟通。质量保证过程的要求应通过手册传达给所有教职员工；质量保证部门提供正式和非正式的建议和支持。应对行动的决定和要求进行清楚、快速的沟通。(3) 质量发展作为过程。质量管理不是零星的，而是一个不断的检查、评价、报告和反馈的过程。这一过程是在一个大学范围内的商定的质量保证程序、规范和形式体系内制定的，其目的是提高透明度和对基本要求的共同理解。(4) 质量提升。在现有资源范围内，目标应是提供尽可能好的学生体验，并尽可能促进质量改进。应分享学院内部以及其他机构的良好实践。(5) 外部专家参与。外部同行的参与对于确保和维护标准至关重要。外部同行参与新方案的审批、内部审查和外部审查。

---

① Craciun C S, "The Quality Consulting Services Management in the University Educational System," *Procedia-Social and Behavioral Sciences*, 2010 (2), pp. 5586–5589.

(6) 学生参与。如果质量保证是一个持续的自下而上的过程,确保并提高学术标准、学习经验和学生成就的机会,那么学生意见是关键。学生在高校的民主机构中应有代表,参与内部质量审查,各院系或课程领域都需要有适当的机制来获得学生的反馈。约翰·霍普金斯大学学生有权在课本选择、课堂项目和报告方法方面做出决定。他们被分成小组,在每节课结束时通过即时反馈来促进课程改进。每节课结束时,教师通过三个问题收集反馈。首先是课程的哪些方面有帮助。其次是哪些方面不清楚或没有帮助。最后是有没有得到一些没有预料到的东西。在专题小组中,学生们向教师提供有趣、挑战性、灵活性、教师知识、与工作的相关性以及团队练习的价值等六个方面的评价意见。①

2. 高校正式质量制度体系

质量规划制度。调查和确定消费者及其需求,组建发展规划委员会,负责制订高校的战略计划、确定关键绩效指标和每个指标的短期、中长期目标,这些都是设计质量规划制度的例子。要建立负责质量规划和实施的学校领导团队,确定预期学习成果,提高发展规划质量。

质量发展机构。高校质量管理机构的任务不应局限于具体事务,还应是积极主动的质量规划、决策机构,开展质量调查研究,探讨与质量相关的问题。质量管理机构应为教师、学生和其他利益相关者组织关于质量保证和提高的培训,传播质量知识,在校内培育质量文化。

质量监控制度。第一,建立健全听课评课制度、公开课视频课制度、教学工作检查制度、教学督导制度、课堂教学质量调查制度、毕业生对所学课程满意度调查制度等。第二,建立健全考试质量分析制度、毕业设计(论文)质量分析制度、实习生综合能力评价制度、毕业生就业单位质量跟踪调查制度等。第三,分校、院系处、教研室三层验证质量发展制度的执行情况,从不同层次发现问题,分析原因,研究解决问题的方法,落实纠偏和纠错。第四,高校各管理、服务、教学单位针对教育教学质量要素、部门职责、岗位职责进行自查和交叉审查,理顺部门间的工作衔接关系。第五,教职员工根据各自岗位的工作规范、工作职责和相关业务及其工作

---

① Grant D, Mergen E, Widrick S, "A Comparative Analysis of Quality Management in US and International Universities," *Total Quality Management & Business Excellence*, 2004 (4), pp. 423 – 438.

链接开展自查自纠，全员各尽其责，把握好各环节各接口质量，参与教育质量监控。

民主参与制度。大学行政和学术事务的民主化对发展高质量教育和成为高质量大学具有重要作用。民主管理可能是实现高质量教育、成为高质量大学的最佳途径。① 权力和责任、群体决策、横向网络组织结构等实践，可以促进高校高质量发展。教职员工有平等的权利参与管理活动的各个方面，应为教职工提供一个开放参与、辩论、质疑的环境，应为学生提供参与质量发展的机会和途径。除教师和学生外，高校的其他利益相关者也应在高校管理中发挥作用，促进教育质量的发展。② 信息技术的进步和知识社会的演进为每个利益相关者提供了参与和促进管理活动的机会。知识越广，决策就越好。基于更广泛的知识和更广泛的利益相关者支持的决策为高校创造了更高质量发展的机会。③ 高校课程建设委员会应包括学校领导、教师、学生、用人单位、校友、社区和政府代表，他们都与课程有关，将他们的呼声和合理愿望反映到课程中是课程质量发展的需要。

质量服务咨询制度。质量管理机构应配置专业的质量管理咨询人员，为校内各单位和个人提供评估项目、目标识别、质量问题、质量改进等质量咨询服务。

3. 高校质量文件

高校重要质量制度如果不予以明确，其作用会大打折扣。正式质量制度需要通过文字化、文件化加以固定、明确，降低制度模糊性，消除制度歧义，才能从根本上建立质量发展长效机制。质量文件对高校质量发展具有重要的作用，可以明确高校的质量体系；提供明确和有效的行为框架；为高校的秩序和稳定奠定基础；有利于了解高校各部门相互间的关系，提供信息，加强全面沟通；将高校对质量的承诺传达给教职员工；帮助教职员工理解其在学校中的作用，增强他们的责任感；为工作绩效评价提供依据；为教职员工入职培训和继续培训提供依据；说明如何才能达到规定的要

---

① Levine A, *Higher Learning in America*, The John Hopkins University Press, 1994.
② Blair M M, *Ownership and Control: Rethinking Corporate Governance for the Twenty-First Century*, The Brookings Institute, 1995.
③ Levin D I, *Reinventing the Workplace: How Business and Employees Can Both Win*, The Brookings Institute, 1995.

求；文件化的质量制度可以增加教育消费者的信任；为持续改进提供依据。

高校的质量文件包括成文的教育教学质量方针、质量目标、质量手册、程序文件、质量计划、作业指导书、标准化的表格、质量记录等。质量文件的详略程度因高校的规模、类型以及过程的复杂程序、人员的能力等具体情况的不同而不同。其中质量手册、程序文件、作业文件、质量记录在实际操作中较为重要，它们从宏观到微观相互联系、相互支持。

质量手册对高校整个质量发展和质量管理的体系进行规定。教育教学质量手册可以是各类教学管理文件汇编，也可以是独立的教育教学质量保证手册。其要素包括管理职责；质量体系；教学计划和大纲的编制；教学文件和资料控制；招生与录取；人才标识与可追溯性；教学过程质量管理；考试、考核与证书发放；教学仪器设备控制；学籍管理；教学事故的处理、纠正和预防措施；毕业与结业；教学记录的控制；内部质量审核；教师进修和员工培训；跟踪与延伸服务；信息采集；统计技术的应用等。

程序文件对高校的基本职能活动的程序进行规定。程序是指为实施质量体系要素所涉及的各职能部门的活动或过程，程序文件是质量手册的具体化、操作化。高校质量管理体系的程序文件主要指各类教学管理文件，如学位授予工作细则；双学士学位管理规定；课程建设管理规定；教材建设管理办法；考生考场规则；学生实习守则；教学设备管理规定；科研成果管理规定；论文专著统计及奖惩办法；实习实践管理办法等。高校应建设形成文件控制、质量记录控制、内部评估、纠正措施、预防措施等方面的程序文件系统。

作业文件是有关工作任务如何实施和记录的详细描述，是程序文件的进一步延伸和具体化，用于细化具体的作业过程和作业要求。它通常指一些专业性文件，用以指导教职员工的具体工作，如教师工作规范、图书资料员行为规范、学生行为规范等。

质量记录是对完成的活动或达到的结果提供客观证据的文件，质量记录文件不能修改。应制定形成文件的程序，以规定保持记录的标识、贮存、检索、保护、保存期和处置所需的控制。高校的主要教学质量记录有学生考试（考查）成绩登记表、教学实验登记卡、学生学籍卡、教学日历、课程教学情况总结表、毕业设计（论文）任务书、学生毕业实习（实践）成绩记录、教学质量评价表等。

要将以上这些重要的质量文件汇集起来，形成质量文件编制。质量文件的形成必须要有严格的程序性控制，以保证质量文件的有效性、准确性、严肃性、权威性。对学校各级各类、历年的规章制度、教学方案和质量管理文件进行全面的调查诊断，做出继续沿用、完善、废止等决定；对沿用和完善的文件，包括相关的法律法规，汇编成册；确定文件类型、审批程序，统一文件结构和要求，根据学校实际和法律法规要求，分责任分层次进行质量手册、程序文件、质量计划、作业指导书、岗位工作责任制和表单等文件的起草、研讨和确定。

三　非正式制度

非正式制度是指不具有强制性和正式性的软性、内在性、精神性制度，包括价值信念、风俗习惯、文化传统、道德伦理、意识形态等。高等教育非正式质量制度包括质量隐喻、质量意识形态、质量情感与道德、质量文化等。

（一）质量隐喻

隐喻是以另一种事物来观看、理解及体验某一事物的语言工具。[①] 隐喻在人类的思考和交流中大量存在。高等教育质量活动中也普遍存在各种隐喻。高等教育质量隐喻即我们借用其他事物来理解和交流高等教育质量，它是较为深层次的高等教育质量非正式制度。隐喻影响我们理解和谈论高等教育质量的方式。隐喻产生心态，影响我们对待高等教育质量的行为。隐喻影响我们思考、设计高等教育质量管理方案的方式。根据质量发展理念、原则和实际需要调整优化质量隐喻，是高等教育质量思想建设的重要内容。

高等教育质量活动中大量存在一元质量隐喻。这些隐喻的两端是"市场"隐喻和"象牙塔"隐喻，中间有不少过渡类型。

1. 高等教育质量的"市场"隐喻

将学生看作"原材料"和"产品"，是在不同"生产"地点移动的

---

① Lakoff G, Johnson M, "The Metaphorical Structure of the Human Conceptual System," *Cognitive Science*, 1980 (2), pp. 195 – 208.

"旅行者";将培养有问题的学生比喻为"次品"、"废品"或者"危险品"。[①] 将大学看作提供标准化服务的"麦当劳店"[②] 或者"加工厂"[③]、"超市"、"生产线";看作提供"超市化服务"的场所[④];看作推动经济发展的"火车头"[⑤];看作社会文化发展的"动力站"[⑥]、"服务器";看作技术的"孵化器";有人认为大学应当树立保护理性和纯洁性的"精神围墙"[⑦],有人则强调打破大学的办学者在意识或心理上与社会的隔膜所代表的无形的"围墙"[⑧];希望大学快速适应变化、成功应对挑战,成为"创业型大学"[⑨];认为大学应当借鉴企业产品生产的经验提高"生产效率"[⑩];将学生、毕业生雇用者、咨询者、家长等看作"消费者"。高等教育被分为"投入—过程—产出"三个生产阶段。借用商业领域的"绩效""效率""成本""市场价值"等概念来强调高等教育的竞争性文化、"企业文化"建设。[⑪] 将人员在高校内外的流动称为"内部市场"和"外部市场"行为。[⑫] 高等教育的"内涵式发展"最初是借用自经济学领域的一个概念。以上这些隐喻基本属于市场要素,可以概称为市场型隐喻。高等教育"市场"隐喻下的质量保障采用目的模式或预定模式。[⑬]

2. 高等教育质量的"象牙塔"隐喻

有研究者担心对于教育的语言变得越来越"工业化",教育的核心价值

[①] 蔡楷有:《大学生违纪行为分析及矫治》,《黑龙江教育学院学报》2002 年第 4 期。
[②] 别荣海:《我国高等教育发展的麦当劳化趋势及其超越》,《中州学刊》2012 年第 5 期。
[③] 王红梅、张帆:《大学:国家精英的加工厂》,《煤炭高等教育》2008 年第 2 期。
[④] 万永成:《大学生素质教育"超市化服务"的研究》,《时代教育》2016 年第 11 期。
[⑤] Richard C. Levin、陈红:《大学是经济发展的火车头》,《清华大学教育研究》2001 年第 2 期。
[⑥] 潘娟华、孟现志:《大学要努力成为先进文化的动力站》,《高等农业教育》2004 年第 11 期。
[⑦] 杨玉良:《大学不能没有"精神围墙"》,《成才之路》2009 年第 22 期。
[⑧] 程方平:《破除禁锢大学融入社会的无形"围墙"更重要——关于大学校园围墙立废的思考》,《人民论坛》2016 年第 S2 期。
[⑨] 刘奕涛、伯顿·克拉克《"创业型大学"思想述评》,《嘉应学院学报》2010 年第 9 期。
[⑩] 钟慎斌:《借鉴企业产品生产的经验,提高高校人才培养的质量》,《苏州大学学报》(工科版)2001 年第 6 期。
[⑪] 黄睿:《浅析高校后勤企业文化及其塑造》,《北方工业大学学报》2003 年第 2 期。
[⑫] 余德华:《简论高校人力资源内部市场的构建》,《陕西理工学院学报》(社会科学版)2008 年第 4 期。
[⑬] Scriven M, "Evaluation Ideologies," in *Evaluation Models*: *Evaluation in Education and Human Services*, edited by Stufflebeam D L, Madaus G F, Kellaghan T, Springer, 2000.

会被贬低，教育变成市场交易的场所，会遮蔽教育的道德责任。① 有学者认为"我们应当抛弃市场的语言。我们不是送货网络；学生不是消费者；教育不是可以买卖的产品。商业世界的隐喻很容易就走向我们所有人，为此，我们要小心掉进这样一个会话路径。我们可能会忘记，学习是一种合作性的活动，要求学生全身心的投入，是一种远比到商场购买商品复杂得多的活动。文凭是不能够买卖的，是赢得的"。② 有学者认为教育过程如同"园艺"，教师是具有牺牲精神的"蜡烛""春蚕""园丁"等。③ 有学者认为大学应当是"大师"聚集之所而不是"大楼"所在之所。④ 有学者认为在社会大环境下要保持大学"象牙塔"的纯洁性。大学应当与"市场"保持一定的距离，与浮躁功利保持距离，淡化功利性取向。⑤ 有学者认为大学应当成为学生的"精神家园"⑥，应当发挥好文化引领功能，成为文化的"守护者"⑦、冷静的"批判者"⑧。将大学比喻为社会的"精神脊梁"⑨，认为大学的责任重在"得天下英才而育之"，将学生培养成为"精英"⑩"领导者""拔尖人才"，强调大学是自由之所⑪。"象牙塔"隐喻下的高等教育质量采取自然主义模式；精英高等教育质量模式的方法是"发现优秀人才并使他们保持优秀"⑫，通过"围墙"来体现高等教育的选择性、卓越性，只有"最好的学生"和"最好的教师"才能待在大学校园内。"象牙塔"隐喻背后多少体现出有限供给哲学的影响。

---

① Dennis C, Sea L, "Quality Assurance in Post-secondary Education: Some Common Approaches," *Quality Assurance in Education an International Perspective*, 2010 (4), pp. 250 – 270.
② Christopher B N, "Expectations of a New Administration: Opening Address at Annual Meeting of the Council on Higher Education Accreditation," Maryland, 2009.
③ 张郑伟：《园丁+导游——教师的进化》，《文教资料》2014 年第 21 期。
④ 岳南：《大学与大师：清华校长梅贻琦传》，《博览群书》2018 年第 3 期。
⑤ 吴德星：《大学要与浮躁功利保持距离》，《教书育人》2012 年第 15 期。
⑥ 贺新芳：《构建大学生精神家园的路径探析》，《党史文苑》2009 年第 18 期。
⑦ 姜素兰：《论大学的文化嬗变、守护与超越》，《北京联合大学学报》（人文社会科学版）2014 年第 3 期。
⑧ 夏茵：《论大学教师知识分子角色的文化引领作用——基于大众文化批判的视角》，《科技与企业》2012 年第 19 期。
⑨ 宋鸿雁：《论一流大学的社会责任与建设误区》，《唐山师范学院学报》2006 年第 4 期。
⑩ 王建华：《大学理想与精英教育》，《清华大学教育研究》2010 年第 4 期。
⑪ 朱富强：《重建道统的庇护所：中国大学的改革路向》，《学术研究》2012 年第 6 期。
⑫ Brennan J, Shah T, "Quality Assessment and Institutional Change: Experiences from 14 Countries," *Higher Education*, 2000 (3), pp. 331 – 349.

只借用一种事物来思考高等教育质量活动,与人类的思考和交流规律相悖。任何事物都具有多种属性,具有多种要素,有的还具有多种形态,认识和沟通事物的角度也应当是多样的、均衡的,否则有失偏颇。其实这些隐喻本身都有其合理性,任何一个角度所看到的事物的影像都有其真实性,问题在于这些影像只是事物整体的一个片段。如果将这些片段合起来,我们就能看到事物的全貌。因此,我们不需要改变认识和交流高等教育质量的隐喻,只需要多一些隐喻,多一些思考的工具和认识的中介,在分析高等教育质量的某一方面时,能兼顾到其他方面,得出某种结论时能意识到这种结论的特殊背景和前提,不追求一种绝对的维度、视角、理论和模式,这将有助于我们更全面地理解高等教育质量发展的内涵,也更能触及高等教育内涵式发展的内涵,这正是高等教育质量发展的本意所在。

(二) 质量意识形态

意识形态是观念的集合,源于社会存在,受人的思维能力、所处环境、教育、宣传、价值取向等的影响。意识形态虽然是一种非正式的质量制度,但它处于思想的内核,较难改变。在高等教育中,质量意识形态和思想框架深刻地影响高校的质量行为。[1] 高等教育质量要能够创新,能够提升,很重要的一点就是要与时俱进地改革创新关于质量的意识形态,用具有时代性和先进性的意识形态推动高校教育教学的质量发展进步。

从质量在高等教育话语中偶尔出现,到成为一个普通词语,再到成为关键词,关于质量的意识形态也不断发展,出现了多种具有典型性的观点,其中学院主义意识形态、管理主义意识形态和评估主义意识形态较为典型。

1. 学院主义

学院主义强调学院代表理性主义与理想主义气质。[2] 有学者认为学院代表公认的价值标准和规则,汇聚高贵不俗、有文化的人,是"雅术学院",学院式教育是有一整套严格训练的"学院性"教育模式,在功利主义甚嚣尘上的教育环境下,学院式教育应当被正名,应当回归。[3] 西方高等教育有

---

[1] Bell E, Taylor S, "Joining the Club: The Ideology of Quality and Business School Badging," *Studies in Higher Education*, 2005 (3), pp. 239–255.
[2] 聂雨辰:《牛津大学:学院主要看气质》,《大学生》2016 年第 3 期。
[3] 黄河清:《为学院主义正名》,《艺术学界》2012 年第 1 期。

悠久的学院模式传统，所谓学院模式即社团控制模式，源自中世纪大学的行会组织机制，旨在维护教师社团控制的一定的权力地位、发挥的作用、权力分布，以及行使权力途径等构成了学院模式的重要内涵。① 在学校管理中，学院模式指全体成员有共享的价值观，组织中存在着专业权威，重视学术权力在教育管理中的作用，以专业人员的专业判断为依据，同时通过讨论的方式进行民主决策，组织权力共享。② 在教师发展中，学院模式的主要特征为重视高等院校在教师培养中的重要作用；发挥学院专家的话语权；教育教学理论、技能和方法的学习内容；大学讲堂的教授模式。③

2. 管理主义

管理主义是一种将营利型企业相关的管理技术应用于公共部门和非营利性组织的管理意识形态。④ 管理主义体现在组织形式、文化和组织管理技术中，管理主义理论强调的技术包括降低组织的内部成本、促进员工之间的竞争、公共部门服务的市场化以及通过衡量结果和个人绩效来监测效率和有效性。强调改变组织的制度和文化，改变公共部门人员的价值观，使其更接近私人营利部门的价值观，通过引入内部市场建立内部竞争来引入企业精神。⑤ 20 世纪 80 年代以来，管理主义在大学管理中的逐渐渗透，体现在政府限制公共资金的投入，刺激大学之间的竞争，提高高等教育效率；对大学提供更多的自主权；通过评价和绩效拨款建立市场运行规则；加强产出控制，降低大学运行成本；大学管理的职业化等。⑥

3. 评估主义

德鲁克认为"没有评估就没有管理"。评估主义者将评估作为推动组织发展的重要手段，置于管理工作的轴心地位。西欧各国政府在 20 世纪 80 年开始推行的一系列高等教育改革的一个特质是"评估型政府"的出现。法

---

① 张丽：《学院模式与精英高等教育的重塑——特色学院有感》，《现代大学教育》2007 年第 3 期。
② 杨蕾：《学院模式对我国教育管理的影响与借鉴》，《群文天地月刊》2010 年第 7 期。
③ 曹永国：《教师专业发展的学院模式过时了吗?》，《华东师范大学学报》（教育科学版）2015 年第 3 期。
④ Clarke J, Newman J, *The Managerial State: Power, Politics and Ideology in the Remaking of Social Welfare*, Sage, 1997.
⑤ Itzin C, Newman J, *Gender, Culture and Organisational Change*, Routledge, 1995.
⑥ 孙贵聪：《西方高等教育管理中的管理主义述评》，《比较教育研究》2003 年第 10 期。

国学者尼夫（Neave）认为，评估型政府是一种以官僚政治授权替代控制的管理方式。评估型政府代表着一种管理理念的转变，即由传统的政府对投入的控制和监督转向对产出的评估和管理。① 美国高等教育在20世纪80年代则出现了以学生基本技能测试为核心的"能力基础评估运动"，对美国高等教育发展产生了重要影响。② 质量评估在我国高等教育大众化进程开启以来也越来越受重视，但如今似乎到了无教育活动不评估的程度就有些过头了。我国实施的第一轮高等学校本科教学工作水平评估遭受诸多诟病，其中之一就是运动化，全国高校进行"组织化动员"，这种运动式评估的外部逻辑与高等教育发展的内在逻辑是冲突的。③ 要知道，评估无论如何重要，仅仅是达成组织目标的方法、手段、工具之一，仅仅具有工具价值。④

评估主义者还存在以下较为偏颇的质量意识形态。第一，分离主义意识形态，评估主体与客体不当分离，评估者很少反省，不接受批评，对别人的评估要求不用于自己身上。第二，实证主义意识形态，追求评估的客观性、价值中立性。第三，管理者意识形态，以管理者的需求、价值观和利益为衡量标准，对自己又是一套标准；设定一个目标，假设这个目标可以代替需求；常常无视评估的副作用。第四，相对主义者意识形态，过度强调评估的多元性和建构性，否定客观标准的存在。第五，消费者意识形态，过分强调消费者在评估中的地位和作用。

这三种意识形态中，如果说学院主义偏向理想主义，评估主义偏向现实主义的话，管理主义则属于折中主义。这些质量意识形态在特定的背景下和范围内具有合理性，对质量发展具有一定的指导作用，但随着时间的推移，它们的一些负面作用不可避免地暴露出来。最关键的是，它们看待教育质量的角度较为单一，未能很好地吸取其他质量意识形态的合理成分。对于高等教育质量发展来说，既需要有理想主义的情怀，也需要有现实主

---

① Neave G, "A Flight over the Evolving Evaluative State," in *The Evaluative State, Institutional Autonomy and Re-engineering Higher Education in Western Europe*, Palgrave Macmillan, London, 2012, pp. 191–203.
② Carrell L J, "Issues in Competency Based Assessment: An Overview," Paper Presented at the Annual Meeting of the Speech Communication Association (78th, Chicago, IL, October 29-November 1), 1992.
③ 钟凯凯：《大学评估运动："组织化动员"的概念、特征与悖论》，《浙江社会科学》2012年第5期。
④ 许晓平：《警惕"泛评估主义"的危害》，《人民论坛》2010年第13期。

义的态度；既需要有实证主义认识论的支持，也需要有透视主义认识论的支持；既需要有要素主义的细致入微，也需要有整体主义的系统观察；既需要关照管理者的视角，也需要关照消费者和其他主体的视角。新时代的高等教育质量意识形态不应是某种观念独大，而应是众多观念各自展现其特色，又能相互包容，形成一个观念池，随着形势的发展观念池不断新陈更替，保持活力。

（三）质量情感与道德

高等教育质量发展既是一种技术活动，也是一种情感和道德活动；既是一种制度化活动，也是一种个人活动。质量发展需要教师和管理人员投入责任、精力、情感、价值、勇气、判断。光有技术上的完美，没有激情、想象、创造力，质量发展会有缺陷。

人在高等教育质量活动中会产生内疚、忠诚、期望、贪婪、羞耻、焦虑、责任感等独特的情绪情感体验，调整和优化情绪情感体验，是质量活动主体所谓"精神经济"活动的重要任务。

质量情感与质量认知密切相关。不同的质量认知活动会体验到不同的质量情感，不同水平的质量认知能力，往往会带来不同类型的质量情感结构。一般来说，人的质量认知发展按成熟度可分为五个阶段，不同阶段会有不同的情感特征。（1）不确定期：无知者无畏，不考虑全局和质量的水平，在碰到问题后慢慢学习，随机性学习，但进展缓慢。（2）觉醒期：能认识到质量问题，但因固有的心智模式，害怕改变产生不好的结果，不太敢改变。（3）启蒙期：对质量问题的态度产生转变，由惧怕到渴望解决，能采取行动，打破现状，进行交流。（4）智慧期：在解决问题中增长知识和技能，体现出应变能力、创新思维，通过不断的努力追求质量的持续提升。（5）确定期：形成新的质量习惯、态度、思维方式、工作方式、团队精神、理念等。因此，调整和优化人的质量情感，关键是要培养和提升人的质量认知能力，尤其是要有意识地培养人的质量情感元认知能力。

质量具有道德伦理维度。质量道德感是高级质量情感，是主体对质量思想与活动是否符合社会道德规范而产生的一种内心体验。费根堡姆在其全面质量管理理论中指出，质量是一种道德规范。质量发展不仅仅是一种体系或技术，还是一种涵盖道德良心的工程。质量的根本在于对人的才能、精神和潜力的有效培养。质量发展呼唤诚信、勇气、正直、爱、关怀等情感和道德品质,呼唤道德发挥规范作用。道德作用是借助伦理关系力量调节个体与社会的非对抗性利益矛盾的一种社会机制。它通过多种形式把社会的目标、规范和准则转化为个体的道德认识、情感、信念与意志,经由个体的道德实践,达到对社会整体利益的维护。因此,道德调控对于个体来说是一种他律性与自律性相统一的过程。

鲍格(Bogue)和霍尔(Hall)在2003年出版的《质量与责任》一书中专章论述了高等教育质量评估的道德参与。[①] 高等教育是立德树人的事业,教育之始,以德为先,高等教育质量发展必须将人的高尚的道德品质的培养和机构的健全的道德规范建设放到突出位置。

道德规范在高等教育质量发展中具有重要的约束和调节作用。第一,道德规范对高校的招生活动、教学活动、招聘活动、合作与交流活动、后勤保障活动、工资分配活动等行为,具有校正作用。这种校正作用,平衡着人们在高等教育中的贡献和索取。校正作用的大小,取决于高校中人们道德发展的现状,也取决于相关人员的道德意识和道德习惯,取决于整个学校的道德风尚状况。第二,道德规范对教育教学行为具有激励作用。高校的发展离不开对学校成员的激励。人具有寻求合理化依据和追求财富最大化的偏好,除了经济上的激励外,伦理道德上的精神财富激励也很重要。离开伦理道德的支持,正式制度单独发挥的作用有限。正式制度安排下的物质和经济的激励与伦理道德激励相结合,将能发挥更大的激励作用。第三,道德规范能促进合作。伦理道德有促成人与人、人与组织、人与社会、组织的内部和外部合作的作用。伦理道德是促成合作的前提和基础,也是促成合作的重要机制。没有伦理道德作为基础和机制,便无法建立起高校内外的人与人之间的信任关系,而没有信任,合作也就无从谈起。而只有合作,高校才能发展,才能提升质量。第四,道德规范能够协调人际关系。道德的调节能够把理与情融为一体,使人们对人际关系的认识不局限于遵纪守法,还拓展到社会道德、人伦情感,体现社会责任感,体现人情味。守法状况可以评价一个人作为社会成员行为的良莠,道德状况则可以评价

[①] 转引自 Banta T W, "Quality and Accountability in Higher Education: Improving Policy, Enhancing Performance," *Journal of Higher Education*, 2005 (1), pp. 112 – 114。

一个人品质的高下。行为评价是一种基本尺度，人们更在乎的是道德评价。因此，当人与人产生工作、生活上的纠纷，产生利益上的冲突，道德规范相比正式制度的调节更容易使人诚服。道德规范促进高校成员间关系的和谐，自然会促进学校整体的质量发展。

在道德规范中，教师和管理人员的职业道德对质量行为发挥着基本的道德规范作用。职业道德就是职业人员开展职业活动需要遵守的道德准则、需要养成的道德情操与道德品质，它既是对本职人员实施职业行为的道德要求，也是履行本职业对社会所负的道德责任与义务。高校应建立健全学术道德规范和管理道德规范，监督和约束教学、科研和管理活动中的不道德行为，实行师德一票否决制，坚持德高为师、身正为范，建设良好的校风、学术风气和管理服务氛围，培育相互尊重、民主平等、公平竞争、包容互鉴、友爱关怀、团结互助、求美向善等道德风尚，为学校质量提升提供正能量。

诚信是质量道德最基本的内容。诚信对于高校来说是最基本的组织行为要求，对教师来说是最基本的职业道德要求。反过来看，诚信是高校重要的无形资产，是教师对学生和同行产生信任的重要来源。当今社会是信用社会，高等教育市场的基础是信用。没有信用就没有秩序，组织不可能健康发展。没有信用就没有正常的人际活动，人的社会生活就会受限。高校和教师要是没有信用就会失去教书育人的权威和资格，因此，高校一定要把教师的学术诚信、学生的学习诚信、学校的教育诚信构成的校园诚信文化建设好。只有在校园内有了诚信的意识和修养，教师和学生走出校园才可能诚信待人，诚信做事，为学校赢得好的评价。高校要把人人诚信树立为重要的质量原则。高校要建立质量诚信体系，建立健全质量诚信内部管理制度，建立健全覆盖教育教学全过程的质量诚信制度，加强教育教学质量责任制；有组织地开展教育教学质量诚信意识教育；组织开展质量诚信承诺活动，发布教育质量报告，接受社会监督。

高校的质量诚信包括教育产品质量诚信、教育服务质量诚信和社会责任诚信。在教育产品和服务质量诚信方面，学校和教师对待教育产品的内部顾客和外部顾客都要诚信以待。如学校向学生和教师做出的关于学习安排和教学安排的承诺，就一定要兑现，不能因资金紧张、领导变更等原因随意缩减课程、缩减教学支出，影响教学质量；又如学校与其他单位签订的人才培养和科研合作协议,一旦约定,就要有契约精神,不折不扣地履行协议,教师与政府机构、企业或个人签订科研项目协议,也要严格按照协议要求执行项目,不能注水,不能失范,学生到实习单位实习,必须严格遵守所在单位的规定,按照签订的实习协议认真实习、虚心求教,不能因为自己是实习生而放松要求。在社会责任诚信方面,高校要积极融入所在社区,对接所在地区的经济社会发展需求,积极履行对社区和地区所承担的人才和智力支持的责任,高校教师和学生要走进社区,走向社会,通过教学培训服务、咨询服务、语言文化服务、志愿服务、社会调查等方式,为社区和社会的发展贡献一分力量。

整个高等教育行业要加强质量诚信自律机制建设。高等教育行业社团组织要推动制定行业质量诚信规范,明确高校的诚信责任和义务,组织开展教育质量诚信宣言、公约等自律活动,建立高校质量失信举报惩戒制度,抵制教育行业不正之风,营造行业诚信氛围。高等教育行业社团组织要发挥桥梁纽带作用,及时分析掌握成员高校的诚信动态,加强沟通,协助教育行政部门做好质量信息披露工作,适时发布行业质量信用预警信息,促进行业健康发展。

(四) 质量文化

Culture 一词来源于拉丁文 Colere,有耕种、保护、栖息和崇拜神灵等含义,后来演化出了拉丁名词 Cultura,意为农业耕种。到 15 世纪初,Cultura 传入英文,引申出心灵陶冶、培养之意。于 19 世纪中期,Culture 发展成为一个抽象概念,不再单指培养某物。后来,Culture 与文明(civility)和优雅(refinement)产生联系,如阿诺德将文化等同于美丽、智慧等特质,艾略特认为西方基督教文化是最高的文化形式。德国哲学家赫尔德批判了文化同质观、文化优越论和文化帝国主义,他认为不同的国家和不同的时期有不同的文化,一个国家中的不同群体的文化也不一样。文化同质观与文化精英主义概念有关。此后,文化多样性观念得到多数人的认可,文化被认为是描述性的、包容性的、相对的。博德利(Bodley)将众多的文化形态归纳为列举式的文化、历史的文化、行为的文化、规范的文化、实用的文化、精神的文化、结构的文化和象征性的文化八大类,认为在本质上,文化是共享的、习得的、象征性的、适应性的和综合性的。① 广义的文化指人类创造的物质财富和精神财富的总和，狭义的文化指特指精神财富，包括社会成员所共享的观念、价值、习俗等。

任何社会，只要有生产和消费，就会有质量问题，也就有对质量问题的认知、理念、态度、道德规范、行为准则等，这些方面固定成某种精神框架，就成为质量文化。质量文化是指人们在质量方面所共有的价值观、信念和行为规范及其表现的总和。② 对组织来说，质量文化是一个组织所拥有的质量意识、质量精神、质量价值观、质量形象等关于质量的精神财富，是组织所拥有的独特的精神力、软性生产力和竞争力。质量文化蕴含着情感力、道德力、舆论力等文化力。质量文化的内在核心是质量精神，质量精神包括质量目标、质量哲学、组织风气、组织使命、指导思想等。质量文化是质量管理发展到一定阶段的产物，20世纪90年代世界上出现了质量文化的概念。2005年，美国在世界质量改进大会上正式提出"质量文化是企业迈向成功的基石"这一会议主题。质量文化是与现代工业文明密切相关的文化现象。

"学校质量文化就是学校组织所独有的、为学校所有成员共同持有的关于质量的价值观、信念、规范、基本假设与行为形态等的综合体系，是学校组织文化的一个重要组成部分。"③ 高校质量文化基于狭义的文化概念，特指高校成员所共享的关于质量的价值观念、思维方式、习俗等精神要素的总称，是非正式质量制度的高级形态。如同赫尔德对文化的理解，高等教育质量文化也多种多样，不同的高校不存在质量文化的同质性，办学成绩突出的高校也不能有质量文化的优越感，每所高校都应当形成有自身特色的质量文化。当然，这并不是要将质量文化的相对主义绝对化，高校的质量文化各具特色，各有其背景，但并不排斥相互之间拥有关于教育质量的共同的认识、理念和价值观。正是基于这些共同的质量文化认知及相应的行为模式，才形成一个国家的关于高等教育质量文化的总体基调，一个国家也才能形成自己的高等教育质量文化特色。

---

① Bodley J H, "Global Problems and the Culture of Capitalism," *American Anthropologist*, 2000 (1), pp205-206.
② 刘平均：《质量发展纲要（2011—2020年）学习问答》，中国质检出版社，2012，第181页。
③ 杨天平、沈培健：《学校质量管理新概念》，重庆大学出版社，2008，第191页。

质量文化可以弥补正式制度的缺陷。高校的正式质量制度可以非常周密、系统，但不可能面面俱到、对人的所有行为和所有的事的细节进行规定。质量文化可以从师生员工个体心理的层面形成软性行为约束力，缓冲正式制度约束带来的摩擦、冲突、心理抵抗。此外，高校的正式质量制度保持相对稳定，新情况新问题会不断出现，这就会出现行为约束的真空或边缘地带，而质量文化的软约束力可以对这些真空进行填补。

需要注意的是，质量文化不是事先就定义好的，规定性的，只需要拿来用就行的，而是要高校自己来界定和建设的。高校需要学习借鉴其他国家的、其他高校的好的质量文化，但要认识到质量文化是一个背景化的现象，没有绝对正确的质量文化，高校需要在学习借鉴的基础上打造适合自身校情的质量文化。质量文化的定义不是死的，质量文化是一种生活方式[1]，应当在高校师生的鲜活的实践中活起来。质量文化建设不仅要关注学校的内部过程，还要密切关注外部需求，把握外部机会，获取外部支持。质量文化的建设是对师生心灵的塑造过程，是师生获得知识、习得经验、提升意识、形成价值观念的过程。

质量文化包括质量意识、质量管理理念、质量形象、质量制度和质量环境等构成因素。[2] 质量意识是高校质量文化的灵魂，是衡量高校质量文化是否形成的基本标志，包括高校的质量目标、校园风气、道德规范、办学宗旨、指导思想等，应培育形成"质量第一""质量永恒""质量兴校""质量提升，人人有责"等质量意识。质量管理理念是高校全体人员对质量管理的认识和主张。高校应树立和倡导"人人都是质量管理者""管理出质量、管理出效益"的质量管理理念。质量形象是高校留给学生、家长、政府和社会的质量印象，是质量文化的外部表现，包括师生员工的举止仪表、言行素养、进取心、责任心、知识能力等无形的质量文化要素，还包括建筑风格、校园布局、校园环境等物质文化要素以及学校标志、校服校歌、校旗校徽、校刊校报、广播电视、宣传栏、广告牌等文化传播网络。高校应内抓质量，外树形象，通过优生、名师、模范、重大科研成果、重点学科等提升质量形象，塑造质量品牌，同时也通过每一名教职员工的日常行

---

[1] Harvey L, Stensaker B, "Quality Culture: Understandings, Boundaries and Linkages," *European Journal of Education*, 2008 (4), pp. 427 - 442.
[2] 唐仁春：《高等学校全面质量管理策略研究》，湖南人民出版社，2011，第58页。

为举止潜移默化地宣传高校的质量文化。质量规范是关于质量的行为规范、规则和习俗,重在质量行为约束。质量环境是对教育质量产生影响的环境条件,包括外部环境条件和内部环境条件。外部环境主要包括国际环境、科技环境、社会文化环境、经济环境、政策环境、法律环境以及学校周边环境等。内部环境主要包括师生的心理环境、教学环境、学习环境、科研环境、人际关系环境、文化娱乐环境、生活环境等。

高校质量文化可以分为受控型、反应型、新生型、再生产型四种类型,[①] 各有其优点和局限性。在受控型文化中,高校质量主要由外部需求引导,高校积极抓住外界提供的机会,将其用于质量发展,建立质量议程,探索怎么从政策和要求中最大化利益,怎么推进质量改进。这种文化是从外至内的,突出外界的影响,师生被动遵守,但该文化与师生的日常生活关系不大。在反应型文化中,高校对外部需求更多的是反应而不是参与,这种质量文化也是从外至内的,质量文化更像是外部强加的,高校的自主性不强。在新生型文化中,高校聚焦于内部发展,同时会兼顾外部背景和需求,这种文化是从内至外型的,注重学校的内部革新,同时会充分利用政府政策等外部需求带来的机会。在再生产型文化中,高校聚焦于教育教学的稳定运行、控制局势,以尽可能减少外部影响,聚焦于在内部做到最好,质量是内部化的,有清晰的边界,有健全的规范,这是一种内向型质量文化。当然,这四种类型只是理想型,现实中高校的质量文化要复杂得多,呈现的样态多种多样。

在欧洲博洛尼亚进程中,高等教育质量文化建设受到重视。如欧盟委员会在关于欧洲高等教育变革的"追求卓越"计划中,将高等教育质量文化建设与高等教育卓越联系起来。欧洲大学协会(EUA)实施专门的"质量文化"项目(2002—2006年),是博洛尼亚进程的一部分,欧盟委员会通过 EUA 对项目提供经费支持。项目模式采用从下至上的方式,让高等教育机构和高等教育机构成员发出声音,参与讨论如何"确立质量文化"。[②] 项目的目的是增强高校和高校成员建设质量文化的意识;推广质量文化建设

[①] Harvey L, Stensaker B, "Quality Culture: Understandings, Boundaries and Linkages," *European Journal of Education*, 2008 (4), pp. 427 – 442.

[②] "Quality Culture in European Universities: A Bottom-up Approach," Paper Presented at the European University Association, EUA, 2006, p. 4.

好的做法；进一步引入内部质量管理，提高质量水平，帮助高校以建设性的方式应对外部质量审核程序；增强欧洲高校的吸引力，促进博洛尼亚进程。项目背后的假设是高校的内部质量文化有质量改进的潜能；质量文化的实践是可以相互学习的；质量文化将使欧洲高校增强吸引力。项目发布了《欧洲大学的质量文化：自下而上的方法》的报告，指出质量文化不应该从上往下规定，应当由各个高校自己来定义，将同样的质量文化定义运用于具有不同办学使命和目标的高校是不可能的，也是不科学的。项目将质量文化的要素分为两类，一类是关于质量的共同的价值观、理念、期待和承诺，这是心理方面的要素，主要指理解、灵活性、参与、希望和情感；二是结构化的要素或管理的要素，主要指个人、单位和服务的任务、标准与责任，这类要素有严格定义的过程来提升质量和加强协作。①

高校质量文化建设有一些基本原则。在这方面，一些质量奖项和认证评估机构经过多年的分析总结，形成了一套原则体系，如美国波多里奇国家质量奖的教育奖标准总结了有远见的领导等10项质量文化原则，美国中北部院校协会高等教育委员会实施的"学术质量改进计划"（AQIP）总结提出了共同愿景和使命等10项质量文化原则。借鉴这些原则，高校在推动质量文化建设中需要注意以下几点。第一，利益相关者驱动，高校的质量愿景、使命、预期结果应由主要的内外部利益相关者的需求和期待来定义。第二，共同愿景，学校需要从上至下地创建一种全校的共同愿景和期待感，也要从下至上地确保组织过程与共同愿景的内在价值一致。第三，持续投资于人，对人员的系统的投资是保障教育质量的基础。只有当教职员工被充分培训、对自己的工作有某种程度的决策控制权、对自己的组织角色有一种赏识感，学校才能获得稳定的质量。第四，以背景为基础的决策，只有获得与学校的使命、愿景、预期结果相关的数据和信息，才能做出一致的、正确的质量决策。第五，内外部协作，高校应当更好地理解内外部利益相关者的需求和期待的变化，让内外部利益相关者更系统地分享信息和观念，充分理解学校的发展愿景以及面临的困难和问题，通过健全的程序来提升内外部协作，鼓励人们寻找学校之外的信息和观念。第六，参与决

---

① "Quality Culture in European Universities: A Bottom-up Approach," Paper Presented at the European University Association, EUA, 2006, p. 10.

策，与学校领导相比，最靠近问题的教职员工掌握第一手的关于问题的信息，有对问题的不同的看法。高校要建立程序，鼓励最靠近问题的人参与决策，这样可以更有效地决策，更有效地解决问题。

质量文化建设包括相互关联的四个部分。第一，质量文化定位：确定质量文化的方向与追求目标；第二，组织管理与激励：建立质量文化的推进网络和推进机制；第三，文化促进过程：将确定的质量文化方向与追求目标转变为现实；第四，测量、评估与改进：建立质量文化评估机制，测量质量文化建设的业绩，评估质量文化建设的总体成效，并推动改进。[①] 从确定质量目标，到建立推进机制，再到推进实施，最后进行评估和改进，高校质量文化建设的每一个步骤都不可或缺，对其他步骤产生影响，进而对整体建设效果产生影响。高校质量文化建设是一个行胜于言的过程，必须扎扎实实做好每一步。

发展高等教育先进质量文化，牢固树立质量是学校生命的理念，实施以质取胜的发展战略。在成员中培养诚实守信、持续改进、创新发展、追求卓越的质量精神，将质量精神转化为全体成员的行为准则，自觉抵制违法违规的办学行为和不规范的教育教学行为。推进先进质量文化建设，提升师生员工质量意识，形成学校追求质量、师生崇尚质量、人人关心质量的良好氛围，提升质量文化软实力。

先进质量文化建设，应当首先树立先进的质量价值观，如以顾客的教育需求为中心；以学习型学校和员工为愿景；重视教师和学校的合作伙伴；以质量创新为导向；注重履行社会责任；重视质量结果；重视价值增值；以证据为基础的评估；系统的观点等。这些价值观或者借鉴自工业领域的成功经验，或者是对高等教育长期实践经验的总结，并证明是有效和先进的。如以证据为基础的评估也就是所谓的"证据文化"，质量必须讲证据，这是基本常识。证据文化多年来被美国教育考试服务社（ETS）等评估和考试服务机构大力推广，是教育质量评估的一项公认的价值观。证据文化的基本原则是学校制定教育愿景、使命和目标，在教育评估中收集和整理达到使命和目标的各种证据，然后根据评估结果调整教育系统，优化教育过程，以取得教育质量的改进和提升。一般来说，学生学习的结果（知识、

---

① 苏秦：《现代质量管理学》，清华大学出版社，2013，第59页。

技能、态度等)的数据、信息是最核心的质量证据。因此,证据文化实际上是以办学成效为核心的评估文化。证据文化并不只包括对学生学习的评估,还包括对教学、科研、学习支持、管理服务等的评估。这些核心价值树立起来了,不管环境如何变,学校质量发展在精神上就有了脊梁。广义来说,学校质量文化除了精神文化还包括物质文化,物质层面应当体现质量主导。精神层面的员工的质量意识、质量观念、质量精神、质量道德等,是质量文化的关键。要在高校的众多人员中形成共享的质量价值观,不是一朝一夕的事情,因此,高校的质量文化建设必须长期坚持。

  质量文化是高校校园文化的组成部分。"高等学校的质量文化就是以'质量是生命线'的观点,'学生优先、教师优先'的两个基本点和'三全'的质量意识为主要内容,并同时充分反映学校特色的校园文化。"[①] 质量文化与学校文化应当相互融合、相互转换。高校在发展中形成的质量文化可以提升和优化学校文化,使学校文化体现质量发展导向。教育质量与教职员工的心理素质、道德水准、质量价值观息息相关。优秀质量文化可以提升人的质量精神、质量意识,优化人的质量价值观,调节人的质量行为,从而有助于提高教育质量。学校应当将优秀质量文化的要素纳入校园文化系统中,充实校园文化的内涵,丰富校园文化的层次和形式。反过来,可以用优秀校园文化推动质量文化建设,用办学使命、学校战略和目标等引导质量发展价值观、理念、行为等的发展。

  质量文化是高校全体成员共享的价值观和集体责任,是具有长久改进机制的一种内部组织文化。质量文化建设要采用从下至上与从上至下相结合以及从内至外的方式。在学校整体层面上,调整优化学校质量管理结构体系,加强部门间的协作,促进质量提升。高校办学行使自主权需要承担的一个重要责任是持续改进和提高教育教学质量。高校要根据自己的使命和目标,在内部质量文化中建立质量改进机制,优化决策程序,使师生能够参与到有效的教和学中,参与到管理结构中,提升学校效能,提高办学透明度,主动接受外部评估和问责,承担社会责任。在师生个体层面上,根据人的认知、情感和价值观发展的心理规律,重塑师生的精神格局,打造共同的价值观、期待和承诺。

---

① 陈玉琨:《高等教育质量保障体系概论》,北京师范大学出版社,2004,第112页。

第十章 质量发展的国际经验

——以质量认证为例

一些发达国家在高等教育发展的关键时期，都把质量发展作为国家战略来实施。发达国家发展提升高等教育质量的理念、政策和措施多样，相关的经验较为丰富，如立法先行、确立质量发展的国家战略和机构战略、完善制度体系与机构体系、以学生为中心、以成果为导向、改进与问责兼顾、增强参与性、开发合理可行的工具等。梳理分析发达国家提高高等教育质量的典型做法，可发现"认证"（accreditation）是其中较常出现的一个词，涉及与认证相关的理念、法律、政策、机制、机构、人员、方法与工具等。本章将对法国、荷兰、日本、英国等发达国家实施高等教育认证、推动高校教育教学质量发展的做法进行介绍和分析，并总结对我国的启示。

一 法国高等教育认证制度

法国高校包括公立大学、科技大学（Universities of Technology）、国家理工大学（National Polytechnic Institutes）、私立大学和大学学院、专门学院（Grandes écoles，如工程学院、商学院、建筑学院等）。除少数例外，高等教育被政府严格控制。非营利性机构主办大部分私立高校，尤其是天主教大学。工会，尤其是教师工会，是高等教育治理的参与者，他们在各种咨询委员会中都有代表，这些咨询委员会向教育部长和行政机构提出建议。国家高等教育行政部门监管整个高等教育系统，农业部、工业部、文化部等政府部门负责监管本领域的高校。

法国高等教育质量保障体系主要由文凭认可、高校许可和质量评估三部分组成。中央政府在这三类质量保障活动中都居于主导地位。中央政府的主导地位是法国大革命后议会为了结束天主教会对教育的控制而授予政府教育管理垄断权的结果。中央政府主持开展这些质量管理活动，公布相关信息，根据认证、许可和评估的结果对高校提供经费支持。

（一）文凭认证制度

官方认证由教育部组织。同时教育部部长必须征求每类学习专业或学校对应的咨询委员会的意见建议，同时征求高等教育与研究全国委员会（National Council for Higher Education and Research，CNESER）的意见。CNESER由教育管理人员、教师和学者、行业代表等组成，委员部分是选举产生的，一般是经由高校教师工会提名，在学生和教师候选人中进行投票选举；部分委员由教育部长任命。

法国的高等教育认证是针对文凭（diplomas/qualifications）的。法国高等教育文凭分为三类：第一类是国家文凭（National Diplomas），由获得正式授权的高校代表政府颁发，这个过程叫作"资格制"（habilitation）。第二类是专业和职业文凭（Professional and Vocational Qualifications），这类文凭获得政府保护，是对特定职业如工程师和心理学家专业能力的证明，通常以经过认证的文凭为基础颁发。第三类是学校文凭（Institutions' Diplomas），公私立大学和学院可以授予自我认证的文凭。

所有国家文凭都由教育部组织相应学科的咨询委员会进行认证。政府控制国家文凭认证的主要目的是要保证国家需要的法官、教师、公务员等高级专门人才的培养质量。认证每4年一轮。文凭通过认证后，高校获得教育部授权可以进行颁发。高校需要先与教育部签署协议，对所颁发文凭的名称、所有文凭的清单、对就读学生的政府资助、课程设计原则、课程体系、考试制度、师资配备等进行约定，经教育部认可后，才能最终颁发文凭。专业和职业文凭由教育部组织对应专业的咨询委员会进行认证，这类委员会中学术人员和产业界代表各占一半。私立高校开办5年后可以向教育部申请进行学校文凭的审批（Approval），审批由教育部聘请专家进行。

除接受政府认证外，高校还竞相申请国内外的外部认证机构的文凭认证。博洛尼亚进程中欧洲高等教育区的建立推动了高校的外部认证。第一种方式是经由高校社团组织，获得由该社团组织颁发的民间性文凭认证。如法国大学协会（Conférence des Grandes écoles）是由精英大学组成的联盟，宗旨是维持成员大学的高质量。协会包括工程学院分会和商学院分会，协会对成员高校的专业硕士学位进行认证。认证不具有行政强制性，更多是靠协会的专业声誉对高校颁发文凭进行软性约束。第二种方式是申请全国性第三方认证机构认证。如专业和职业文凭可向全国职业认证委员会申请认证和登记。第三种方式是申请其他国家或国际认证机构的认证。如商学院申请英国工商管理硕士认证集团、美国商学院联合会等外国认证机构的认证；申请欧洲质量改进网络等国际机构的认证。

高校开设的专业只有获得国家文凭认证才能获得公共资金，学生只有在获得许可的高校上学才能获得国家经费资助。政府根据高校获得国家文凭认证的专业所招收的学生数进行年度拨款。

（二）高校许可制度

公立高校需要获得政府的许可（recognition），包括对高校设置和对高等教育公法人地位的认可。根据1984年《高等教育法》，高等教育公法人包括公立大学、科技大学和国立理工大学。政府在咨询CNESER后，设立这些高校。高校的院系之间构成联合结构（federal structure），高校的行政负责人由选举产生。高校内部结构的改变必须获得教育部的批准，由政府部门负责管理的高校属于行政公法人，法人的负责人由控制它们的政府主管部门负责人任命。另有一些高等教育机构只是政府部门的下属机构，没有正式的自治权和法人地位。

私立高校的许可分为"授权高校"（authorised schools）、"许可高校"（recognised schools）和"颁发认可文凭的许可高校"（recognised schools awarding approved diplomas）三种。私立高校要获得政府许可必须满足教学人员和行政人员资格、房屋和设施设备等一系列最低条件。其中经过审核获得"许可高校"地位的高等教育机构可以申请公共经费，可以从公立高校中雇用师资。获得"颁发认可文凭的许可高校"地位的高校可以像公立高校那样颁发政府认可的文凭，前提是其专业要定期接受审核评估。

（三）质量评估制度

1984年，法国政府根据《高等教育法》成立了全国大学评估委员会（CNE）。CNE是拥有自主权的行政公法人。CNE由25名成员组成，主要来自教育和科研机构，由法国总统任命，负责人向总统汇报工作。CNE下设事务机构，配置专业的评估事务管理人员。

CNE 的主要职能是评估各类高等教育机构开展教育教学的情况，向总统提交高等教育政策建议。评估内容包括高校的教学、科研、教学辅助、学习支持、内部管理、制度建设等。CNE 还进行高校间的学科排名评估。评估的一个重点是高校实施与教育部签订的拨款协议的成效。法国高校要获得政府拨款，需要制定招生专业和教学计划的 4 年期发展规划，并以此为基础与教育部签订协议，协议周期与高校的发展规划对应，也为 4 年，教育部根据协议内容向高校拨款，协议到期前，高校需汇报协议执行成效情况，这也成为 CNE 关注的重点。

CNE 评估分为内部评估和外部评估两个阶段。首先，高校根据指导手册进行内部评估，形成内部评估报告。然后进入外部评估阶段，由 CNE 聘任的同行专家小组进行现场考察评价，专家小组拟写考察报告，提交给 CNE，CNE 根据高校的内部报告和专家的考察报告形成详细的评估报告，并进行公布。评估每 4 年一轮，整个评估过程持续约 1 年。

从 1996 年开始，政府要求高校进行学习专业内部评估，其中包括进行学生调查。同时，文凭的认证需要高校提供毕业生就业情况、辍学率、获得学位的时间等信息。为此，高校普遍建立了专门的"观测中心"，负责制定在校生和毕业生评价指标，开展学生调查，收集专业信息。

此外，法国建有国家层面的国家教育与职业信息处（ONISEP），并在各学区建有相应的系统网络，负责收集、提供教育、培训和职业的相关信息。同时，教育部设有统计中心，收集和统计高校的辍学率、效率等方面的比较性信息和数据，并进行公开。媒体会利用政府公布的数据和其他的调查来源发布一些高校排名。

（四）启示

法国公立高校的经费资助主要由中央政府负责，地方政府提供辅助支持，私立高校通过政府审批和考核机制可以申请获得国家经费。机构许可确定了高校的法人地位，文凭认证使高校的专业的办理具有合法性，专业所颁发的文凭具有了含金量，教学评估影响到文凭的认可，三者相互关联，又最终与国家经费拨款相连，国家根据高校文凭认证的情况，按照一定的量化公式向高校拨付年度经费，同时通过协议向高校拨付周期性款项，这使得政府的控制权具有了实实在在的意义。

我国公立高校的办学经费中，政府财政拨款是主要来源。但是我国的高等教育评估、审核和认证结果与财政拨款的结合度不高，在一定程度上影响了高校对这些外部质量保障活动的重视程度，也不利于国家真正掌控高等教育质量发展主导权。应当研究出台高等教育财政拨款与高校质量认证和评估结果在一定程度上挂钩的政策，建立实施机制，发挥财政经费的杠杆作用，撬动高校改善和提升教育质量，办政府和消费者满意的教育。

二 荷兰高等教育认证制度

荷兰高校包括研究型大学、应用科技大学、国际教育学院和开放大学等类型。研究型大学开设学术型专业，应用科技大学主要开设高等职业教育专业，国际教育学院主要针对留学生，开放大学以远程教育为主。荷兰在20世纪80年代就初步建立了高等教育内外部质量保障系统，是欧洲第一批建立正式的高等教育质量保障制度的国家，并在21世纪初引入认证制度，经不断调整优化，一直持续到现在，形成了具有荷兰特色的高等教育质量发展体制。

（一）认证制度历史发展

1983年，荷兰政府以高校科研的成果和质量作为重要依据，开始对高校科研实施"条件性拨款"（Conditional Funding，CF）政策，取代以前的常规性拨款模式，强调拨款是否能产生价值。CF模式的程序是设立外部同行评估委员会，对高校的科研绩效进行评价，政府根据评价结果做出拨款决定。高校将全校人员的科研项目、团队、计划、成果等整合成大的"科研项目"，接受评估专家的打包评估。评估专家由荷兰最高学术组织皇家艺术与科学院推荐，这增强了CF评估的学术合法性。评估经费划拨到高校后，高校进行二次分配。高校为了增加申请CF的成功率，建立了不少跨校的甚至是全国性的科研人员网络。后来，这些网络被制度化为"研究院"。高校向皇家艺术与科学院申请研究院注册，注册成功的研究院具有很高的学术声誉。注册的有效期为5年。CF模式的实施增强了高校科研活动和科研管理的集体观，有助于科研协同。这与我国强调以学科、院系、个人为单位的项目式、分散式的管理模式不同，不利于发挥系统效益。

1985年，荷兰政府发布《高等教育：自治与质量》（Higher Education: Autonomy and Quality, HOAK），明确提出"以质量换自治"，扩大高校办学自主权，同时要求高校承担提升质量的责任。HOAK的发布，标志着荷兰高等教育质量保障从中央集权向高校分权转变。报告的核心目的是基于高校的内部质量保障系统，提高高等教育质量。[①]

1986年，教育、文化和科学部与荷兰研究型大学协会（Association of Universities in the Netherlands, VSNU）和应用科技大学协会（HBO）达成协议，由VSNU和HBO分别对研究型大学和应用科技大学的学位专业进行评估，如果评估发现专业的教育质量有问题，教育、文化和科学部将对该专业亮"黄牌"，提出整改意见，如果几年后发现整改意见落实不到位，质量仍很低，则亮"红牌"，该专业的注册将被取消，意味着该专业不能获得政府资助，学生也不能获得助学金。VSNU和HBO评估的模式借鉴了CF评估和美国高等教育认证模式的做法。区别在于VSNU主要使用学术同行专家，HBO主要使用专业应用领域专家；VSNU的评估以学术为导向，HBO的评估以实践为导向；VSNU考察小组的现场考察时间一般为2天，HBO考察小组的现场考察时间一般为1天。

从1993年开始，原CF模式不再实施，政府综合CF的经验和VSNU教学质量评估的经验，组建外部同行小组，从生产率、科研产出的质量、相关性和可行性四个维度对大学科研质量进行评估。评估方式包括调阅相关材料、走访院系和实验室、查看科研成果文献计量统计数据等。评估结论分为从"优秀"到"不充分"5个等级。评估报告向全国公开。评估结论与政府科研拨款挂钩。

1993年，政府发布《高等教育与学术研究法》，对高校新办专业进行注册。政府设立了教育专业咨询委员会（Advisory Committee for Educational Programmes, ACO），共有5名委员，全部由教育部长任命。ACO对高校提交的新专业计划进行审议，综合考虑该专业在全国的数量、分布情况、学生就业情况等，提出是否适合举办的咨询意见，供高校参考。高校吸纳

---

① Wijnen W, Van Berkel H, "Accreditation in the Netherlands: Does Accountability Improve Educational Quality?" *Research in Comparative and International Education*, 2010 (1), pp. 88-98.

ACO 意见后对专业计划进行完善，其后向教育部高等教育专业中央登记处（Central Registry of Higher Education Programmes，CROHO）申请注册。获得 CROHO 注册的专业意味着可以获得政府的年度经费资助，该专业的学生有资格获得助学金。随着 2002 年认证体制的引入，检查和批准新专业的责任转由荷兰认证组织（Netherlands Accreditation Organisation，NAO）负责。

1997 年，荷兰验证委员会（Dutch Validation Council，DVC）成立。DVC 是一个独立的质量评估机构，主要职能是对高校的硕士学位专业进行审核验证，以促进荷兰高等教育硕士专业的国内和国际认可度。DVC 聘请独立的专家小组对硕士学位专业的水平和质量进行确认，如果满足标准，则给予该专业有效期 4 年的硕士学位颁发权。DVC 开展的质量验证活动为荷兰后来建立健全正式的认证制度积累了经验。

因加入博洛尼亚进程，从 1998 年开始，荷兰国内开始了引入认证制度的讨论。随后，教育、文化和科学部委托 HBO 进行试验性认证，为引入认证制度积累经验，共有 19 个社会工作类专业和 22 个商业经济学类专业参加了试验性认证。2000 年 11 月，教育、文化和科学部成立了引入认证制度的"先导"工作小组，为学士和硕士学位认证制定框架。工作小组经过多方调研、分析和论证，向教育、文化和科学部提交了报告，建议设立独立的认证组织。

2002 年，政府发布《高等教育认证法》，标志着荷兰高等教育质量保障体系的进一步完善。首先，除原来的 VSNU 和 HBO，法律规定其他的第三方机构如挪威船级社（Det Norske Veritas，DNV）经认可也可以开展专业评估，[①] 意味着评估市场的开放。其次，根据《高等教育认证法》，政府正式成立荷兰认证组织（NAO）。2003 年，比利时弗兰德地区加入，NAO 更名为荷兰与弗兰德地区认证组织（Netherlands-vlaamse Accreditation Organization，NVAO）。法律授权 NVAO 对高校的学士和硕士学位专业进行认证，同时对高等教育外部评估机构（Visiting and Assessing Bodies，VBIs）进行审核认可，经过 NVAO 审核认可的外部评估机构才有资质开展认证评估工作。最后，法律授权高等教育督导局（IHE）对评估和认证机构的评估认证活动

---

① 成协设、Harm J. A. Biemans：《荷兰高等教育质量保障体系的演变、特点及其启示》，《国家教育行政学院学报》2017 年第 6 期。

进行监督，对高校整改任务落实情况进行监督和复查，这就是"元评估"。督导人员来自教育、文化和科学部，代表政府，具有权威性。IHE 的督导加强了对评估机构、认证机构和高校的约束，保证了政府对高等教育质量保障的主导地位。从此，评估与认证相结合，政府通过监督手段进行主导的模式逐渐形成，并一直持续到现在。

（二）认证制度的内容

NVAO 将认证定义为"学位专业的质量符合预定标准的正式判断"。①《高等教育认证法》规定，认证体系涵盖所有的高校的学位专业，不论是公立的还是私立高校的学位专业，只要想授予学士或硕士学位，都需要接受认证。学位专业分为学术型专业和职业型专业两类，研究型大学和应用科技大学可以同时开设这两类专业。学士学位专业和硕士学位专业分开来认证。学术型学士学位专业强调科学的普遍性背景，培养学生基本的科研技能。学术型硕士学位专业分为以培养专业科研人员为目的的专业和以培养研究型专业人员如医生、律师等为目的的专业。职业型学士学位专业指向特定的职业，以实践知识和技能为导向，职业型硕士学位专业包括以特殊专业能力的深入发展为目的的专业和以跨学科专业能力发展为目的的专业两类。新专业需要进行预考察，通过考察的获得批准，向 CROHO 申请登记注册。

NVAO 是独立的专门认证机构，机构人员为高等教育领域、行业专业领域或质量评估领域的专业人员。认证的主要目的是推动高校提高教育质量，同时对高校推行问责制。认证的原则和操作模式与教学和科研评价类似，都是由评估或认证机构聘任同行专家组成考察小组进行外部评估。认证的有效期为 6 年。除了认证现有专业和批准新专业外，NVAO 还负责审查现有的专业；负责加强荷兰专业认证与欧洲和国际接轨，开展认证的交流合作。

认证框架包括四个部分：第一，评估框架，包括评估维度和标准；第二，决策规则；第三，对外部评估机构（VBIs）进行认可评估的标准；第四，对现有专业进行评估的规则。

其中评估框架中评估维度包括专业目标、专业内容、专业人员、专业

---

① Wijnen W, Van Berkel H, "Accreditation in the Netherlands: Does Accountability Improve Educational Quality?" *Research in Comparative and International Education*, 2010 (1), p.90.

设施设备、专业内部质量评估、专业结果等 6 个方面，相当于 6 个一级指标。每个一级指标下面包含数量不等的二级指标，具体如下。第一，"专业目标"包括专业的具体要求、水平、取向（学术取向还是职业取向）3 个二级指标。第二，"专业内容"包括内容取向（学术取向还是职业取向）、专业目标和专业内容之间的关系、专业的一致性、学生学习量、入学资格、修业年限、内容和形式的一致性、评估与考试 8 个二级指标。第三，"专业人员"包括专业或学术资格、人员数量的充足性、人员质量的充分性 3 个二级指标。第四，"专业设施设备"包括充足性、管理 2 个二级指标。第五，"专业内部质量评估"包括结果评估、改进措施、职员、学生、校友和专业组织的参与性 3 个二级指标。第六，"专业结果"包括专业达到的水平、教育回报 2 个二级指标。此外，高校可以要求专家小组评估专业的特色，并在报告中进行表述，但这不影响认证决定。专业认证的目标既在于确保专业质量，也在于促进专业的多样化发展，因此，各项认证标准都会为专业个性留下空间。

指标评分采用优秀、良好、合格、不合格 4 个等级。总体认证决定基于所有指标根据权重系数加权得出的总成绩做出。一个专业要通过认证，必须在每个二级指标中至少获得"合格"等次。

认证的最终结论分为"通过"和"不通过"两种，不存在"有条件认证"的结论。但是，在正式决定公布前，NVAO 可能会要求学校提供额外信息或征求其他方面的意见，从而给予学校第二次机会。认证结论为"不通过"的专业，有两年的改进期，改进后经评估验收，可重新获得认证。认证是高校专业获得政府资助、颁发政府认可的学位证书、专业的学生获得助学金的前提。

NVAO 不会直接对高校进行认证评估，而是委托外部评估机构（VBIs）代为评估。外部评估机构需要获得 NVAO 的认可和注册才能开展认证评估。认可的内容主要是审核 VBIs 制定的专业评估标准的质量和该机构开展评估活动的质量。获得认可的 VBIs 可开展认证评估活动，但其评估报告和认证结论建议要由 NVAO 进行审核把关，审核通过后在认证报告中公布。VSNU 对外部评估机构的审核认可每两年一次。

除 VSNU，荷兰还有知识密集型服务认证组织等其他类型的认证机构，高校可根据实际需要选择国内的或国外的认证机构如欧洲质量管理基金会

(EFQM) 申请认证。

(三) 认证过程

认证的实施包括前后相继的 8 个步骤。

第一步是确定认证机构。高校从获得 NVAO 认可的外部评估机构中进行选择,经 NVAO 同意后由该机构开展认证评估活动。外部评估机构核实高校的自评报告,组织现场考察,编制评估报告,提出认证结论建议。

第二步是撰写自评报告。高校在外部评估机构开展现场访问之前进行自我评估以促进内部质量管理,做好现场考察的准备工作,向来访专家提供背景资料。自评报告的内容包括专业在学校学科体系中的位置、学生的数量和特点、辍学率、课程体系、教学方法、考试制度、教学管理、毕业生的水平、就业率等。自评报告需要对存在的问题进行清楚的分析,自评报告在专家进校前两个月提交给评估机构。

第三步是组成考察专家小组。评估机构根据所评估的专业遴选和聘任外部同行专家,组成考察专家小组。专家必须在该专业领域具有权威性,必须要独立于待评专业所在的学校和院系。考察专家小组一般包括 5—7 名成员,其中 1 名主席,2 名学科领域的专家,1 名毕业生就业领域的专家,1 名教学方面的专家,以及 1 名学生。学生评委必须来自其他高校。评估机构为专家小组设立秘书处。考察专家小组的主要任务是根据认证指标体系核实质量,提出评价意见,向评估机构提交考察报告。考察专家小组提前进行为期一天的认证培训,了解认证的背景和指标体系,学习座谈技巧等。

第四步是进行现场考察。在到校现场考察的头天下午,考察专家小组会审阅自评报告、补充文件等,制定好考察计划。到校之后,考察访问的主要任务包括与管理人员、教师、在校生、毕业生等进行座谈,目的是核实和收集信息;检查建筑物、研究设施、图书馆、教室等设施设备。现场考察持续一到两天,其中应用科技大学一般 1 天,研究型大学一般 2 天。

第五步是评定等级。专家小组根据自评报告和其他材料、现场考察访问核实和获取的信息以及专家的见解,依据认证指标体系给出评定等级,连同其他内容形成考察报告,提交给评估机构。

第六步是撰写认证报告。评估机构通过实地考察、专家小组的考察报告,与学生、工作人员、校友等座谈等方式核实高校提交的自评报告,根据 NVAO 的认证指南撰写认证报告。报告必须分析每一项认证标准下的质量表现，提供每一项认证标准等级评定的事实依据，提出认证结论建议。报告同时提供考察专家小组的规模、组成成员的独立性、专业背景等信息。评估机构向 NVOA 提交认证报告后，NVOA 对认证报告进行核实，评估建议性结论，核实考察专家小组的组成和考察方法。如果需要，NVAO 会要求评估机构提供补充信息。

第七步是做出认证决定。通常，NVOA 会在收到评估报告的三个月内做出认证决定。如果专业符合认证标准，将授予为期六年的认证。六年后，整个认证过程重新开始。如果 NVOA 发现信息不足或不确定，则推迟决定。通过认证的专业将可以正式登记注册，未通过认证的专业将不能登记注册，不能再开设。认证决定和报告要对外公布。

第八步是申诉阶段。NVOA 在做出最终决定之前，将拟议决定通知高校，高校有两周的时间作出回应。高校可以在六周内向 NVOA 提出申诉，或者直接提起法律诉讼。

（四）启示

政府主导是荷兰高等教育认证的第一个特点。政府通过制定有关质量保障的法律政策，通过荷兰高等教育督导团（IHE）对认证机构、评估机构和高校进行监督。高等教育督导团由教育、文化和科学部的人员组成，代表政府对认证机构、评估机构和高校进行指导和监督。政府将认证结果与财政拨款、学生资助、学位授予权等方面相联系，确保高校真正重视质量发展。高等教育督导团对认证机构的监督主要看认证结论是否合理，是否有事实依据；考察专家小组的构成和整个认证过程是否合规；高校根据评估建议制定和落实整改"行动计划"的情况。但高等教育督导团并不会规定认证机构和评估机构如何开展活动，应当制定什么标准，高校应该怎么整改，认为实施这些活动是认证机构、评估机构和高校自主权的一部分。政府进行必要的监督、坚持监督但不干预，这是我国高等教育认证中可以学习的经验之一。

外部评估认证机构多样化是荷兰高等教育质量保障制度的第二个特点。政府制定专门的《高等教育认证法》，放开教育评估市场，多个外部评估机构进入，荷兰研究型大学协会（VSNU）和应用科技大学协会（HBO）进行外部评估的垄断局面被打破，荷兰大学质量保障协会（QANU）等第三方机构经审核合格也可以进行质量评估。荷兰与弗兰德地区认证组织（NVAO）、高等教育外部评估机构（VBIs）等专门机构可以充分发挥专业服务优势，提高认证评估的质量，促进公平。其中 VBIs 主要负责教学和科研评估，也可进行认证评估；NVAO 主要负责专业认证，对外部评估机构进行认可；IHE 对 VBIs 和 NVAO 进行元评估。三者既有分工，也有合作，还相互制约，共同构成了有机的质量保障机构体系。我国需要开放高等教育评估市场，大力加强独立第三方评估机构和认证机构建设，促进评估和认证机构的多样化。

在政府主导的同时保障高校的办学自主权，这是荷兰高等教育质量保障体制的第三个特点。早在 20 世纪 80 年代，荷兰就构建形成了高校内部质量保障和政府、评估机构外部质量保障相结合的体系。政府更是明确提出"以质量换自治"，一方面扩大高校的办学自主权，另一方面强化高校提高教育质量的责任主体地位，加强对高校的问责，这种以自主权为激励手段的高等教育质量发展模式更有利于调动高校的积极性。政府卸下不该承担的担子，但也并未放手不管，更轻松但同时也更有效。

最后，认证制度是对其他质量保障方式的有益补充。荷兰在 21 世纪初引入认证制度，但并不是要打破原有的质量保障体制进行重建，而是想办法与原有的质量评估、验证、审核等外部质量保障制度和高校的内部质量保障制度进行有机融合，对原有的制度体系形成有益的补充，提供有力的支持，同时也给原有的体制带来了新的理念和模式冲击，推动了整个质量保障体系的发展。这种制度变迁方式有利于降低改革风险和压力，保持制度体系的连续性和稳定性。当前，我国也在推动高校专业认证，探讨如何处理好专业认证与教学评估等原有保障模式之间的关系，更稳妥地推动专业认证，虽然背景不一样，但荷兰的经验应该能带来启示。

三　日本高等教育认证制度

日本高等教育机构包括大学（本科）、大学院（研究生院）、短期大学、专修学校专业课程和高等专门学校五种类型，根据举办者的不同分为国立大学、地方公立大学和私立大学三种类型。二战前，日本高等教育质量保障的首要责任由政府部门承担。20世纪40年代末，日本引入美国的志愿认证模式。2000年以前，日本并没有一个全国性的质量保障机构。从21世纪初开始，日本逐渐构建了融合高校的自我监控、政府的办学许可、独立和半独立的认证评估在内的高等教育质量保障体系。其中的认证制度借鉴自美国，但经过发展，形成了政府色彩较浓厚的日本认证模式。

（一）认证制度发展的背景

二战前，日本政府对高校的设置建立了非常严格的标准。战后政府在美国的引导下，设立了新的高校设置标准，新的标准相比战前标准弱化了强制性，一批国立、公立和私立高校建立起来。

随着高等教育的持续增长，在20世纪80年代出现了开展外部评估的呼声。20世纪90年代初，高等教育学龄人口数达到顶峰，之后随着学龄人口数下降，高校间的竞争加剧，市场竞争观念开始影响教育政策。1991年，原文部省高等教育政策咨询机构大学审议会建议政府开放高校课程设置标准。在此之前，高等教育课程设置被严格控制。设置标准放开后，高校可以灵活设置课程。同时，大学审议会建议政府在开放课程设置标准的同时，需要高校加强自我监控和自我评价，保障和提高教育质量。1998年，大学审议会发布了一个新的报告，强调外部评估的重要性，建议建立全国性的外部评估机构。

世纪之交，日本出现了一批市场导向的外部评估机构，其中包括专业的或商业化的评估机构、商业杂志，如Asiaweek、《朝日新闻》等多个机构发布大学排行榜，一些招募公司收集发布高校毕业生就业信息，对高等教育系统带来了较大的影响。

2002年，日本政府提出《构筑大学质量保障新体系》的报告。报告指出，日本高等教育质量保障体系要进一步放宽学校设置基准、加强设置后的教育质量管理。2002年11月，修改后的《学校教育法》吸纳了上述意见，标志着日本新型高等教育外部评估制度的产生。[①]《学校教育法》规定，外部评估机构必须由文部科学省审批，否则无权开展高校外部评估活动。《学校教育法》还规定，所有高等教育机构必须接受外部评估，所有国立大

---

① 张玉琴、李锦:《日本高等教育认证评估模式》,《高校教育管理》2008年第1期。

学必须接受政府认证评估机构的评估，目的是在高等教育领域引入竞争机制，提升教育质量。

根据法律规定，全国性国立大学需要接受"全国学位授予和大学评估院"（NIAD-UE）的认证评估，地方公立大学和私立大学根据自己的需要选择某些形式的外部评估。NIAD-UE认证评估的结果成为文部科学省对全国性国立大学拨付经费的依据。

在国立大学中，超过半数的政府研究经费是通过竞争性项目经费配置的。在此背景下，国立大学加紧了质量评估制度建设，争取获得更多的政府竞争性资金。日本国立大学的一个显著特点是其招生的高选拔性，大学之间为高分学生竞争激烈。[1] 而在就业市场，日本社会更看重的是学生所毕业大学的声誉，而不是通过大学教育学到了什么。[2] 为了获得好的社会声誉，大学非常重视官方委托的认证评估以及社会上的各种商业排名评价。

文部科学省通过办学许可证制度继续掌握着高等教育质量保障的主导权。办学许可证和高等教育机构筹办初期的短期政府监管是唯一的政府监管高等教育质量制度，这一制度的形成经历了几十年的政治考量。[3]

政府在发放许可证的时候对高等教育机构进行评估，以及控制学生总数。文部科学省对公立和私立大学每年招收的学生数进行限定。对于公立大学和国立大学，招生数由政府授权大学根据一定的原则决定。对于私立大学，招生数则是政府直接规定。政府控制学生规模的目的是想以此保障学生受教育的质量。高校通过评估获得办学许可证经历一段筹办监管期后，获得自主办学的权利，政府不再干预学校的课程、教师、科研管理等内部事务，政府相信学校通过内部监控制度可以进行自我规范。

（二）认证制度的发展

日本自二战后学习借鉴美国志愿性认证协会模式，建立了亚洲最早的

---

[1] Teichler U, "Higher Education in Japan: A View from Outside," *Higher Education*, 1997 (2), pp. 275-298.

[2] Yonezawa A, "The Quality Assurance System and Market Forces in Japanese Higher Education," *Higher Education*, 2002 (1), pp. 127-139.

[3] Mori R, "Accreditation Systems in Japan and the United States: A Comparative Perspective on Governmental Involvement," *New Directions for Higher Education*, 2009 (145), pp. 69-77.

认证制度。[①] 当时，在美国国民信息和教育局的领导下，日本的教育体制经历了大的变革。在早期阶段，日本认证制度基本上直接采用了美国模式，如同行评议法、自我诊断报告、认证的公开、定性评估等。1947 年，以美国的区域性认证机构为蓝本的日本大学认证协会（Japan University Accreditation Association，JUAA）成立，这是日本的第一个高等教育认证机构。JUAA 是独立于政府教育行政部门的高校自愿组织，其认证是教育部办学审批和许可的一种替代。但法律规定办学许可评估是强制性的，高校必须获得政府批准才能办学，而 JUAA 的认证评估是自愿参加的，JUAA 刚开始有 46 所会员高校。虽然主动接受 JUAA 认证的高校并不多，但 JUAA 从一开始就以保障最低教育标准、提高教育质量为机构目的，在会员选择上也有选择性，并不是任何一所高校申请就能加入的。

1991 年，《大学设置标准》经过修订，高校许可证发放的基本标准也相应修改，法律规定高校必须进行自我诊断和自我评估。而自我诊断是认证程序的一个重要步骤。自我诊断从最初的高校自愿进行，到成为强制性规定，为认证制度的完善奠定了基础。

1998 年，大学审议会发布了《21 世纪的大学与今后的改革对策——构建在竞争中能发挥个性的大学》的咨询报告，重点强调建立外部评估制度、实施外部评估与内部自我诊断相结合的质量管理制度，建议设立全国性的认证机构，由不同的认证评估机构从不同的视角来实施大学评估，发起了一场评估和认证制度改革的讨论。此外，日本内阁首相法律咨询机构"法制改革委员会"发布了一份报告，建议建立高等教育机构认证制度，允许第三方机构定期认证高校。当时的情况是，JUAA 已经运行很长时间了，但是接受其认证的高校数量有限。经过慎重的考虑，2000 年，政府决定以当时的文部省下设的"国家学位中心"（NIAD）为基础成立"全国学位授予和大学评估院"（National Institution for Academic Degrees and University Evaluation，NIAD - UE），由 NIAD - UE 代表政府对所有全国国立和公立大学进行机构认证。由于 NIAD - UE 具有政府性，采用会员模式不妥，因此，NIAD - UE 没有高校会员。同时，随着《学校教育法》的修订，政府决定

---

① Mori R，"Accreditation Systems in Japan and the United States: A Comparative Perspective on Governmental Involvement," *New Directions for Higher Education*, 2009 (145), pp. 69 - 77.

开放外部评估机构参与高校认证评估,由文部科学省对认证机构进行审核批准。至此,由政府批准认证机构、官方和独立认证机构进行机构和专业认证等核心要素构成的日本认证模式初步成型。

在机构认证方面,JUAA、NIAD – UE 和日本高等教育评估院(Japan Institution for Higher Education Evaluation, JIHEE)负责对高校整体进行机构认证。JIHEE 由日本私立大学协会在 2004 年创立。根据法律规定,高校必须每 7 年接受一次认证,但是不必每次都选择同一个认证机构。高校的认证评估指标体系共包括 10 项指标:(1)建校精神、大学基本理念以及使命、目的;(2)教育研究组织;(3)教育课程;(4)学生;(5)教师;(6)运营管理;(7)财务;(8)教育研究环境;(9)社会合作;(10)大学在社会中的责任和义务。[①] 各个认证机构的认证评估时间范围稍有差异,NIAD – UE 和 JIHEE 考察的是认证进行时的当下的高等教育机构的质量,而 JUAA 除了考察当下外,还要考虑未来七年学校可能发生的变化。在三个认证机构中,JUAA 坚持进行中期检查,一般是在高校获得认证的三年后。

在专业认证方面,除 JUAA、NIAD – UE、JIHEE 外,还有国立大学协会、公立大学协会、日本私立大学联盟、日本私立短期大学协会、短期大学基准协会、大学基准协会等高校社团组织以及工程教育认证委员会(Japan Accreditation Board for Engineering Education, JABEE)、律师协会等行业协会类认证机构共十多个,数量还在增加。[②] 其中,工程教育专业由 JABEE 进行认证。专业认证一般是 5 年一轮。

其中 JABEE 成立于 1999 年,是在日本工程技术领域学会协会的协助下展开工程教育专业认证的非政府组织。2000 年,JABEE 开展了试验性认证评价。2005 年,JABEE 成为《华盛顿协议》第 9 个正式会员。JABEE 没有大学会员,对于大学的独立性较强,组织成员有正式会员和赞助会员。正式会员为日本工程领域的全国性学会,赞助会员为企业。这种组织构成旨在代表来自学界、企业界和社会的声音。[③] JABEE 的认证领域包括农业工程、农业科学、建筑、生化工程、化学、土木工程、电子电机、环境工程、

---

① 张玉琴、李锦:《日本高等教育认证评估模式》,《高校教育管理》2008 年第 1 期。
② 徐国兴:《日本高等教育认证评估制度的"分类"评估》,《高教发展与评估》2011 年第 4 期。
③ 张海英:《日本的工程教育认证》,《高等工程教育研究》2011 年第 5 期。

森林、基础工程、工业工程与管理、信息、材料、机械、物理、资源与生态工程等16个领域。认证根据《认证基准》《认证基准的解说》《认证的顺序与方法》《审查向导》《自我检查》等文件实施。JABEE认证以产出为导向，以受认证专业的毕业生实际表现作为教学成效的评估依据。受认证专业依据《认证基准》规定的最低教育要求，在此要求之上制定符合自身实际的教育目标，建立完善持续改善机制。JABEE并不直接对专业进行评估，它相当于总指挥官，实际执行者是工程科技相关领域的学会，由它们负责遴选、培训认证委员，由认证委员组成小组到高校开展实地考察，提交考察报告给JABEE，JABEE对认证进行组织、协调、监督和公布结论。JABEE认证与"日本技术士"资格取得挂钩。"日本技术士"是在日本从事工程领域职业的最权威的资格，由日本技术士会负责审核。[①]

但像JABEE这样组织完善、制度完备、影响力大的专业认证机构在日本并不多，仍有一部分学科专业不能被国内的认证机构所涵盖。为此，政府一方面鼓励设立新的专业认证机构，另一方面，专门出台政策允许国内无认证机构认证的专业可向获得日本政府认可的国外机构申请认证。

政府对认证机构进行审批的目的在于确保认证机构进行的认证活动与国家关于学校许可的规定一致，并将认证与学校许可相联系，使认证成为许可审查工作的一部分。文部科学省对认证机构进行审批的标准包括：第一，认证机构必须表明它的评估标准和程序对于认证的授予与否足够可信；第二，认证机构必须有一个机制来保证认证程序的公平和恰当；第三，认证机构必须给受评学校在正式认证报告公布前对一些有争议的事项进行申诉的机会；第四，认证机构必须有充足的经费来保证认证所需要的评估活动的开展；第五，认证机构所获得的政府许可在有效期内；第六，认证机构需要表明其做出的决定是公平公正的，没有受到不正当因素的影响。[②]

（三）启示

日本高等教育认证制度发展变迁给我国最大的启示就是政府控制权是高等教育质量发展制度建设的关键。二战前，日本高等教育行政体制属于

---

① 平古：《日本技术者教育认定机构》，《高教发展与评估》2010年第3期。
② Mori R, "Accreditation Systems in Japan and the United States: A Comparative Perspective on Governmental Involvement," *New Directions for Higher Education*, 2009 (145), pp. 69–77.

中央控制模式。二战后，在美国的推动下进行体制变革，引入了一些美国的制度要素，认证制度的引入即是一个例子，但政府通过学校许可证制度牢牢地控制着高等教育质量保障制度发展的主导权。世纪之交，随着高等教育机构增加，高等教育规模扩大，日本政府放松了对高校质量发展的直接控制，但法律规定高校必须建立内部自我诊断和评估体系，对外则必须接受第三方的认证机构的认证评估，国立和公立大学则必须接受具有官方性质的 NIAD–UE 的认证。同时，法律规定所有的认证机构必须经过政府的审批，获得授权才能开展认证评估活动。这与美国的区域性认证制度类似，不同的是美国的区域性认证机构申请资格"认可"时可以选择教育部或者是高等教育认证委员会（CHEA）进行资格审查，而后者与教育部有密切联系，属于准官方机构。可见，整个日本的认证体系还是由政府进行领导和控制的。我国高等教育认证制度建设和发展也必须坚持政府主导。与我国的国家体制和高等教育体制一致，整个高等教育质量发展制度变革应当以政府主导的强制性制度变迁为主，以高校和社会自主自发的诱致性制度变迁为支撑。"放管服"改革不是要否定政府的控制权，而是要同时激发政府和高校以及其他主体的活力，共同推动我国高等教育质量发展。

  日本高等教育认证制度发展变迁给我国的第二个启示是认证机构必须多样化。需要开放认证机构市场，加快扩大认证机构的数量。鉴于我国高等教育的巨大的体量，国内能开展高等教育认证的机构数量太少，缺口非常大。需要多条腿走路，想办法扩大数量。政府下属的评估中心、评估院要发挥主力军作用。由上文可知，鉴于我国的体制，以及当前强化高等教育问责的国际趋势，政府性评估机构不但不用回避，还需发挥更大的作用。"双一流"建设、"985 工程"、"211 工程"以及其他政府性质量工程项目参与高校，涉及国家财政经费使用的高校，尤其是"双一流"建设高校，原则上应当接受政府性认证评估机构的认证，以兼顾问责目的。同时，国家要开放认证市场，鼓励高等教育社团组织、行业协会、商业机构、媒体机构等参与认证，前提是由政府进行审批，颁发许可证，并进行定期的审核评估。还需要通过一定的控制程序允许和鼓励国外有资质的认证组织进入我国开展认证评估。建立各类认证机构间的市场竞争机制，促进认证质量的提升。为了推动国际化进程，我国还应尽快加入影响力大的教育类国际组织和质量网络，助推我国高等教育国际化水平提升。

四 英国高等教育认证制度

英国的高校包括大学和其他高等教育机构两类,其中大学又可以分为1992年之前的老大学和1992年后的新大学两类。1992年之前的老大学在皇家宪章下进行自主管理。1992年之后由原理工学院(Polytechnics)升格而来的新大学的治理机制由1992年《教育法》进行规定。老大学拥有学位授予权,新的高等教育机构要想升格为"大学",获得学位授予权,需要由枢密院批准。不管是老大学还是新大学,多为享受公共经费资助的私立机构,享有较大的自主权,经费是政府可以使用的主要的监管工具。其他高等教育机构与地方政府有紧密的联系,高校专业的类型和内容由高校自己决定。高校专业可以分为学术型专业和职业型专业两类。

英国高等教育有以外部专家诊断为代表的悠久的质量保障传统。至20世纪90年代,英国逐步构建形成了由认证评估机构、政府拨款机构、科研管理机构、高校、高校社团组织等主体参与、外部诊断、科研评估、财务审计等质量保障形式组成的高等教育质量保障制度体系。认证制度作为其中重要的内容,拥有较长的发展历史,与其他制度要素紧密联系,互有影响,形成了较为独特的专业机构、法定机构和大学共同开展认证的制度特色。

(一)认证制度发展的背景

英国古典大学长期以来依靠内部自觉保障教育质量。近代以来,古典大学开始引入外部检查者(external examiners)理念。杜伦大学1832年建立时首先引入该理念,从牛津大学等学校邀请学者对自己进行诊断,向外界展示本校学位可靠的证据。当时的一个目的是保证大学间学位质量具有可比性。1880年,维多利亚大学正式创立了外部检查者制度。维多利亚大学、伯明翰大学等的章程规定由内部和外部检查者对大学教育进行检查,向公众保证新大学的标准与老大学的标准是可比的。外部检查者主要来自剑桥大学、牛津大学、伦敦大学等老大学。[1]

---

[1] Lewis R, "External Examiner System in the UK: Fresh Challenges to an Old System," in *Public Policy for Academic Quality: Higher Education Dynamics*, edited by Dill D, Beerkens M, Springer, 2010, pp. 21–36.

二战后，英国建立了全国技术学位委员会（National Council for Technical Awards，NCTA），向新建的科技学院（Colleges of Advanced Technology，CAT）的学生颁发科技文凭。NCTA规定理工学院必须建立外部检查制度。20世纪60年代，英国建立了高等教育的双轨制，地方政府建立了一批理工学院、普通学院（colleges）等新型高校，原科技学院升格成为大学。虽然这些新型高校可以提供包括博士学位在内的学历学位教育，但没有学位授予权。在此背景下，1964年，英国成立全国学位委员会（Council for National Academic Awards，CNAA），代替NCTA的职能，负责新型高校的学位授予审批。同时，CNAA也是一个质量保障机构，通常5年一轮评估新型高校的学位专业，CNAA也进行5年一轮的院校评估。

与新型高校由CNAA负责进行学位质量评估和检查不同，老大学通过自己的自愿性组织进行外部质量诊察。1990年，老大学的自愿性组织大学校长委员会（CVCP）建立了学术审计中心（Academic Audit Unit，AAU）。大学自愿邀请AAU组织同行专家到校现场考察评估它们的内部质量保障系统。

20世纪70年代末，英国掀起了一场新公共管理运动。之前，理工学院、普通学院等被归为"公共部门"，古典大学被归为"私人部门"。新公共管理运行下的高等教育改革强调建立一种合理的竞争性机制，原"公共部门"高校被重新定位为"私人部门"机构，但这些高校仍大量依赖于政府公共资金。[①] 英国高等教育长久以来形成了政府和高校之间保持距离的传统，注意保护学校自治和学术自由。引入市场机制后，英国政府主要通过各种拨款机制和激励机制来引导高等教育。

1992年，政府取消了高等教育双轨制，授予所有的理工学院、一些规模较大的普通学院以及苏格兰的所谓"中央院校"以大学称号。但是，政府建立了一个二元化的评估制度，代表大学的学术审计中心（AAU）被调整为高等教育质量委员会（Higher Education Quality Council，HEQC），其成员包括大学校长委员会（CVCP）的成员大学和代表学院的学院院长常务会议（Standing Conference of Principals，SCOP）的成员院校。HEQC继承了原有的"学术审计"制度，对大学和学院进行"质量审计"（quality audit）。

---

① Olaf W, "Higher Education Reform in Germany: How the Aims of the Bologna Process Can Be Simultaneously Supported and Missed," *International Journal of Educational Management*, 2010 (4), pp. 303–313.

同时，政府在每个地区高等教育拨款委员会建立了质量评估委员会，对地方院校进行教学质量评估。因此，高校要接受 HEQC 5 年一轮的外部质量审计，同时要接受高等教育拨款委员会对学位专业进行的教学评估。

1997 年，英国成立高等教育质量保障署（QAA），由 QAA 代表高等教育拨款委员会对高校进行"学校审计"，同时也开展专业评估。QAA 作为准政府机构，既能反映高校的呼声，也能传达政府的要求。学校审计的目的是确保高校建立合适的质量保障程序并有效运转，质量议题逐渐从"质量保障"转向"质量提升"。[①] 这在 QAA2006 年的文件《质量保障框架审核》中有体现。其实，在英国高等教育中，"质量提升"话语并不新鲜，质量提升本来就被认为是质量保障的一部分。[②] QAA 统一实施的学校审计将质量提升正式制度化了。

至此，新的英国的高等教育保障体系初步成型，一直持续到现在。该体系由 7 个方面的制度组成。

第一，高校开展的内部评估。内部评估由高校自主实施。大部分高校都有对院系或专业的常规评估。这其中也会邀请外部专家参与。这些评估是高校质量提升活动的一部分。如果评估发现了问题，高校会采取行动，如关停院系或撤销专业。大多数高校还会不时评估后勤与服务保障，如图书馆和学生服务。

第二，高校开展的外部检查。如上文所述，外部检查是英国大学长久以来形成的传统。外部检查其实是高校内部评估的一部分。外部检查的基本做法是高校从其他院校邀请同行专家来帮助诊察自己特定专业的教学、考试、学位授予等。外部专家一般会查看学生考试试卷，审阅学生评价标准及评分标准的一致性，查看学位论文及其评阅材料，查看教师的授课材料等。高校会在校内外公布外部专家提交的评价报告。

第三，QAA 开展的外部评估。QAA 代表高等教育拨款委员会，对所有接受公共资金资助的高校进行学校审计和专业评估。QAA 开展的评估主要看一所高校的质量保障结构和机制的效果以及专业的质量。QAA 实施的依

[①] Filippakou O, Barnett R, "The Legitimisation of Quality in Higher Education," *Prospero*, 2006 (4), pp. 13–19.

[②] Ourania F, Ted T, "Quality Assurance and Quality Enhancement in Higher Education: Contested Territories," *Higher Education Quarterly*, 2008 (1/2), pp. 84–100.

据主要有国家的《文凭框架》《学科基本要求》、高校提供的《专业方案》和QAA自己制定的评估《实践准则》。学校审核结果与高等教育拨款委员会的拨款相联系。

第四,科研评估。1986—2008年,英国对高校公共科研经费相关的科研人员和项目实施"研究评估活动"(RAE)。英国高校公共科研经费来源有两个,一个是高等教育拨款委员会向高校拨付的科研基本条件经费,二是由英国研究理事会(UK Research Councils, RCUK)以研究项目或研究计划的形式向高校资助的公共经费。RAE是一种评价高校科研质量、在高校间分配公共科研经费的手段。RAE以学科专业(subject discipline)为单位、从科研成果、科研影响力和科研环境三个方面由专家对高校科研进行同行评议,评议结果与经费资助挂钩。2014年,RAE被"研究卓越框架"(REF)取代。

第五,高等教育课程通道(Access to Higher Education Courses)评估。所谓"高等教育课程通道",指由继续教育机构或普通高校向成人提供的高等教育课程。[①] 由QAA授权的"授权验证机构"(Authorised Validating Agencies, AVAs)对这些课程进行评估,评估合格的课程可向学生颁发文凭。

第六,财务审计。高等教育拨款委员会对享受公共经费的高校进行系统的财务审计,审计结果会对下一年度的拨款产生影响。

第七,高等教育认证。主要是专业机构、法定机构、大学围绕学位专业和学位质量所进行的认证评估,与QAA进行的学校审计、专业评估以及其他类型的质量保障活动有密切的联系。下文详述。

(二)高等教育认证制度

英国的高等教育认证包括专业机构开展的专业认证,法定机构开展的专业认证和大学对合作办学专业的认证三种类型。

1. 专业机构开展的专业认证

专业机构(Professional Bodie)是本专业领域内的自愿性社会团体。专

[①] John B, "Ruth W. Accreditation and Related Regulatory Matters in the United Kingdom," in *Accreditation and Evaluation in the European Higher Education Area*, edited by Schwarz S, Westerheijden D F, Springer, 2007, pp. 465–490.

业机构分为两类，一类是其会员资格是在某个职业执业的必须的条件，如诉务律师（solicitors）；另一类是会员资格具有有利性，但没有获得专业机构的会员资格也可以执业，如电气工程师。以法律专业为例，法律领域的专业人员律师分为两类，一类是事务律师（solicitors），另一类是辩护律师（barristers）。事务律师的专业机构是法学会（Law Society）；辩护律师的专业机构是大律师公会（General Council of the Bar），苏格兰称为辩护律师协会（Faculty of Advocates）。

英国的大部分职业型专业或多或少受专业机构控制。这样的专业机构有100多个，如广播电视记者培训全国委员会、英国皇家建筑师协会等，它们负责制定专业人员的资格标准，对专业教育产生深远影响。

专业机构开展的专业认证指专业机构对高校的相应专业进行质量评价。认证的目的是确保学位专业拥有培养专业人员的合理的能力和条件，培养活动按要求进行。通过评价的专业获得认证，获得认证的专业才能颁授相关学位。学生获得学位必须通过认证的专业所颁发，就业后才能申请相关职业许可证。可见专业认证与就业密切相关，虽然这已不属于专业认证的范畴。虽然高校也可以开设未获得认证的专业，如一些名校，但这毕竟会影响学生就业，因此，绝大部分高校专业都会想办法获得认证。大部分专业机构认证学位专业，也有少部分专业机构会对高校的院系或中心进行认证。专业机构有权收回自己的认证。

专业认证的主要内容包括明确进入某一职业所必须的教育和培训的本质；评估学生必须的知识、能力和价值；确保专业教育和培训提供者的合适性；评估专业发展的可持续性。[1] 认证以专业教育和培训的课程内容为中心，同时也考虑学校环境，如学习资源和内部质量保障制度。专业机构一般会制定明确、详细的认证标准。

大部分认证采用同行审议和现场考察模式。高校向专业机构提供关于学位专业的信息，专业机构以这些信息为基础选聘专家进行现场考察，与学校教师、学生、毕业生、管理人员等进行会谈，查看专业设施设备。专业机构一般不直接开展专业认证，而是由相应的学会组织下属会员机构负

---

[1] John B, Ruth W, "Accreditation and Related Regulatory Matters in the United Kingdom," in *Accreditation and Evaluation in the European Higher Education Area*, edited by Schwarz S Westerheijden D F, Springer, 2007, pp. 465–490.

责。具体负责的会员机构负责认证专家小组成员的挑选和培训;建立专家小组;制定高校需提交的拟认证学习专业的申请表格;制定认证指标。以英国工程理事会(Engineering Council,EC)为例,EC 是对英国工程职业进行促进和管理的协会组织,负责英国特许工程师登记(Register of Chartered Engineers)。EC 对工程职业的管理通过内部的工程学会会员机构实现。全英共有民用工程学会、医学工程学会、建筑工程学会等 35 个工程学会。工程学会获得 EC 的许可,对高校的工程专业进行认证,对个体申请者颁发登记证(Register)。

认证与 QAA 的专业评估相联系,如果一个专业根据 QAA 的评价,没有达到国家的《学科基本要求》,没有按照学校自己制定的《专业方案》的计划进行办学,该专业往往不能通过认证,或者已经获得的认证将被收回。认证的时间间隔为 2—10 年,不同的专业机构会有一些差异,一般是 5 年认证一次。

2. 法定机构开展的专业认证

法定机构(Statutory Bodies)即根据法律设立、旨在保护公共利益的非协会性机构。法定机构不向专业从业者提供会员身份,虽然其中一些法定机构对从业者进行登记注册。开展专业认证的法定机构的数量比专业机构要少,一般是与公共利益联系非常紧密的职业或行业才会通过立法设置法定机构。如英国医学总会(General Medical Council,GMC)、英国健康、助产、健康访问全国委员会(English National Board for Nursing,Midwifery and Health Visiting)、英国牙科服务委员会(General Dental Council)、英国卫生专业委员会(Health Professions Council)等都是由政府通过法令设立,拥有法定权力,以对某个特定职业进行严格控制,确保公共利益不受侵害。

法定机构把自己的角色定位于服务机构,但首先是一个监管机构。以师资教育署(Teacher Training Agency,TTA)为例,该机构根据《教育法》的规定成立,受教育大臣领导,将其目标表述为"服务于教育界,服务于与教师培训有关的高校和中小学校"。或者更准确地说,法定机构通过法律授权的监管活动为相关机构和人员提供专业性的服务。法定机构通常会规定专业人员必须的知识和能力,对专业教育和培训进行控制;通过从业者登记注册制度,对专业人员进行职业进入控制;制定和实施由公共利益所确定的从业准则,对专业人员的职业活动进行控制。

法定机构批准或承认可以颁发某个职业所需的专业资格或证书的特定

专业的过程即为专业认证。与专业机构认证类似，法定机构的专业认证与就业密切相关。法定机构对专业的认证较为复杂，受到法律的严格限制。以英国医学总会（GMC）为例，GMC拥有《医疗法》（Medical Act）所授予的权力，对医疗职业进行监管，认证医疗教育，对从业者进行登记注册。高校的医疗专业获得GMC的认证后，获得该专业所颁发学位的毕业生才有资格申请注册医师资格证，也才有资格开展诊疗活动。根据《医疗法》的规定，GMC在医学专业认证、医学教育中的职责包括：确定授予的医学文凭所必须的知识和技能的程度；确保大学向医学专业学生提供获得这些知识和技能所必须的教与学的机会；确定医学专业毕业生必须的知识和技能熟练标准；确保考试机构在资格考试或评估中维持这种标准；确定学生在实习期间必须获得的经验；确保大学所授予的文凭要能证明学生在实习期间获得了必须的经验。① 医学专业认证标准在GMC发布的《明日医生》中有明确、详细的规定，主要涉及课程内容、结构、课程教学、实习、学生能力评价、学生学习成果等。2002年GMC发布了《基础医学教育网的质量保证》。2004年，GMC发布了《良好医学教育和培训的原则》。不同于一般的专业认证，GMC的专业认证通过多种方式进行。除了专家小组的书面审议和现场考察外，还会组织人员进行资格考试和巡视，让专业开办单位提交文凭颁发情况、内部质量控制常规数据等信息，进行书面监控，在做出认证决定时，会综合参考以上方面的情况。除了通过专业认证直接控制专业教育质量外，GMC还通过多种渠道对医学教育施加影响。2005年，GMC发布了医学教育质量提升改革计划。通过以上文件的发布，GMC一方面继续维持对医学教育的严格控制，同时适当下放权力，给予医学教育提供者更多的责任，鼓励医学院校或开办医学专业的大学建立健全内部质量保障体系，持续提升医学教育质量。

3. 大学对合作办学专业的验证

没有权力授予学位的非大学类高等教育机构必须从一所大学或其他学位授予机构寻求"验证"（validation），大学要负责评估和正式认可其拟授予的学位。

---

① Lee H, "The Accreditation and Quality Processes of the General Medical Council in the UK," in *Public Policy for Academic Quality: Analyses of Innovative Policy Instruments*, edited by Dill D D, Beerkens M, Dordrecht: Springer, 2010, pp. 249 – 274.

20世纪80年代以来，英国和其他国家高校间的合作以及高校与非学术机构间的合作发展起来，为学生提供了更多的教育选择。这些合作一般是在拥有学位授予权的大学和没有学位授予权的高等教育提供机构之间进行。后者需要从前者获得学位专业的验证才能以前者的名义颁发学位。这一类似专业认证的活动也多采用同行专家评议模式。

学位授予大学对以该校名义开办的专业和颁发的文凭质量有保证的义务。因此，学位授予大学需要制定合作办学的专业和学位质量保证的标注和制度，并对标准和制度的实施情况通过专业验证的方式加以评估。QAA对大学实施的机构审计和专业评估会审核大学建立和实施合作办学专业验证制度的情况。QAA审查的重点包括：学位授予大学如何管理以它的名义由另一个机构开办的学习专业的质量；学位授予大学如何保证学生从合作机构所获文凭的学术标准与学生在本校所获同类文凭的质量是一样的。如果合作办学是跨国性的，则QAA对合作双方都要进行机构审计。QAA对"合作办学"的审核主要针对11大类38个核心问题：学术标准的等价性和责任；政策、程序和信息；合作机构的挑选；书面协定；与代理机构的协定；保证学术标准以及专业和文凭的质量；评估要求；外部审核；文凭和成绩单；向学生提供的信息；公共宣传和营销。

在QAA的以上审核框架下，不同的学位授予大学对合作办学专业的认证的安排会有一些差异，但大同小异。一般来说，一个机构（国内外的教育机构或非教育机构）要想开设学位授予大学的专业、颁发其文凭，首先要从机构层面获得学位授予大学的认可，这一过程相当于机构认证，以确保合作机构具备相应条件。学位授予大学在机构认证中会重点关注合作机构的内外部环境、组织结构与运行、学术结构、质量保障系统、学习环境、社区关系等。通过机构认证后，合作双方会进行商议，选定拟合办的专业和拟颁发的文凭。在正式确定前，学位授予大学会对拟合作专业进行认证，以确保合作办学具有可行性，今后颁发的文凭在质量上有保证。机构认证和合作专业认证的模式类似于政府或第三方机构对高等教育机构或专业进行的认证。合作机构一般会按学历授予大学的要求提交相关材料和信息，学历授予大学会组织一个质量保障、管理和教学方面的校外同行专家小组进行现场考察。考察的目的之一是查看和澄清合作机构所提交的材料中的信息。考察小组会拟定一份考察报告，指出其中的问题，提出认证建议。

学位授予高校在综合研判的基础上做出决定。如果认为满足条件，就会与合作机构商签合作办学协议，明确合作办学专业、拟授的学位、教学安排、质量保障安排、合作的时间等。在合办专业的举办期间，学位授予高校一般会以现场检查或远程检视等方式进行日常质量监控，定期开展质量评估。也有的学位授予大学在通过机构认证确定合作机构具备条件、比较放心后，会授权给合作机构可以自主决定合作专业，在专业举办过程中也很少过问，但对出口的文凭授予环节会严格把关，以免文凭质量出现问题，影响到自身声誉，以及影响QAA的审核。

（三）启示

第一，认证制度建设要融入整个高等教育质量保障体系中。在英国，"认证"（accreditation）一词其实用得并不多，"验证"（validation）、"批准"（Approval）、"审批"（authorization）、"审核"（examinization）等经常交叉使用，含义与"认证"差不多。原因之一就是英国的高等教育认证并不是像美国模式那样自成一体，而是有机融入整个高等教育质量保障体系中，与QAA的学校审计、专业评估，与政府拨款机构和科研管理机构进行的科研评估，与高校自己进行的内部评估和邀请同行专家进行的外部检查等紧密相关。这就保证了认证制度在实施中能获得其他制度的支持和补充，更好地发挥认证制度的实际效益。

第二，对认证后认证（无认证）为认证制度提供托底保障。英国的专业机构进行专业认证、法定机构进行的专业认证以及大学对合作办学机构和专业的认证，都可以看到QAA的托底保障作用。这类似于一种元认证。QAA依据政府的《文凭框架》《学科基本要求》和自己制定的评估《实践准则》，对高校进行机构审计和专业评估，都会对各种类型的认证进行原则性的规定，提出相关的要求，如对合作办学专业的认证拟定评估框架，对专业认证中学校的《专业方案》的制定和实施情况的评估进行检查等。QAA的托底，保证了各种认证活动能与国家的法律法规和政策一致，兼顾高校的其他类型的质量保障活动，不出大的偏差。

第三，用好财政拨款这个有力武器。英国的大部分高校虽然号称私立，但都很依赖政府的财政拨款。政府虽然与高校保持一定的距离，给予高校比较大的自主权，充分保障学术自由，却把财政拨款这个几乎唯一的调控工具用好用活了，对高等教育质量发展起到了四两拨千斤的促进作用。政府很少直接出面，通过QAA这个独立机构代表拨款机构对整个高等教育系统的质量进行评估保障，QAA的评估结果几乎都与财政拨款直接或间接挂钩。科研管理机构进行科研评价结果也与财政拨款挂钩。这样的制度设计，促进了合理竞争，有利于公共经费效益的发挥。我国公立高校是高等教育系统的主力军，政府的基本拨款加上近些年实施的各种重大项目以及一些竞争性拨款，数量非常庞大，但总体效益还不尽如人意，一个重要的原因是财政拨款对良性竞争的推动和对高等教育质量提升的撬动作用还没有充分发挥。如何通过包括认证在内的制度设计和安排，充分用好我国巨量投入的高等教育财政经费对质量发展的撬动作用，是新时代我国高等教育改革创新的重要政策议题。

第四，专业认证的多样化发展很有必要。英国的高等教育认证虽然也有对高校、院系或中心的机构认证，但更多是针对学位专业的专业认证。专业是办学的重要单元，抓住了专业也就抓住了认证的牛鼻子。但专业多种多样，专业认证的主体、模式、制度安排也应当多样化。只要可以利用的资源都应当充分利用起来，为认证所用。英国各行各业和各个学科领域的专业机构非常多，这些机构的历史也比较长，在本领域有较大的号召力。因此，英国充分利用这些专业机构开展职业型专业的认证，并与就业市场相联系，保证了认证结果得到各方的认可。同时，政府通过法律授予一部分专业机构代表政府对与公共利益密切相关的职业如医生、教师等相关专业进行认证，认证结果与学历学位和职业资格挂钩，对这些专业规范办学、确保质量、保障公共利益起到了很好的作用。英国大学利用悠久的传统和影响力，积极开展合作办学，尤其是国际合作办学越来越多，对此，英国设计了QAA把关、大学自主认证、合作机构自主运营的制度机制，充分发挥了学位授予大学的主体作用，有力地保证了合作办学专业的质量。由大学自己来设计标准、制定程序、实施认证、对认证的结果负责，这在世界上都是比较有特色的做法。我国高等教育专业繁多，情况复杂，专业认证的推行，也应当坚持多条腿走路、多样化发展的思路，充分调动各方资源，优化整合，形成自己的特色。

参考文献

一 中文文献

(一) 著作

埃贡·G. 古贝、伊冯娜·S. 林肯:《第四代评估》,秦霖译,中国人民大学出版社,2008。

布伦南:《高等教育质量管理》,陆爱华等译,华东师范大学出版社,2005。

程虹等:《宏观质量统计与分析》,北京大学出版社,2011。

陈玉琨、代蕊华、杨晓江、田圣炳:《高等教育质量保障体系概论》,北京师范大学出版社,2004。

陈玉琨:《高等教育质量保障体系概论》,北京师范大学出版社,2004。

陈玉琨:《发展性教育质量保障的理论与操作》,商务印书馆,2006。

陈工:《问路质量管理》,中国标准出版社,2006。

董成红:《质量管理八大原则》,广东经济出版社,2008。

方鸿琴:《我国高校质量保障体系一般模式建构与质量审计》,中国社会科学出版社,2013。

菲利普·科特勒、约翰·卡斯林、科特勒:《混沌时代的管理和营销》,李健译,华夏出版社,2009。

菲利浦·克劳士比:《质量免费:确定质量的艺术》,杨钢、林海译,中国人民大学出版社,2006。

韩福荣:《现代质量管理学》,机械工业出版社,2004。

李志德:《市场机制与产品质量发展:理论与实证研究》,暨南大学出版社,2015。

刘尔思：《跨境高等教育质量风险体系控制与管理》，经济科学出版社，2014。

刘平均：《质量发展纲要（2011—2020年）学习问答》，中国质检出版社，2012。

刘利民：《推进可持续发展教育，提高教育质量》，教育科学出版社，2011。

罗珉：《管理学范式理论的发展》，西南财经大学出版社，2005。

马健生等：《高等教育质量保证体系的国际比较研究》，北京师范大学出版社，2014。

牟延林、吴安新、李琦：《高等教育质量法律控制系统研究》，中国经济出版社，2006。

马义中、汪建均：《质量管理学》，机械工业出版社，2012。

全球大学创新联盟：《2007年世界高等教育报告：高等教育的质量保证》，浙江大学出版社，2009。

上海质量管理科学研究院：《质量竞争力》，中国标准出版社，2006。

孙东川、林福永：《系统工程引论》，清华大学出版社，2004。

史秋衡、陈蕾：《中国特色高等教育质量评估体系的范式研究》，广东高等教育出版社，2011。

唐仁春：《高等学校全面质量管理策略研究》，湖南人民出版社，2011。

托马斯·库恩：《科学革命的结构》，金吾伦、胡新和译，北京大学出版社，2012。

王建华：《多视角的高等教育质量管理》，广东高等教育出版社，2010。

王泽洪、黄国庆、周德文：《宏观质量管理概论》，中国质检出版社，2013。

王堃：《有效质量管理》，西安交通大学出版社，2013。

王伟光：《科学发展观研究》，中共中央党校出版社，2004。

王泽洪、黄国庆、周德文：《宏观质量管理概论》，中国质检出版社，2013。

王亚杰：《质量致胜：学位质量集成创新的思考与实践》，浙江大学电子音像出版社，2005。

汪应洛：《系统工程理论、方法与应用》，高等教育出版社，2002。

韦洪涛：《高等教育质量评价与保证体系研究》，吉林人民出版社，2006。

吴剑平等：《大众化背景下中国高等教育质量管理研究》，清华大学出版社，2011。

吴建伟、祝宝一、祝天敏：《ISO9000：2000认证通用教程》，机械工业出版社，2002。

武汉大学质量发展战略研究院中国质量观测课题组：《2012年中国质量发展观测报告》，中国质检出版社，2013。

杨天平、沈培健：《学校质量管理新概念》，重庆大学出版社，2008。

易先群：《质量学概论》，中国质检出版社，2012。

张彦通：《欧洲地区高等教育质量保障体系研究》，北京航空航天大学出版社，2007。

张立卫：《最优化方法》，科学出版社，2010。

章能全、江厚平：《科学构建学校质量管理体系指南》，中国标准出版社，2010。

郑造桓：《社会质量与社会发展》，浙江大学出版社，2010。

《质量发展纲要（2011—2020年）》，中国质检出版社，2012。

张彦通：《高等教育评估与质量保证研究》，北京航空航天大学出版社，2011。

张立卫：《最优化方法》，科学出版社，2010。

周杰、宋宝弘：《美国鲍德里奇国家质量奖教育行业标准》，天津科学技术出版社，2010。

（二）论文

别敦荣、易梦春：《面向2030世界高等教育发展的主要趋势与战略选择》，《中国高教研究》2018年第1期。

蔡宗模、陈韫春：《高等教育质量：概念内涵与质量标准》，《清华大学教育研究》2012年第3期。

崔慕华、冉欣航：《高校科研经费绩效评价研究综述》，《商业经济》2018年第4期。

管培俊：《新时代中国高等教育的使命》，《中国高教研究》2017年第12期。

何晋秋：《论高等教育发展的新阶段》，《清华大学教育研究》2017年第4期。

胡锦绣：《高校科研评价制度的国际比较研究》，《科研管理》2016年第1期。

黄海涛：《高等教育质量标准：影响因素、基本特征与制定原则》，《江苏高教》2015年第4期。

季平：《求真务实，努力构建高等教育质量保障体系》，《中国高等教育》2010年第10期。

金帷：《评估型政府与英国高等教育改革》，《比较教育研究》2010年第6期。

李志义：《重构我国高等教育质量标准体系》，《中国大学教学》2013年第1期。

刘振天：《为何要提"高等教育质量文化"》，《光明日报》2016年6月7日，第13版。

刘莉、朱军文：《欧洲高校科研评价制度的趋势及政策启示》，《评价与管理》2015年第3期。

刘延东：《深化高等教育改革，走以提高质量为核心的内涵式发展道路》，《中国高等教育》2012年第11期。

卢晓中：《高等教育走向"社会中心"与人才培养模式变革》，《教育发展研究》2011年第19期。

吕红、邱均平：《高等教育质量标准体系基本理论问题研究》，《重庆大学学报》（社会科学版）2015年第5期。

任保平、文丰安：《新时代中国高质量发展的判断标准、决定因素与实现途径》，《改革》2018年第4期。

宋明顺、朱婷婷、戚彬芳：《四元质量：联结微观质量与宏观质量的中观质量》，《宏观质量研究》2014年第4期。

王铭：《我国高等教育质量标准"五个度"的分析、评价与操作化研究》，《高教探索》2016年第11期。

魏海燕、李晗：《基于协同理论视角的高校科研评价体系构建》，《科技进步与对策》2012年第22期。

吴勇、夏文娟、朱卫东：《英国高校科研评估改革、科研卓越框架及其应用》,《中国科技论坛》2019年第2期。

吴岩:《开启新时代中国特色社会主义高等教育强国新征程》,《中国教育报》2017年12月4日,第1版。

袁振国、苏红:《教育质量国家标准及其制定》,《教育研究》2013年第6期。

原长弘、孙会娟:《政产学研用协同与高校知识创新链效率》,《科研管理》2013年第4期。

张安富:《高教强国视阈下我国高等教育质量与水平前瞻》,《清华大学教育研究》2011年第1期。

周先雁:《坚持走内涵式发展之路 努力创建高水平特色大学》,《中国高等教育》2011年第12期。

朱军文、刘念才:《高校科研评价定量方法与质量导向的偏离及治理》,《教育研究》2014年第8期。

朱守信、杨颉:《基于成熟度评价的高等教育质量标准构建》,《江苏高教》2015年第6期。

二 外文文献

(一) 著作

Abelson D E, *Do Think Tanks Matter? Assessing the Impact of Public Policy Institutes*, McGill-Queen's University Press, 2002.

Biggs J, *Aligning Teaching and Assessment to Curriculum Objectives*, Imaginative Curriculum Project Ltsn Generic Centre Publication Ic, 2003.

Birnbaum R, *Management Fads in Higher Education*, Jossey-Bass, 2000.

Bode R K, Wright B D, *Rasch Measurement in Higher Education*, Springer, 1999.

Brown S, Angela G, ed.s, *Assessment Matters in Higher Education: Choosing and Using Diverse Approaches*, Open University Press. 1999.

Cameron K, Dutton J, Quinn R (eds.), *Positive Organization Scholarship: Foundations of a New Discipline*, Berrett-Koehler, 2003.

Clarke J, Newman J, *The Managerial State: Power, Politics and Ideology in the Remaking of Social Welfare*, Sage, 1997.

Eliot F, *Professionalism, the Third Logic: On the Practice of Knowledge*, The University of Chicago Press, 2001.

Engberg D, Green M F (eds.), *Promising Practices: Spotlighting Excellence in Comprehensive Internationalization*, American Council on Education, 2002.

Entwistle N, Van Merriënboer J (eds.), *Advances in Learning and Instruction Series. Powerful Learning Environments: Unravelling Basic Components and Dimensions*, Pergamon/Elsevier Science Ltd., 2003.

Gosling D, Moon J, *How to Use Learning Outcomes and Assessment Criteria*, SEEC publications, 2001.

Haworth J G, Conrad C F, "*Emblems of Quality in Higher Education,*" Developing and Sustaining High-Quality Programs, 1997.

Jenkins A, Zetter R, *Linking Research and Teaching in Departments*, LTSN Generic Centre, 2002.

Leenders M R, Mauffette-Leenders L A, Erskine J A, *Writing Cases*, 4th edition, Ivey Publishing, Ivey Business School, 2001.

Mc Gann J, *Think Tanks and Policy Advice in the US, Academics, Advisors and Advocates*, Routledge, 2007.

Medvetz T, *Think Tanks in America: Power, Politics, and the New Forms of Intellectual Engagement*, University of Chicago Press, 2012.

Nichols S L, Berliner D, *Collateral Damage: How High-Stakes Testing Corrupts America's Schools*, Harvard University Press, 2007.

OECD, *Higher Education and Regions: Globally Competitive, Locally Engaged*, Paris, 2007.

Prosser M, Trigwell K, *Understanding Learning and Teaching: The Experience in Higher Education*, College Instruction, 2000.

Quinn R E, *Building the Bridge as You Walk on It: A Guide for Leading Change*, Jossey-Bass, 2004.

Ramsden P, *Learning to Teach in Higher Education*, Routledge, 2003.

Rheinberger H J, *Toward History of Epistemic Things: Synthesizing Proteins in the Test Tube*, Stanford University Press, 1997.

Richardson J T E, *Researching Student Learning: Approaches to Studying in Campus-based and Distance Education*, SRHE and Open University Press, 2000.

Scardamalia M, Bereiter C, "Knowledge Building: Theory, Pedagogy, and Technology," edited by Sawyer K, *Cambridge Handbook of the Learning Sciences*, Cambridge University Press, 2006.

Scriven M, "Evaluation Ideologies," in *Evaluation Models: Evaluation in Education and Human Services*, edited by Stufflebeam D L, Madaus G F, Kellaghan T, Springer, 2000.

Stephen A, "Learning Outcomes Current Developments in Europe," Edinburgh, Scotland, 2008.

The Quality Assurance Agency for Higher Education, *Guidelines for Preparing Programme Specifications*, 2006.

Weimer M, *Learner-centered Teaching: Five Key Changes to Practice*, Jossey-Bass, 2002.

(二) 论文

Anderson T R, Rogan J M, "Bridging the Educational Research-teaching Practice Gap: Curriculum Development, Part 1: Components of the Curriculum and Influences on the Process of Curriculum Design," *Biochemistry and Molecular Biology Education: A Bimonthly Publication of the International Union of Biochemistry and Molecular Biology*, 2011 (1).

Antoni C, Hertel G, "Team Processes, Their Antecedents and Consequences: Implications for Different Types of Teamwork," *European Journal of Work & Organizational Psychology*, 2009 (3).

Barr R B, Tagg J, "From Teaching to Learning: A New Paradigm for Undergraduate Education," *Change*, 1995 (6).

Brew, Angela, "Teaching and Research: New Relationships and Their Implications for Inquiry-based Teaching and Learning in Higher Education," *Higher Education Research & Development*, 2012 (1).

Carew A L, Wickson F, "The TD Wheel: A Heuristic to Shape, Support and Evaluate Transdisciplinary Research," *Futures*, 2010 (10).

Craciun C S, "The Quality Consulting Services Management in the University Educational System," *Procedia-Social and Behavioral Sciences*, 2010 (2).

Crose B, "Internationalization of the Higher Education Classroom: Strategies to Facilitate Intercultural Learning and Academic Success," *International Journal of Teaching & Learning in Higher Education*, 2011 (23).

Declan K, "Linking Learning Outcomes and Assessment of Learning of Student Science Teachers," *Science Education International*, 2008 (4).

Dennis C, Sea L, "Quality Assurance in Post-secondary Education: Some Common Approaches," *Quality Assurance in Education an International Perspective*, 2010 (4).

Dill D D, Beerkens M, "Public Policy for AcademicQuality: Analyses of Innovative Policy Instruments," *International Review of Education*, 2011 (5-6).

Donaldson G, "Teaching Scotland's Future: Report of a Review of Teacher Education in Scotland," *Scottish Government*, 2011 (1).

Drew V, Priestley M, Michael M K, "Curriculum Development through Critical Collaborative Professional Enquiry," *Journal of Professional Capital & Community*, 2016 (1).

Duncan T, Buskirkcohen A A, "Exploring Learner-Centered Assessment: A Cross-Disciplinary Approach," *International Journal of Teaching & Learning in Higher Education*, 2011 (2).

Durlabhji S G, Fusilier M R, "The Empowered Classroom: Applying TQM to College Teaching," *Journal of Service Theory & Practice*, 2012 (2).

European Students' Union, "Student-Centred Learning: Toolkit for Students, Staff and Higher Education Institutions," Brussels, 2010.

Fukahori S, "Competence-based Quality Assurance of University Education: Lessons Learned from the OECD-AHELO Feasibility Study," *ESJ*, 2014 (8).

Gunningham N, Rees J, "Industry Self-Regulation: An Institutional Perspective," *Law & Policy*, 2010 (4).

Jaipal-Jamani K, Figg C, Gallagher T, et al., "Collaborative Professional Development in Higher Education: Developing Knowledge of Technology Enhanced

Teaching," *Journal of Effective Teaching*, 2015 (2).

Jerry G G, "Academic Freedom and Accreditaiton," Paper Presented at 2010 Annual Conference of Council for Higher Education Accreditation, Washington D. C, 2010.

Jibeen T, Khan M A, "Internationalization of Higher Education: Potential Benefits and Costs," *International Journal of Evaluation & Research in Education*, 2015 (4).

Keengwe J, Onchwari G, Agamba J, "Promoting Effective Elearning Practices through the Constructivist Pedagogy," *Education and Information Technologies*, 2014 (19).

Krechetnikov K, Pestereva N, Goran Rajovićb, "Prospects for the Development and Internationalization of Higher Education in Asia," *Journal of Guangzhou Maritime Institute*, 2016 (2).

Lee V S, "What Is Inquiry-guided Learning?" *New Directions for Teaching & Learning*, 2012 (129).

Liu O L, "Outcomes Assessment in Higher Education: Challenges and Future Research in the Context of Voluntary System of Accountability," *Educational Measurement Issues & Practice*, 2011 (3).

Mcgettrick A, Dunnett A, Harvey B, "Continuous Quality Improvement in Higher Education," *Quality in Higher Education*, 2006 (3).

Michael B, Jacqueline B, "A Radical Critique of the Learning Outcomes Assessment Movement," *Pharmaceutical Development & Technology*, 2012 (1).

Michael R K, Sower V E, Motwani J, "A Comprehensive Model for Implementing Total Quality Management in Higher Education," *Benchmarking for Quality Management & Technology*, 2013 (2).

Münch R, Faded G, "Disciplinary Differentiation, Interdisciplinarity and Renewal in the German Academic System," in *The Institution of Science and the Science of Institutions*, 2014.

Nygaard C, Hermansen H M, "Learning-Based Curriculum Development," *Higher Education*, 2008 (1).

Olaf W, "Higher Education Reform in Germany: How the Aims of the Bologna Process Can Be Simultaneously Supported and Missed," *International Journal of Educational Management*, 2010 (4).

Ourania F, Ted T, "Quality Assurance and Quality Enhancement in Higher Education: Contested Territories," *Higher Education Quarterly*, 2008 (1/2).

Pautz H, "Revisiting the Think-tank Phenomenon," *Public Policy & Administration*, 2011 (4).

Rychen, Dominique S S, Laura H, "Highlights from the OECD Project Definition and Selection Competencies: Theoretical and Conceptual Foundations," *Definitions*, 2003 (12).

Smith K, "Transnational Teaching Experiences: An Under-explored Territory for Transformative Professional Development," *International Journal for Academic Development*, 2009 (2).

Stella A, "Quality Assurance of Cross-border Higher Education," *Quality in Higher Education*, 2006 (3).

TEQSA, "Quality Assurance of Cross Border Higher Education," *QACHE Country Report-Australia*, 2014.

Thompson, Leigh J, "Building Collective Communication Competence in Interdisciplinary Research Teams," *Journal of Applied Communication Research*, 2009 (3).

Venkatraman S, "A Framework for Implementing TQM in Higher Education Programs," *Quality Assurance in Education*, 2007 (1).

Vinni R, "Total Quality Management and Paradigms of Public Administration," *International Public Review*, 2018 (1).

Zoharah O, Aminah A, "Factors Contributing to Research Team Effectiveness: Testing a Model of Team Effectiveness in an Academic Setting," *International Journal of Higher Education*, 2014 (3).

Zwanikken P A C, Peterhans B, Dardis L, et al., "Quality Assurance in Transnational Higher Education: A Case Study of the Trop Ed Network," *BMC Medical Education*, 2013 (13).

图书在版编目(CIP)数据

高等教育质量发展研究/彭江著.--北京:社会科学文献出版社,2020.6
ISBN 978-7-5201-6813-7

Ⅰ.①高… Ⅱ.①彭… Ⅲ.①高等教育-教育质量-研究-中国 Ⅳ.①G649.21

中国版本图书馆 CIP 数据核字(2020)第 112160 号

高等教育质量发展研究

著　　者 / 彭　江

出 版 人 / 谢寿光
责任编辑 / 宋浩敏
文稿编辑 / 袁宏明

出　　版 / 社会科学文献出版社 (010) 59367150
　　　　　 地址:北京市北三环中路甲29号院华龙大厦　邮编:100029
　　　　　 网址:www.ssap.com.cn
发　　行 / 市场营销中心 (010) 59367081　59367083
印　　装 / 三河市龙林印务有限公司

规　　格 / 开　本:787mm×1092mm　1/16
　　　　　 印　张:21.5　字　数:351千字
版　　次 / 2020年6月第1版　2020年6月第1次印刷
书　　号 / ISBN 978-7-5201-6813-7
定　　价 / 128.00元

本书如有印装质量问题,请与读者服务中心 (010-59367028) 联系

▲ 版权所有 翻印必究